Engagierte Bürgerschaft

Bürgerschaftliches Engagement
und Nonprofit-Sektor

Herausgegeben von

Annette Zimmer

Band 1

Annette Zimmer
Stefan Nährlich (Hrsg.)

Engagierte Bürgerschaft

Traditionen und Perspektiven

Leske + Budrich, Opladen 2000

Gedruckt auf säurefreiem und alterungsbeständigem Papier.

Die Deutsche Bibliothek – CIP-Einheitsaufnahme
Ein Titeldatensatz für diese Publikation ist bei Der Deutschen Bibliothek erhältlich

ISBN 3-8100-2289-6

© 2000 Leske + Budrich, Opladen

Das Werk einschließlich aller seiner Teile ist urheberrechtlich geschützt. Jede Verwertung außerhalb der engen Grenzen des Urheberrechtsgesetzes ist ohne Zustimmung des Verlages unzulässig und strafbar. Das gilt insbesondere für Vervielfältigungen, Übersetzungen, Mikroverfilmungen und die Einspeicherung und Verarbeitung in elektronischen Systemen.

Druck: Druck Partner Rübelmann, Hemsbach
Printed in Germany

Inhaltsverzeichnis

Zur Standortbestimmung bürgerschaftlichen Engagements
Annette Zimmer und Stefan Nährlich 9

I. Bürgerschaftliches Engagement in der aktuellen Diskussion

Bürgerschaftliches Engagement - Formen, Bedingungen, Perspektiven
Roland Roth 25

Ehrenamtlichkeit im Spiegel der Parteien
Ingo Benitz 49

II. Engagement konkret

Freiwilligenarbeit und private Wohlfahrtskultur in
historischer Perspektive
Christoph Sachße 75

Ehrenamtliches Engagement in der Caritas - auf der Suche
nach innovativen Konzepten
Teresa Bock 89

Potentiale der Zivilgesellschaft - Freiwilliges Engagement
im Kulturbereich
Bernd Wagner 105

Wie sozialer Reichtum entsteht - empirische Daten zu neu gegründeten
Sportvereinen
Dieter H. Jütting 123

Bürgerschaftliches Engagement in der Tätigkeitsgesellschaft:
Das Münchner Modell
Gerd Mutz 149

Frauen und Philanthropie
Marita Haibach 169

III. Zur Organisation von Engagement

Freie Assoziationen - Geschichtliche Prämissen und gesellschaftliche
Perspektiven moderner Genossenschaften
Eckart Pankoke 189

Organisations- und Finanzstruktur der Stiftungen in
Deutschland
Stefan Toepler 213

Stiftungen und Bürgergesellschaft: Ein empirischer, kritischer Überblick
Rainer Sprengel 231

Ein verpflichtendes Erbe - Stiftungen, Armenfürsorge und Sozialpolitik in
Münster im Wandel der Jahrhunderte
Franz-Josef Jakobi 247

Bürgerstiftungen im Aufbruch. Organisation von
Philanthropie in lokalen oder regionalen Stiftungen
Stefan Kappe 263

IV. Rahmenbedingungen bürgerschaftlichen Engagements - gestern und heute

Der Citoyen und die Selbstverwaltung des 19. Jahrhunderts
Hans-Ulrich Thamer 289

Chancen und Risiken politischer Förderung:
„Landesnetzwerk bürgerschaftliches Engagement"
Konrad Hummel 303

Auf dem Weg in die Bürgergesellschaft. Anmerkungen zur Reform des Stiftungs- und Gemeinnützigkeitsrechts
Rupert Graf Strachwitz 325

Angaben zu den AutorInnen 339

Annette Zimmer und Stefan Nährlich

Zur Standortbestimmung bürgerschaftlichen Engagements

1. Einleitung

In Politik und Wissenschaft hat bürgerschaftliches Engagement derzeit Konjunktur. Dies läßt sich an der Zahl der aktuellen Veröffentlichungen zu diesem Thema ablesen, wie auch an zahlreichen publikumsorientierten Tagungen, Symposien und Projektmessen (Beher et al. 1998; Klein/Schmals-Bruns 1998; Alemann von et al. 1999; Kistler et al. 1999; Heinze/Olk 2000). Woher kommt das Interesse an einer „aktiven Bürgerschaft"? Warum werden gerade jetzt Bürger und Bürgerinnen als Garantie der Gemeinwohlsicherung sowie als Motor gesellschaftlicher Innovation gehandelt?

Es scheint einiges darauf hinzudeuten, daß die Attraktivität bürgerschaftlichen Engagements in enger Verbindung mit der Erschöpfung der Potentiale von Staat und Markt zu sehen ist. Offenbar setzen Politik und Wissenschaft derzeit auf bürgerschaftliches Engagement als „Allzweckwaffe", da sich im internationalen Kontext gezeigt hat, daß weder Staat noch Markt in der Lage sind, die Krisenphänomene der Industriemoderne, angefangen bei den Problemen des Wohlfahrtsstaates bis hin zu denjenigen der Arbeitsgesellschaft, in den Griff zu bekommen. Die boomende Debatte zum bürgerschaftlichen Engagement ist somit ein Indiz für eine neue Mikrofundierung von Politik. Hierbei handelt es sich um ein ambitioniertes Projekt, das nicht nur den „Aktivbürger" und die „Aktivbürgerin" zur Voraussetzung hat, sondern gleichzeitig Staat und Verwaltung eine neue Bescheidenheit abverlangt. Denn traditionell sind in Deutschland Staat und Verwaltung nicht nur aktivierend tätig, sondern sie beanspruchen in ganz erheblichem Umfang für sich Initiativ-, Steuerungs- und Kontrollkompetenz. Vor diesem Hintergrund steht im Zentrum des vorliegenden Bandes die Frage: Wem nutzt die Konjunktur bürgerschaftlichen Engagements? Geht es hierbei um ein Mehr an Demokratie; oder handelt es sich um eine kluge Taktik in Zeiten leerer öffentlicher Kassen brachliegende Ressourcen zu aktivieren?

2. Zu den Konjunkturen bürgerschaftlichen Engagements

Im Rückblick lassen sich durchaus unterschiedliche Konjunkturen sowie Funktions- und Begriffszuweisungen bürgerschaftlichen Engagements feststellen. So war die „aktive Bürgerschaft" in den 1960er und 1970er Jahren relativ „out". Damals stand der Staat im Zentrum des Interesses der Sozialwissenschaften. Die vergleichsweise kurze Phase der Staatsorientierung fiel mit der Blütezeit des Wohlfahrtsstaates und dem „goldenen Zeitalter" der Sozialdemokratie zusammen. In der Politikwissenschaft dominierte damals die elitentheoretische Schule der Demokratietheorie (Scharpf 1970). Der Staat wurde als politisch-administratives System eher von der Output- als von der Input-Seite her thematisiert. Indikator für ein gut funktionierendes Gemeinwesen waren nicht hohe Beteiligungswerte der BürgerInnen, sondern ein beachtliches staatliches Leistungsniveau.

Bald darauf wurde jedoch in der internationalen Diskussion unter dem Einfluß des Neoliberalismus die Wohlfahrtsstaatsorientierung der BürgerInnen als kontraproduktiv und gemeinwohlschädigend gebrandmarkt. War der Wohlfahrtsstaat gerade noch als Garant einer gerechten Gesellschaft gerühmt worden, so wurde er jetzt als Problemerzeuger demaskiert, der BürgerInnen zu entmündigten SozialleistungsempfängerInnen degradiert (Jessop 1996). Am konsequentesten wurde der Schwenk vom Staat hin zum Markt unter Margaret Thatcher in Großbritannien vollzogen. Entsprechend diesem Pendelschwung vollzog sich in den Sozialwissenschaften der Siegeszug des Rational Choice Ansatzes mit dem Menschenbild des nutzenmaximierenden Homo Oeconomics. Gesamtgesellschaftliche Wohlfahrt, so die These, sei dabei am besten durch individuelle Nutzenmaximierung zu erreichen, wie es bereits bei Adams Smith`s berühmtem Bäckerbeispiel angelegt ist (Smith 1988). Unter Hinweis auf Rationalitäts- und Effizienzkalküle wurden in der Folge so unterschiedliche Phänomene wie geringe Wahlbeteiligung oder die Entstehung der Selbsthilfebewegung im Gesundheitsbereich erklärt. Damit begann, wie Adalbert Evers ausführt, letztlich auch die Ära der „Neuen Ehrenamtlichkeit", die Bürgerengagement als eine kluge Art der Verfolgung von Eigeninteressen konzipiert (Evers 1999a, b).

Etwa zeitgleich wurde unter dem Einfluß der Forschung zu Korporatismus und Konsensdemokratie in Westeuropa als weitere Variante bürgerschaftlichen Engagements die der loyalen Mitgliedschaft entdeckt. Hierbei handelt es sich in gewisser Weise um eine Weiterentwicklung der elitentheoretischen Schule der Demokratietheorie, die den Koordinationsmechanismus der Hierarchie um den der Verhandlung ergänzt. Danach zeichnen sich die westmitteleuropäischen Gesellschaften durch eine mehr oder weniger ausgeprägte, aber jeweils mitgliederbasierte Versäulung und damit durch eine vertikale Integration in unterschiedliche soziale Milieus aus. Die Umsetzung der von den Organisationseliten ausgehandelten Kompromisse ist insofern gesichert, als es sich bei den BürgerInnen mehrheitlich um loyale Mitglieder handelt, die in unterschiedlichen milieuspezifischen Organisationen, angefangen bei den Gewerkschaften bis hin zu den Kirchen, organisiert sind, und die aufgrund ihrer jeweiligen Sozialisation mit dem milieuspezifischen Werten in hohem Maße übereinstimmen (Lehmbruch 1996).

Doch die Funktionszuweisung an die BürgerInnen als Homi Oeconomici oder als loyale MitgliederInnen war jeweils mit einem „Pferdefuß" verbunden. So ist der gesellschaftliche Zusammenhalt kaum zu garantieren, wenn jeder ausschließlich auf individuelle Nutzenmaximierung bedacht ist. Wie schon Karl Marx in seiner Frühschrift „Zur Judenfrage", hinterfragten auch die Kritiker des Neoliberalismus, wie Gesellschaft als Gemeinschaft noch möglich sei, wenn Handeln ausschließlich an der Optimierung des individuellen Wohls ausgerichtet ist. Denn unter der ultimativen Prämisse, daß jeder seines Glückes Schmied ist, werden Investitionen in gesellschaftliche Infrastruktur mit hohem Mißtrauen bedacht, wobei allerdings weitestgehend vernachlässigt wird, daß individuelle Freiheit ein kollektiv geschaffenes Rechtssystem voraussetzt, das die Rechte des Einzelnen schützt (Holmes/Sunstein 1999). Eine wachsende Diskrepanz zwischen arm und reich wird dagegen gesellschaftlich akzeptiert und als gegeben hingenommen. In der Tat zeichnen sich die angelsächsischen Gesellschaften durch eine zunehmende Ungleichheit und ein drastisches Auseinanderklaffen der Schere zwischen Armen und Reichen aus.

Im Gegensatz dazu erhielten Demokratien, die auf eine mitgliederbasierte Bürgerschaft setzten, in puncto Verteilungsgerechtigkeit vergleichsweise gute Noten (Schmidt 1995: 239). Der Pferdefuß, der mit dieser Konzeption verbunden ist, läßt sich als Modernisierungsdilemma charakterisieren. Je heterogener eine Gesellschaft wird, je pluraler die Lebensstile der BürgerInnen sich gestalten, je diversifizierter die Ausbildungs- und Berufsverläufe werden, desto stärker schwindet die Bindungskraft der sozialen Milieus, in die man hineingeboren und als loyales Mitglied sozialisiert wird. Den Organisationen der traditionellen Milieus, wie beispielsweise Gewerkschaften, Kirchen oder Wohlfahrtsverbänden, gehen zunehmend die „Stammkunden" aus (Streeck 1987), da BürgerInnen sich nach neuen Wegen der Beteiligung umsehen und andere Formen des Engagements entwickeln, wobei die Suche nach Sinn und Befriedigung, nach Spaß und Selbstverwirklichung ins Zentrum des Interesses rückt (Evers 1999a, b). Doch die Auflösung der traditionellen sozialen Milieus läutete keineswegs das Ende der mitgliederbasierten Organisationen ein.

In „Making Democracy Work" (1993) entwickelte Robert Putnam einen interessanten Ansatz, den Aktivposten Mitgliedschaft in die unübersichtliche Zeit der Postmoderne hinüberzuretten. Hierbei nahm er in der Tradition von de Tocquevilles und der Pluralismusforschung die demokratiefördernde Wirkung der „overlapping memberships" wieder auf. Gleichzeitig verknüpfte er Mitgliedschaft erstmals mit effizienzökonomischen Überlegungen. Vereinfacht ausgedrückt stellte Putnam durch die Einführung des Begriffs „soziales Kapital" eine Verbindung her zwischen der Input- und der Output-Seite des politisch-administrativen Systems. Gemäß seiner Argumentation sind Gesellschaften, die sich durch hohe Beteiligungsquoten ihrer BürgerInnen auszeichnen, ungleich leistungsfähiger und gerade auch im ökonomischen Sinn effizienter als solche mit niedrigeren Mitgliedschaftsquoten. Der Grund für die höhere Leistungsfähigkeit ist in erster Linie ein transaktionskostenökonomomischer. Hierbei greift Putnam zunächst eine Argumentation der Behavioristen auf, die von Almond und Verba sowie in der Forschung über freiwillige Vereinigungen als „Schule der Demokratie" in die Diskussion eingeführt wurde. Danach wird man in freiwilligen Vereinigungen sozial eingebunden und bildet Vertrauen aus. Gleichzeitig entwickelt man sich zu einem „moderaten Zeitgenossen", da man in der Regel mehreren Vereinigungen angehört und insofern unterschiedliche Ansichten, Zielsetzungen und Lebensentwürfe zu tolerieren lernt. Gesellschaften mit hoher Mitgliedschaftsdichte sind insofern demokratischer als solche mit niedrigeren Partizipationsraten, als die BürgerInnen den demokratischen Institutionen, wie etwa den Parteien, dem Parlament und der Regierung, mehr Vertrauen entgegenbringen und diese in höherem Maße unterstützen. Diese Einsicht der behavioristischen Schule der 1960er Jahre verbindet Putnam mit Überlegungen der Institutionenökomomie. Danach entwickelt man sich als Mitglied nicht nur zu einem guten Demokraten, sondern gleichzeitig auch zu einem vertrauenswürdigen Wirtschaftspartner. Die Vertrauensbildung ist nicht auf den politischen Bereich beschränkt, sondern es handelt sich um die Ausbildung eines generalisierten Vertrauens, das sich auf alle gesellschaftlichen Bereiche einschließlich der Wirtschaft erstreckt. Kann man sich erfahrungsgemäß auf seine Partner verlassen, so kann man auf Kontrolle verzichten und daher Kosten sparen. Dies gilt für die Wirtschaft ebenso wie für Staat und Verwaltung.

3. Aktive Bürgerschaft als „Allzweckwaffe" und Chance zur Entstaatlichung

Zeigte Putnam, warum sich Mitgliedschaft lohnt, so lieferten die Ergebnisse der empirischen Sozialforschung Beweise für die zunehmende Attraktivität bürgerschaftlichen Engagements in weiten Kreisen der Bevölkerung. Ab den 1970er Jahren läßt sich in den Industrieländern eine „associational revolution" beobachten, die sich in einem Gründungsboom freiwilliger Vereinigungen, Vereine und Lobby-Organisationen niederschlägt (Berry 1984). In diesen Kontext ist auch die Entstehung der neuen sozialen Bewegungen einzuordnen, die das Spektrum der politischen Beteiligungsformen erheblich erweiterten sowie zu einer Gründungswelle von freiwilligen Vereinigungen und Lobbyorganisationen in den Bereichen Umwelt, Internationales und auch Kultur führten (Roth/Rucht 1991).

In den westlichen Industrieländern durchgeführte repräsentative Bevölkerungsumfragen kommen übereinstimmend zu dem Ergebnis einer kontinuierlichen Zunahme des aktiven Engagements sowie der Beteiligungsbereitschaft der Bevölkerung, wenn auch die Beteiligungsniveaus durchaus unterschiedlich ausfallen (vgl. Kistler et al. 1999; Klages 1999). Der generelle Trend zur „aktiven Bürgerschaft" wird empirisch wie theoretisch durch die Ergebnisse der Wertewandelforschung (Inglehart 1977; 1998) untermauert. Gerade die Postmaterialisten und insbesondere die Generation der sogenannten „Baby-Boomers" wenden sich nicht nur neuen Werten zu, sondern sie zeichnen sich auch durch ein vergleichsweise hohes Beteiligungsniveau aus. Der Anstieg des Aktivitätsniveaus wie auch die neuartigen Formen des Engagements, angefangen bei den Sitzblockaden bis hin zur Gründung von Elterninitiativen, werden vorrangig auf das Vorhandensein entsprechender Ressourcen zurückgeführt, wobei Know-how bzw. Bildung an erster Stelle zu nennen ist.

Auf diesen gesellschaftlichen Wandel reagierten die Sozialwissenschaften zunächst, indem sie ihre Aufmerksamkeit verstärkt der Input-Seite des politisch-administrativen Systems zuwandten. Die neuen sozialen Bewegungen wurden als Avantgarde einer umfassenden gesellschaftspolitischen Erneuerung betrachtet, und vor dem Hintergrund der Entwicklung in Osteuropa wurde verstärkt die Bedeutung der „Zivilgesellschaft" für die Etablierung wie auch Weiterentwicklung von Demokratie thematisiert (Habermas 1992: 399-467; Cohen/Arato 1994). Nach dem Boom der Policy-Forschung avancierte die Demokratietheorie in den 1980er Jahren wieder zu einem vielbeachteten Zweig der politikwissenschaftlichen Literatur.

Im Anschluß daran entdeckten die Sozialwissenschaften die in der „associational revolution" schlummernden Ressourcen auch für die Output-Seite des politisch-administrativen Systems. Zunächst waren es die Kommunitaristen, die im Hinblick auf die Erneuerung von Staat und Gesellschaft auf die zu aktivierenden Potentiale der Gemeinschaft setzten. Wichtige Impulse gingen aber auch von der Wohlfahrtsstaatsforschung aus, die in ihrem Plädoyer für eine Reform des Wohlfahrtsstaates hin zur Wohlfahrtsgesellschaft unter dem Leitmotiv des „welfare pluralism" zum Teil an die Bürokratiekritik der neuen sozialen Bewegungen, wie etwa der Selbsthilfe- oder der Gesundheitsbewegung, anknüpfte (Evers/Olk 1996; Bleses/Seeleib-Kaiser 2000). Bezug genommen wird hierbei vor allem auf die persönlichen sozialen Dienstleistungen, die unter der direkten Einbindung von BürgerInnen sowohl individueller als auch effizienter gestaltet werden sollen. In einem ganz wörtlichen Sinne wird in diesem Kontext bürgerschaftliches Engagement zu „sozialem Kapital".

Eine ganz ähnliche Überlegung, nämlich selbst bei heterogenen Bedarf eine effiziente Dienstleistungserstellung zu gewährleisten, liegt auch der aktuellen Debatte über die Modernisierung von Staat und Verwaltung zugrunde, wie sie im Rahmen der New Public Management Bewegung geführt wird (Reichard/Wollmann 1996; Grunow/Wollmann 1998). Hatten Staat und Verwaltung traditionell sowohl die Gewährleistungs- als auch die Finanzierungs- und Vollzugsverantwortung inne, so geht man heute bei der Erstellung öffentlicher Güter und der Produktion wohlfahrtsstaatlicher Leistungen von Konzepten der Public-Private Partnerschaft aus (Klie/Meysen 1998; Pitschas 1997). Während die Gewährleistungsfunktion bei Staat und Verwaltung verbleibt, wird die Vollzugs- und auch die Finanzierungsverantwortung ganz oder teilweise von privaten Akteuren übernommen. Neben Vereinen, Initiativen, Förderkreisen und -gruppen sind hier in zunehmendem Maße auch Einzelpersönlichkeiten, eben aktive BürgerInnen, gefragt. Stand bei den neuen sozialen Bewegungen das politische Engagement der BürgerInnen im Vordergrund, so wird unter den Leitmotiven Wohlfahrtsgesellschaft und Bürgerorientierung eher das sozial-karitative Engagement thematisiert, wobei in der Intention versucht wird, soziale Leistungen nicht aus etatistischer, sondern aus gesellschaftlicher Perspektive zu gestalten.

Inzwischen wird „Bürgerschaftliches Engagement" als Oberbegriff für ein weites Spektrum von mitgliedschaftlichen, gemeinwohlorientierten sowie unkonventionellen politischen Aktivitäten verwendet. Die Spannweite des Begriffs reicht von der einfachen Mitgliedschaft und der ehrenamtlichen Tätigkeit bis hin zu den verschiedenen Formen direkt-demokratischer Beteiligung. Gemeinsam ist diesen vielfältigen Formen, daß sie jenseits der individuellen Privatsphäre und des im engeren Sinn staatlichen Entscheidungs- und Verwaltungshandelns angesiedelt sind.

Vor dem Hintergrund der obrigkeitsstaatlichen Tradition Deutschlands ist die aktuelle Popularität bürgerschaftlichen Engagements durchaus positiv zu bewerten. Ohne Zweifel liegt darin die Chance, BürgerInnen aus der klassischen Funktions- und Rollenzuweisung als loyale Untertanen zu emanzipieren. Gleichzeitig ist aber auch nicht auszuschließen, daß nur „neuer Wein in alte Schläuche" gegossen wird. Gerade mit Blick auf die etatistisch-obrigkeitsstaatliche Tradition ist die Ernsthaftigkeit von Politik und Verwaltung zu hinterfragen, einer aktiven Bürgerschaft eine echte Chance einzuräumen. Geht man von einer pfadabhängigen Entwicklung aus, so liefert die aktuelle Debatte lediglich die Begleitmusik zum Ersatz des klassisch neo-korporatistischen Einbaus bürgerschaftlichen Engagements in den staatlichen Verwaltungsapparat durch einen individualistisch-funktionalen Einbau, der nicht mehr über korporative Akteure, sondern über Einzelpersonen erfolgt.

Die Attraktivität bürgerschaftlichen Engagements ist daher im Hinblick auf zwei unterschiedliche Entwicklungsszenarien zu thematisieren. Zum einen gibt es Indizien für eine grundlegende Neubewertung. Danach wird aus einer Top-Down Perspektive von einem synergetischen Nebeneinander der unterschiedlichen Steuerungsformen - Staat, Markt und Gemeinschaft - ausgegangen, während aus einer Bottom-Up Perspektive eine einseitige Funktions- und Rollenzuweisung der BürgerInnen unterbleibt. Als Voraussetzung zur Realisierung dieser konkreten Utopie hätten Politik und Verwaltung auf angestammte Positionen und insbesondere auf ihre Definitionsmacht zu verzichten.

Eher traditionskonform ist dagegen die zweite Entwicklungsperspektive. Danach erweist sich bürgerschaftliches Engagement für Politik und Verwaltung als Verschiebebahnhof für nicht zu lösende Probleme und damit als Terrain kostenneutraler symbolischer Politik. Ein derart funktionalisiertes bürgerschaftliches Engagement dient keineswegs der Entstaatlichung. Ganz im Gegenteil, Politik und Verwaltung gewinnen sogar an Steuerungskompetenz und Definitionsmacht hinzu, da ihnen in zentralen Politikfeldern nicht mehr mächtige korporative Akteure, wie zum Beispiel die Wohlfahrtsverbände, gegenüberstehen, sondern BürgerInnen direkt oder vermittelt über quasi-staatliche Stellen, wie etwa Landes- und Bundesnetzwerke oder Freiwilligenzentralen, mit der Verwaltung verhandeln.

4. Zu den Beiträgen

Der Band ist in vier Teile gegliedert. Der erste Teil „Bürgerschaftliches Engagement in der aktuellen Diskussion" liefert einen Überblick über die derzeitige Debatte. So bietet der Beitrag von Roland Roth „Bürgerschaftliches Engagement - Formen, Bedingungen, Perspektiven" einen Einstieg und eine engagierte Standortbestimmung. Noch handelt es sich beim bürgerschaftlichen Engagement um einen polyvalenten Begriff, der noch am Anfang seiner semantischen Karriere steht und von allen Schattierungen des politischen Spektrums gleichermaßen in Beschlag genommen wird. Die Attraktivität der neuen Begrifflichkeit wertet Roth als Indikator einer gesellschaftlich-politischen Umbruchsituation, in der gewachsene Vorstellungswelten zunehmend an Bedeutung verlieren.

Ingo Benitz geht in seinem Beitrag „Ehrenamtlichkeit im Spiegel der Parteien" auf die Frage ein, wie sich die bundesdeutschen Parteien ganz konkret die Unterstützung einer aktiven Bürgerschaft vorstellen. Vor dem Hintergrund aktueller Diskurse zum ehrenamtlichen bzw. bürgerschaftlichen Engagement sowie auf der Grundlage umfangreichen Quellenmaterials arbeitet er die Unterschiede und Gemeinsamkeiten der parteipolitischen Standpunkte im Hinblick auf die Unterstützung bürgerschaftlichen Engagements heraus.

In Teil II „Engagement konkret" werden Traditionslinien bürgerschaftlichen Engagements aufgezeigt und in unterschiedlichen Bereichen näher in den Blick genommen. So arbeitet Christoph Sachße in dem Beitrag „Freiwilligenarbeit und private Wohlfahrtskultur in historischer Perspektive" die Traditionslinie eines funktionalen Einbaus bürgerschaftlichen Engagements in den modernen Verwaltungs- und Interventionsstaat heraus. Am Beispiel der Wohlfahrtsverbände zeigt Sachße, daß bürgerschaftliches Engagement hier eher einer „repolitisierten Sozialsphäre" als dem privaten Bereich zuzurechnen ist. Vor diesem Hintergrund charakterisiert er die Wohlfahrtsverbände auch nicht als „freie Wohlfahrtspflege", sondern eher als „gesellschaftliche Außenstelle staatlicher Sozialbürokratie". Gleichzeitig läßt Sachße keinen Zweifel daran, daß im Sozialbereich eine Neubestimmung des Verhältnisses „von Öffentlichkeit und Privatsphäre, von öffentlicher Sozialverantwortung und privater Wohlfahrtskultur" ganz oben auf der gesellschaftspolitischen Tagesordnung steht.

Wie diese Neuorientierung konkret ausfällt, thematisiert Teresa Bock am Beispiel eines großen Wohlfahrtsverbandes in ihrem Beitrag „Ehrenamtliches Engagement in der Caritas - auf der Suche nach innovativen Konzepten". Im Zentrum stehen hierbei die Freiwilligenzentralen in Trägerschaft der Caritas, die unter dem Dach dieses traditionsreichen Verbandes ein Nebeneinander von alter und neuer Ehrenamtlichkeit ermöglichen, gleichzeitig aber auch erhebliche Anforderungen an die Adaptions- und Integrationsfähigkeit des Gesamtverbandes stellen.

In seinem Beitrag „Potentiale der Zivilgesellschaft - Freiwilliges Engagement im Kulturbereich" nimmt Bernd Wagner einen von der öffentlichen Diskussion um bürgerschaftliches Engagement weitgehend ausgeklammerten Bereich in den Blick. Nach seiner Einschätzung ist der Kulturbereich im Rahmen der Diskussion um die aktive Bürgerschaft aber besonders interessant, da hier, unter anderem bedingt durch finanzielle Engpässe, eine Abkehr vom Etatismus auf der Tagesordnung steht. Die Diskussion um bürgerschaftliches Engagement im Kulturbereich, so Wagner, steht im Zusammenhang mit der Suche nach neuen Formen der Public Private Partnership. Diese „Kulturpartnerschaft" umfaßt zum einen die Beteiligung von Privaten und der Wirtschaft an der Trägerschaft und Förderung von Kultureinrichtungen, zum anderen sollen durch verstärktes freiwilliges Engagement die Kulturangebote bürgernäher organisiert werden, um so eine stärkere Identifikation der BürgerInnen mit den Kultureinrichtungen ihrer Stadt zu gewährleisten.

Dieter H. Jütting knüpft in seinem Beitrag „Wie sozialer Reichtum entsteht - empirische Daten zu neu gegründeten Sportvereinen" an Beobachtung von Robert Putnam an. Dieser hatte Mitte der 1990er Jahre in den USA festgestellt, daß BürgerInnen eher zu individualistischen Freizeitvergnügen neigen als zu gemeinsam organisierten Aktivitäten - mit entsprechend verheerenden Folgen für das soziale Kapital der amerikanischen Gesellschaft. Inwiefern wir auch hierzulande zum „Bowling alone" neigen, wird empirisch anhand der Neugründungen von Sportvereinen im Landessportbund Nordrhein-Westfalen überprüft. Insgesamt kann Entwarnung gegeben werden. Im Gegensatz zur Entwicklung in den USA ist der Trend zu Vereinsgründungen und damit zum gemeinschaftlichen Sporttreiben ungebrochen. Zu den Gründungsmotiven der Vereine zählen, so Jütting, die hohe Wertschätzung bürgerschaftlichen Engagements sowie der Wunsch nach selbstbestimmtem Handeln.

In dem Beitrag „Bürgerschaftliches Engagement in der Tätigkeitsgesellschaft: Das Münchner Modell" geht Gerd Mutz auf die Relevanz ehrenamtlichen Engagements im Rahmen der Modernisierung der Arbeitswelt ein. Hierbei greift er zunächst die Diskussion der 1980er Jahre über veränderte Formen der Arbeit und der Arbeitsgesellschaft auf. Bereits damals wurde massive Kritik an der Funktionszuweisung der Erwerbsarbeit als primäre Grundlage gesellschaftlicher Integration und Partizipation geübt und in der Tradition von Hannah Arendt für den Ersatz der Arbeits- durch die Tätigkeitsgesellschaft plädiert. Wie dies in der Praxis aussehen könnte, erläutert Mutz anhand des Münchner Modells. Hierbei handelt es sich um eine zeitlich limitierte Freistellung von Mitarbeitern und Mitarbeiterinnen in gehobenen Positionen für bürgerschaftliches Engagement, die in Absprache mit dem jeweiligen Unternehmen erfolgt.

Einem ganz anderen Themenbereich wendet sich Marita Haibach in ihrem Beitrag „Frauen und Philanthropie" zu. Nach ihrer Einschätzung ist die Philanthropie als freiwilliges, nicht gewinnorientiertes Geben von Zeit oder Wertgegenständen für öffentliche Zwecke in Deutschland sowohl als Thema der Wissenschaft wie auch der öffentlichen Diskussion noch nicht entdeckt. In noch größerem Maß gilt dies für die Beziehung zwischen Philanthropie und Frauen. So ist die Ansprache von Frauen als Stifterinnen bisher völlig unterentwickelt. Entsprechendes gilt für das Fundraising, das mehrheitlich auf Männer abgestellt ist, obgleich die Spendenbereitschaft bei Frauen nachweislich stärker ausgeprägt ist.

Im Teil III „Zur Organisation von Engagement" finden sich Beiträge, die auf Gestaltungsformen und damit auf die Frage der Verstetigung bürgerschaftlichen Engagements eingehen.[1] So erinnert Eckhart Pankoke in seinen Beitrag „Freie Assoziationen - Geschichtliche Prämissen und gesellschaftliche Perspektiven moderner Genossenschaften" an eine Traditionslinie, die zunehmend in Vergessenheit zu geraten droht. Der Begriff der Genossenschaft, so Pankoke, ist gespannt in modernisierungstheoretische Ambivalenzen. Einerseits symbolisiert Genossenschaft eine Nutz- und Notgemeinschaft auf Gegenseitigkeit; andererseits wurde das Prinzip der genossenschaftlichen Solidarität schon frühzeitig als Gegenbewegung gegen den Modernisierungsdruck der „großen Industrie" aktiviert. Konkret zeigt Pankoke die Traditionslinien eines liberalen sowie eines sozialdemokratisch orientierten Genossenschaftswesens auf. War Schultze-Delitzschs liberales Programm genossenschaftlicher Selbsthilfe eine Antwort auf die durch die Konkurrenz des industriellen Kapitals bedrängte Selbständigkeit des kleinen Handwerks, so machte sich Ferdinand Lasalle zum Sprecher der in Arbeitslosigkeit und Unterbeschäftigung verdrängten Industriearbeiter. Trotz langer Tradition, so Pankoke, hat das Genossenschaftsprinzip nicht an Aktualität verloren, und zwar sowohl im Hinblick auf die sich verschärfenden Risiken unternehmerischer Selbständigkeit als auch als Alternative zu den Zwängen abhängiger Arbeit.

Ebenso wenig wie die Genossenschaft ist in Deutschland die Stiftung als spezifische Form bürgerschaftlichen Engagements im öffentlichen Bewußtsein verankert. Einen Überblick über die Stiftungslandschaft bietet der Beitrag von Stefan Toepler „Organisations- und Finanzstruktur der Stiftungen in

---

1   Da in den 1990er Jahren gerade zu Vereinen eine Reihe von Publikationen erschienen sind (u.a. Horch 1992; Best 1993; Zimmer 1996), wird auf diese Organisations- und Rechtsform im vorliegenden Band nicht eingegangen.

Deutschland". Zunächst verweist Toepler auf die lange Tradition der Stiftungen, wobei insbesondere die als Anstaltsstiftungen geführten Hospitäler sowie Alten- und Pflegeheime zu nennen sind. Daran schließt sich eine quantitative Übersicht über das moderne Stiftungswesen an, das auch in Deutschland zunehmend von Förderstiftungen geprägt wird. Entgegen weitverbreiteter Auffassung kommt Toepler in seiner empirischen Analyse nicht zu dem Ergebnis, daß sich staatliche bzw. wohlfahrtsstaatliche Aktivität kontraproduktiv auf die Entwicklung des Stiftungswesens auswirkt. Vielmehr, so Toepler, nutzen Stiftungen dies als Chance, in neue Bereiche und Felder vorzudringen und vor allem innovativ tätig zu werden.

Allerdings, so Rainer Sprengel in seinem Beitrag „Stiftungen und Bürgergesellschaft: ein empirischer, kritischer Überblick", sollte man mit dem Stiftungswesen auch nicht allzu viele Hoffnungen verbinden. Zum einen versteht sich nicht jede Stiftung vom ihrem Selbstverständnis und ihrer Aufgabenzuweisung als Teil der Bürgergesellschaft, zum anderen darf das Potential der Stiftungen nicht überschätzt werden, auch wenn man heute infolge der „Erbengeneration" mit zahlreichen Stiftungsneugründungen rechnen kann.

Welch große Bedeutung Stiftungen traditionell auf der lokalen Ebene zukommt, verdeutlicht Franz-Josef Jakobi in seinem Beitrag „Ein verpflichtendes Erbe - Stiftungen, Armenfürsorge und Sozialpolitik in Münster im Wandel der Jahrhunderte". Hierbei liefert er ein Beispiel par excellence für die Inkorporation bürgerschaftlichen Engagements in den kommunalen Verwaltungsapparat. So wurde auf Initiative der Verwaltung der Stadt Münster ein „Gesundheitshaus" als neue Einrichtung einer bürgerorientierten Gesundheitspolitik errichtet. Im „Gesundheitshaus" sind zahlreiche Organisationen und Initiativen, darunter die Kontaktstelle für Selbsthilfegruppen, untergebracht. Finanziert wird das Gesundheitshaus überwiegend durch Stiftungserträge. Münster besitzt ein beachtliches Stiftungsvermögen, das sich in der Obhut einer im Sozialdezernat der Stadt angesiedelten Stiftungsverwaltung befindet, wobei die Leitung des Sozialdezernats und der Stiftungsverwaltung in Personalunion ausgeführt werden.

Daß es auch anderes geht und eine Trennung zwischen Kommunalverwaltung und Stiftungsvermögen möglich ist, macht Stefan Kappe in seinem Beitrag „Bürgerstiftungen im Aufbruch. Organisation von Philanthropie in lokalen und regionalen Stiftungen" deutlich. Anhand der „Bürgerstiftung Hannover" werden Idee, Organisation und Tätigkeitsschwerpunkte dieser neuen und in Deutschland noch nicht weitverbreiteten Stiftungsform vorgestellt. Wer sich über diese Form der Stiftung näher informieren möchte, findet hier auch die Adressen der derzeit in Deutschland operierenden Bürgerstiftungen.

Im vierten Teil „Rahmenbedingungen bürgerschaftlichen Engagements - gestern und heute" geht es um das Verhältnis zwischen aktiver Bürgerschaft und Staat. Hinterfragt wird hierbei, ob bürgerschaftliches Engagement in Deutschland von staatlicher Seite eher optimal eingepaßt und genutzt oder aber als zivilgesellschaftliches Element anerkannt und geschützt wird. Hans-Ulrich Thamer kommt in seinem Beitrag „Der Citoyen und die Selbstverwaltung des 19. Jahrhunderts" zu einem wenig optimistisch stimmenden historischen Befund. Einleitend verweist er auf die Vieldeutigkeit des Begriffs der Selbstverwaltung, wobei sich aus historischer Perspektive zwei Bedeutungspole festmachen lassen. So wurde im Ideenhorizont der Liberalen die Idee der Selbstverwaltung mit dem Gedanken der freiheitlichen Gestaltung des Gemeinwesens verbunden. In der politischen Forderung nach Selbstverwaltung kam somit der Glaube an die Selbstorganisation der Gesellschaft gegenüber der bürokratischen und paternalistischen Gängelung durch den Staat zum Ausdruck. Den Gegenpol hierzu bildet die Position des Rechtstheoretikers Rudolf von Gneist, der für eine „obrigkeitliche Selbstverwaltung" plädierte und darunter im wesentlichen die „Verwaltung von Straßen und Rinnsalen, Allmenden und Hospitälern und solchen Dingen" verstand. Daß die kommunale Selbstverwaltung der Tradition Rudolf von Gneists verpflichtet ist, steht für Thamer außer Zweifel. Insbesondere nach der gescheiterten Revolution von 1848 wurde Gemeinde nicht mehr als Lebenszusammenhang freier Einzelner gedacht, sondern vielmehr als Teil der dezentralisierten Staatsverwaltung konzipiert.

An einem ganz konkreten Beispiel greift Konrad Hummel in seinem Beitrag „Chancen und Risiken politischer Förderung: „Landesnetzwerk bürgerschaftliches Engagement" die Leitfrage auf, inwiefern Staat und Verwaltung überhaupt fähig sind, von Steuerungsabsichten abzusehen und die „Zügel locker zu lassen". Sein Befund fällt hierbei nicht eindeutig aus. So sind im süddeutschen-badischen Raum liberale Traditionen durchaus gut verankert, gleichzeitig hat man es mit einem recht aktiven Staat in Form der Baden-Württembergischen Landesregierung zu tun. Diese will bürgerschaftliches Engagement und Selbstorganisation zwar nach Kräften fördern, gleichzeitig aber auch die „Zügel in der Hand behalten". Daß sich die Arbeitsstelle des Landesnetzwerkes nach wie vor im Sozialministerium in Stuttgart befindet, wird von Hummel daher durchaus kritisch gewertet.

Äußerst kritisch setzt sich Rupert Graf Strachwitz in seinem Beitrag „Auf dem Weg in die Bürgergesellschaft. Anmerkungen zur Reform des Stiftungs- und Gemeinnützigkeitsrechts" mit den derzeitigen rechtlichen Rahmenbedingungen bürgerschaftlichen Engagements in Deutschland auseinander. Nach seiner Einschätzung läßt sich nicht nur eine hartnäckige Kontinuität etatistischen Denkens feststellen, gleichzeitig nimmt der Dritte Sektor als Teil der aktiven Bürgerschaft seine Chance, sich aktiv einzumischen und innovativ zur Neubestimmung des Verhältnisses von Bürgerschaft und Staat beizutragen, nur sehr zögerlich, wenn überhaupt, wahr. Nach der Einschätzung von Strachwitz sollten derzeit die Re-Definition von Gemeinnützigkeit und Gemeinwohl ganz oben auf der gesellschafts-politischen Tagesordnung stehen. Allerdings, so räumt er gleichfalls ein, fehlt den konkreten Reformvorhaben eine solide wissenschaftliche Basis. Während die Betriebs- und die Verwaltungswissenschaft in der akademischen Landschaft Deutschland einen hohen Stellenwert genießen, zählt die Erforschung der Traditionen und Dynamik bürgerschaftlichen Engagements nicht zu den Kernthemen des Wissenschaftsbetriebs.

5. Literaturverzeichnis

Alemann, U. von/Heinze, R./Wehrhöfer, U. (Hg.) (1999): Bürgergesellschaft und Gemeinwohl. Analyse, Diskussion, Praxis. Opladen: Leske + Budrich
Beher, K./Liebig, R./Rauschenbach, Th. (Hg.) (1998): Das Ehrenamt in empirischen Studien - ein sekundäranalytischer Vergleich. Schriftenreihe des Bundesministeriums für Familie, Senioren, Frauen und Jugend. Bd. 163. Stuttgart: Kohlhammer
Berry, J. (1984): The Interest Group Society. 2. ed. Glenview (Ill.): Scott, Foresmann and Co.
Best, H. (Hg.) (1993): Vereine in Deutschland. Bonn: Informationszentrum Sozialwissenschaften
Bleses, P./Seeleib-Kaiser, M. (2000): Wohlfahrtsgesellschaft. In: Kneer, G./ Nassehi, A./Schroer, M. (Hg.): Soziologische Gesellschaftsbegriffe II. Müchen: Fink (i.E.)
Cohen, J./Arato, A. (1994): Civil Society and Political Theory. Cambridge: MIT Press
Evers, A. (1999a): Verschiedene Konzeptionalisierung von Engagement. Ihre Bedeutung für Analyse und Politik. In: Kistler, E./Noll, H.-H./Priller, E. (Hg.): Perspektiven gsellschaftlichen Zusammenhalts. Berlin: edition sigma, S. 53-65
Evers, A. (1999b): Warum sich engagieren? Eigensinn, Gemeinsinn und Aufgaben der Politik. In: Kulturpolitische Mitteilungen, Nr. 81, 1, S. 40-46
Evers, A./Olk, Th. (Hg.) (1996): Wohlfahrtspluralismus. Opladen: Westdeutscher Verlag
Grunow, D./Wollmann, H. (Hg.) (1998): Lokale Verwaltungsreform in Aktion: Fortschritte und Fallstricke. Basel: Birkhäuser
Habermas, J. (1992): Faktizität und Geltung. Frankfurt am Main: Suhrkamp
Heinze, R./Olk, Th. (Hg.) (2000): Bürgerengagement in Deutschland. Bestandsaufnahme und Perspektiven. Opladen: Leske + Budrich
Holmes, St./Sunstein, C. (1999): The Cost of Rights. Why Liberty depends on Taxes. New York/London: W.W. Norton & Co.
Horch, H.-D. (1992): Geld, Macht und Engagement in freiwilligen Vereinigungen. Grundlagen einer Wirtschaftssoziologie von Nonprofit-Organisationen. Berlin: Ducker & Humblot

Inglehart, R. (1998): Modernisierung und Postmodernisierung. Kultureller, wirtschaftlicher und politischer Wandel in 43 Gesellschaften. Frankfurt am Main/New York: Campus (Rezension Forschungsjournal 4 Dez. 98: 125 f.)

Inglehart, R. (1977): The Silent Revolution. Princeton: Princeton University Press

Jessop, B. (1996): Politik in der Ära Thatcher. Die defekte Wirtschaft und der schwache Staat. In: Grimm, D. (Hg.): Staatsaufgaben. Frankfurt am Main: Suhrkamp, S. 353-389

Kistler, E./Noll, H.-H./Priller, E. (Hg.) (1999): Perspektiven gesellschaftlichen Zusammenhalts. Berlin: edition sigma

Klages, H./Gensicke, Th. (1999): Wertewandel und bürgerschaftliches Engagement an der Schwelle zum 21. Jahrhundert. Speyerer Forschungsberichte 193. Speyer: Forschungsinstitut für öffentliche Verwaltung

Klein, A./Schmals-Bruns, R. (Hg.) (1998): Politische Beteiligung und Bürgerengagement in Deutschland. Bonn: Bundeszentrale für politische Bildung

Klie, Th./Meysen, Th. (1998): Neues Steuerungsmodell und Bürgerschaftliches Engagement - Konkurrierende oder synergetische Programme zur Verwaltungsmodernisierung? In: Die Öffentliche Verwaltung, Heft 11, S. 452-457

Lehmbruch, G. (1996): Der Beitrag der Korporatismusforschung zur Entwicklung der Steuerungstheorie. In: Politische Vierteljahresschrift, 37. Jg., Heft 4, S. 735-751

Pitschas, R. (1997): Kommunalverwaltung und bürgerschaftliches Engagement. In: Der Städtetag, 50, 8, S. 538-542

Putnam, Robert D. (1993): Making Democracy Work. Princeton: Princeton University Press

Reichard, Ch./Wollmann, H. (Hg.) (1996): Kommunalverwaltungen im Modernisierungsschub. Basel: Birkhäuser

Roth, R./Rucht, D. (Hg.) (1991): Neue soziale Bewegungen in der Bundesrepublik. Bonn: Bundeszentrale für politische Bildung

Scharpf, F. (1970): Demokratietheorie zwischen Utopie und Anpassung. Konstanz: Univ.-Verlag

Schmidt, M. (1995): Demokratietheorien. Opladen: Leske + Budrich

Smith, A. (1988): Der Wohlstand der Nationen. Eine Untersuchung seiner Natur und seiner Ursachen. Vollständ. Ausg. nach der 5. Aufl. München: Deutscher Taschenbuch Verlag

Streeck, W. (1987): Vielfalt und Interdependenz. In: Kölner Zeitschrift für Soziologie und Sozialpsychologie, 39. Jg., S. 471-495

Zimmer, A. (1996): Vereine - Basiselement der Demokratie. Opladen: Leske+Budrich

Kapitel I:

Bürgerschaftliches Engagement in der aktuellen Diskussion

Roland Roth

Bürgerschaftliches Engagement - Formen, Bedingungen, Perspektiven

1. Konturen einer Debatte

Der Begriff *Bürgerschaftliches Engagement* bzw. *Bürgerengagement* hat in jüngster Zeit in der Bundesrepublik an wissenschaftlicher und öffentlicher Aufmerksamkeit gewonnen. Wie bereits bei anderen Sammelbegriffen zuvor verdankt sich auch die Karriere dieses Begriffs einem Zusammenwirken von neuen Handlungsformen, der veränderten Wahrnehmung und Aufwertung von Altbekanntem, aktuellen politischen Optionen und wissenschaftlichen Konjunkturen. Erinnert sei z.B. an das inhaltlich durchaus verwandte Konzept der *Bürgerinitiative*, das noch Mitte der sechziger Jahre im Umkreis liberaler Vordenker wie Karl-Hermann Flach ausschließlich im individuell verstandenen Singular gebraucht wurde. Gefragt und gefordert war der „Initiativbürger", der sich auch jenseits von Wahlen und Parteiarbeit mit seinen Kompetenzen in die öffentliche Debatte einmischt und sich aktiv an der Suche nach neuen Antworten für die Probleme des Gemeinwesens beteiligt. Wenig später etablierte sich dann die Bezeichnung Bürgerinitiative für eine zwischenzeitlich populär gewordene kollektive Handlungsform, die teils an die ältere, honorig-kooperative Tradition der Bürgervereine anknüpfte, teils von den Protestformen der Außerparlamentarischen Opposition inspiriert war. In den frühen Sammelbänden zum Thema finden sich entsprechend bunte Mischungen: antikapitalistisch gestimmte Hausbesetzungen neben Initiativen für „kleine Klassen", ein Verein für den Wiederaufbau der Alten Oper in Frankfurt am Main neben einem Gemeinwesenprojekt mit „Gastarbeiterfamilien". Reform oder Unregierbarkeit lauteten die schroffen Alternativen, in denen der politische Beitrag der aktiv gewordenen BürgerInnen debattiert wurde. Einige Jahre später folgten wissenschaftliche Studien zur Bürgerinitiativbewegung, und die Konturen des Untersuchungsobjekts wurden deutlicher sichtbar. Das wissenschaftliche Interesse trug gleichzeitig zu einem Entdramatisierungs- und Gewöhnungsprozeß bei, der schließlich in ein breites Desinteresse mündete. Heute ist kaum mehr von Bürgerinitiativen die Rede, auch wenn einiges dafür spricht, daß es davon weit mehr gibt als in den 1970er Jahren, der Blütezeit ihrer öffentlichen Wahrnehmung (Schneider-Wilkes 1995). Möglicherweise tauchen aber einige von ihnen im Umfeld des Bürgerschaftlichen Engagements auf.

Dieser kurze Rückblick auf das Konzept Bürgerinitiative ist nicht nur instruktiv für den modischen und politisch überladenen Charakter solcher Begriffsgeschichten, die gleichwohl keine luftigen Erfindungen sind, sondern von empirischem Material und konkreten Erfahrungen leben. Er verdeutlicht auch, daß sich der Begriff Bürgerschaftliches Engagement offensichtlich erst in der Anfangsphase seiner semantischen Karriere befindet. In ihr geht es besonders bunt und schillernd zu. Die Begriffskonturen sind unscharf und umstritten. Praktische Ansätze stecken noch in den Kinderschuhen. Es dominiert die werbende Modell- und Programmsprache. Hochgesteckt sind die politischen Hoffnungen auf eine „Bürgergesellschaft" (Dettling 1998; Biedenkopf 1998 u.a.) und gelegentlich auch Befürchtungen, es könne ein kommunitaristisch bemäntelter Totalitarismus heraufziehen (Budäus/Grüning 1997: 68).

Auch wenn wir über einzelne Formen Bürgerschaftlichen Engagements relativ genaue Informationen haben - so z.B. über die Entwicklung des Vereinswesens (Zimmer 1996; Agricola 1997), über den Umfang und die Schwerpunkte des sozialen Engagements und ehrenamtlicher Tätigkeiten (Heinze/Keupp 1998; Beher/Liebig/Rauschenbach 1998), die Entwicklung von Selbsthilfegruppen (Braun/Kettler/Becker 1997) oder die Anzahl und Effekte von lokalen Bürgerbegehren und Bürgerentscheiden (Gabriel/ Knemeyer/Strohmeier 1997) -, lebt die Debatte gegenwärtig von spannungsgeladenen und kontroversen Gesamteinschätzungen. Während einige Autoren ihre Energie vorwiegend aus Negativbildern und Verlustdiagnosen beziehen - so wenn Robert Putnam den Niedergang sozialen Kapitals unter dem Titel „Bowling alone" (1995) diagnostiziert oder das anti-soziale Bild der fernsehglotzenden Konsummonaden beschworen wird, wie jüngst von Andrzej Szczypiorski bei den Frankfurter Römerberg-Gesprächen von 1998 -, sieht das Gros der Protagonisten in der deutschen Debatte einen enormen Aufschwung Bürgerschaftlichen Engagements, der es rechtfertigt, von Bürgergesellschaft, Bewegungsgesellschaft oder Wohlfahrtsgesellschaft zu sprechen. Zumindest werden Potentiale vermutet, die an einen schlafenden Riesen erinnern, den es politisch zu wecken gilt.

Die inzwischen in stattlicher Zahl vorliegenden empirischen Studien können nur begrenzt zur Klärung solcher Kontroversen beitragen. Dies liegt auch an den spezifischen Problemen dieses Forschungsfeldes. Die Regel sind mehrdeutige und verschwommene Realphänomene, die mit unterschiedlichsten Begrifflichkeiten traktiert werden - Begrifflichkeiten, die zudem in erheblichem Abstand über den Köpfen der Akteure schweben. Selbst in vergleichsweise intensiv beforschten Teilbereichen, wie z.b. dem ehrenamtlichen Engagement, existiert keine „konsistente Empirie", d.h. kein einheitliches und widerspruchsfreies Bild für dessen Entwicklung (Beher/Liebig/Rauschenbach 1998: 181). In ihrer Sekundäranalyse verarbeiten die Autoren 85 empirische Studien, die seit 1980 durchgeführt wurden. Einige Schlaglichter mögen genügen. INFAS hält 1992 knapp 20 Prozent der Bevölkerung für aktivierbar. Die Geislingen-Studie findet heraus, daß 38 Prozent der Befragten zum Engagement bereit sind (Ueltzhöffer/Ascheberg 1995). Dabei ist der Anteil der engagementbereiten Jüngeren besonders hoch, wenn Spaß, Selbstbestimmung und Selbstverwirklichung nicht zu kurz kommen - ein Ergebnis, zu dem auch die jüngste Shell-Jugendstudie kommt (Fischer/Münchmeier 1997: 324ff). Nach den Daten des Sozioökonomischen Panels (SOEP) sind 1994 ein Drittel der westdeutschen Bevölkerung ehrenamtlich engagiert (im Osten sind es ein Fünftel), immerhin 5 Prozent mehr als 1985. Aber die Zunahme des Engagements in allen Altersklassen geht mit einer Abnahme des zeitlichen Umfangs einher.

Auch die Vereinsforschung legt positive Ergebnisse vor. Sie verzeichnet einen Boom seit den 60er Jahren, der zur Verdreifachung der Zahl der eingetragenen Vereine auf dem früheren Bundesgebiet geführt hat (1960 - 88.572; 1990 - 286.000, so Anheier u.a. 1997: 33). Zwischen 1973 und 1988 hat sich die Zahl der Mitgliedschaften verdoppelt (Agricola 1997: 127). Die neuen Vereine haben einen deutlichen Schwerpunkt im Bereich Kultur, und sie nehmen die Hürde zur staatlichen Alimentierung schneller als frühere Vereinsgenerationen (Zimmer 1996). Die international vergleichende Dritte Sektor Forschung hat in der Bundesrepublik einen großen, wachsenden, ökonomisch bedeutsamen Dritten Sektor ausgemacht (Anheier u.a. 1997). Auffällig ist allerdings seine Subsidiarität und Staatsnähe, d.h. er wird von den großen Wohlfahrtsverbänden dominiert. Selbst die Forschung zu den Organisationsformen der neuen sozialen Bewegungen, um die es in den neunziger Jahren ruhiger geworden ist, hat die Institutionalisierung einer beachtlichen lokalen Infrastruktur (Initiativen, Kultureinrichtungen, Kneipen, Dienstleistungsangebote, Alternativbetriebe etc.) nachgewiesen (Roth 1994; Rucht/ Blattert/Rink 1997). Positiv sind auch neuere Befunde der Wertewandel-Forschung. Ein Survey „Wertewandel und Bürgerschaftliches Engagement 97" (Klages 1998) betont, daß die Bundesrepublik keine negative Sonderstellung einnimmt, vielmehr scheint das Engagement in jüngster Zeit eher gestiegen zu sein. Die Umfrage präsentiert eine hohe Zahl von Engagierten (38 Prozent gesamt - 39 Prozent West, 35 Prozent Ost), wobei der Wertewandel in Richtung Selbstverwirklichung die Zunahme befördert hat. Gleichzeitig diagnostiziert sie eine hohe Bereitschaft zum Engagement - eine „schlafende Ressource" (31 Prozent West, 34 Prozent Ost), die besonders bei Jüngeren sehr hoch liegt (bis zu 50 Prozent). Allerdings wenden 80 Prozent der Engagierten nur bis zu 20 Stunden pro Monat auf. Großorganisationen schöpfen die Bereitschaft zum Engagement nicht aus, während Selbsthilfegruppen und -initiativen das Engagement sehr viel intensiver nutzen.

Auffällig ist das breit gestreute politische Interesse am bürgerschaftlichen Engagement. Die parteipolitische Färbung reicht von rot bis schwarz, von gelb bis grün. Protagonisten einer Bürgergesellschaft finden sich heute - mit je eigenen Akzenten - in allen politischen Lagern. Unionsregierte Bundesländer - wie z.B. Baden-Württemberg und Bayern - haben Modellprogramme zur Förderung Bürgerschaftlichen Engagements aufgelegt; Programme für Freiwilligenagenturen und zur Selbsthilfeförderung gibt es in allen Bundesländern; die sozialdemokratische Bundestagsfraktion hat im August 1997 auf einer Tagung „Engagement stiftet Zusammenhalt. Freiwilligkeit - Ehrenamt - Selbsthilfe" ihr bürgerschaftliches Interesse betont; selbst der organisierte Liberalismus denkt über seine Verträglichkeit mit kommunitaristischen Orientierungen nach (Chatzimarkakis/Hinte 1997); ein Städte-Netzwerk in Nordrhein-Westfalen entwirft Szenarien für eine soziale und kulturelle Infrastruktur von morgen. Aber auch Wohlfahrtsverbände und Genossenschaften, Selbsthilfegruppen und soziokulturelle Zentren, Vereine und Kommunen spüren inzwischen die Chance zu einer Aufwertung und Anerkennung ihrer Arbeit, nachdem sie durch die Expansion zentralstaatlicher und marktförmiger Institutionen an den Rand der öffentlichen Aufmerksamkeit gedrängt worden waren. Nicht zuletzt betonen mächtige ökonomische Akteure, wie z.B. der Vorstandssprecher der Deutschen Bank Rolf-E. Breuer (1999), verstärkt bürgergesellschaftliche Leitwerte wie *„Offenheit gegenüber dem Fremden, Neuen und Innovativen"* und fordern aktive Bürger, die ihr Leben selbstverantwortlich führen, *„doch darüber hinaus mit Zivilcourage und Bürgersinn auch das Ganze im Blick behalten".*

Entsprechend vielgestaltig sind die theoretischen Quellen, aus denen sich die Debatte speist. Da ist die breite Diskussion über „Zivilgesellschaft" (Cohen/Arato 1992), die ihren politischen Schwung vor allem durch die oppositionellen Bürgerbewegungen in den Sowjetgesellschaften erhielt, aber auch in der Entwicklungspolitik und vielen anderen Politikfeldern aufgenommen worden ist (Schmals/Heinelt 1997). Da sind die verschiedenen Spielarten des US-Kommunitarismus (Reese-Schäfer 1994), die gegen die destruktive Übermacht von Markt und Staat auf die Stärkung von Gemeinschaften setzen (Etzioni 1995). Gleichzeitig ist eine Renaissance neo-aristotelischen Denkens zu beobachten (Nussbaum 1993). Ein Beleg ist das neuerwachte Interesse an

Hannah Arendt (Kemper 1993), die in klassischer Weise Bürgerschaftliches Engagement ins Zentrum von Politik rückte (Arendt 1993). Neuere Demokratietheorien setzen nicht einseitig auf repräsentative, den Bürger und die Bürgerin vom eigenen Engagement weitgehend entlastende Institutionen oder eine vorwiegend diskursive, deliberative Sphäre politischer Öffentlichkeit, sondern orientieren sich zunehmend am aktiven, handelnden Bürger und seinen sozialen Netzwerken (Barber 1994; Putnam 1993). Weltweit ist eine Debatte über „citizenship" (nur unzulänglich übersetzbar mit Begriffen wie Bürgerschaft, Staatsbürgerschaft, Staatsbürgerrechte, Bürgerrechte oder Bürgerstatus) in Gang gekommen (Turner/Hamilton 1994), die nicht nur die 1949 vorgetragene Nachkriegsvision von T. H. Marshall (1992) wiederentdeckt und aktualisiert hat, sondern sich um eine zeit- und problemgemäße Ausgestaltung von Bürgerpflichten und Bürgerrechten bemüht (vgl. die seit 1997 erscheinende internationale Zeitschrift „Citzenship Studies"). Nicht zuletzt haben feministische Beiträge in den genannten Theoriefeldern erheblich zu einem veränderten Blick auf die sozialen und „privaten" Voraussetzungen und Formen Bürgerschaftlichen Engagements und zu deren Aufwertung beigetragen. Erinnert sei stellvertretend an die Debatten über „care", jene meist von Frauen geleistete „private" und unentgeltliche Sorge und Fürsorge, die den Sockel unserer sozialen Sicherungssysteme abgibt oder den impliziten „sexual contract" (Geschlechtervertrag), der in unsere politischen Institutionen eingeschrieben ist (Pateman 1988).

Es fällt nicht leicht, Gemeinsamkeiten dieser vielfältigen theoretisch-konzeptionellen Debatten zu benennen. Immerhin markieren sie eine gesteigerte Aufmerksamkeit für die aktive Bürgerin und den aktiven Bürger und deren soziale und politische Eigenleistung, deren Gestaltungskraft, zumindest aber Koproduktion. Damit ist die Aufwertung jener schwer abgrenzbaren Sphäre von Gemeinschaften und Zusammenschlüssen verbunden, die sich zwischen den Polen Staat, Markt und Familien (bzw. anderen Lebensgemeinschaften) erstreckt und mit reichlich unscharfen, ja tautologischen Begriffen wie Zivilgesellschaft oder Bürgergesellschaft bezeichnet wird. Die Diagnosen über die Verfassung dieser Sphäre der Bürgergesellschaft fallen ambivalent aus. Einerseits wird immer wieder die Verwunderung darüber spürbar, wie lebendig sie doch (auch in der Bundesrepublik) ist, nimmt man die Zahlen zum sozialen und politischen Engagement, zum Vereinsleben oder den Organisationen des Dritten Sektors. Andererseits ist die Entdeckung des Bürgerschaftlichen Engagements deutlich von den sichtbar gewordenen Grenzen und negativen Folgen der dominanten Vergesellschaftungspole motiviert. Es wird als Ausfallbürge für Staats- und Marktversagen ins Spiel gebracht. Neue Solidaritäten und Gemeinschaften sollen die destruktive Vereinzelung („Individualisierung") durch Markt und Staat kompensieren. Eine Situation, die Hans Thiersch (1998: 35) zu der Brecht variierenden Aussage bewogen hat:

„Was sind es für Zeiten, in denen das Reden über Bürgerschaftliches Engagement und Selbsthilfe problematisch ist, weil es das Faktum eines ordinären Kapitalismus mit seinen Entsolidarisierungsstrategien verdeckt ".

2. Formen Bürgerschaftlichen Engagements

Der Begriff Bürgerschaftliches Engagement ist also keineswegs eindeutig, und es wäre eine vergleichsweise einfache akademische Fingerübung, ihn kritisch zu zerpflücken. So ließe sich z.b. demonstrieren, wie gering die gemeinsame Schnittmenge der verschiedenen Versionen von Bürgerschaftlichem Engagement ist. Ich möchte jedoch versuchen, den Begriff Bürgerschaftliches Engagement produktiv aufzugreifen, d.h. ihn als mehrdeutigen, programmatischen Arbeitsbegriff verwenden, der dazu anregt, historische und aktuelle Erfahrungen, Konzepte und politische Leitbilder, die sonst eher separat verhandelt werden, in einen Zusammenhang zu bringen.

Auf der empirischen Ebene umfaßt die Wiederentdeckung des engagierten Bürgers und der engagierten Bürgerin im Prinzip alle Aktivitäten jenseits einer - in ihren Grenzen keineswegs unverrückbaren - Intim- und Privatsphäre, zu der in unseren Gesellschaften z.B. Familien, aber auch wesentliche ökonomische Aktivitäten, wie die Erwerbsarbeit gehören, und unterhalb der im engeren Sinne staatlichen Handlungssphäre, die weitgehend bürokratischer Rationalität folgt. Zum bürgerschaftlichen Engagement gehören:

Konventionelle und neue Formen der *politischen Beteiligung,* wie z.B. ehrenamtliches Engagement als Gemeinderat oder Stadtverordnete, die Mitarbeit in Parteien, Verbänden und Gewerkschaften, aber auch in Bürgerinitiativen und sozialen Bewegungen, die Mitwirkung bei direktdemokratischen Beteiligungsformen wie Bürgerbegehren und Bürgerentscheid, das Engagement in Kinder- und Jugendparlamenten, in Ausländer- und Seniorenbeiräten, in lokalen Agenda 21-Gruppen, an Runden Tischen, die Beteiligung an Bürgerversammlungen, Meditationsverfahren oder Planungszellen. Die Formen der unmittelbar politischen Beteiligung reichen von den gesetzlich geregelten Beteiligungsangeboten über die informelle und aktivierende Beteiligung mit einer unterstützenden öffentlichen Infrastruktur bis hin zu unabhängigen Formen der Mobilisierung in Initiativen oder Protesten.

Die *freiwillige bzw. ehrenamtliche Wahrnehmung öffentlicher Funktionen.* Dabei geht es nicht nur um Schöffen, Wahlhelfer oder Elternbeiräte, sondern auch um die freiwillige Feuerwehr oder in jüngster Zeit vermehrt um Bürgervereine, die vormals kommunale Einrichtungen wie Schwimmbäder (Schwerte), öffentliche Büchereien (Königswinter) und Museen nun in eigener Regie betreiben oder die Leistungen öffentlicher Einrichtungen durch unentgeltliches Engagement verbessern.

Klassische und neue Formen des sozialen Engagements, wie z.B. das klassische soziale Ehrenamt in Wohlfahrtsverbänden und öffentlichen Einrichtungen, aber auch die „neue" Ehrenamtlichkeit, die von Freiwilligenagenturen und Ehrenamtsbörsen befördert wird bzw. in Hospiz-Gruppen, in „Tafel"-Initiativen zur Versorgung von Armen und Obdachlosen oder bei der Unterstützung von Asylsuchenden durch Kirchenasyl eigene Wege nimmt.

Klassische und neue Formen der *gemeinschaftsorientierten, moralökonomisch bzw. von Solidarvorstellungen geprägten Eigenarbeit*, die nicht den Charakter regulärer Erwerbsarbeit annehmen, sondern moralökonomische Elemente enthalten. Sie reichen von der Nachbarschaftshilfe, Genossenschaften und Alternativprojekten bis zu Seniorenservice-Zentren, Häusern der Eigenarbeit (z.B. in München) oder Tauschringen. Diese Sphäre wird auf lokaler Ebene unter solchen Stichworten wie solidarische Ökonomie, économie sociale oder community economic development debattiert (Klöck 1998). Ihr Wachstum ist stark von kommunalpolitischen Strategien abhängig (Evers 1996), und die Übergänge zur Erwerbsarbeit (besonders zum 2. Arbeitsmarkt), wie z.B. im Konzept der Bürgerarbeit (Beck 1997), sind fließend.

Klassische und neue Formen von *gemeinschaftlicher Selbsthilfe und anderen gemeinschaftsbezogenen Aktivitäten*, wie sie z.B. in Familienselbsthilfen (Evers 1998a), in Selbsthilfegruppen im Gesundheitsbereich, durch kommunale Selbsthilfe-Kontakt- und Informationsstellen, aber auch in der Kinder- und Jugendarbeit von Sportvereinen praktiziert werden. Meist ist dabei von einer undeutlichen Schattenlinie zwischen exklusivem Selbstbezug und Bürgerschaftlichem Engagement auszugehen.

Die Sphäre Bürgerschaftlichen Engagements umfaßt somit eine Vielzahl jener Aktivitäten, die sich zwischen den Polen Markt, Staat und Familie abspielen bzw. keinem dieser Pole eindeutig zuzuordnen sind. Freilich, nicht alles Handeln, das sich in diesem Zwischenbereich entfaltet, kann mit dem Titel bürgerschaftlich geadelt werden. Nicht jedes Beziehungsnetzwerk in der „Zivilgesellschaft" ist sozial und bürgerschaftlich gestimmt. Die „dunkle Seite" von Gemeinschaften ist gerade in Deutschland mit seinen autoritären und antidemokratischen Traditionen bestens bekannt (Brumlik 1992). Es gibt offensichtlich nicht nur „soziales", sondern auch „unsoziales" Kapital (Levi 1996), erinnert sei nur an den „Kölner Klüngel", dem die Scheuchs (1992) ein literarisches Denkmal gesetzt haben, d.h. an korruptive oder mafiaähnliche

Praktiken. Es gehören unter demokratischen Vorzeichen, so vermute ich, mindestens zwei Zusatzbedingungen hinzu: *Öffentlichkeit* und *Gemeinschaftsbezug*, zumindest jedoch *Gemeinwohlverträglichkeit*. Vormals ehrenwerte bürgerschaftliche Handlungsfelder können ihren Nimbus verlieren, wenn sie in den Geruch geraten, unter dem Deckmantel des Gemeinwohls wesentlich privaten Zielen zu dienen. Erinnert sei z.B. an eine eindrucksvolle Bußpredigt, die Theodor Eschenburg 1964 in Sachen „Mythos und Wirklichkeit der kommunalen Selbstverwaltung" vor dem Zentralverband der deutschen Haus- und Grundeigentümer gehalten hat (1966). Er beklagt dort vehement - selbst am unzeitgemäßen Ideal der Honoratiorenselbstverwaltung des 19. Jahrhunderts orientiert - den Niedergang des kommunalen Ehrenamts mit Begriffen wie Refeudalisierung, Kritiklähmung, Gefälligkeitspsychose, Byzantinismus. Ich erwähne dieses Beispiel nur, um deutlich zu machen, daß dem Begriff „bürgerschaftlich" ein *normativer* - heute wohl weitgehend auf Demokratie und Gemeinwohl und nicht mehr auf eine gottgefällige Lebensweise, auf Ehre, sittlichen Lebenswandel oder Seelenheil gestimmter - Gehalt eigen ist, der in altmodischen Begriffen wie dem des Ehrenamts noch deutlicher zutage trat. Zum Wesen normativer Ansprüche gehört bekanntlich, daß sie verfehlt und bestritten werden können. Dies ist ein Grund, weshalb großflächige quantitative Aussagen über Bürgerschaftliches Engagement in der Gefahr sind, die moralische Hürde ihres Gegenstandsbereichs zu verfehlen.

Ein weiteres Merkmal des Begriffs „bürgerschaftlich" ist, wenn wir die verschiedenen Anwendungsbereiche anschauen, daß er eingesetzt wird, um *Brücken zu schlagen*, d.h. alte und neue Formen gemeinsam und nicht gegeneinander zur Sprache zu bringen. Es geht eben nicht um eine schroffe Gegenüberstellung, sondern eine Verbindung von klassischer Gemeinderatstätigkeit und moderner Protestpolitik in Bürgerinitiativen, von religiös motiviertem lebenslangem Engagement in einer Kirchengemeinde und projektorientierter, mit hohen Selbstverwirklichungsansprüchen aufgeladener, neuer Ehrenamtlichkeit, von hundertjährigen Genossenschaften und selbstverwalteten Betrieben der Alternativszene. Mit der Bezeichnung „Bürgerschaftliches Engagement" werden sie mit Bedacht in den gleichen Begriffstopf geworfen. Dies wäre vor 10 oder 20 Jahren noch nicht möglich gewesen, als heftige wechselseitige Abgrenzungen zwischen den „alten" und den „neuen" Formen die politische und wissenschaftliche Szene prägten - etwa in den Diskussionen über Bürgerinitiativen oder die „Alternativbewegung". Es wäre sicherlich reizvoll, den materiellen und politischen Veränderungen - in den „alten" wie den „neuen" Feldern - nachzuspüren, die solche Begriffsbrücken wie „Bürgerschaftliches Engagement" heute als tragfähig und angemessen erscheinen lassen. Diese Überbrückungsabsicht gilt nicht nur für alt und neu. Sie läßt sich auch für die *Vermittlung von Sphären* beobachten, die nicht mehr in gleicher Weise separiert werden sollen bzw. zu separieren sind. Typisch hierfür ist z.b. die Karriere des Konzepts „soziales Kapital" (z.B. Coleman 1991), das weniger aufgrund seines Beitrags zur Analyse sozialer Beziehungen, sondern wegen seiner politischen, kulturellen und ökonomischen Implikationen an Aufmerksamkeit gewonnen hat (Putnam 1993; Immerfall 1996). Ähnliches läßt sich auch für Selbsthilfeinitiativen im Gesundheitsbereich sagen. Galten sie vielen Beobachtern noch vor kurzem als Inbegriff eines unpolitischen und selbstbezogenen Privatinteresses, so haben sich im Kontext der Debatte über „Bürgerschaftliches Engagement" die Perspektiven verschoben. Als Koproduzenten gesünderer Lebensverhältnisse entlasten Selbsthilfeinitiativen nicht nur Krankenkassen, sondern sie haben die von einer professionellen, naturwissenschaftlich und kurativ orientierten Medizin geprägten Gesundheitsvorstellungen verändert („Ottawa-Charta"). Ihre fördernde Anerkennung gehört längst zum kommunalpolitischen Alltag (Trojan 1999). Ähnliches läßt sich für die neuen Formen der öffentlichen Eigenarbeit beobachten. Was ist an einem Haus der Eigenarbeit, in dem sich Menschen ihre Konsumgüter selbst herstellen können, eigentlich bürgerschaftlich? Die Antwort kann vielschichtig ausfallen. Die fördernde Kommune hat sich die Stärkung sozialer Bürgerrechte zur Aufgabe gemacht und versucht auf diesem Wege, jenseits von direkten Transferzahlungen Lebensqualität und soziale Teilhabe für jene zu sichern, die nicht über kaufkräftige Nachfrage verfügen. Die NutzerInnen entwickeln nicht nur handwerkliche Kompetenzen und Kreativität bzw. lockern ihre Abhängigkeit vom Erwerbseinkommen, sondern entfalten gleichzeitig soziale Kontakte, sprich „soziales Kapital" (Mutz u.a. 1997). Solche Beispiele verweisen auf den polyvalenten Charakter des Konzepts „Bürgerschaftliches Engagement". Die eingespielten Abgrenzungen von privat/öffentlich, politisch/sozial, kulturell/ökonomisch ist durch die aktiven Bürgerinnen und Bürger herausgefordert worden. Vormals Unpolitisches gerät zum politischen Konflikt, vormals Privates erhält öffentliche Aufmerksamkeit. Wenn wir das klassische Marshallsche Modell der zivilen, politischen und sozialen Bürgerrechte nehmen (heute wären zumindest ökologische Bürgerrechte hinzuzufügen - vgl. Christoff 1996), ist es jenseits der programmatischen Ansprüche in erster Linie eine empirische Frage, ob und welche dieser Dimensionen von Bürgerschaft in konkreten Beteiligungsangeboten, Projekten und Fördermaßnahmen wirklich gestärkt werden.

Diese Brückenfunktionen des Begriffs „Bürgerschaftliches Engagement" haben freilich auch ihre Tücken, die hier nur mit einigen Fragen angedeutet werden sollen:

Verbindet der Begriff „Bürgerschaftliches Engagement" alles oder nur gewisse Inseln der Wohl(an)ständigkeit? Wie verhält es sich z.b. mit lokalen Bündnissen gegen Armut, Arbeitslosenverbänden etc., die ja Umverteilungsforderungen auf die Tagesordnung setzen, oder mit politischen Protesten, die auch vor zivilem Ungehorsam nicht zurückschrecken. Gibt es eine offene oder heimliche Ausgrenzung von nicht-honorigen Formen Bürgerschaftlichen Engagements?

Wie steht es mit dem rechtlichen und faktischen Zugang zum Bürgerstatus? Die Frage stellt sich um so nachdrücklicher, weil der Bürgerbegriff selbst in den Gemeindeordnungen der Länder noch immer deutsch- bzw. EU-exklusiv gefaßt ist. Wie steht es mit den bürgerschaftlichen Chancen von Frauen, Kindern, Jugendlichen und Älteren?

Hat sich die Unterscheidung zwischen „alt" und „neu" wirklich in allen Bereichen abgeschliffen oder findet ein eher fragwürdiges Huckepack-Verfahren statt? In Ehren ergraute Einrichtungen schmücken sich mit dem jugendlichen Schwung neuer Initiativen bzw. neue Initiativen versuchen von der Seriosität „gestandener" Einrichtungen zu profitieren. Entwickelt sich das gesamte Feld in eine ähnliche Richtung oder verzeichnen z.B. nur die neuen Formen Zuwächse auf Kosten der alten? Empirisch ist die Frage gar nicht so einfach zu beantworten, wie z.B. die Kontroverse um die Entwicklung des Verhältnisses von „konventioneller" und „unkonventioneller" politischer Beteiligung zeigt, die durch so gegensätzliche Diagnosen wie die Abkehr von und den Auszug aus den Parteien (Wiesendahl 1991) einerseits oder die These vom „Gegen- zum Miteinander" (Hofrichter/Schmitt 1991) akzentuiert wird.

Viele Initiativen entfalten Aktivitäten, die in mehrere der fünf Bereiche ausstrahlen. Dies erschwert die Debatte erheblich, nicht nur weil Mehrfachzählungen mehr Substanz signalisieren könnten als wirklich vorhanden ist. Zudem sind die Grenzziehungen zu den Polen Markt/Staat/Familie in der Praxis oft äußerst schwierig. Öffentliche Mittel, kommunale Beratungs- und Infrastrukturangebote bilden oft das Rückgrat von bürgerschaftlichen Initiativen und Projekten. Was sich als Alternative zu staatlicher Politik präsentiert, ist oft in hohem Maße von ihr abhängig (Dingeldey 1997). Auch die Marktferne gerät zur Fiktion, wenn ein erheblicher Teil der „ehrenamtlich" im Sozialbereich Tätigen dies - wie in den neuen Bundesländern - mit Blick auf mögliche Arbeitsmarktchancen und mit Unterstützungszahlungen der Bundesanstalt für Arbeit tut. Ähnliches ist für Infrastrukturprojekte beobachtet worden, die sich in ostdeutschen Städten aus den Bürgerbewegungen und den Milieus der Neuen Sozialen Bewegungen entwickelt haben (Rucht/Blattert/ Rink 1997). Ohne die Beschäftigungsförderung und Transfers des zweiten Arbeitsmarktes gäbe es sie in dieser Form vermutlich gar nicht. Aber auch die Übergänge von bürgerschaftlichen in private Formen sind fließend, etwa wenn bei anspruchsvoll angelegten Seniorenprogrammen letztlich die private Freizeitgestaltung in Gleichgesinntengruppen übrig bleibt.

3. Gesellschaftliche und politische Bedingungen einer aktiven Bürgerschaft

Schon der Umstand, daß diverse staatliche Programme und gesetzliche Regelungen die verschiedenen Formen Bürgerschaftlichen Engagements fördern oder eingrenzen (z.B. Renten-, Steuergesetze und Gemeinnützigkeitsregelungen, aber auch das jüngste „Verbot" umfangreicher ehrenamtlicher Tätigkeit in der Neufassung des Sozialgesetzbuches III, § 27), macht deutlich, daß Bürgerschaftliches Engagement sich nicht autonom entfaltet, sondern in das institutionelle Gefüge von Staat, Markt und Familien (Gemeinschaften) eingebettet ist. Wir müssen in der Regel davon ausgehen, daß die Entwicklungsdynamik dieser Pole des Wohlfahrtsdreiecks dominiert, zumindest aber erheblichen Einfluß auf das bürgerschaftliche Terrain ausübt. In vielen politischen Überlegungen kommt deshalb Bürgerschaftlichem Engagement vor allem eine kompensatorische Rolle für Defizite und Spannungen zu, die von diesen Polen ausgehen (z.B. kleine Netze und Gemeinschaften als Solidaritäts- und Flexibilitätsressource im aktuellen ökonomischen Strukturwandel). Die Freude über Polyvalenzen und Synergieeffekte Bürgerschaftlichen Engagements sollte nicht darüber hinwegtäuschen, daß die „Bürgergesellschaft" oder „Zivilgesellschaft" unter den gegebenen Bedingungen trotz aller emphatischen Bekenntnisse ein höchst heteronomes Gebilde mit unscharfen und höchst veränderlichen Grenzen darstellt, dessen „Eigensinn" eher wissenschaftlichen Abstraktionsleistungen und Idealen als realen Tendenzen geschuldet sein dürfte. Nicht von ungefähr wird in der theoretisch-konzeptionellen Debatte zu diesem Thema immer wieder die bange Frage gestellt, wieviel Wirklichkeitsentzug im Sinne eines Verzichts auf materiale Gesellschaftsanalyse sie sich eigentlich leisten kann und will (Narr 1994).

Wer auf einer allgemeineren Ebene darüber nachdenkt, wie es zur gegenwärtigen Aufbruchstimmung in Sachen Bürgerengagement kommen konnte, wird in zwei Richtungen Antworten suchen können. Zum einen bietet sich eine modernisierungstheoretisch orientierte Lesart an, die verstärktes Bürgerschaftliches Engagement vor allem als Produkt verbesserter Ressourcenausstattung der Bürgerinnen und Bürger ins Spiel bringt (Bildung, Wissen, verfügbare Zeit, soziale Kontakte). Schon in seinem berühmten Vorwort zu „Student und Politik" hatte Jürgen Habermas (1961) auf diese Zuwächse gesetzt, wenn es um die Entfaltung politischer Beteiligung geht. In der Folge steigen politisches Kompetenzbewußtsein und Interesse. Die Ausweitung des Aktionsrepertoires und die wachsende Bereitschaft zur politischen Einmischung sind Ausdruck einer Modernisierung des Politischen (am Beispiel zunehmender Protestbereitschaft - Roller/Wessels 1996). Überwiegend privatistisch und elite-orientierte Staatsbürger verwandeln sich im Zuge gesellschaftlicher Lernprozesse, die zunächst von kleinen Minderheiten ausgelöst werden und allmählich breite Bevölkerungsgruppen erreichen, in Aktivbürger, die ihre politischen Gestaltungsansprüche im Zweifel auch gegen die politischen Eliten geltend machen (Inglehart 1989) und so zum Verfall jener institutionellen Autoritätsansprüche in der Politik beitragen, die sich nicht auf eine aktive Bürgerschaft gründen (Inglehart 1998).

An solche Beobachtungen kann eine andere Lesart anknüpfen, die vor allem krisenhafte Entwicklungen betont. Nicht zuletzt Finanzierungsprobleme - etwa im Bereich sozialer Sicherungen - zwingen ihr zufolge zum Abschied vom Leitbild einer umfassenden staatlichen Daseinsfürsorge. Die Krisenerscheinungen auf den Arbeitsmärkten machen es zudem unwahrscheinlich, daß genügend Kaufkraft zur Verfügung steht, um die Lücken durch private Dienstleistungen zu kompensieren. Statt dessen sind die BürgerInnen zu ermuntern, ihre gemeinschaftlichen Angelegenheiten vermehrt in die eigenen Hände zu nehmen. Jenseits solcher Krisenhilfen läßt sich die politische Wiederentdeckung der aktiven Bürgerschaft auch als Versuch sehen, eine „veränderte Staatlichkeit" (Jessop 1994) zu entwickeln, die den Übergang von government zu governance anstrebt. Governance hieße, staatliche Aufgaben nicht länger als hierarchisch organisierte Auftragsangelegenheit des öffentlichen Dienstes unter Ausschluß der Bürgerschaft anzusehen, sondern staatliche Instanzen allenfalls als primus inter pares in einem Netzwerk gesellschaftlicher Akteure zu verstehen - Akteure, die zudem ermutigt werden, ihre eigenen Vorstellungen und Lösungskapazitäten für die zu bearbeitenden Problemlagen einzubringen.

„Staat und Kommunen kommt unter diesen Bedingungen ein neues Selbstverständnis zu: Weg von der Vorstellung einer staatlichen und kommunalen Allzuständigkeit, hin zu einem Selbstverständnis als gewährleistende, moderierende und ermöglichende Instanz" (Backhaus-Maul/Brandhorst 1998: 20).

Staatliche Zurückhaltung im Sinne eines „Abspeckens" in Richtung „schlanker Staat" genügt also keineswegs, um einen fruchtbaren Boden für die Entfaltung Bürgerschaftlichen Engagements zu bereiten. Von den vielfältigen *Voraussetzungen aktiver Bürgerschaft* sollen hier nur einige der im engeren Sinne politischen Bedingungen hervorgehoben werden:

3.1. Zeitgemäße Ausgestaltung von Bürgerrechten

Zentral ist die Garantie und zeitgemäße Ausgestaltung von Bürgerrechten (*citizenship*) in der Tradition von Thomas H. Marshall. Seine Vision eines „full citizenship" beruhte bekanntlich auf der wechselseitigen Verstärkung von zivilen, politischen und sozialen Bürgerrechten, wobei er unter sozialen Bürgerrechten nicht nur wohlfahrtsstaatliche Garantien, sondern auch die Teilhabe am kulturellen Erbe einer Gesellschaft im Sinne von Bildung verstanden hat. Erst diese vollen Bürgerrechte machen auch aus den Angehörigen der Unterklassen zivilisierte „gentlemen" bzw. - Marshalls altmodische Formulierung übersetzend - Mitbürgerinnen und Mitbürger, die zu Bürgerschaftlichem Engagement fähig und bereit sind. Konnte Marshall sein Konzept 1949 noch mit evolutionärem Schwung vortragen, so müssen wir heute nüchtern konstatieren, daß auch in Westeuropa das „goldene Zeitalter des Sozialstaats" längst vorüber ist. Zentrale Dimensionen des Bürgerstatus, wie soziale Sicherheit und Bildung, drohen erneut zu einem Exklusivgut zu werden. Wachsende soziale Exklusion dementiert den Bürgerstatus der Betroffenen und erschüttert die minimalen Gleichheitsgrundlagen demokratischer Teilhabe.

Aber es geht heute um mehr als „nur" die Verteidigung der klassischen „sozialdemokratischen" Version eines „full citizenship". Einige weitere Aufgaben seien benannt:

Bürgerrechte, soziale Bürgerrechte zumal, waren bzw. sind deutlich auf männliche Erwerbsbiographien zugeschnitten und diskriminieren weibliche Lebenszusammenhänge. Die Folgen können noch heute z.B. am Profil ehrenamtlichen Engagements besichtigt werden:

„Unter allen Vorbehalten kann der ‚durchschnittliche' ehrenamtlich Tätige als männlichen Geschlechts, im mittleren Alter, mit guter Schul- und Berufsbildung, vollzeitbeschäftigt als Angestellter oder Beamter im oberen Bereich der Einkommensverteilung charakterisiert werden" (Heinze/Keupp 1998: 155).

In seiner Ausgestaltung durch passive, staatlich zu gewährleistende Rechte fehlt dem Bürgerstatus weitgehend die aktive bzw. aktivierende Komponente.

Viele der zivilen Bürgerrechte wirken angesichts neuer technologischer Herausforderungen (etwa der Bio- und Gentechnologie) hoffnungslos antiquiert und bedürften nicht nur einer zeitgemäßen Reformulierung, sondern auch entsprechender institutioneller Sicherungen.

Das Wahlrecht bildet noch immer den Kern der politischen Bürgerrechte, während die institutionelle Ausgestaltung anderer politischer Formen des Bürgerschaftlichen Engagements rudimentär geblieben ist.

Der nationalstaatliche Zuschnitt des Bürgerstatus kollidiert mit zahlreichen internationalen Entwicklungen. Angesichts weltweiter Migrationsbewegungen wird das nationale Nadelöhr zu einer besonderer Problemzone für den Zugang zum Bürgerstatus. Zwar gibt es bereits Elemente transnationaler Bürgerrechte (z.B. EU-Bürgerrechte), aber eine internationale Angleichung sozialer Bürgerrechte liegt in weiter Ferne.

3.2. Recht auf Arbeit

Zu den zentralen Voraussetzungen moderner Bürgerschaft gehört(e) der Zugang zur Erwerbsarbeit. Insofern ist es angemessen, von einem „industrial citizenship" (Cella 1996) zu sprechen, das in den USA seine klarste historische Ausprägung erfahren hat: *„We are citizens only if we earn"* (Shklar 1991: 67). Wird dieses Recht auf Arbeit vorenthalten, sind nicht nur soziale Bürgerrechte tangiert. Der Bürgerstatus selbst verliert an Eindeutigkeit. Dies wird z.B. in der aktuellen Debatte über freiwilliges soziales Engagement und neue Ehrenamtlichkeit sichtbar. Schon in der expandierenden Alternativszene der siebziger und achtziger Jahre war es oft schwierig, politische, soziale und ökonomische Dimensionen konkreter Projekte und Initiativen zu unterscheiden. Daß viele dieser politisch motivierten Projekte im Umfeld der neuen sozialen Bewegungen nicht zuletzt „Arbeitslosenselbsthilfen" in einem Billiglohnsegment mit einem erheblichen Anteil an „Selbstausbeutung" waren, erschließt sich nicht erst im Rückblick (Rein/Scherer 1993). Gerade in Regionen der neuen Bundesländer, in denen oft mehr als ein Drittel der erwerbsfähigen Bevölkerung ohne reguläres Beschäftigungsverhältnis ist, wird Bürgerschaftliches Engagement besonders nachhaltig von der Dynamik der Arbeitsmärkte geprägt (Zurückdrängung von Frauen, Frühverrentung, Formen der Ersatzarbeit und Ersatzökonomie für einen Teil der Jugendlichen, besonders in den Städten - vgl. auch die internationale Karriere von Tauschringen, im englischen Sprachraum LET - Local Exchange Trade - Williams/Windebank 1997). Die fließenden Übergänge von Eigenarbeit, Bürgerschaftlichem Engagement und atypischen Beschäftigungsformen werden nicht erst zum Problem, wenn das nostalgisch verklärte Ideal des Normalarbeitsverhältnisses ins Spiel kommt. Wie selbstgewählt ist eigentlich der Aufenthalt in dieser Übergangszone? Die Kontroversen über „Bürgerarbeit", „workfare" und andere

Elemente des Arbeitszwangs im Bereich sozialer Sicherungen machen auf die Gefahr aufmerksam, daß sich unter dem schönen Begriffsmantel „Bürgergesellschaft" durchaus häßliche Maßnahmen verbergen können, die nicht zur demokratischen Gleichheit aller Bürgerinnen und Bürger beitragen, sondern faktisch die Bürgerrechte der Betroffenen einschränken und eine gesellschaftliche Spaltung in „Eliten und Heloten" (Senatsverwaltung 1998) befördern.

3.3. Empowerment und Beteiligungsangebote

Die Rede von Bürgerrechten verfehlte den Eigensinn Bürgerschaftlichen Engagements, wenn citizenship in erster Linie staatsfixiert als Ensemble negativer Freiheiten und passiver Garantien verstanden würde. Es geht vor allem um „active citizenship". Solche aktiven Bürgerrechte leben in und von ihrer alltäglichen Umsetzung in bürgerschaftlichen Experimenten, Projekten, Initiativen, Foren und Beteiligungsangeboten. Eine wichtige Voraussetzung hierfür ist „empowerment" – um einen nicht übersetzbaren Begriff aus der sozialpädagogischen und entwicklungspolitischen Debatte aufzugreifen (Stark 1996; Herriger 1997), der in der US-Tradition Bürgerschaftlichen Engagements und sozialer Bewegungen an Profil gewonnen hat (Simon 1994). Es geht dabei um die Entfaltung individueller Kompetenzen und Ressourcen zum Engagement, um die Bildung von Gruppen und Initiativen, also um soziale und politische Lernprozesse, kollektive Handlungsfähigkeit und die Einmischung in das Gemeinwesen, d.h. um Anerkennung und bewußte Veränderungen im öffentlichen und politischen Raum. Staatliche Akteure können die Voraussetzungen für eine solche politische Beteiligungskultur verbessern und verallgemeinern oder blockieren. Politische Transparenz, freie Information, Qualifizierungsangebote, Schulungen und professionelle Unterstützung sind notwendig, um die klassischen Beteiligungshürden zu senken und „partizipationsfernen" Bevölkerungsgruppen eine Chance zu eröffnen. Wenn ehrenamtliche Stadträte oder Stadtverordnete z.B. eine ganze Legislaturperiode brauchen, um einen kommunalen Haushaltsplan lesen zu können, wird das Dilemma deutlich. Effektive und qualifizierte Partizipation ist unter gegenwärtigen Bedingungen fast nur von Profis zu erwarten. Wer größere Gruppen der Bevölkerung beteiligt sehen möchte, muß für entsprechende Qualifizierungsangebote sorgen und gleichzeitig politische Entscheidungsprozesse transparenter und einfacher machen. Der Weg über das neue Steuerungsmodell der Dienstleistungskommune wird z.B. von der KGSt als Voraussetzung für die Bürgerkommune beschrieben (Plamper 1998).

3.4. Machtteilung und Machtverlagerung

Empowerment verweist auf eine weitere Bedingung Bürgerschaftlichen Engagements, die als Machtteilung und Machtverlagerung beschrieben werden kann. Ob bei der Förderung des Ehrenamts oder der Beteiligung bei Kommunalplanungen, immer geht es auch darum, daß den engagierten bzw. noch zu aktivierenden Bürgerinnen und Bürgern ein Handlungsfeld eingeräumt wird, auf dem sie mit einer gewissen Eigenständigkeit und praktisch folgenreich agieren können. Dies setzt voraus, daß privilegierte Akteure (Parteien, Verbände, staatliche Bürokratien, Parlamente etc.), die nicht selten ein Politikmonopol für sich beanspruchen und es durch korporatistische Netzwerke sichern, zurückstecken und auf ihre strukturellen Vorteile im politischen Prozeß zugunsten von AktivbürgerInnen verzichten - auch dann, wenn die Ergebnisse unbequem sind. Nachhaltiges Bürgerschaftliches Engagement kann sich nur entfalten, wenn durch wirkliche Machtteilung und Machtverlagerung bloß symbolische Beteiligung vermieden wird. Ohnmachterfahrungen und Enttäuschungen pflastern die Wege der Scheinpartizipation.

3.5. Institutionelle Stärkung durch eine politische Verfassungsreform

Machtteilung ist nicht nur eine Frage der Bereitschaft der jeweiligen Führungspersonen, sondern letztlich eine institutionelle Frage. Gelingt es, das vor allem im Nahbereich und auf lokaler Ebene ansetzende bürgerschaftliche Engagement institutionell durch eine entsprechende politische Verfassungsreform zu stärken? Es genügt nicht, das hohe Lied der kommunalen Selbstverwaltung zu singen, wenn kommunale Partizipationsangebote als „Treppe ins Nichts" erfahren werden, weil es an Zuständigkeiten, Ressourcen und Gestaltungsspielräumen mangelt. So hat zwar auf kommunaler Ebene mit der Ausbreitung des Modells der Süddeutschen Ratsverfassung in den Kommunalverfassungsreformen der neunziger Jahre (mit Bürgerbegehren und Bürgerentscheid, Direktwahl der Bürgermeister - teils mit der Möglichkeit der Abwahl verknüpft, Kumulieren und Panaschieren) und durch zahlreiche Experimente mit neuen Partizipationsmodellen (Kinder- und Jugendparlamente, Meditationsverfahren, Planungszellen etc.) die institutionell geförderte Bürgerbeteiligung spektakuläre Erweiterungen erfahren, aber eine entsprechende Kommunalisierung von Politik im Gefüge der Staatsorganisation hat nicht stattgefunden. So wird kommunale Bürgerbeteiligung häufig als Demokratisierung der Machtlosigkeit erfahren, die auf Dauer die Bereitschaft zum Engagement enttäuschen muß (ausführlicher Roth 1997).

4. Perspektiven Bürgerschaftlichen Engagements

Mit der Verfassungsfrage ist auch die nach den Perspektiven Bürgerschaftlichen Engagements verknüpft. Jenseits der stets gegebenen Gefahren von Pseudopartizipation, symbolischer Politik und bloß rhetorischer Beschwörung Bürgerschaftlichen Engagements lassen sich äußerst schematisch zwei Visionen bzw. Versionen von Bürgergesellschaft gegenüberstellen. Eine „realistische" und bescheidene Version geht davon aus, daß sich Bürgerschaftliches Engagement durchaus im gegebenen institutionellen Rahmen und unter den gegebenen ökonomischen Bedingungen entfalten läßt. Sie kann sich mit dieser Einschätzung auf die eingangs zitierten empirische Befunde und die positive Resonanz vieler Modellprogramme stützen. Nachhaltige Veränderungen der Pole Markt und Staat sind weder notwendig noch erwartbar. Durch Empowerment-Initiativen und eine moderate Machtteilung im kommunalen Raum können förderliche Rahmenbedingungen für mehr Bürgerengagement geschaffen werden, selbst wenn weder auf der Ebene sozialer Bürgerrechte noch in der Kommunalisierung von Politik gewichtige Fortschritte gelingen. Um künftig Engagement zu erweitern, genügt es, das breite Interessenspektrum einschließlich Spaß und Selbstentfaltung anzusprechen, und eine engagementfördernde lokale Infrastruktur zu entwickeln, die das Engagement attraktiver macht. Informative und erfahrungsgesättigte Logbücher für eine solche Schatzsuche liegen inzwischen vor (z.B. Paritätischer 1997). Einige Bereiche des Bürgerschaftlichen Engagements, wie die Selbsthilfe- und Ehrenamtsförderung, werden bereits an vielen Orten institutionell garantiert (Braun u.a. 1997; Braun/Klemmert 1998).

Diese „realistische" Version kommt ohne große institutionelle Reformen aus und fügt dem bestehenden Gefüge organisierter Interessenvertretung ein aktivbürgerliches Element hinzu. Dies ist zumindest die Botschaft der verschiedenen Modellprogramme, aber auch die nüchterne Zwischenbilanz der Protestpolitik in Deutschland (Roth 1994). Solche Ergebnisse sollten nicht geringschätzig behandelt werden, denn mit Blick auf die überaus etatistischen Traditionen Deutschlands kann jeder Zugewinn an bürgerschaftlicher Selbstorganisation nur begrüßt werden. Gemessen an den proklamierten Idealen einer „Bürgergesellschaft" handelt es sich jedoch allenfalls um Lockerungsübungen, die an der Vorherrschaft marktförmig/staatlicher Vergesellschaftung nicht zu rütteln vermögen. Angesichts einer ökonomisch forcierten Ungleichheitsdynamik und der nachlassenden staatlichen Fähigkeit bzw. Bereitschaft, sie politisch zu kompensieren, schwinden die gesellschaftlichen Grundlagen eines allgemeinen Bürgerstatus. Thomas Marshall hatte vor fünfzig Jahren festgestellt, *„daß im zwanzigsten Jahrhundert Staatsbürgerrechte und kapi-*

talistisches System miteinander im Krieg liegen" (1992: 81). Er konnte dabei auf eine historische Entwicklung zurückblicken, in der die Ausweitung der Staatsbürgerrechte die Struktur sozialer Ungleichheit soweit moderierte, daß der Bürgerstatus seinen vormals exklusiven Charakter zunehmend abstreifte. Am Ende dieses Jahrhunderts geht der von Marshall beschworene „Krieg" deutlich zu Lasten der gleichheitsverbürgenden Elemente der Staatsbürgerrechte.

Unter diesen Bedingungen erhalten die „realistischen" Bemühungen um eine Ausweitung Bürgerschaftlichen Engagements paradoxe Züge. Ihre bescheidenen Zugewinne drohen durch massive gesellschaftliche Einschränkungen des Bürgerstatus überrollt zu werden. Ohne weitreichende gesellschaftliche Kontextveränderungen droht die politische Förderung Bürgerschaftlichen Engagements zu einem elitären und/oder marginalen Projekt zu werden, das große Minderheiten, vermutlich aber Mehrheiten ausschließt, weil es diesen nicht zuletzt an den entsprechenden individuellen Ressourcen (Bildung, Wissen, Zeit, soziales Kapital etc.) fehlt. Realistisch und bescheiden ist diese Vision schon deshalb, weil sie sich historisch in eine lange Reihe exklusiver Bürgerschaft (mit dem Ausschluß von Sklaven, Frauen, Fremden, Nichtbesitzenden etc.) einfügt, d.h. Exklusion nur in moderner Form produziert. Marginal wäre das Projekt dann, wenn sich Bürgerschaftliches Engagement in gesellschaftliche Randzonen abdrängen ließe, Kernbereiche - etwa Baupolitik und Wirtschaftsförderung in den Kommunen - aber in klassischer Form ohne erweiterte Bürgerbeteiligung administriert werden. Diese Befürchtung gründet sich auf die Beobachtung, daß die intensivsten Mobilisierungen Bürgerschaftlichen Engagements eher an den klassischen Randzonen politischer Aufmerksamkeit ansetzen (Alte, Frauen, Jugend, Kinder etc.) und auf bestimmte Zielgruppen zugeschnitten sind. Ihre bevorzugten Adressaten sind nicht von ungefähr Vorruheständler und „junge Alte", die gegenwärtig als einzige größere Bevölkerungsgruppe über sichere Einkünfte, brachliegende Kompetenzen und disponible Zeit verfügt, ohne den Zwängen des Arbeitsmarktes ausgesetzt zu sein.

Das wache Interesse an Seniorenbüros und Ehrenamtsagenturen steht auch in scharfem Kontrast zum Umgang mit den klassischen sozialen Aufgaben der Kommunen. Für den kleinen bürgerschaftlichen Sektor wird die Sprache des Ermöglichens, Förderns und Unterstützens bemüht, während z.B. Sparzwang, Kostendruck, Zwangsmaßnahmen und Abschreckung den Umgang mit Sozialhilfeempfängern prägt. Wenn eine neuere Studie zur Situation in den neuen Bundesländern dramatische Dunkelziffern zutage fördert (*"auf zehn Bezieher von Sozialhilfe kommen fast 17 verdeckt arme Personen, die faktisch unter dem gesetzlich fixierten sozio-kulturellen Existenzminimum leben"* - Deutsche Caritas/Diakonie 1997: 18), läßt sich eher von Leistungsverweigerung als von Ermöglichung sprechen. Vor dem Hintergrund der Finanzlage der Kommunen ist zwar verständlich, daß sie ihre Pflichtaufgaben so kostensparend wie möglich erledigen, die passive und diskriminierende Ausgestaltung von sozialen Garantien mit der Konsequenz, daß nahezu zwei Drittel der Bedürftigen davon ausgeschlossen bleiben, kann jedoch schwerlich als Beitrag zur Anerkennung des Bürgerstatus und damit zur Förderung von Bürgerengagement verstanden werden.

Die Umrisse und Stichworte einer anspruchsvollen, eher „utopischen" Version bzw. Vision sind hinreichend bekannt. Subsidiarität, kleine Lebenskreise, die Wiederherstellung der politischen und sozialen Nahräume, Dezentralisierung der großen Sozialsysteme und Kommunalisierung politischer Aufgaben erfreuen sich selbst im „realistischen" Lager breiter öffentlicher Anerkennung als Leitwerte einer demokratischer Erneuerung in Richtung Bürgergesellschaft (z.B. Biedenkopf 1998). Mit Konzepten , wie dem der „aktiven Gesellschaft" (Etzioni 1968), der „starken Demokratie" (Barber 1994) oder der „Begrenzung der ökonomischen Vernunft" (Gorz 1997) verfügen wir über ein Fülle von Anregungen, wie eine progressive Vision von Bürgergesellschaft aussehen könnte. Neben den beschriebenen politischen Bedingungen, müßten freilich auch die ökonomischen und sozialen Voraussetzungen erörtert werden, die einer Entwicklung in diese Richtung förderlich wären. Zunächst ginge es um eine Wiedergewinnung des Politischen angesichts globaler ökonomischer „Sachzwänge". Wie schwierig dies sein dürfte, läßt die Diagnose des Vorstandssprechers der Deutschen Bank ahnen: *„Nicht von der Übermacht des Staates kommt heute Gefahr, sondern von seiner drohenden Ohnmacht"* (Breuer 1999). Formen der Entkopplung von der Marktdynamik haben an Attraktivität gewonnen. Sie sind notwendig, soll der Bürgerstatus den „Krieg" nicht desaströs verlieren. Dazu zählen z.B. die vielfältigen Formen einer *„sozialen Ökonomie"* (Elsen/Wallimann 1998; Jessop 1998) und kräftige Elemente eines sozialpolitischen Garantismus. Zusammen mit einer verfassungspolitischen Stärkung der kommunalen Ebene (vor allem in der Organisations- und Finanzverfassung) und dem Ausbau direktdemokratischer Beteiligungsformen könnte Bürgerschaftliches Engagement in einer Weise gestärkt werden, daß die Rede von einer „Bürgergesellschaft" an Seriosität gewinnt.

Der Berg der Bedingungen für ein zukunftsfähiges Bürgerengagement ist hoch. Wie ist er zu bewältigen? Ein Weg soll abschließend hervorgehoben werden, der in der honorigen Debatte über Bürgerschaftliches Engagement selten in den Blick gerät: der von Widerspruch und Protest. In abgeschwächter Form läßt sich ein bekannter Leninscher Satz variieren: Zu mehr Bürgerbeteiligung kommt es dann, wenn die „oben" nicht mehr so weiter können, und die „unten" nicht mehr so weiter wollen. In der Regel dürfte eine Fülle von nachdrücklich vorgebrachten, den politischen Alltag und das Verwaltungshandeln störenden Protesten nötig sein, um als Partizipationsbegehren wahrgenommen und als *„Gegenimplementation von unten"* (Hellmut Wollmann) wirksam zu werden. Erst eine Stadtregierung, deren Projekte häufiger an massiven Bürgerprotesten gestrandet sind, dürfte sich auf den Pfad der Beteiligungskultur begeben. Dies wird bei den Festreden auf Modellstädte in Sachen Bürgerbeteiligung meist vergessen (ein Gegenbeispiel wäre Phoenix, Arizona - Ustick 1998). Antizipierendes und aktivierendes Handeln auf der Seite der Mandatsträger, Ratsmitglieder und der öffentlich Bediensteten sollen damit nicht grundsätzlich ausgeschlossen werden. Institutionelle Reformen bleiben möglich. Aber der Weg zur „Bürgergesellschaft" erfordert von den engagierten Bürgerinnen und Bürgern allemal Zivilcourage.

5. Literaturverzeichnis

Agricola, S. (1997): Vereinswesen in Deutschland. Stuttgart: Kohlhammer
Anheier, H. K./Priller, E./Seibel, W./Zimmer, A. (1997): Der Dritte Sektor in Deutschland. Organisationen zwischen Staat und Markt im gesellschaftlichen Wandel. Berlin: Edition Sigma
Arendt, H. (1993): Was ist Politik? München: Piper
Backhaus-Maul, H./Brandhorst, A. (1998): Mit Sicherheit Gutes tun. Über den Zusammenhang von sozialem Engagement und sozialer Sicherung. Halle/Bonn: Ms.
Backhaus-Maul, H./Brandhorst, A. (2000): Mit Sicherheit Gutes tun. In: Heinze, R. G./Olk, Th. (Hg.): Bürgerschaftliches Engagement in Deutschland. Opladen: Leske + Budrich (i.E.)
Barber, B. (1994): Starke Demokratie. Hamburg: Rotbuch
Bauer, R. (1998): Macht das Ehrenamt arbeitslos? In: Sozial Extra, 22. Jg., Oktober, S. 2-7
Beck, U. (1997): Erwerbsarbeit durch Bürgerarbeit ergänzen. In: Kommission für Zukunftsfragen der Freistaaten Bayern und Sachsen: Erwerbstätigkeit und Arbeitslosigkeit in Deutschland. Entwicklung, Ursachen und Maßnahmen. Teil III. Bonn: Kommission, S. 146-168
Beher, K./Liebig, R./Rauschenbach, Th. (1998): Das Ehrenamt in empirischen Studien - ein sekundäranalytischer Vergleich. Stuttgart: Kohlhammer
Bellah, R. N. u.a. (1991): The Good Society. New York: Alfred A. Knopf
Biedenkopf, K. H. (1998): Bürgerorientierung und Aktive Bürgerschaft - Wege zur Erneuerung der Demokratie. In: Trott zu Solz, L. von (Hg.) (1998), S. 45-58
Braun, J./Kettler, U./Becker, I. (1997): Selbsthilfe und Selbsthilfeunterstützung in der Bundesrepublik Deutschland. Stuttgart: Kohlhammer
Braun, J./Klemmert, O. (Hg.) (1998): Selbsthilfeförderung und Bürgerschaftliches Engagement in Städten und Gemeinden. Köln: ISAB
Breuer, R.-E. (1999): Offene Bürgergesellschaft in der globalisierten Weltwirtschaft. In: Frankfurter Allgemeine Zeitung vom 4. Januar 1999, S. 8f.

Brumlik, M. (1992): Die Gemeinschaft, das Neue und die Demokratie - Leitmotive einer modernen Sozialpädagogik. In: Otto, H.-U. u.a. (Hg.): Zeit-Zeichen sozialer Arbeit. Neuwied: Luchterhand, S. 43-48

Budäus, D./Grüning, G. (1997): Kommunitarismus - eine Reformperspektive? Eine kritische Analyse kommunitaristischer Vorstellungen zur Gesellschafts- und Verwaltungsreform. Berlin: Edition Sigma

Cella, G. P. (1996): Work and Social Protection: the Transformation or Decline of Industrial Citizenship. In: Transfer, No. 4, S. 559-573

Chatzimarkakis, G./Hinte, H. (Hg.) (1997): Freiheit und Gemeinsinn. Vertragen sich Liberalismus und Kommunitarismus? Bonn: Lemmens

Christoff, P. (1996): Ecological Citizens and Ecologically Guided Democracy. In: Doherty, B./Geus, M. de (Hg.): Democracy and Green Political Thought. London: Routledge, S. 151-169

Cohen, J. L./Arato, A. (1992): Civil Society and Political Theory. Cambridge, Mass./London: MIT Press

Coleman, J. S. (1991): Grundlagen der Sozialtheorie. München: Oldenbourg

Demaine, J./Entwistle, H. (Hg.) (1996): Beyond Communitarianism. Citizenship, Politics and Education. New York: St. Martin's Press

Dettling, W. (1998): Wirtschaftskummerland? Wege aus der Globalisierungsfalle. München: Kindler Verlag

Dettling, W. (1998a): Bürgergesellschaft. Möglichkeiten, Voraussetzungen und Grenzen. In: Aus Politik und Zeitgeschichte, 48. Jg., Heft B 38, S. 22-28

Dettling, W. (1998b): Demokratie von unten? Die Bedeutung der lokalen Gesellschaft für die Erneuerung der Demokratie. In: Weidenfeld, W. (Hg.) (1998), S. 83-97

Deutscher Caritasverband/Diakonisches Werk (Hg.) (1997): Menschen im Schatten. Erfahrungen von Caritas und Diakonie in den neuen Bundesländern. Freiburg/Stuttgart: Ms.

Dingeldey, I. (1997): Bürgerschaftliches Engagement als „neue" Form der Solidarität? In: Gegenwartskunde, 46. Jg., Heft 2, S. 175-188

Elsen, S./Wallimann, I. (1998): Social Economy: Community Action Towards Social Integration and the Prevention of Unemployment and Poverty. In: European Journal of Social Work, No. 2, S. 151-164

Eschenburg, Th. (1966): Mythos und Wirklichkeit der kommunalen Selbstverwaltung. In: Ders.: Zur politischen Praxis in der Bundesrepublik. Band II. München: Piper, S. 126-147

Etzioni, A. (1968): The Active Society. New York: The Free Press

Etzioni, A. (Hg.) (1995): New Communitarian Thinking. Persons, Virtues, Institutions, and Communities. Charlottesville/London: University Press of Virginia

Evers, A. (1996): Arbeit in den Städten gibt es genug - Wer bezahlt sie? Vorschläge zur Entwicklung einer lokalen Dienstleistungspolitik. In: Kommune, No. 11, S. 55-60

Evers, A. (1996a): Das politische Defizit der Wohlfahrtsgesellschaft. In: Teufel, E. (Hg.): Was hält die moderne Gesellschaft zusammen? Frankfurt am Main: Suhrkamp, S. 209-222

Evers, A. (1998): Soziales Engagement zwischen Selbstverwirklichung und Bürgerpflicht. In: Transit. Europäische Revue, Heft 15, S. 186-200

Evers, A. (1998a): Familienselbsthilfe in Europa. In: Diskurs, No. 2, S. 8-13

Evers, A./Olk, Th. (Hg.) (1996): Wohlfahrtspluralismus. Vom Wohlfahrtsstaat zur Wohlfahrtsgesellschaft. Opladen: Westdeutscher Verlag

Fischer, A./Münchmeier, R. (Hg.) (1997): Jugend '97. Zukunftsperspektiven. Gesellschaftliches Engagement. Politische Orientierungen. Opladen: Leske + Budrich

Gabriel, O.W./Knemeyer, F.-L./Strohmeier, K. P. (1997): Neue Formen politischer Partizipation - Bürgerbegehren und Bürgerentscheid. Sankt Augustin: Konrad-Adenauer-Stiftung

Gessenharter, W. (1996): Warum neue Beteiligungsmodelle auf kommunaler Ebene? Kommunalpolitik zwischen Globalisierung und Demokratisierung. In: Aus Politik und Zeitgeschichte, 46. Jg., Heft B 50, S. 3-13

Geuss, R. (1998): Die Tugend und das gute Leben. Eine ausschließliche Ausrichtung auf bürgerliche Kooperation birgt auch Gefahren. In: Frankfurter Rundschau vom 29.9.98, S. 19

Gorz, A. (1997): Misères du présent, richesse du possible. Paris: Galilée

Habermas, J. (1961): Über den Begriff der politischen Beteiligung. In: ders./Friedeburg/Oehler/Weltz: Student und Politik. Neuwied: Luchterhand, S. 13-55

Heinze, R. G./Keupp, H. (1998): Gesellschaftliche Bedeutung von Tätigkeiten außerhalb der Erwerbsarbeit. Gutachten für die „Kommission für Zukunftsfragen" der Freistaaten Bayern und Sachsen, Anlagenband 3, S. 107-241

Herriger, N. (1997): Empowerment in der Sozialen Arbeit. Stuttgart: Kohlhammer

Hinte, W. (1997): Beteiligung und Vernetzung - ein kritischer Blick auf aktuelle Modebegriffe. In: Theorie und Praxis der sozialen Arbeit, 48. Jg., Nr. 12, S. 8-15

Hofrichter, J./Schmitt, H. (1991): Eher mit- als gegeneinander! Zum Verhältnis von neuen sozialen Bewegungen und politischen Parteien in den achtziger Jahren. In: Roth, R./ Rucht, D. (Hg.): Neue soziale Bewegungen in der Bundesrepublik Deutschland. Bonn: Bundeszentrale für politische Bildung (2. erw. Aufl.), S. 469-488

Hummel, K. (Hg.) (1995): Bürgerengagement. Seniorengenossenschaften, Bürgerbüros und Gemeinschaftsinitiativen. Freiburg: Lambertus

Hummel, K. (1998): Bürgerschaftliches Engagement in Europa. In: Blätter der Wohlfahrtspflege, 145. Jg., Heft 1+2, S. 23-27

Hummel, K. (1998a): Lebendiges Element. Thesen zum Thema Zivilgesellschaft, Bürgerschaftliches Engagement und Freiwilligenarbeit. In: Sozial Extra, 22. Jg., Oktober, S. 14-16

Hummel, K. (1998b): Nicht jenseits der Ökonomie. In: Blätter der Wohlfahrtspflege, 145. Jg., Heft 11+12, S. 234-235

Immerfall, St. (1996): Das Kapital des Vertrauens. Über soziale Grundlagen wirtschaftlicher Wettbewerbsfähigkeit. In: Gegenwartskunde, 45. Jg., Heft 4, S. 485-495

Inglehart, R. (1989): Kultureller Umbruch. Wertwandel in der westlichen Welt. Frankfurt am Main/New York: Campus

Inglehart, R. (1998): Modernisierung und Postmodernisierung. Kultureller, wirtschaftlicher und politischer Wandel in 43 Gesellschaften. Frankfurt/M-New York: Campus

Jessop, B. (1994): Veränderte Staatlichkeit. In: Grimm, D. (Hg.): Staatsaufgaben. Baden-Baden: Nomos, S. 43-73

Jessop, B. (1998): Die Erfahrung mit New Labour - Eine Politik für den Postfordismus? In: Görg, Ch./Roth, R. (Hg.): Kein Staat zu machen. Zur Kritik der Sozialwissenschaften. Münster: Westfälisches Dampfboot, S. 71-94

Kemper, P. (Hg.) (1993): Die Zukunft des Politischen. Ausblicke auf Hannah Arendt. Frankfurt am Main: Fischer

Keupp, H. (1998): Chancen des Umbruchs - das soziale Kapital Deutschlands. In: Röhrle, B. u.a.: Netzwerkintervention. Tübingen, S. 279-296

Klages, H. (1998): Engagement und Engagementpotential in Deutschland. Erkenntnisse der empirischen Forschung. In: Aus Politik und Zeitgeschichte, 48. Jg., Heft B 38, S. 29-38

Klie, Th./Roß, P.-S. (1996): Mehr Demokratie wagen. Das Programm „Förderung Bürgerschaftlichen Engagements" in Baden-Württemberg als innovatives Beispiel von Netzwerkforschung. In: Blätter der Wohlfahrtspflege, 143. Jg., Heft 9, S. 248-251

Klöck, T. (Hg.) (1998): Solidarische Ökonomie und Empowerment. Jahrbuch Gemeinwesenarbeit 6. Neu-Ulm: AG SPAK

Levi, M. (1996): Social and Unsocial Capital: A Review Essay of Robert Putnam's „Making Democracy Work". In: Politics & Society, Vol. 24, No. 1, S. 45-55

Marshall, Th. H. (1992): Bürgerrechte und soziale Klassen. Zur Soziologie des Wohlfahrtsstaates. Frankfurt/M-New York: Campus

Mutz, G. u.a. (1997): Eigenarbeit hat einen Ort. Öffentliche Eigenarbeit im HEi. München: Anstiftung

Narr, W.-D. (1994): Wieviel Entwirklichung kann sozialwissenschaftliche Theoriebildung ertragen? In: Das Argument, 36. Jg., 206/1994, S. 587-598

Nussbaum, M. C. (1993): Menschliches Tun und soziale Gerechtigkeit. Zur Verteidigung des aristotelischen Essentialismus. In: Brumlik, M./Brunkhorst, H. (Hg.): Gemeinschaft und Gerechtigkeit. Frankfurt am Main: Fischer, S. 323-361

Paritätischer Wohlfahrtsverband (1997): Logbuch für Schatzsuchende. Ein Lesebuch für freiwilliges soziales Engagement. Bonn: Verlag Stiftung Mitarbeit

Pateman, C. (1988): The Sexual Contract. Stanford: Stanford University Press

Plamper, H. (1998): Obrigkeitliche Kommune, Dienstleistungskommune, Bürger-kommune: Zur aktuellen in Reformdiskussion. In: Trott zu Solz, L. von (Hg.) (1998), S. 11-16

Putnam, R. D. (1993): Making Democracy Work. Civic Traditions in Modern Italy. Princeton: Princeton University Press

Putnam, R. D. (1995): Bowling Alone: America's Declining Social Capital. In: Journal of Democracy, No. 1, S. 65-78

Reese-Schäfer, W. (1994): Was ist Kommunitarismus? Frankfurt am Main/New York: Campus

Rein, H./Scherer, W. (1993): Erwerbslosigkeit und politischer Protest. Frankfurt am Main: Peter Lang

Ries, H. A. u.a. (Hg.) (1997): Hoffnung Gemeinwesen. Innovative Gemeinwesenarbeit und Problemlösungen in den Bereichen lokaler Ökonomie, Arbeitslosigkeit, Gesundheit, Benachteiligung. Neuwied: Luchterhand

Roller, E./Wessels, B. (1996): Contexts of Political Protest in Western Democracies. Political Organization and Modernity. Berlin: WZB (FS III 96-202)

Roth, R. (1994): Demokratie von unten. Neue soziale Bewegungen auf dem Wege zur politischen Institution. Köln: Bund Verlag

Roth, R. (1997): Die Kommune als Ort der Bürgerbeteiligung. In: Klein, A./Schmalz-Bruns, R. (Hg.): Politische Beteiligung und Bürgerengagement in Deutschland. Baden-Baden: Nomos, S. 404-447

Rucht, D./Blattert, B./Rink, D. (1997): Soziale Bewegungen auf dem Weg zur Institutionalisierung. Zum Strukturwandel „alternativer" Gruppen in beiden Teilen Deutschlands. Frankfurt am Main/New York: Campus

Scheuch, E. K. & U. (1992): Cliquen, Klüngel und Karrieren. Über den Verfall der politischen Parteien. Reinbek: Rowohlt

Schmals, K. M./Heinelt, H. (Hg.) (1997): Zivile Gesellschaft. Entwicklung, Defizite, Potentiale. Opladen: Leske + Budrich

Schneider-Wilkes, R. E. (1995): Erfolg und Mißerfolg bei Berliner Verkehrsbürgerinitiativen. Berlin: FU-ZI 6

Senatsverwaltung für Arbeit, Berufliche Bildung und Frauen (Hg.) (1998): Die Sackgassen der Zukunftskommission. Streitschrift wider die Kommission für Zukunftsfragen der Freistaaten Bayern und Sachsen. Berlin: BBJ Verlag

Shklar, J. (1991): American Citizenship: The Quest for Inclusion. Cambridge, Mass.: Harvard University Press

Simon, B. L. (1994): The Empowerment Tradition in American Social Work. A History. New York: Columbia University Press

Stark, W. (1996): Empowerment. Neue Handlungskompetenzen in der psychosozialen Praxis. Freiburg: Lambertus

Stüdemann, J. (1998): Soziokultur - quo vadis? In: Informationsdienst Soziokultur, No. 36/37, S. 1-9

Thiersch, H. (1998): Selbsthilfe und Bürgerengagement in der Bürgergesellschaft. In: Braun, J./Klemmert, O. (Hg.) (1998), S. 30-44

Trojan, A. (1999): Kommunale Gesundheitspolitik. In: Wollmann, H./Roth, R. (Hg.): Kommunalpolitik. Opladen: Leske + Budrich, S. 669-686

Trott zu Solz, L. von (Hg.) (1998): Bürgerorientierte Kommune - Wege zur Stärkung der Demokratie. Gütersloh: Verlag Bertelsmann Stiftung

Turner, B. S./Hamilton, P. (Hg.) (1994): Citizenship. Critical Concepts. 2 Vol. London/New York: Routledge

Ueltzhöffer, J./Ascheberg, C. (1995): Engagement in der Bürgergesellschaft. Die Geislingen-Studie. Stuttgart: Ministerium für Arbeit, Gesundheit und Sozialordnung

Ustick, M. (1998): Bürgerbeteiligung und Dezentralisierung - Erfahrungen von Phoenix, Arizona, auf dem Weg zur Bürgerorientierten Kommune. In: Trott zu Solz, L. von (Hg.) Bürgerorientierte Kommune - Wege zur Stärkung der Demokratie. Gütersloh: Verlag Bertelsmann Stiftung, S. 27-31

Weidenfeld, W. (Hg.) (1998): Wege zur Erneuerung der Demokratie. Gütersloh: Bertelsmann

Wendt, W. R. (1993): Zivil sein und sozial handeln. Das Projekt der Bürgergesellschaft. In: Blätter der Wohlfahrtspflege, 140. Jg., Heft 9, S. 262-266

Wendt, W. R. (1997): Auf Bürgerkompetenz setzen. In: Theorie und Praxis der sozialen Arbeit, 48. Jg., Nr. 6, S. 27-32

Wiesendahl, E. (1991): Neue soziale Bewegungen und moderne Demokratietheorie. Demokratische Elitenherrschaft in der Krise. In: Roth, R./Rucht, D. (Hg.): Neue soziale Bewegungen in der Bundesrepublik Deutschland. Bonn: Bundeszentrale für politische Bildung (2. erw. Aufl.), S. 561-578

Williams, C.C./Windebank, J. (1997): The Informal Sector in the European Union. Mitigating or Reinforcing Economic Exclusion? In: Roche, M./Berkel, R. van (Hg.): European Citizenship and Social Exclusion. Aldershot: Ashgate, S. 103-117

Wilson, J./Musick, M. (1997): Who Cares? Toward an Integrated Theory of Volunteer Work. In: American Sociological Review, Vol. 62, No. 3, S. 694-713

Zimmer, A. (1996): Vereine - Basiselement der Demokratie. Opladen: Leske + Budrich

Ingo Benitz

Ehrenamtlichkeit im Spiegel der Parteien

1. Einleitung

In der Bundesrepublik Deutschland üben rund 12 Millionen Menschen oder 17 Prozent der Bevölkerung ein „Ehrenamt"[1] aus (vgl. Schwarz 1996: 262; vgl. auch Gaskin et al. 1996: 65) - vor allem in der Freien Wohlfahrtspflege, im Sport und in Selbsthilfegruppen, aber auch in der Kommunalpolitik oder dem Katastrophenschutz.

In den letzten Jahren sind diese Aktivitäten auf ein verstärktes Interesse sowohl in der bundesdeutschen Öffentlichkeit als auch in Politik und Wissenschaft gestoßen. Nicht zuletzt aufgrund des von vielen Organisationen beklagten Rückgangs der ehrenamtlichen Helfer, aber auch angesichts veränderter wirtschaftlicher und gesellschaftlicher Rahmenbedingungen sowie der zunehmenden Bedeutung bürgernaher und kostengünstiger Lösungen gesellschaftlicher Probleme ist es offenbar zu einer Wiederentdeckung bzw. Neubewertung des Ehrenamts gekommen. Die Politik sieht sich dabei mit der Aufgabe konfrontiert, „das" Ehrenamt[2] mehr als bisher zu würdigen und stärker zu unterstützen.

Der folgende Beitrag, der in erster Linie als „Thesenpapier" zu verstehen ist, will für die Bundesebene näher untersuchen, welche Ideen die im Bundestag vertretenen politischen Parteien entwickelt haben, um die Bereitschaft zum ehrenamtlichen Engagement zu fördern. Es gilt also zu erläutern, welchen Stellenwert SPD, CDU/CSU, FDP, BÜNDNIS 90/DIE GRÜNEN und PDS dem Ehrenamt beimessen und wie die Konzepte aussehen, die die Parteien zur Unterstützung freiwilliger und unentgeltlicher Tätigkeiten bereithalten.

---

1 In der Politik wird ehrenamtliches Engagement üblicherweise als freiwillig erbrachte, nicht auf Entgelt ausgerichtete außerberufliche Tätigkeit definiert, die am Gemeinwohl orientiert ist, auch wenn sie für einen einzelnen erbracht wird (vgl. DS 13/5674: 2; vgl. DS 14/511).

2 Für Thomas Rauschenbach gibt es „das" Ehrenamt nicht. Ehrenamtliches Engagement habe in der Breite seiner Erscheinungsformen „*heutzutage keinen gemeinsamen Nenner mehr (und deshalb fehlt bislang auch eine überzeugende und übergreifende Theorie des Ehrenamtes)*" (Rauschenbach 1991: 4; zu den Definitionsproblemen vgl. auch Schwarz 1996: 259 ff.).

Die Darstellung dieser „Ehrenamtsmodelle" beruht auf den unterschiedlichsten Quellen - von Pressemitteilungen und Informationsbroschüren über parlamentarische Anfragen und Antworten im Bundestag bis zu den Grundsatz- und Wahlprogrammen der Parteien. Zudem werden Stellungnahmen oder Reden einzelner Politiker berücksichtigt, sofern sie Rückschlüsse auf die Position der jeweiligen Partei erlauben.[3] Methodisch bietet sich diese Vorgehensweise an, weil die Parteien in der Regel keine konsistenten Programme oder Konzepte zum ehrenamtlichen Engagement ausgearbeitet haben. Deshalb erweist es sich zum Teil auch als äußerst schwierig, aus den parteipolitischen „Sonntagsreden" und Absichtserklärungen Substanzielles zu extrahieren. Der hier verwendete Begriff „Ehrenamtsmodell" soll über diese Problematik nicht hinwegtäuschen.

Bevor auf die Parteienstandpunkte zum Ehrenamt eingegangen wird, sollen zunächst einige Aspekte bzw. Diskurse aufgezeigt werden, die verdeutlichen, welche Hoffnungen, Erwartungen und Definitionen in der aktuellen Debatte mit „dem" Ehrenamt verbunden werden.

2. Ehrenamtlichkeit in der Diskussion

Für eine Strukturierung der aktuellen Debatte über das Ehrenamt erscheint die These von Adalbert Evers relevant, daß die heutige Diskussion über soziales Engagement - und die Vorstellungen über die diesbezüglichen Aufgaben der Politik - in einem von zwei Polen gebildeten Spannungsfeld verlaufe. Der eine Pol sei ein *„von der Debatte um Gemeinwohl und Bürgersinn geprägtes Verständnis"*, das soziales Engagement vor allem unter dem Blickpunkt von Anforderungen der Gesellschaft und Gemeinschaft interpretiere; den anderen Pol bilde ein *„individualistisch-liberales Verständnis"* von sozialem Engagement, das Neigungen und Interessen des Einzelnen, den Eigensinn und die Selbstverwirklichung in den Mittelpunkt stelle (Evers 1999: 40).

Zudem kann hier Thomas Rauschenbach angeführt werden, der feststellt, daß es sich beim Streit um das Ehrenamt um einen Kampf um Ressourcen, Zuständigkeiten und knappe Güter handele. Es gehe um *„das knappe Gut ‚Solidarität', das nach Möglichkeit vermehrt oder zumindest am Leben gehalten werden soll"*, um *„die Ressource ‚Geld', die gespart werden soll"*, und es gehe um die Frage, ob es *„neben der Erwerbsarbeit oder neben einem regulierten und kontrollierten Arbeitsmarkt noch öffentlich organisierte, zu-*

---

3 Für die verwendeten Partei-Materialien, die überwiegend aus der vergangenen Legislaturperiode stammen, siehe das Literatur-/Quellenverzeichnis.

mindest öffentlich initiierte Formen der Arbeit geben soll" (Rauschenbach 1991: 3).

Die Ideen des in den US-amerikanischen *Kommunitarismus* (vgl. Etzioni 1995; vgl. Reese-Schäfer 1995; vgl. Kallscheuer 1995) haben in den neunziger Jahren - auch unter dem Begriff der Bürger- oder Zivilgesellschaft (vgl. Dettling 1998; Naumann 1991) - in Deutschland mehr und mehr Anhänger gefunden.[4] Ein entscheidender Grund für diesen „Boom" kommunitaristischer Ideen dürfte darin liegen, daß die *„Betonung der Gemeinschaft als Reaktion auf die Vereinzelungsprozesse der Modernisierung"* beinahe für das gesamte (partei-)politische Spektrum anschlußfähig ist (Reese-Schäfer 1996: 9).

Als Antwort auf den in den funktional ausdifferenzierten Industriegesellschaften diagnostizierten Verlust an Gemeinsinn wollen die Kommunitaristen die lokale bürgerschaftliche Selbstorganisation gegenüber zentralstaatlichen Zugriffen und marktwirtschaftlichen Transaktionen stärken, um die Verantwortungsbereitschaft der Menschen sowie die gesellschaftliche Solidarität insgesamt zu fördern. Verkürzt gesagt geht es dem Kommunitarismus darum, eine „gute Gesellschaft" zu fördern bzw. wiederzubeleben, in der eine Balance zwischen individuellen Freiheitsrechten und sozialen Verpflichtungen existiert. In der stärkeren Beteiligung der Bürger an den politischen Entscheidungen der lokalen oder regionalen Gemeinschaft wird die Möglichkeit gesehen, der gemeinschaftsschädigenden Individualisierung entgegenzuwirken und die demokratische Gesellschaft gewissermaßen „von unten" zu erneuern.

Ehrenamtlichkeit, freiwilliges soziales Engagement oder bürgerschaftliche Selbsthilfe nehmen einen zentralen Platz in kommunitaristischen Überlegungen ein (vgl. Roth 1995: 45). Mit dem Begriff „bürgerschaftliches" Engagement ist dementsprechend auch eine Aufwertung sozialen Engagements im Rahmen einer generellen Veränderung der derzeitigen politischen Kultur bzw. Solidarität als Ausdruck der Zugehörigkeit zu einer Gemeinschaft oder zu gemeinsam geteilten Werten gemeint (vgl. Evers 1999: 42ff.). Bei politisch-staatlichen Programmen, die auf die Förderung des bürgerschaftlichen oder zivilgesellschaftlichen Engagements zielen, geht es insofern um die Schaffung eines Problembewußtsein und um *„die dauerhafte Mobilisierung und Kultivierung des sozialen Kapitals an Bereitschaft zur Anteilnahme"* (Evers 1999: 44).

---

4   Dabei wird nur selten explizit zwischen kommunitaristischen und zivil- oder bürgergesellschaftlichen Modellen differenziert. Dies erklärt sich nach Roland Roth dadurch, daß beiden Strömungen die Vorstellung von einem zu stärkenden eigensinnigen Bereich des Bürgerengagements gemein sei, welches nicht länger zu einem sozialpolitischen Notnagel in Krisenzeiten verkümmern dürfe (vgl. Roth 1995: 44).

Während in der kommunitaristischen oder der bürger- bzw. zivilgesellschaftlichen Debatte Kosteneinsparungen, die sich aus mehr Selbstorganisation möglicherweise ergeben, eine eher untergeordnete Rolle spielen, wird im Kontext der *finanziellen Krise des Wohlfahrtsstaates* (vgl. z.B. Seffen 1995; Bäcker 1995) vor allem der volkswirtschaftliche Wert respektive der staatsentlastende Effekt ehrenamtlicher Tätigkeit in den Vordergrund gerückt (vgl. Klages 1998: 29). Für den Deutschen Caritasverband etwa muß die Wiederentdeckung des Ehrenamtes in der Politik und in den Verbänden vor dem Hintergrund der Explosion der Kosten im Sozial- und Gesundheitswesen sowie der Rezession der Finanzen gesehen werden (vgl. Deutscher Caritasverband 1995: 311).

Der geschätzte Geldwert für die in Westdeutschland geleistete ehrenamtliche Arbeitszeit beläuft sich für 1992, je nachdem, welches Stundenlohnkonzept angewendet wird, auf eine Summe zwischen 75 und 130 Milliarden DM (vgl. Schwarz 1996: 266; DS 13/5674: 20). Aus dieser ökonomischen Perspektive erscheint das kostenlose ehrenamtliche Engagement - nicht zuletzt unter den Prämissen des Neo-Liberalismus respektive Neo-Konservatismus (vgl. Pratt 1997; Borchert 1995) - als Sparinstrument, das die als notwendig propagierte Deregulierung des Sozialstaates flankieren kann: *„Im Kontext der sich verschärfenden sozialen Probleme wird die unbezahlte Arbeit zunehmend als geeignetes Mittel bei der Umstrukturierung der Wohlfahrtsdienste gesehen"* (Gaskin et al. 1996: 45).

Es darf somit vermutet werden, daß das verstärkte sozialpolitische Interesse an „Gemeinschaft" und „Ehrenamtlichkeit" in den westlichen Industrienationen oftmals auch darauf zurückzuführen ist, daß der überkommene Sozialstaat an seine finanziellen Grenzen stößt und freiwilliges Engagement daher als Entlastung, als kostengünstige Alternative oder als „Lückenbüßer" angesehen wird. So mancher Verfechter des Ehrenamts entpuppt sich deshalb bei genauerem Hinsehen als *„Gelegenheitskommunitarist"* (vgl. Roth 1995: 51).

Eine neue Bedeutung hat das ehrenamtliche bzw. freiwillige oder bürgerschaftliche Engagement auch im Zusammenhang mit dem *Wandel der Arbeitsgesellschaft* erlangt (vgl. z.B. Rifkin 1996). Diesbezüglich existiert die Vorstellung, *„durch sogenannte Bürgerarbeit einen Beitrag zur Entstehung derjenigen ‚Tätigkeitsgesellschaft' zu leisten, die manche heute schon an die Stelle der bisherigen ‚Arbeits- und Leistungsgesellschaft' treten sehen"* (Klages 1998: 30). Anschlußmöglichkeiten an diesen Diskurs ergeben sich etwa daraus, daß das Ehrenamt als Arbeitsverhältnis zwischen Haus- und Erwerbsarbeit eine gewisse Brückenfunktion besitzt und daß die Grenzen zwischen unbezahlter ehrenamtlicher und bezahlter (Erwerbs-)Arbeit fließender geworden sind (vgl. Rauschenbach 1991: 8).

In der Diskussion über die sogenannte „Zweite Moderne" wird zum Beispiel darauf hingewiesen, daß die Arbeits- und Industriegesellschaft, inklusive der Vollbeschäftigung, von einer anderen Form der postindustriellen Gesellschaft abgelöst wird bzw. in Zukunft abgelöst werden müsse, in der das Verhältnis von Bürger und Arbeit neu zu definieren sei. So schlägt Ulrich Beck vor, den im Zuge der Globalisierung und Supranationalisierung zerfallenden (National-)Staat und den Verlust kollektiver Muster der Solidarität als Folge der Individualisierung durch eine stärker selbstorganisierte „Zivilgesellschaft", die durch Staat und Wirtschaft gefördert werden müßte, zu ersetzen. Öffentliche bzw. ehrenamtlich geleistete Arbeit müßten aufgewertet und neben der Erwerbsarbeit als „zweites Aktivitätszentrum" der modernen Gesellschaft etabliert werden. Hierdurch könnten Integration, soziale Sicherung und Demokratie unter den Herausforderungen des Mangels an Arbeit begründet werden (vgl. Vorwärts 1997: 12f.; Beck 1993, 1998).

Als Folge der Individualisierung und der gesellschaftlichen Modernisierung, d.h. der allgemeinen *Erosion traditioneller sozialer Milieus* sowie der Pluralisierung von Lebenslagen und Lebensstilen, haben sich auch die Organisationsformen, Inhalte und Motive des Ehrenamts gewandelt. Generell sei beim Ehrenamt ein *„Trend von der aufopfernden Hilfeleistung zur bewußten Entscheidung für ein ehrenamtliches Engagement"* zu verzeichnen (Krüger 1993: 84). Charakteristisch an diesem „neuen" Ehrenamt ist vor allem, daß das traditionelle, caritativ-religiöse und selbstlose Helfermotiv der Reziprozität von Geben und Nehmen gewichen ist - das Ehrenamt wird heute zunehmend als Medium zur Identitätsfindung und Selbstverwirklichung genutzt. Zudem ist das ehrenamtliche Engagement heute zumeist zeitlich befristet und abhängig von bestimmten Lebens- oder Berufsphasen (vgl. Helbrecht-Jordan 1992; Krüger 1993; Rauschenbach 1991; Olk 1989).

Als Konsequenz dieser Entwicklung ist die Rekrutierung Ehrenamtlicher, speziell für stark professionalisierte und bürokratisierte, „quasi-staatliche" Organisationen wie die Wohlfahrtsverbände, heute besonders schwierig; obwohl freiwilliges Engagement nicht unbedingt an Zuspruch verloren hat, sondern sogar angewachsen ist (vgl. Klages 1998: 31ff.). Statt eines Verlusts an Gemeinschaft erfolgt eine Aufwertung neuer, weniger organisatorisch gebundener oder traditioneller Formen gemeinschaftlicher Selbsthilfe: *„Die Bürger stellen ihr soziales Engagement keineswegs ein, sondern verlagern es in andere Bereiche [...], wo sie unbürokratisch innovative Vorschläge nicht nur vortragen, sondern auch umsetzen können"* (Heinze/ Bucksteeg 1994: 8).

Für die Entfaltung dieser „neuen" Ehrenamtlichkeit fehle aber bislang die entsprechende institutionelle Unterstützung bzw. soziale Sicherung (vgl. Roth 1995: 49ff.). Um die Bereitschaft zum „freiwilligen", am Eigeninteresse orientierten Engagement politisch zu fördern, müßten nach „individualistisch-liberalem Verständnis" entweder gewisse Gegenleistungen in Aussicht gestellt oder die Suche nach Spaß, Sinn und Befriedigung „bedient" werden - anstatt an Moral bzw. Pflichterfüllung zu appellieren. Die mit diesem Verständnis verbundenen Forderungen zielten vor allem darauf, Hindernisse und Benachteiligungen zu beseitigen, soziales Engagement in gewisser Weise zu belohnen und „attraktivere" Angebote bzw. Gelegenheiten für das freiwillige Engagement zu schaffen (vgl. Evers 1999: 44f.).

3. „Ehrenamtsmodelle" der Parteien

Daß das freiwillige Engagement der Bürger unerläßlich ist für das Funktionieren einer demokratischen Gesellschaft, daß die Politik in der Verantwortung steht, ehrenamtliche Tätigkeit bzw. bürgerschaftliches Engagement zu unterstützen und daß sich die Formen, Inhalte und Motive des Ehrenamts geändert haben - darin sind sich die Parteien im wesentlichen einig. Die „Berliner Resolution zum Ehrenamt", die von allen Parteien außer der PDS unterzeichnet worden ist, kann gleichsam als kleinster gemeinsamer Nenner verstanden werden. Hier heißt es:

„Die Qualität einer Demokratie hängt entscheidend davon ab, ob eine große Zahl von Menschen bereit ist, durch freiwilliges und unbezahltes Engagement an ihrer Gestaltung mitzuwirken. [...] Die äußerst wertvolle Ressource Ehrenamt bedarf jedoch einer breiten gesamtgesellschaftlichen Anerkennung und Förderung" (Deutscher Sportbund 1996: 16).

Abseits derartiger, zumeist folgenloser Deklarationen gibt es zwischen den Parteien zum Teil starke Differenzen darüber, wie diese Förderung des Ehrenamts konkret aussehen soll bzw. ob überhaupt und, wenn ja, inwieweit die Rahmenbedingungen für das Ehrenamt durch staatliche Eingriffe bzw. Gesetze geregelt werden sollten. Auf der Grundlage des Quellenmaterials sollen die Positionen der im Bundestag vertretenen Parteien nun zunächst beschrieben werden, bevor die „Ehrenamtsmodelle" im Hinblick auf die oben aufgeführten Aspekte diskutiert werden.

3.1. CDU/CSU

Nach Ansicht der CDU/CSU ist das Ehrenamt Ausdruck des gesellschaftspolitischen Grundprinzips der Subsidiarität, d.h., der Staat solle auf die Übernahme von Aufgaben dort verzichten, wo einzelne kleinere Gemeinschaften, freie Träger oder auch einzelne Personen diese besser erfüllen könnten (vgl. CDU 1994: 8). Eigeninitiative, Innovation und Kreativität könnten dabei am besten durch einen „schlanken Staat" gefördert werden (vgl. Oswald 1996; vgl. auch CDU 1997: 62ff.). Denn, so betont insbesondere die CSU, *„größtmögliche Eigenverantwortung ermöglicht wirksame Solidarität"* (CSU-Landesleitung 1993: 41). Durch den Abbau der allgegenwärtigen staatlichen Daseinsfürsorge würden zugleich Gestaltungsfreiräume und neue Motivationen für den freiwilligen Einsatz des einzelnen Bürgers geschaffen.

Es geht den Unionsparteien bezüglich der politischen Unterstützung des Ehrenamts nicht um die Ausweitung materieller Zuwendungen. In erster Linie soll ehrenamtliche Arbeit als ideelles Engagement stärker gewürdigt und aufgewertet werden (vgl. auch CSU-Landesleitung 1993: 44): *„Ehrenamtliche Tätigkeit ist [...] ein Wert an sich. Sie ist freiwillig und unentgeltlich, der Lohn ist die breite gesellschaftliche Anerkennung"* (DS 13/6386: 2; vgl. DS 13/5383: 8). Um dem gestiegenen Bedürfnis nach mehr Freiraum und Gestaltung Rechnung zu tragen, sollten daher keine geldwerten Gegenleistungen erfolgen; vielmehr gelte es, sowohl die Bürokratisierung und Verrechtlichung im Bereich der ehrenamtlichen Arbeit als auch den Trend zur Professionalisierung zurückzudrängen (vgl. DS 13/5674: 18f.; DS 13/ 6386: 4; Riegert 1996b; Nolte 1996). Vor allem die Verbände und Vereine selbst sollen sich nach Ansicht der CDU/CSU den neuen Entwicklungen des bürgerlichen Engagements, die nicht zuletzt auf eine *„Verdrossenheit gegenüber Großorganisationen"* zurückzuführen seien, stellen (DS 13/6286: 3).

Öffentliche Anerkennung und stärkere Würdigung, aber keine gesetzliche Regulierung und Beibehaltung der Unentgeltlichkeit - so könnte man das „Ehrenamtsmodell" zusammenfassen, das eine breite Zustimmung in den Reihen der Unionsparteien findet. Der Vorsitzende des „Arbeitskreises Ehrenamt" der CDU/CSU-Bundestagsfraktion, Klaus Riegert stellt dementsprechend fest: *„Mit Gesetzen, Verordnungen und Haushaltstiteln ist dem Ehrenamt wenig gedient"* (Riegert 1996b). Im Grundsatzprogramm der CDU heißt es: *„Die Bereitschaft zu Selbsthilfe und Ehrenamt kann der Staat nicht 'produzieren'. Allerdings kann und muß der Staat die Bereitschaft zu Selbsthilfe und Ehrenamt wecken und unterstützen"* (CDU 1994: 65). Aufgabe des Staates sei die Gewährleistung eines Handlungsrahmens für dieses Engagement, nicht jedoch regulierendes Eingreifen in dessen Ausgestaltung - auch wenn bei gesetzlichen Regelungen die ideellen und materiellen Auswirkungen auf die Bedingungen ehrenamtlicher Tätigkeit stärker berücksichtigt werden sollten (vgl. Riegert 1996b). Konkrete Vorschläge, die *„die bessere Anerkennung ehrenamtlich geleisteter Dienste"* (CDU 1994: 65) zum Thema haben, sind allerdings Mangelware.[5]

3.2. FDP

Die FDP stimmt in ihrem „Ehrenamtsmodell" in wesentlichen Punkten mit den Unionsparteien überein (vgl. die gemeinsame DS 13/6386), wenngleich sich die Partei nicht so intensiv wie die CDU/CSU mit dem Thema auseinandersetzt. Die „Liberalen" plädieren einerseits für eine stärkere Würdigung freiwilliger Initiativen und ehrenamtlicher Arbeit (vgl. FDP 1997: 12); andererseits sollen jedoch zentralstaatliche Steuerung und bundeseinheitliche Regelungen unterbleiben, da damit die individuelle Flexibilität untergraben würde (vgl. Leutheusser-Schnarrenberger 1996). Statt dessen sei die Staatsmacht sowie die wachsende Macht von Parteien, Organisationen und Verbänden zurückzudrängen: und zwar durch eine Politik der Deregulierung, Dezentralisierung, Privatisierung und Entbürokratisierung (vgl. FDP 1997: 18f.). Hiermit soll der *„Sozialdemokratisierung der Politik"*, welche zu einer Überforderung des Staates und zur Entsolidarisierung der Gesellschaft geführt habe, entgegengesteuert werden (vgl. Westerwelle 1997: 323f.).

Aus der sich durch einen „schlankeren Staat" ergebenden größeren Freiheit des Bürgers folgt nach Ansicht der FDP zwangsläufig mehr Verantwortung und Engagement des einzelnen für die freie Bürgergesellschaft (vgl. FDP 1997: 10). Der einzelne wird grundsätzlich aufgefordert, *„nicht nur für sich selber, sondern auch für seine Umwelt Verantwortung zu übernehmen und [...] natürlich nicht zuerst und in erster Linie Ansprüche an den Staat zu stellen"* (Leutheusser-Schnarrenberger 1996).

---

5 So weist die CDU in ihrer Bilanz der Arbeit der Bundesregierung von 1994 bis 1997 unter „Förderung des Ehrenamtes" lediglich einen Punkt aus: die Gründung der Stiftung „Bürger für Bürger", die als nationale Freiwilligenagentur und Träger des Deutschen Forums für freiwilliges Engagement und Ehrenamt regionale Projekte vernetzen, der Informationssammlung und dem Informationsaustausch dienen und öffentliche Kampagnen zur Aufwertung und Anerkennung ehrenamtlicher Arbeit durchführen soll (vgl. CDU 1997: 35; Deutsches Forum für freiwilliges Engagement und Ehrenamt o.J).

3.3. SPD

Ähnlich den Unionsparteien distanzieren sich auch die Sozialdemokraten in ihren Überlegungen zum ehrenamtlichen Engagement von einem monetären Transfer-Prinzip, d.h., die Unentgeltlichkeit des Ehrenamts soll nicht angetastet werden (vgl. Klemmer 1996). Mit ihrem „Ehrenamtsmodell" richtet sich die SPD aber ausdrücklich gegen eine gewinnorientierte Marktlogik und setzt diesem das Leitbild eines *„solidarischen Individualismus"* entgegen (vgl. Vorstand der SPD 1997: 5).

Ebenso wie die anderen Parteien hat man die gewandelten Bedingungen und Motive des „klassischen" Ehrenamts erkannt (vgl. Vorstand der SPD 1997: 9ff.), daraus jedoch nicht nur die Notwendigkeit einer stärkeren öffentlichen Anerkennung abgeleitet. Die SPD sah als Opposition im Bundestag konkreten politischen Handlungsbedarf zur Unterstützung des Ehrenamts (im folgenden vgl. DS 13/6399: 2; Vorstand der SPD 1997: 17ff.; Vorwärts 1997: 17).

Um die Attraktivität gesellschaftlichen Engagements zu steigern, trat man dafür ein, die Aus- und Fortbildung der Ehrenamtlichen gesetzlich festzuschreiben und „bedarfsgerecht" zu finanzieren. Für alle Ehrenamtlichen - auch die in selbstorganisierten Projekten und Initiativen - sollte ein ausgeweiteter Unfall- und Haftpflichtversicherungsschutz gelten. Kosten, die durch ehrenamtliche Tätigkeit entstehen, müßten erstattet und Aufwandsentschädigungen bei der Einkommensteuer berücksichtigt werden. Darüber hinaus forderte die SPD eine verbindliche bundeseinheitliche Freistellungsregelung, die Entschärfung der Verfügbarkeitsregel im Arbeitsförderungsgesetz (AFG)[6], eine verstärkte Koordination bzw. Vernetzung bürgerschaftlichen Engagements auf Länder- und kommunaler Ebene, den Abbau und die Vereinfachung von Verwaltungsvorschriften sowie den Ausbau des Freiwilligen Sozialen und Freiwilligen Ökologischen Jahres. Um zum Durchbruch bei der Schaffung neuer bzw. verbesserter Rahmenbedingungen des Ehrenamts zu gelangen, wurde auch die Einrichtung eines „Beauftragten für das Ehrenamt" oder die Einsetzung einer Enquête-Kommission „Zukunft der freiwilligen Dienste" vorgeschlagen (vgl. Kröning 1997: 109).

Die SPD setzt sich also grundsätzlich für konkrete gesetzgeberische Maßnahmen ein, die die Rahmenbedingungen für ehrenamtliche Tätigkeit verbessern, d.h., Entlastungen und Vergünstigungen und somit mehr Motivation für die Ehrenamtlichen bringen sollen. Gute Rahmenbedingungen für

---

6   Nach § 103 AFG verlieren Menschen, die Arbeitslosengeld oder -hilfe beziehen, ihren Leistungsanspruch, wenn sie mehr als 15 Stunden/Woche ehrenamtlich arbeiten, d.h., wenn sie der Arbeitsvermittlung wegen eines Ehrenamts zeitweise nicht zur Verfügung stehen.

freiwilliges soziales Engagement eröffneten generell die Chance, *„dem Trend zur bloßen Privatisierung und zum Abbau gesellschaftlicher Solidarität entgegenzuwirken"* (Vorstand der SPD 1997: 6). Keinesfalls dürfe die Förderung des Ehrenamts der Logik folgen, damit die selbstverschuldete Krise der öffentlichen Haushalte zu umschiffen und die chronische Malaise des ersten Arbeitsmarktes zu stabilisieren (vgl. Klemmer 1996).

3.4. BÜNDNIS 90/DIE GRÜNEN

Für die Bündnis-Grünen bedarf heutiges freiwilliges Engagement einer stärkeren Förderung von außen - d.h.: staatlicher Unterstützung -, da es insgesamt voraussetzungsvoller geworden sei (vgl. DS 13/3232: 1). *„Soziales und gesellschaftliches Engagement will ermutigt und unterstützt, gefördert und gehegt werden"* (Fischer 1996: 3). Der christlich-liberalen Bundesregierung warf man dagegen eine einseitige Interpretation des Subsidiaritätsprinzips, d.h. mangelnde Unterstützung und den Mißbrauch freiwilligen Engagements, vor (vgl. Fischer 1996). Es mache *„mißtrauisch, daß die Wertschätzung für das freiwillige Engagement um so lauter wird, je mehr der Sozialstaat zurückgebaut wird"* (Fischer 1997b).

Freiwilliges Engagement wird nur als Ergänzung, nicht als Substitut öffentlicher Daseinsvorsorge gesehen - wenn das freiwillige Engagement als Lückenbüßer für sozialpolitische Versäumnisse mißbraucht werde, so untergrabe man damit die Motivation zu Selbsthilfe und praktiziertem Gemeinsinn (vgl. DS 13/3232: 2). Die Bürgergesellschaft habe aber sozialstaatliche Garantien zur Voraussetzung: sowohl im Hinblick auf die materiellen Lebensbedingungen, als auch im Hinblick auf die Strukturen für individuelles Engagement und Bürgersinn (vgl. Fischer 1997c: 10). Bürgerschaftliches Engagement und kollektiv organisierte und finanzierte soziale Sicherungssysteme seien daher keine sich ausschließenden Gegensätze, sondern müßten verzahnt werden (vgl. Fischer 1997b: 20; vgl. DS 13/2464: 15 f.). Das Konzept einer *„bedarfsorientierten sozialen Grundsicherung"* (Bundestagsfraktion Bündnis 90/Die Grünen 1998) operationalisiert diese Forderung nach einer Verzahnung von Sozialstaat und bürgerschaftlichem Engagement: Von einer besseren Absicherung erhofft man sich auch mehr freiwillige Beteiligung.

Freiwilliges Engagement soll vom Gesetzgeber durch die Schaffung konkreter organisatorischer, finanzieller und sozialrechtlicher Rahmenbedingungen unterstützt werden. Die diesbezüglichen Vorschläge von Bündnis 90/Die Grünen sahen vor dem Regierungswechsel u.a. vor: eine bundeseinheitliche Freistellungsregelung, eine umfassendere sozialversicherungsrechtliche Absicherung und eine bessere Aus- und Fortbildung für die der Ehrenamtlichen. Ebenso wie die SPD plädierte man für eine Entschärfung des § 103 AFG. Neue Organisationsformen bürgerschaftlichen Engagements wie Freiwilligenagenturen, Vermittlungsbüros und (Zeit-)Tauschringe sollten stärker gefördert sowie ein Freiwilligengesetz geschaffen werden. Das Freiwillige Soziale und Ökologische Jahr wäre finanziell abzusichern und fortzuentwickeln, aber auch die ideelle Anerkennung des ehrenamtlichen Engagements zu verbessern (vgl. DS 13/3232: 3ff.).

3.5. PDS

Die Position der PDS zum Ehrenamt muß in erster Linie aus ihren beiden zentralen politischen Konzepten abgeleitet werden: Dies sind zum einen die Einführung einer sozialen Grundsicherung (vgl. PDS im Bundestag 1996: 2 ff.; DS 13/3628) und zum anderen der „öffentlich geförderte Beschäftigungssektor" (vgl. DS 13/7147; Knake-Werner/Werner 1997; PDS im Bundestag 1996, 1997).

Der zwischen Staat und Markt angesiedelte „öffentlich geförderte Beschäftigungssektor" (ÖBS), der auf der sozialen Grundsicherung aufbauen soll, biete nicht nur die Voraussetzungen für die Übernahme unbezahlter Arbeit, so daß unerledigte Aufgaben im sozialen, kulturellen und ökologischen Bereich übernommen werden könnten. Zudem könnten neue Arbeitsplätze geschaffen und die brachliegenden Fähigkeiten und Qualifikationen Arbeitsloser sinnvoll genutzt werden. Zwar solle oder könne durch den ÖBS nicht alle ehrenamtliche Arbeit durch bezahlte ersetzt werden; allerdings gelte es, die Betreuung, Qualifizierung und öffentliche Anerkennung Ehrenamtlicher zu fördern sowie das Netz der gesellschaftlichen Selbstorganisation insgesamt gezielt zu stärken (vgl. DS 13/3628: 12; vgl. Knake-Werner/Werner 1997: 5).

Von der PDS unterstützte Forderungen hinsichtlich der Rahmenbedingungen für bürgerschaftliches Engagement sind: Die Verbesserung des Versicherungsschutzes, die Anerkennung ehrenamtlicher Leistungen in Form von rentenrechtlichen Anwartschaften, verbesserte Bildungs- und Qualifikationsangebote, eine bundeseinheitliche Freistellungsregelung, die Steuerbefreiung für Aufwandsentschädigungen sowie die Verankerung von Mitbestimmungsrechten der Ehrenamtlichen (vgl. Bläss 1996).

Zusammenfassend kann man sagen, daß das Ehrenamt nach Ansicht der PDS nicht nur der verstärkten öffentlichen Anerkennung, sondern auch gesicherter rechtlicher Rahmenbedingungen sowie öffentlicher finanzieller Förderung bedarf. Im Hinblick auf die Regierungsarbeit der christlich-liberalen Koalition kommt die PDS demgegenüber zu dem Schluß, daß die Aufwertung des Ehrenamtes in einem unmittelbaren Zusammenhang mit der Zurücknahme sozialstaatlicher Leistungen, mit Sozialabbau, Deregulierung und Privatisierung, stehe (vgl. Bläss 1996).

Anschließend soll nun versucht werden, die zum Teil recht vagen Positionen der im Bundestag vertreten Parteien den geschilderten Aspekten bzw. Diskursen „des" Ehrenamts annäherungsweise zuzuordnen. Dabei gilt es insbesondere, die „Steuerungsprinzipien" zu berücksichtigen, die die Parteien zur Förderung des ehrenamtlichen Engagements anzuwenden gedenken. Unter Steuerungsprinzipien werden in der Policy-Analyse die Instrumente verstanden, die die Politik einsetzt, um eine bestimmte Wirkung zu erzielen oder ein bestimmtes Verhalten hervorzurufen. Hier kann unterschieden werden zwischen den Steuerungstypen Gebot/Verbot; Anreiz; Angebot; Überzeugung/Information/Aufklärung und Vorbild (vgl. Windhoff-Héritier 1987: 27ff.). Für die Förderung von mehr Bereitschaft zum Engagement dürfte das Steuerungsprinzip des Gebots/Verbots allerdings aufgrund des Prinzips der Freiwilligkeit von vornherein ausgeschlossen sein.

4. Diskussion der „Ehrenamtsmodelle"

Die *CDU/CSU* hat zwar den Wandel des Ehrenamtes hin zu neuen Formen des sozialen Engagements erkannt, als christlich-konservative Kräfte sind die Unionsparteien jedoch offenbar nach wie vor stark dem „alten" Ehrenamt verhaftet. So werden eine besorgniserregende Individualisierung und Entsolidarisierung bisweilen auch in einem Satz genannt respektive gleichgesetzt (vgl. Falk 1997: 107); und wenn die CDU in ihrem Grundsatzprogramm davon ausgeht, daß solidarisches Handeln aus dem Gebot der Nächstenliebe folgt und daß Solidarität *„ohne Opfer nicht denkbar"* ist (CDU 1994: 9f.), so kann diese Position auch erklären, warum das „freiwillige" Engagement nicht durch materielle Gegenleistungen kompensiert werden soll.

Die katholische Soziallehre und das Subsidiaritätsprinzip bieten zwar durchaus Anschlußmöglichkeiten für einen kommunitaristischen Diskurs innerhalb der CDU/CSU, und dieser Diskurs wird zum Teil auch aufgenommen (vgl. Biedenkopf 1997; Gauly 1995). Die Unkonkretheit bzw. Unverbindlichkeit des bundespolitischen „Ehrenamtsmodells" der Unionsparteien legen jedoch den Schluß nahe, daß das freiwillige Engagement der Bürger in erster Linie zur Kostenreduktion und zum *„Umbau des Sozialstaats"* (CDU 1994: 63f.; vgl. CSU-Landesleitung 1993: 42) nach neoliberalem Muster genutzt werden soll.[7] Dies scheint vor allem aus Aussagen wie jener zu sprechen:

„Der Staat muß sich auf das unbedingt Notwendige konzentrieren, wenn er auch in Zukunft seinen Aufgaben gerecht werden will. Daher ist die Gesellschaft in Zukunft nach wie vor auf die freiwillige und ehrenamtliche Mitarbeit von Männern und Frauen, von Bürgerinnen und Bürgern aller Generationen angewiesen" (DS 13/5383: 7).

Vor allem bei der *FDP* drängt sich der Eindruck auf, daß die Stärkung von Selbsthilfe, Ehrenamt und privater Initiative den Rückzug des Staates flankieren und somit zur Kosteneinsparung beitragen soll; wenngleich die Freien Demokraten dem „neuen" Ehrenamt näher zu stehen scheinen als die CDU/CSU (vgl. Leutheusser-Schnarrenberger 1996).

Die Freien Demokraten bekennen sich in ihrem politischen Grundsatzprogramm zu einer *„liberalen Bürgergesellschaft"* (FDP 1997). Ähnlich wie die Kommunitaristen stimmt man zwar in die Kritik am Wohlfahrtsstaat und an der Trennung von Rechten und Pflichten ein (vgl. Westerwelle 1997: 322). Eine *„künstliche Aufspaltung von ökonomischer Vernunft und moralischem Verhalten"* (Westerwelle 1997: 325) - mit Spitze gegen die marktwirtschaftliche Wirtschaftsordnung - wird aber abgelehnt, da soziale Sicherheit auf hohem Niveau nur durch die individuelle Leistungsbereitschaft und eine funktionierende Marktwirtschaft zu verwirklichen seien (vgl. Westerwelle 1997: 326; FDP 1997: 13). Hinter der unverkennbar vom Wirtschafts- bzw. Neo-Liberalismus geprägten Programmatik der FDP stecke nach Vorländer eher das „Anti-Zielbild" der kommunitaristischen Bürgergesellschaft: der egoistische, allein seine ökonomischen Interessen verfolgende Wirtschaftsbürger (vgl. Vorländer 1995: 87).

So setzen die Freien Demokraten offenbar auch bei der Förderung der ehrenamtlich Tätigen in erster Linie auf den deregulierten, freien Markt als „Allheilmittel": Wenn die Marktbedingungen nur stimmten, bürokratische Hemmnisse und (sozial-)staatliche Interventionen abgebaut würden, ergäbe sich durch dieses Weniger an Staat auch mehr ehrenamtliches Engagement in der „freien Bürgergesellschaft".

Um die Bereitschaft zum ehrenamtlichen Engagement zu fördern, präferierte die *christlich-liberale Bundesregierung* symbolische und öffentlichkeitswirksame Würdigung oder Anerkennung eindeutig gegenüber der

---

7   Ein Trend zu „mehr Markt" hat sich in den neunziger Jahren nicht zuletzt im Bereich der sozialen Dienstleistungen gezeigt (neues Kinder- und Jugendhilfegesetz, Novellierungen des Bundessozialhilfegesetzes, Pflegeversicherungsgesetz), insbesondere in der Umdeutung des überkommenen verbandszentrierten Subsidiaritätsprinzips zur „neuen Subsidiarität" (vgl. Heinze 1986; Richter 1987; Sachße 1994). Gaskin et al. stellen diesbezüglich fest: *„Die neue Politik in Deutschland vereinigt in sich eine Neubewertung der Rolle des Staates, der öffentlichen Einrichtungen und der Marktkräfte"* (Gaskin et al. 1996: 46).

materiellen Verbesserung der Rahmenbedingungen des ehrenamtlichen Engagements. Man könnte auch sagen, daß das Steuerungsprinzip der Überzeugung, Information und Aufklärung - durch öffentliche Kampagnen und Aktionen - im Vordergrund der „Ehrenamtspolitik" von CDU/CSU und FDP steht (vgl. DS 13/6368: 3f.). Eine über die bisherigen Möglichkeiten hinausgehende Integration von Ehrenamtlichen in die Renten- und Unfallversicherung sowie eine individualisierte Berücksichtigung im Steuerrecht erschien der Koalition aus CDU/CSU und FDP ebenso wenig möglich bzw. wünschenswert wie eine über das bestehende Maß hinausgehende finanzielle Förderung ehrenamtlicher Tätigkeit oder ein bundeseinheitliches Freistellungsgesetz (vgl. DS 13/6386; DS 13/5383: 9f.; DS 13/5674: 22ff.; Nolte 1996).

Der Verweis auf die bürgerschaftliche Verantwortung des einzelnen sowie auf die Einschränkung von Selbstverantwortung und Selbsthilfe durch die allseitige staatliche Versorgung (vgl. DS 13/2652: 1) durch CDU/CSU und FDP scheinen insofern weniger auf der Linie des kommunitaristischen bzw. zivilgesellschaftlichen Diskurses zu liegen. Vielmehr geht es offenbar darum, sozialstaatliche Deregulierungs- oder Umbaumaßnahmen sowie die gesetzgeberische „Untätigkeit" im Hinblick auf eine konkrete infrastrukturelle oder finanzielle Unterstützung ehrenamtlichen Engagements zu rechtfertigen - das ehrenamtliche Engagement dient als Faktor der Kosteneinsparung bzw. zur Entlastung der öffentlichen Haushalte.

Während sich die „Ehrenamtspolitik" von CDU/CSU und FDP in der Vergangenheit größtenteils darauf beschränkte, neue und vor allem kostenintensive Forderungen der Opposition mit dem Argument der Haushaltsmisere abzuwehren, ist den „Ehrenamtsmodellen" von SPD und Bündnis 90/Die Grünen gemein, daß der neoliberale Abbau sozialstaatlicher Leistungen abgelehnt, ein staatlich subventionierter Auf- bzw. Ausbau der bürgerschaftlichen und selbstorganisierten Infrastruktur gefordert und konkrete Vorschläge zur Verbesserung der (materiellen) Rahmenbedingungen des Ehrenamts gemacht werden. Sowohl SPD als auch Bündnis 90/Die Grünen beschränken sich also nicht nur auf Überzeugung oder Information als Steuerungsprinzip, sondern sie gedenken auch - im Sinne eines stärker *„individualistisch-liberalen"* Verständnisses (Evers) des Ehrenamtes - Anreize und Angebote zu schaffen, die die Bereitschaft zum „freiwilligen" Engagement fördern sollen: So müßte etwa für Jugendliche Engagement mit „Fun-Effekt" angeboten werden (vgl. Vorstand der SPD 1997: 13).

Kennzeichnend für das „Ehrenamtsmodell" der *SPD* ist zudem, daß der Staat im Vergleich zu CDU/CSU und vor allem zur FDP offenbar eine herausgehobene Stellung besitzt, denn ihm wird eine aktiv(ierend)e Rolle für die

Förderung ehrenamtlichen Engagements beigemessen, er soll sich seiner sozialen Verantwortung nicht entledigen. Unterstützung bürgerschaftlichen Engagements in öffentlich-privater Partnerschaft sei das Ziel, nicht Abschieben öffentlicher Verantwortung auf unbezahlte und damit billige ehrenamtliche Arbeit (vgl. Däubler-Gmelin 1997).

Die Sozialdemokraten beziehen sich überdies auf das Konzept einer *„aktiven Bürgergesellschaft"*, die durch die freiwillige Handlungsbereitschaft der Bürgerinnen und Bürger gekennzeichnet sei (Vorstand der SPD 1997: 6). Ferner wird festgestellt, daß in der gegenwärtigen Gefährdung des Sozialstaates die moralischen Fundamente und Wertorientierungen *„einer auf Kooperation angelegten Zivilgesellschaft"* aktiviert werden müßten, um dem *„marktradikalen Programm"* entgegen zu wirken (SPD 1997: 10). Eine liberalistische Deutung des Kommunitarismus wird aber abgelehnt, da (sozial-)staatliche Regelungen als unverzichtbar angesehen werden (vgl. Meyer 1995: 74). Ebenso hält die SPD an eher traditionellen arbeitsmarktpolitischen Konzepten und an der industriellen Erwerbsgesellschaft fest; die Auseinandersetzung mit dem Diskurs „Engagement und Arbeit" bzw. mit der „Zweiten Moderne" hat jedenfalls keine erkennbaren programmatischen Konsequenzen im Hinblick auf das Ehrenamt gezeigt (vgl. Vorwärts 1997: 12f.; Vorstand der SPD 1998: 14ff.; Vorstand der SPD 1989/1998: 25ff.).

Das „Ehrenamtsmodell" von *Bündnis 90/Die Grünen* kann nicht zuletzt auf die beiden „grünen Gründungsmythen" - die Bürgerinitiativen und die kleinen, lokalen Bezüge - zurückgeführt werden (vgl. Kretschmann 1995: 83ff.). So ist bei den Bündnis-Grünen einerseits eine starke Affinität zu Selbsthilfegruppen und selbstorganisierten Projekten (vgl. auch Bundestagsfraktion Bündnis 90/Die Grünen 1995: 51ff.) festzustellen: Sie setzen sich am stärksten von allen im Bundestag vertretenen Parteien für die sozialrechtliche Gleichstellung von selbstorganisierten Gruppen mit verbandlichen Trägern ein (vgl. DS 13/3232: 11; Bundestagsfraktion Bündnis 90/Die Grünen 1995: 11). Diese Forderung nach Gleichstellung schließt insbesondere die ehrenamtlich Engagierten bei selbstorganisierten, nichtträgergebundenen Organisationen ein - etwa im Hinblick auf die Anrechnungsfähigkeit von Aufwandsentschädigungen und Entgelten oder Steuerfreibeträge (vgl. DS 13/3232: 4).

Die Bündnis-Grünen beziehen sich dabei offenbar in erster Linie auf das „neue Ehrenamt" bzw. das „freiwillige" Engagement; also darauf, Engagement und Individualismus bzw. Selbstentfaltung und Solidarität zu verknüpfen - konservative Versuche einer Renaissance des traditionellen Ehrenamts werden als „unrealistisch" eingeschätzt (vgl. Bundestagsfraktion Bündnis 90/Die Grünen 1995: 53; Fischer 1997a: 110). Der *„Strukturwandel des Ehrenamts"* verlange *„neue und zusätzliche Infrastrukturen, um das erhebliche*

Potential von am freiwilligen sozialen Engagement interessierten Menschen auch tatsächlich zur Mitarbeit zu gewinnen" (DS 13/3232: 6). In diesem Zusammenhang setzt das „Ehrenamtsmodell" von Bündnis 90/Die Grünen vor allem auf die Steuerungsprinzipien des Angebotes und des Anreizes. So heißt es in einem von der Bundestagsfraktion herausgegebenen Gutachten zur Verwaltungs- und Haushaltsreform: *„Innovative und zeitgemäße Muster des gesellschaftlichen Engagements und der sozialen Selbsthilfe bedürfen spezifischer Anreize, Absicherungen und Kompensationen"* (Bundestagsfraktion Bündnis 90/Die Grünen 1995: 54). Die heutige Bundesgesundheitsministerin bringt diese Position auf den Punkt: *„Wer sich beteiligt, darf von der Gesellschaft auch Gegenleistungen erwarten"* (Fischer 1996).

Zudem weisen sowohl das bündnis-grüne „Ehrenamtsmodell" als auch die Konzepte zur Verwaltungsreform (vgl. Bundestagsfraktion Bündnis 90/Die Grünen 1995; DS 13/2464) Verbindungslinien mit dem Kommunitarismus auf. Allerdings wird hier - ähnlich der SPD - die Interdependenz zwischen Stärkung der Bürgergesellschaft und Erhaltung des Sozialstaats besonders betont; denn „bürgerschaftliches" Engagement bedürfte hinreichender sozialer Absicherung sowie Unterstützung und Begleitung: *„Eine moderne Sozialpolitik muß bürgerschaftliches Engagement und kollektiv organisierte und finanzierte soziale Sicherungssysteme als Komplemente sehen"* (Fischer 1997b).

Die *PDS* setzt sich offenbar am intensivsten von allen im Bundestag vertretenen Parteien mit der Thematik „Ehrenamt/Engagement und Arbeit" auseinander, denn angestrebt ist *„eine neue Verzahnung zwischen Erwerbsarbeit und ehrenamtlicher Arbeit"* (Gehrcke 1998). Insbesondere das Konzept des „öffentlich geförderten Beschäftigungssektors" weist eine unverkennbare Nähe zu den aktuellen Problemen der Arbeitsgesellschaft auf; vermutlich auch deshalb, weil diese besonders der ostdeutschen Wählerschaft der PDS auf den Nägeln brennen dürften. Hier plädiert man für eine Neubewertung ehrenamtlicher Tätigkeit, eine Verkürzung der Arbeitszeit, eine Umverteilung der Erwerbsarbeit und eine Aufwertung der unbezahlten (Familien-)Arbeit. Da Frauen den Großteil der unbezahlten und ehrenamtlichen Arbeit zu leisten hätten, betrachtet die PDS Maßnahmen in dieser Richtung auch als Abbau der geschlechtsspezifischen Arbeitsteilung und damit der Benachteiligungen von Frauen (vgl. DS 13/3628: 11; Bläss 1996).

Die „demokratischen Sozialisten" scheinen sich mit ihrem „Ehrenamtsmodell" nicht nur gegen eine neoliberale Wirtschafts-, Sozial- und Arbeitsmarktpolitik zu richten und bei der Unterstützung ehrenamtlichen Engagements - ebenso wie SPD und Bündnis 90/Die Grünen - auf das Steuerungsprinzip des Anreizes zu setzen. Darüber hinaus soll die Zivilgesellschaft zwar den Allmachtsanspruch des Staates bändigen, andererseits setzt die PDS mit ihren Konzepten des staatlich zu initiierenden ÖBS und der sozialen Grundsicherung aber auf einen starken, regulierenden (Sozial-)Staat.

5. Ausblick

In der vergangenen Legislaturperiode warfen sowohl SPD als auch Bündnis 90/Die Grünen der christlich-liberalen Koalition immer wieder die Instrumentalisierung des ehrenamtlichen Engagements als *„Alibi für das Nichthandeln der öffentlichen Hand"* (Hagemann 1996) oder als *„Ausfallbürge für den Sozialstaat"* (Fischer 1996) vor.

Angesichts des Regierungswechsels zur rot-grünen Koalition stellt sich nun abschließend die Frage, was SPD und Bündnis 90/Die Grünen von den in ihren „Ehrenamtsmodellen" vertretenen Forderungen in Angriff genommen oder bereits verwirklicht haben, d.h. auch, ob sie mit der angeprangerten Instrumentalisierung des Ehrenamts gebrochen haben. Im Koalitionsvertrag zwischen SPD und Bündnis 90/Die Grünen heißt es zwar, daß die neue Bundesregierung rechtliche und institutionelle Hindernisse für Selbsthilfe und soziales Engagement abbauen will und daß zeitgemäße Zugänge zum sozialen Engagement geschaffen und unterstützt werden sollen (vgl. SPD 1999). Demgegenüber ist im SPD-Wahlprogramm aber auch jene Aussage zu finden: *„Die Ansprüche an den Staat müssen zurückgenommen werden. Vieles was wünschbar wäre, ist nicht mehr finanzierbar"* (Vorstand der SPD 1998: 62f.). Mit sozialem Engagement könnten gesellschaftliche Aufgaben oftmals nicht nur schneller und besser, sondern auch „kostengünstiger" gelöst werden (vgl. Vorstand der SPD 1998: 64).

Nach nunmehr rund einem Jahr rot-grüner Bundesregierung muß das aus der Sicht der Ehrenamtlichen ernüchternde Fazit gezogen werden, daß die Förderung ihres Engagements nach wie vor einen eher untergeordneten Rang auf der bundespolitischen Agenda einnimmt. Dies mag nicht zuletzt daran liegen, daß der Krieg im Kosovo, aber auch Themen wie die Steuer- oder Rentenreform - verständlicherweise - eine höhere Priorität besaßen und besitzen. Doch daß in puncto Ehrenamt bisher so gut wie kein Punkt der oppositionellen Forderungskataloge von SPD und Bündnis 90/Die Grünen zumindest in die Wege geleitet wurde, stimmt mehr als nachdenklich. Die Einrichtung einer „Arbeitsgruppe Ehrenamt" durch die SPD-Bundestagsfraktion (vgl. Struck 1999) oder die geplante Reform des Arbeitsförderungsgesetzes (vgl. DS 14/511) erscheinen da eher wie Tropfen auf den heißen Stein.

In der Opposition können es sich die Parteien offenbar eher leisten, ihre Forderungen „jenseits der Kosten" zu entwickeln, da sie die Wirtschafts-, Finanz- und Sozialpolitik nicht (unmittelbar) zu verantworten haben. Dies macht auch ein von der CDU/CSU-Bundestagsfraktion im Juni 1999 im Bundestag eingebrachter Gesetzesentwurf deutlich, mit dem eine Verdoppelung des steuerfreien Pauschalbetrags für Übungsleiter angestrebt wird (vgl. Götz 1999). Diese Initiative scheint eher ein taktisches Manöver zu sein, hatte doch die christlich-liberale-Koalition bereits 1996 festgestellt, daß eine Ausweitung der Aufwandspauschale „*fiskalisch nicht zu verkraften*" wäre (DS 13/5674: 23).

Bleibt es also angesichts des auch von der neuen Bundesregierung eingeschlagenen Sparkurses bei den alljährlichen Sonntagsreden zum Tag des Ehrenamtes? Setzt sich nun unter veränderten parteipolitischen Vorzeichen fort, was vor dem Regierungswechsel von der SPD als „Trauerspiel" kritisiert wurde: „*Die Bundesregierung begrüßt und lobt zwar Ehrenamt und Freiwilligen-Arbeit offiziell immer, schiebt jedoch die nötigen Schritte zu Ausbau und Unterstützung ständig weiter auf die lange Bank*" (Däubler-Gmelin 1997)? - Manches deutet darauf hin, jedoch die Antwort auf diese Frage muß die rot-grüne Bundesregierung in den nächsten Monaten geben.

6. Literaturverzeichnis

Bäcker, G. (1995): Sind die Grenzen des Sozialstaats überschritten? Zur Diskussion über die Reformperspektiven der Sozialpolitik. In: Aus Politik und Zeitgeschichte, 45. Jg., Heft B 25/26, S. 13-25

Beck, U. (1993): Die Erfindung des Politischen. Zu einer Theorie reflexiver Modernisierung. Frankfurt am Main: Suhrkamp

Beck, U. (1998): Das Demokratie-Dilemma im Zeitalter der Globalisierung. In: Aus Politik und Zeitgeschichte, 48. Jg., Heft B 38, S. 3-11

Biedenkopf, K. (1997): Subsidiarität neu entdecken: Überlegungen zum Kommunitarismus in Deutschland und Europa. In: Chatzimarkakis, Georgios/Hinte, Holger (Hg.): Freiheit und Gemeinsinn. Vertragen sich Liberalismus und Kommunitarismus? Bonn: Lemmens, S. 95-105

Bläss, P. [PDS] (1996): Kein Ersatz für bezahlte Tätigkeiten (Bundestagsdebatte zum Ehrenamt am 5. Dezember 1996). In: Das Parlament, Nr. 51 vom 13. Dezember 1996, S. 4

Börnsen, W. [CDU/CSU] (1996): Eine Jugend mit großartigem Idealismus (Bundestagsdebatte zum Ehrenamt am 5. Dezember 1996). In: Das Parlament, Nr. 51 vom 13. Dezember 1996, S. 5

Borchert, J. (1995): Die konservative Transformation des Wohlfahrtsstaates. Großbritannien, Kanada, die USA und Deutschland im Vergleich. Frankfurt am Main/New York: Campus

BÜNDNIS 90/DIE GRÜNEN (Hg.) (o.J.): Politische Grundsätze. Bonn
Bundestagsdrucksache 13/2464 vom 27. 9. 1995: Antrag der Fraktion BÜNDNIS 90/DIE GRÜNEN „Verwaltungsreform ist Staatsreform"
Bundestagsdrucksache 13/2652 vom 11. 10. 1995: Große Anfrage der Fraktionen der CDU/CSU und FDP „Bedeutung ehrenamtlicher Tätigkeit für unsere Gesellschaft"
Bundestagsdrucksache 13/3232 vom 5. 12. 1995: Antrag der Fraktion BÜNDNIS 90/DIE GRÜNEN „Freiwilliges soziales Engagement fördern und zur Selbständigkeit ermutigen"
Bundestagsdrucksache 13/3628 vom 30. 1. 1996: Antrag der Gruppe der PDS „Soziale Grundsicherung gegen Armut und Abhängigkeit, für mehr soziale Gerechtigkeit und ein selbstbestimmtes Leben"
Bundestagsdrucksache 13/5205 vom 1. 7. 1996: Kleine Anfrage der Fraktion der SPD „Frauen ins Ehrenamt mit Hilfe von Steuermitteln"
Bundestagsdrucksache 13/5383 vom 2. 8. 1996: Antwort der Bundesregierung auf die Kleine Anfrage der Fraktion der SPD (Bundestagsdrucksache 13/5205)
Bundestagsdrucksache 13/5674 vom 1. 10. 1996: Antwort der Bundesregierung auf die Große Anfrage der Fraktionen der CDU/CSU und FDP (Bundestagsdrucksache 13/2652)
Bundestagsdrucksache 13/6386 vom 3. 12. 1996: Entschließungsantrag der Fraktionen der CDU/CSU und FDP zu der Großen Anfrage der Fraktionen der CDU/CSU und FDP (Bundestagsdrucksache 13/2652)
Bundestagsdrucksache 13/6399 vom 4. 12. 1996: Entschließungsantrag der Fraktion der SPD zu den Bundestagsdrucksachen 13/2652, 13/5674 „Bedeutung ehrenamtlicher Tätigkeit für unsere Gesellschaft"
Bundestagsdrucksache 13/7147 vom 6. 3. 1997: Antrag der Gruppe der PDS „Einen öffentlich geförderten Beschäftigungssektor einrichten - Massenarbeitslosigkeit und ihre sozialen Folgen bekämpfen"
Bundestagsdrucksache 14/402 vom 22. 2. 1999: Kleine Anfrage der CDU/ CSU „Ehrenamt und Arbeitslosigkeit"
Bundestagsdrucksache 14/511 vom 12. 3. 1999: Antwort der Bundesregierung auf die Kleine Anfrage der Fraktion der CDU/CSU (Bundestagsdrucksache 14/402)
Bundestagsfraktion BÜNDNIS 90/DIE GRÜNEN (Hg.) (1995): „Vater Staat wird pensioniert". Öffentliche Verwaltung unter Veränderungsdruck. Grüne Ideen zur Verwaltungs- und Haushaltsreform, Teil I. Bonn
Bundestagsfraktion BÜNDNIS 90/DIE GRÜNEN (Hg.) (1998): Die Grüne Grundsicherung. Ein soziales Netz gegen die Armut. Bonn
CDU (Hg.) (1994): Freiheit in Verantwortung. Grundsatzprogramm der Christlich Demokratischen Union Deutschlands. Beschlossen vom 5. Parteitag. Hamburg, 20.-23. Februar 1994
CDU (Hg.) (1997): Handeln für Deutschland - Politik für die Zukunft. Bilanz der Arbeit der Bundesregierung 1994-1997. 9. Parteitag der CDU in Leipzig. Stand: 19. September 1997
CSU-Landesleitung (Hg.) (1993): Grundsatzprogramm der Christlich Sozialen Union in Bayern. München: Atwerb
Däubler-Gmelin, H. [SPD] (1997): Nationale Freiwilligen-Arbeit in öffentlich-privater Partnerschaft gründen. Hrsg. v. Presseservice der SPD; Bonn, den 23. Mai 1997
Deutscher Caritasverband (1995): Ehrenamtliche Tätigkeit in der Caritas - Bestandsaufnahme, Perspektiven, Positionen. In: Caritas 96, Heft 7/8, S. 309-329

Deutscher Sportbund (Hg.) (1996): Ehrenämter in Deutschland. Dokumentation der Anhörung des Deutschen Sportbundes zum Ehrenamt am 6. November 1995 in Berlin. Frankfurt am Main

Deutsches Forum für freiwilliges Engagement und Ehrenamt (o.J.): Aufgaben und Ziele der Stiftung Bürger für Bürger. In: Internet, http://www.buergerfuerbuerger.de/na-fa.htm. Abgerufen am 22. Juli 1999

Dettling, W. (1998): Bürgergesellschaft. Möglichkeiten, Voraussetzungen und Grenzen. In: Aus Politik und Zeitgeschichte, 48. Jg., Heft B 38, S. 22-28

Etzioni, A. (1995): Die Entdeckung des Gemeinwesens. Ansprüche, Verantwortlichkeiten und das Programm des Kommunitarismus. Stuttgart: Schaeffer-Poeschel

Evers, A. (1999): Warum sich engagieren? Eigensinn, Gemeinsinn und Aufgaben der Politik. In: Kulturpolitische Mitteilungen, Heft 1, S. 40-46

Falk, I. [CDU/CSU] (1997). In: Stiftung Mitarbeit et al. (Hg.): Solidarität inszenieren ...: Freiwilligen-Agenturen in der Praxis. Dokumentation einer Tagung. Bonn: Stiftung Mitarbeit, S. 107-108

F.D.P. (Hg.) (1997): Wiesbadener Grundsätze: „Für die liberale Bürgergesellschaft", beschlossen auf dem Bundesparteitag der F.D.P. am 24. Mai 1997 in Wiesbaden

Fischer, A. [BÜNDNIS 90/DIE GRÜNEN] (1996): Die Pflicht zum „hilfreichen Beistand" (Bundestagsdebatte zum Ehrenamt am 5. Dezember 1996). In: Das Parlament, Nr. 51 vom 13. Dezember 1996, S. 3-4

Fischer, A. [BÜNDNIS 90/DIE GRÜNEN] (1997a). In: Stiftung Mitarbeit et al. (Hg.) (1997): Solidarität inszenieren ...: Freiwilligen-Agenturen in der Praxis. Dokumentation einer Tagung. Bonn: Stiftung Mitarbeit, S. 110-111

Fischer, A. [BÜNDNIS 90/DIE GRÜNEN] (1997b): Eine Frage der Ehre. In: Kommune, Heft 1, S. 20

Fischer, A. [BÜNDNIS 90/DIE GRÜNEN] (1997c): Solidarität und Individualismus. Dringender Modernisierungsbedarf in den Systemen der sozialen Sicherung. In: Forum für Gesellschaftspolitik, Heft Januar, S. 10-12

Gaskin, K./Smith, J. D./Paulwitz, I. u.a. (1996): Ein neues bürgerschaftliches Europa. Eine Untersuchung zur Verbreitung und Rolle von Volunteering in zehn Ländern. Freiburg i.B.: Lambertus

Gauly, Th. M. (1995): Programmatik und Politik der CDU und ihr Verhältnis zu kommunitaristischen Konzepten. In: Forschungsjournal Neue Soziale Bewegungen, Heft 3, S. 76-82

Gehrcke, W. [PDS] (1998): Das Ehrenamt - Kernelement einer zivilen Gesellschaft. Hrsg. v. Pressedienst der PDS, Nr. 29/98, S. 2

Götz, P. (1999): Vereine fördern - ehrenamtlich Tätige entlasten. Zur Verbesserung der Vereinsförderung und der Verbesserung der Situation ehrenamtlich Tätiger (18.06.1999). In: Internet: http://www.cducsu. bundestag.de/texte/goetz24i.htm. Abgerufen am 22. Juli 1999

Hagemann, K. [SPD] (1996): Klare Perspektiven aufzeigen (Bundestagsdebatte zum Ehrenamt am 5. Dezember 1996). In: Das Parlament, Nr. 51 vom 13. Dezember 1996, S. 5.

Heinze, R. G. (Hg.) (1986): Neue Subsidiarität: Leitidee für eine zukünftige Sozialpolitik? Opladen: Westdeutscher Verlag

Heinze, R. G./Bucksteeg, M. (1994): Grenzen freiwilligen sozialen Engagements und Ansätze für eine Modernisierung der lokalen Sozialpolitik. Diskussionspapiere aus der Fakultät für Sozialwissenschaft der Ruhr-Universität Bochum, Nr. 94-09. Bochum

Helbrecht-Jordan, I. (1992): Soziales Ehrenamt. Krise oder Wandel. In: Sozialpädagogik, Heft 5, S. 235-240

Helbrecht-Jordan, I. (1992): Soziales Ehrenamt. Krise oder Wandel. In: Sozialpädagogik, Heft 5, S. 235-240

Kallscheuer, O. (1995): Was heißt schon Kommunitarismus? In: Forschungsjournal Neue Soziale Bewegungen, Heft 3, S. 17-28

Klages, H. (1998): Engagement und Engagementpotential in Deutschland. Erkenntnisse der empirischen Forschung. In: Aus Politik und Zeitgeschichte, 48. Jg., Heft B 38, S. 29-38

Klemmer, S. [SPD] (1996): Kitt einer funktionierenden Gesellschaft (Bundestagsdebatte zum Ehrenamt am 5. Dezember 1996). In: Das Parlament, Nr. 51 vom 13. Dezember 1996, S. 3

Knake-Werner, H./Werner, H. [PDS] (1997): Die Bundesregierung verschenkt 9,3 Milliarden Vermögenssteuer. Wir sagen Ihnen wie daraus eine Million Arbeitsplätze im öffentlich geförderten Beschäftigungssektor werden könnten. PDS im Bundestag, Dossier 21, Stand: Mai 1997

Kretschmann, W. (1995): Die Grünen und der Kommunitarismus. In: Forschungsjournal Neue Soziale Bewegungen, Heft 3, S. 83-85

Kröning, V. [SPD] (1997). In: Stiftung Mitarbeit et al. (Hg.) (1997): Solidarität inszenieren ...: Freiwilligen-Agenturen in der Praxis. Dokumentation einer Tagung. Bonn: Stiftung Mitarbeit, S. 108-109

Krüger, D. (1993): Struktureller Wandel des sozialen Ehrenamtes. In: Zeitschrift für Frauenforschung, Heft 3, S. 82-93

Leutheusser-Schnarrenberger, S. [F.D.P.] (1996): Ehrenamtliche Arbeit ist gelebte Solidarität (Bundestagsdebatte zum Ehrenamt am 5. Dezember 1996). In: Das Parlament, Nr. 51 vom 13. Dezember 1996, S. 4

Meyer, Th. (1995): Kommunitarismus und soziale Demokratie. In: Forschungsjournal Neue Soziale Bewegungen, 8. Jg., Heft 3, S. 73-75

Naumann, K. (1991): Mythos „Zivilgesellschaft". Literaturbericht zu einer unübersichtlichen Kontroverse. In: Vorgänge, Heft 6, S. 57-68

Nolte, C. [CDU/CSU] (1996): Spaß und Selbstverwirklichung sind eins (Bundestagsdebatte zum Ehrenamt am 5. Dezember 1996). In: Das Parlament Nr. 51 vom 13. Dezember 1996, S. 6

Olk, Th. (1989): Vom „alten" zum „neuen" Ehrenamt. Ehrenamtliches soziales Engagement außerhalb etablierter Träger. In: Blätter der Wohlfahrtspflege, Nr. 1, S. 7-10

Oswald, E. [CDU/CSU] (1996): Ohne Ehrenamt ist kein Staat zu machen. In: Bayerische Gemeindezeitung vom 4. 10. 1996, S. 5

PDS im Bundestag (Hg.) (1996): „R(h)einblick" - Nachrichten aus Bonn, Heft Oktober 1996

PDS im Bundestag (Hg.) (1997): Uns geht die Arbeit aus und wird doch immer mehr. Konzept der PDS im Deutschen Bundestag für einen öffentlich geförderten Beschäftigungssektor. Bonn

Pratt, A. (1997): Neo-liberalism and Social Policy. In: Lavalette, M./Pratt, A. (Hg.): Social Policy. A conceptional and theoretical introduction. London u.a.: Sage, S. 31-49

Rauschenbach, Th. (1991): Gibt es ein „neues Ehrenamt"? Zum Stellenwert des Ehrenamtes in einem modernen System sozialer Dienste. In: Sozialpädagogik, Heft 1, S. 2-10

Reese-Schäfer, W. (1995): Was ist Kommunitarismus. 2. Aufl., Frankfurt am Main/New York: Campus

Reese-Schäfer, W. (1996): Die politische Rezeption des kommunitaristischen Denkens in Deutschland. In: Aus Politik und Zeitgeschichte, 46. Jg., Heft B 36, S. 3-11

Richter, E. (1987): Subsidiarität und Neo-Konservatismus. Die Trennung von politischer Herrschaftsbegründung und gesellschaftlichem Stufenbau. In: Politische Vierteljahresschrift, Heft 3, S. 293-314

Riegert, K. [CDU/CSU] (1996a): Ehrenamtliche Tätigkeit sollte das Selbstverständnis unserer Gesellschaft sein. Hrsg. v. Pressedienst der CDU/CSU-Fraktion, 18. Juli 1996

Riegert, K. [CDU/CSU] (1996b): Demokratie lebt vom Bürgerengagement (Bundestagsdebatte zum Ehrenamt am 5. Dezember 1996). In: Das Parlament, Nr. 51 vom 13. Dezember 1996, S. 3

Riegert, K. [CDU/CSU] (1998): Bürgerschaftliches Engagement ist Grundlage unserer Gesellschaft. Zum Internationalen Tag des Ehrenamts (04.12. 1998). In: Internet: http://www.cducsu.bundestag. de/texte/ riege48i.htm. Abgerufen am 22. Juli 1999

Rifkin, J. (1996): Das Ende der Arbeit und ihre Zukunft. 4. Aufl., Frankfurt am Main/New York: Campus

Roth, R. (1995): Kommunitaristische Sozialpolitik? Anmerkungen zur aktuellen Debatte über Professionalität und Ehrenamt in der Sozialpolitik. In: Forschungsjournal Neue Soziale Bewegungen, Heft 3, S. 44-53

Sachße, Ch. (1994): Subsidiarität: Zur Karriere eines sozialpolitischen Ordnungsbegriffs. In: Zeitschrift für Sozialreform, Heft 11, S. 717-738

Schwarz, N. (1996): Ehrenamtliches Engagement in Deutschland. Ergebnisse der Zeitbudgeterhebung 1991/92. In: Wirtschaft und Statistik, Heft 4, S. 259-266

Seffen, A. (1995): Umbau des Sozialstaates unter Sparzwang. Eine Herausforderung für Politik und Gesellschaft. In: Aus Politik und Zeitgeschichte, 45. Jg., Heft B 25/26, S. 26-33

SPD (Hg.) (1997): Abschlußbericht der Schwerpunktkommission Gesellschaftspolitik. Gesellschaftlichen Wandel aktiv gestalten; Bonn, Juli 1997. In: Internet: http://www.spd.de/aktuell/schwerpunkt.htm. Abgerufen am 22. Juli 1999

SPD (Hg.) (1999): Der Koalitionsvertrag, Kapitel VI, 9. Bürgerengagement anerkennen und unterstützen. In: Internet: http://www.spd.de/ politik/koalition/sechs.html. Abgerufen am 22. Juli 1999

Struck, Peter [SPD] (1999): SPD-Bundestagsfraktion richtet Arbeitsgruppe Ehrenamt ein; Erklärung des Vorsitzenden der SPD-Bundestagsfraktion vom 30. Juni. 1999. In: Internet, http://www.spdfrak.de/intranet/owa/ doku_anzeige2?d_nr =20584&tabelle= gast.meldung. Abgerufen am 22. Juli 1999

Vorländer, H. (1995): Die Haltung der FDP zum Kommunitarismus. In: Forschungsjournal Neue Soziale Bewegungen, Heft 3, S. 86-88

Vorstand der SPD (Hg.) (1989/1998): Grundsatzprogramm der Sozialdemokratischen Partei Deutschlands. Beschlossen vom Programm-Parteitag der Sozialdemokratischen Partei Deutschlands am 20. Dezember 1989 in Berlin; geändert auf dem Parteitag in Leipzig am 17.04.1998. Bonn

Vorstand der SPD (Hg.) (1997): Engagement stiftet Zusammenhalt. Freiwilliges Engagement - Selbsthilfe - Ehrenamt. Bonn

Vorstand der SPD (Hg.) (1998): Arbeit, Innovation und Gerechtigkeit. SPD-Wahlprogramm für die Bundestagswahl 1998. Beschluß des außerordentlichen Parteitages der SPD am 17. April 1998 in Leipzig. Bonn

Vorwärts (1997): Jeder ist verantwortlich. Soziales Engagement geht neue Wege. Heft Juli/August 1997

Westerwelle, G. [F.D.P.] (1997): Freiheit und Verantwortung in der liberalen Bürgergesellschaft. In: Chatzimarkakis, Georgios/Hinte, Holger (Hg.): Freiheit und Gemeinsinn. Vertragen sich Liberalismus und Kommunitarismus? Bonn: Lemmens, S. 321-327

Windhoff-Héritier, A. (1987): Policy-Analyse. Eine Einführung. Frankfurt am Main/New York: Campus

Kapitel II:

Engagement konkret

Christoph Sachße

Freiwilligenarbeit und private Wohlfahrtskultur in historischer Perspektive

1. Einführung

Die Renten sind nicht mehr sicher, die Kosten der Arbeitslosigkeit enorm. Die gesetzliche Krankenversicherung ist überfordert. Die Ausgaben für Sozialhilfe strapazieren die Haushalte der Kommunen bis an die Grenzen. Ein ganzes Bündel gesellschaftlicher Wandlungsprozesse hat dazu geführt, daß die in hundert Jahren gewachsenen Formen und Systeme wohlfahrtsstaatlicher Sicherung an finanzielle Schranken und an Grenzen der politischen Legitimation stoßen. Die Reproduktion des Sozialen kann heute offenbar nicht mehr allein den kollektiv finanzierten, professionell und bürokratisch organisierten Großsystemen des Wohlfahrtsstaates überlassen bleiben. Das Engagement der Bürger selbst - auch und gerade im sozialen Sektor - ist verstärkt gefragt. Der Wohlfahrts*staat* soll sich zur Wohlfahrts*gesellschaft* entwickeln. Freiwilliges Sozialengagement und ehrenamtliche Tätigkeit - in der expansiven Phase der Professionalisierung, Bürokratisierung und Verrechtlichung bundesrepublikanischer Sozialpolitik eher als Randphänomen behandelt - sind plötzlich wieder ins Zentrum sozialpolitischer Diskussion gerückt.

Ehrenamt und freiwilliges Sozialengagement haben - auch in der „verstaatlichten" deutschen Gesellschaft - eine lange Tradition. Sie haben ihre Formen und Funktionen in dieser langen Entwicklung allerdings mehrfach gewandelt. Ein Blick in die Geschichte hilft deshalb dem besseren Verständnis der aktuellen Probleme.

2. Historisch-systematischer Exkurs: Die Entstehung bürgerlicher Öffentlichkeit

Das Konzept einer „privaten" Wohlfahrtskultur und eines „privaten" Sozialengagements macht nur im Rahmen moderner, funktional ausdifferenzierter

Gesellschaften Sinn. Erst wenn Staat und Gesellschaft als separierte Bereiche geschieden sind; erst wenn die Sphäre des Politischen sich als öffentliche Gewalt verselbständigt und einer privatisierten, staatsfreien Gesellschaft gegenübertritt, ist die Unterscheidung von öffentlich-staatlichen und privatgesellschaftlichen Funktionen und Aufgaben sinnvoll. Der Staat zieht sich aus seiner Rolle als omnipotenter Gestalter des sozialen Lebens zurück (oder wird in gesellschaftlicher Auseinandersetzung aus dieser Rolle verdrängt) und setzt die Gesellschaft als nunmehr entpolitisierten Sektor privater Autonomie frei.

An der Nahtstelle von Staat und Gesellschaft entsteht ein neuartiger Bereich, der zwar der privaten Gesellschaft zugehört, gleichwohl aber politisch relevant ist: die bürgerliche Öffentlichkeit. Im Vorfeld institutionalisierter Politik formieren sich private Bürger zum kritischen Publikum, das die staatliche Gewalt im Medium der öffentlichen Meinung kontrolliert und begrenzt und die Leerstelle, die der Rückzug des Staates hinterläßt, mit selbstorganisierten sozialen Aktivitäten und Organisationen füllt[1].

In Deutschland hat sich dieser Prozeß schrittweise seit der Aufklärung vollzogen. Das absolutistische Konzept der „guten policey" wurde durch Institutionen und Organisationen bürgerlicher Öffentlichkeit und bürgerlicher Selbstverwaltung abgelöst. Dabei lassen sich für den hier interessierenden Zusammenhang grob zwei Traditionsstränge unterscheiden, die sich im Laufe des 19. Jahrhunderts entfalten: die kommunale Selbstverwaltung und die bürgerliche Vereinskultur.

3. Kommunale Selbstverwaltung: Die autonome Gestaltung lokaler Lebensbedingungen

Die kommunale Selbstverwaltung in Deutschland verdankt ihre Entstehung der berühmten Preußischen Städteordnung vom November 1808. Diese zielte auf die Integration des aufstrebenden Bürgertums in den absolutistischen Staat durch das Angebot der Verwaltung der lokalen Angelegenheiten durch die Bürger selbst. Die hier begründeten Selbstgestaltungs*rechte* zogen zwangsläufig entsprechende Selbstgestaltungs*pflichten* nach sich. §191 der genannten Städteordnung bestimmte daher, daß die Bürger zur Übernahme „öffentlicher Stadtämter" verpflichtet waren, ohne dafür ein Entgelt beanspruchen zu können. Diese Regelung bildet gleichsam die Geburtsstunde des bürgerlichen Ehrenamtes. Dieses war also in seinem Ursprung administrativ,

---

1 Grundsätzlich dazu Habermas 1990.

d. h. es war „Amt" im Sinne der Ausübung öffentlicher Gewalt. Und es beinhaltete die Selbstverwaltung der örtlichen Angelegenheiten. Die Entstehung des Ehrenamtes war somit untrennbar mit der Lokalgemeinschaft verbunden[2].

Das *soziale* Ehrenamt wurde dann 1853 durch das ebenfalls berühmt gewordene „Elberfelder System" geschaffen, das die Durchführung der öffentlichen Armenpflege (als Teil der kommunalen Verwaltung) auf der Grundlage der Preußischen Städteordnung zur ehrenamtlichen Aufgabe der (männlichen) Bürger machte. Am Quartierprinzip des Elberfelder Systems - jener Bindung der Zuständigkeit des Armenpflegers an sein unmittelbares räumliches Umfeld, der das System seine Bedeutung verdankt - wird der Lokalbezug des Ehrenamtes noch einmal besonders deutlich. Die entscheidende Qualifikation des Armenpflegers bestand in seiner Eigenschaft als Bürger und Nachbar, seiner lokalen Vertrautheit und Präsenz.

Mit dem Elberfelder System begann eine Tradition ehrenamtlicher Armenpflege, die die Organisation städtischer Armenfürsorge in Deutschland auf Jahrzehnte hinaus bestimmte.[3] Einen gewissen Höhepunkt erfuhr sie im Rahmen der kommunalen, bürgerlichen Sozialreform der 1890er Jahre, als die deutschen Großstädte begannen, die herkömmliche Armenpflege zur kommunalen Sozialpolitik auszubauen (Hofmann 1984; Krabbe 1985). Damit zugleich wurde allerdings ein Schub der Bürokratisierung und Professionalisierung von kommunaler Politik im Allgemeinen und kommunaler Sozialpolitik im Besonderen in Gang gesetzt, der langfristig diesen Typus ehrenamtlicher Tätigkeit aushöhlte. Seit dem Ersten Weltkrieg und verstärkt in der Zeit der Weimarer Republik wurden die ehrenamtlichen Funktionen in der öffentlichen Armenpflege durch berufliche und fachlich qualifizierte Tätigkeiten ergänzt und überlagert. In der Nachkriegs-Bundesrepublik fristeten und fristen sie nunmehr ein Schattendasein (Berger 1979).

Heute dagegen ist ein anderer Typus unbezahlten bürgerlichen Engagements im sozialen Sektor wichtiger, den man nicht als Ehrenamt, sondern richtigerweise als freiwilliges Sozialengagement oder Freiwilligenarbeit bezeichnen sollte. Dieser Typ von Bürgerengagement entstammt der Tradition der bürgerlichen Vereinskultur.

---

2 Zur kommunalen Selbstverwaltung grundlegend Heffter 1969; Croon/Hofmann/Unruh 1971; für einen Überblick Krabbe 1989: S. 8ff. Die Preußische Städteordnung ist abgedruckt bei Engeli/Haus 1975.
3 Grundlegend Böhmert 1886: S. 48-97; Böhmert 1887: S. 142-148; Überblick bei Sachße/Tennstedt 1998: S. 214ff.

4. Der Verein: Strukturprinzip der bürgerlichen Gesellschaft

Der Verein gilt gemeinhin als typische Organisationsform bürgerlichen Lebens und bürgerlicher Lebenswelt im 19. Jahrhundert (Nipperdey 1972; Tenfelde 1984). Vereine sind Resultat des Prozesses der Industrialisierung und - mehr noch - der Urbanisierung von Gesellschaft. Vereine sind Kennzeichen vor allem städtischer Lebensweise. Ihr sozialer Träger war vornehmlich das städtische (Bildungs-) Bürgertum. Der Verein als spezifisches Instrument der Organisation bürgerlicher Interessen und Lebensformen kann als Reaktion auf den Zerfall vormoderner Gesellungsformen und Gesellschaftsstrukturen im Laufe von Industrialisierung und Urbanisierung verstanden werden; als Versuch, traditionale Formen der Gemeinschaft durch eine moderne, „künstliche" Vergemeinschaftung zu ersetzen, die den Flexibilitäts- und Mobilitätserfordernissen der Industriegesellschaft entspricht.

Bereits in der ersten Hälfte des 19. Jahrhunderts, verstärkt aber zwischen der Revolution von 1848 und der Reichsgründung, entwickelt sich in den deutschen Städten eine lokale Vereinskultur, die tendenziell alle Lebensbereiche umfaßt. Im Prozeß gesellschaftlicher Modernisierung besetzen Vereine genau jenen Freiraum, den die Freisetzung der Gesellschaft vom Staat hinterläßt und der oben als „bürgerliche Öffentlichkeit" bezeichnet wurde. Dabei bildet sich allerdings das begriffliche Verständnis dessen, was wir heute unter „Verein" verstehen, erst in einem längeren Prozeß heraus. Noch in der ersten Hälfte des 19. Jahrhunderts wurden Begriffe wie Korporation, Association, Genossenschaft und Verein weitgehend synonym gebraucht. Erst seit der Jahrhundertmitte beginnt dann ein Prozeß der Differenzierung und Präzisierung, in dem die Aktiengesellschaften als Organisationsformen wirtschaftlicher Betätigung, die Genossenschaften als Selbsthilfeeinrichtungen und die Parteien als Organisationen der politischen Willensbildung eigenes Profil gewinnen und der Verein die Gestalt des „Idealvereins" annimmt, wie sie dann im Bürgerlichen Gesetzbuch von 1900 juristisch ausgestaltet wird und bis heute besteht.

In der zweiten Hälfte des 19. Jahrhunderts wurde der Verein auch zur typischen Organisationsform der Privatwohltätigkeit, des privaten - konfessionellen wie nicht konfessionellen - Engagements für die Armen und Hilfsbedürftigen. In den Städten des Deutschen Reiches bestand neben der öffentlichen Fürsorge eine bunte, unübersichtliche Vielzahl privater wohltätiger Einrichtungen für verschiedene Adressatengruppen und Konfessionen, die häufig nach Hunderten, in den Metropolen gar nach Tausenden zählte, wobei die Organisationsform des Vereins gegenüber der traditionellen Stiftung zunehmend an Bedeutung gewann (vgl. Sachße 1995: 126). Der Wirkungskreis dieser Vereine war grundsätzlich lokal. Hier wiederholt sich also der Entstehungszusammenhang von bürgerlichem Sozialengagement und Lokalgemeinschaft, der auch die kommunale Selbstverwaltung kennzeichnet. Eine Koordination von Maßnahmen und Leistungen gab es weder zwischen den Organisationen der Privatwohltätigkeit noch im Hinblick auf die öffentliche Fürsorge. Die Situation war vielmehr durch ein unkoordiniertes, überwiegend aber wohl friedliches Neben- und Durcheinander gekennzeichnet. Zum Problem wurde dies erst mit dem Ausbau einer systematischen kommunalen Daseinsvorsorge seit den 1890er Jahren. Mit der Expansion der kommunalen, öffentlichen Fürsorge auf Gebiete, die bislang ausschließlich von der Privatwohltätigkeit betreut worden waren, wurden sowohl das Verhältnis von öffentlicher und privater Fürsorge als auch die Binnenstrukturen der privaten Fürsorge selbst problematisiert. Es entstanden Koordinations- und Abgrenzungszwänge, denen die öffentliche und die private Fürsorge durch Rationalisierungs- und Zentralisierungsbestrebungen auf drei Ebenen Rechnung zu tragen suchten.

Zunächst bestand Konsens unter den kommunalen Fürsorgeexperten des Wilhelminischen Deutschland, daß auf lokaler Ebene trotz Expansion der öffentlichen Fürsorge in neue Bereiche die flexiblere, unbürokratische Privatwohltätigkeit auch weiterhin unverzichtbar sei und vor allem dazu genutzt werden sollte, neue Fürsorgemaßnahmen zu erproben und Innovationen voranzutreiben, für die der öffentlichen Fürsorge die sachlichen und persönlichen Ressourcen fehlten. Der Ausbau der kommunalen Sozialpolitik führte also keineswegs zu einem Gewichtsverlust der Privatwohltätigkeit und ihrer Organisationen, sondern im Gegenteil zu deren steigenden Bedeutung.

Um das nunmehr erforderliche koordinierte Zusammenspiel von öffentlichem und privatem Sektor planvoll anzuregen, entwickelte vor allem die Stadt Frankfurt/M. einen bemerkenswerten Ansatz der Verzahnung und Koordination von öffentlicher und privater Fürsorgearbeit, der in der Fachdiskussion unter dem Namen „Frankfurter System" bekannt geworden ist. Der Frankfurter Ansatz bestand in Grundzügen darin, daß das städtische Armenamt versuchte, die privaten Vereinigungen dadurch in einen Kooperationsverbund einzubeziehen, daß es einerseits gezielt Aufgaben an private Vereine delegierte, diese dann systematisch subventionierte und schließlich die städtischen Interessen in der privaten Fürsorge dadurch zur Geltung brachte, daß Vertreter des Armenamtes in die Vorstände und Leitungsgremien der privaten Vereinigungen entsandt wurden. Hier wurden die späteren Formen der Koordination öffentlicher und privater Wohlfahrtspflege nach dem Prinzip der

Subsidiarität, wie die Fürsorgegesetzgebung der Weimarer Republik sie einführte, in Ansätzen bereits vorweggenommen (Sachße 1993). Die liberale Trennung von Öffentlichkeit und Privatsphäre beginnt, sich aufzulösen. Der bürgerliche Verein wird zum Bestandteil jener „*repolitisierten Sozialsphäre*" (Habermas 1990: 226), die für den modernen Wohlfahrtsstaat charakteristisch ist.

Zum zweiten setzte sich gerade in der Privatwohltätigkeit selbst die Ansicht durch, daß das planlose Nebeneinander heterogener Vereinstätigkeit von einer planvollen Koordination privater Fürsorganstrengungen durch freiwillige Zentralisierung der privaten Fürsorge abgelöst werden müsse. Die Aufgabenbestimmung der privaten Wohltätigkeit könne nicht mehr den einzelnen Vereinen überlassen bleiben, sondern bedürfe der Vereinheitlichung durch lokale Zentralinstanzen. Privates Engagement in der Fürsorge war angesichts neuer Massennotstände zwar verstärkt gefragt, aber es sollte nicht länger spontan, zufällig und punktuell sein, sondern die Anstrengungen der öffentlichen Fürsorge planmäßig ergänzen. Diesem komplexen Reformdruck sollten lokale Zentralen der Privatwohltätigkeit Rechnung tragen, die sich am Vorbild der angloamerikanischen Charity Organization Societies orientierten und in den 1890er Jahren in mehreren deutschen Städten entstanden. Ihre Aufgabe sollte einmal darin bestehen, zentralisierte Informationen zu beschaffen: sowohl über die lokal vorhandenen Unterstützungseinrichtungen als auch über die Unterstützungsfälle; zum anderen war damit die Grundlage für die Zuweisung der Unterstützungsfälle an die jeweils am besten geeigneten Unterstützungseinrichtungen geschaffen. So sollten die allseits vermutete Mehrfachunterstützung gerissener Schwindler verhindert und zugleich die optimale Hilfe für die wahrhaft Bedürftigen gewährleistet werden. Die bedeutendsten dieser „Zentralen für private Fürsorge" waren die in Frankfurt und Berlin (vgl. Sachße/Tennstedt 1988: 38 ff.)

Drittens schließlich wurden auch auf reichszentraler Ebene interessante Ansätze einer Koordination öffentlicher und privater Fürsorgebestrebungen entwickelt. Charakteristisch war hier ein Typus von Reformvereinigung, in dem das Interesse an der Koordination öffentlicher und privater Anstrengungen in Fürsorge und Sozialpolitik mit dem Bestreben einer wissenschaftlichen Systematisierung sozialer Reform eine neue Verbindung einging. Gewählt wurde auch hier die Organisationsform des bürgerlichen Vereins (vgl. vom Bruch 1985: 82 ff.). Gegenüber der klassischen, lokalen Vereinskultur hoben sich diese neuen, reichsweiten Reformvereinigungen aber deutlich ab. Sie waren überregional, professionell und auf umfassende Zielsetzungen hin ausgerichtet. Die traditionell-altruistische Motivation wurde hier durch wissenschaftliche, professions- und allgemeinpolitische Motivationen überformt.

Dem entsprachen auch Forschung, Diskussion, Publikation und jährliche Kongresse als neue Tätigkeitsschwerpunkte. Die neuen Reformvereinigungen gewannen dadurch eine Dimension von Öffentlichkeit und Politisierung, die sie deutlich von der traditionellen Privatwohltätigkeit abgrenzten.

Hier seien nur die wichtigsten dieser „Deutschen Vereine" genannt: der berühmte „Verein für Socialpolitik", der am 13. Oktober 1873 in Eisenach gegründet wurde und die verschiedenen Richtungen der Nationalökonomie, des zeitgenössischen „Kathedersozialismus", organisierte; der ebenfalls 1873 gegründete „Deutschen Verein für öffentliche Gesundheitspflege", der aus der Hygienebewegung des 19. Jahrhunderts hervorging und der 1880 gegründete „Deutschen Verein für Armenpflege und Wohltätigkeit", der seit 1919 „Deutscher Verein für öffentliche und private Fürsorge" heißt, und sich bereits bis zur Jahrhundertwende zu einem Forum der Diskussion von Innovationen und Reformen kommunaler Sozialpolitik entwickelte. Der 1890 gegründete "Volksverein für das katholische Deutschland" und der 1896 gegründete protestantische "Nationalsoziale Verein" können als konfessionsspezifische Ausprägungen der "Deutschen Vereine" verstanden werden (Sachße/Tennstedt 1988: 22; Sachße 1995: 128).

Dieser neue Typus von reichsweit operierendem Verein bietet ein gutes Beispiel für die allmähliche Lockerung des Bezuges von freiwilligem Sozialengagement und Lokalgemeinschaft. Die „Deutschen Vereine" dienten nicht mehr der unmittelbaren Leistung von Hilfe und Unterstützung für Bedürftige, sondern dem neuen Bedürfnis nach Koordination und Rationalisierung durch Bereitstellung von Diskussionsforen, Systematisierung von Informationen, Aufklärung und Publikation. Und mit den neuen Aufgaben begannen sich auch neue Motivationsformen für freiwilliges Sozialengagement zu bilden. Die Bereitschaft zu freiwilliger Arbeit wurde hier nicht mehr über die lokale Selbstverwaltung und die räumliche Nähe zum Problem motiviert, sondern - abstrakter - über Zentralwerte gesteuert und in „Wertgemeinschaften" organisiert. Mit dem „bürgerlichen Jahrhundert" ging auch die Zeit des bürgerlichliberalen Sozialengagements zu Ende. Es wurde - sofern es sich nicht professionalisierte - entweder von den neu entstehenden zentralisierten Wohlfahrtsverbänden gleichsam aufgesogen oder aber auf eine soziale Nischenexistenz reduziert.

5. Freiwilliges Sozialengagement und überlokale Wertgemeinschaft: Der Aufstieg der Wohlfahrtsverbände

Der Erste Weltkrieg und die in seiner Folge entstehende Weimarer Republik veränderten die politischen und sozialen Rahmenbedingungen für freiwilliges Sozialengagement nachhaltig.

Die Etablierung des Wohlfahrtsstaates, die Parlamentarisierung des politischen Systems und die Demokratisierung der Gesellschaft führten zu einem Bedeutungsverlust der klassisch-bürgerlichen Organisationen privater Wohltätigkeit und Sozialreform. Sie waren allesamt dem Organisationsmilieu des Kaiserreichs verhaftet und verloren nun rapide an Bedeutung. Viele der lokalen Wohltätigkeitsvereine hatten in Krieg und Inflation ihr Vermögen verloren. Der bürgerliche Mittelstand war großenteils verarmt. Aus einstigen Helfern und Spendern waren selbst Hilfsbedürftige geworden.

In dieser Situation erwiesen sich die von der konfessionellen Wohlfahrtspflege bereits in der Vorkriegszeit entwickelten und im Weltkrieg gefestigten Ansätze einer Spitzenverbandsbildung als zukunftsweisend. Reale oder vermutete Gefährdungen der freien Wohlfahrtspflege durch Kommunalisierungsbestrebungen motivierten einen festeren Zusammenschluß. Das Reich hatte erheblich an Bedeutung als regulierende und finanzierende Instanz in der Wohlfahrtspflege gewonnen. In Gestalt des Reichsarbeitsministeriums (RAM) bestand jetzt ein zentraler Ansprechpartner für die Wohlfahrtsverbände, der seinerseits zentrale Ansprechpartner suchte. Und schließlich setzte das Weimarer Verfassungssystem generell Gratifikationen auf Verbandsbildung und zentrale Interessenvertretung. So adaptierte auch die freie Wohlfahrtspflege unter Führung der bereits bestehenden konfessionellen Verbände Lobbyismus-, Zentralisierungs- und Kartellierungstendenzen, die in der Wirtschaft schon vor 1914 entwickelt worden waren, und übertrug sie auf das Gebiet der Wohlfahrtspflege.

Die konfessionellen Spitzenverbände - die bereits 1848 gegründete evangelische „Innere Mission" und der katholische 1897 gegründete „Caritasverband" - wurden organisatorisch gestrafft und gefestigt. Und neue Wohlfahrtsverbände wurden geschaffen. Bereits im Laufe des Weltkriegs war die "Zentralwohlfahrtsstelle der deutschen Juden" in Berlin gegründet worden. Auch die Sozialdemokratie, die der privaten Wohltätigkeit grundsätzlich kritisch gegenüberstand, gründete 1919 - im Widerspruch zur eigenen Ideologie - einen Wohlfahrtsverband, den "Hauptausschuß der Arbeiterwohlfahrt". 1921 wurde - gewissermaßen als Gegenstück zur sozialistischen Arbeiterwohlfahrt - der "Zentralwohlfahrtsausschuß der christlichen Arbeiterschaft" ins Leben gerufen. Am 7. April 1924 wurde die "Vereinigung der freien gemeinnützigen Wohlfahrtseinrichtungen Deutschlands" gegründet, die aus der "Vereinigung der freien gemeinnützigen Kranken- und Pflegeanstalten Deutschlands" hervorging und seit 1932 den Namen "Deutscher Paritätischer Wohlfahrtsverband" führt. Das "Deutsche Rote Kreuz", das die existierenden Vereine vom Roten Kreuz in Deutschland zusammenfaßte, konstituierte sich - jenseits seiner traditionellen Aufgaben - im Jahre 1921 als Spitzenverband der freien Wohlfahrtspflege.

Diese Spitzenorganisationen gewannen besondere Bedeutung dadurch, daß sie sich ihrerseits in verschiedenen Dach- und Fachverbänden zusammenschlossen und eigene „Selbsthilfeorganisationen" gründeten: Hier sind vor allem der „Wirtschaftsbund gemeinnütziger Wohlfahrtseinrichtungen Deutschlands" (Wibu) und die „Hilfskasse gemeinnütziger Wohlfahrtseinrichtungen Deutschlands" (Hika) zu nennen. Der Wibu war 1921 vom „Reichsverband freier, gemeinnütziger Kranken- und Pflegeeinrichtungen Deutschlands" gegründet worden, einem Dachverband von Vereinigungen von Kranken- und Pflegeanstalten, der vor allem die personellen und arbeitsrechtlichen Interessen der Anstaltsträger vertrat. Der Wibu hatte die Funktion einer Einkaufsgenossenschaft, die ihre Mitglieder vor allem mit preisgünstigem Anstaltsbedarf versorgte und in wirtschaftlichen Fragen beriet. Die Hika wurde 1923 als eigene Wohlfahrtsbank gegründet. Ihre Träger waren der Caritasverband, die Innere Mission, die Zentralwohlfahrtsstelle der deutschen Juden, das Deutsche Rote Kreuz, die Vereinigung der freien, gemeinnützigen Wohlfahrtseinrichtungen und der Wibu. Ihr Gewicht erhielt sie vor allem durch die Verwaltung der vom Reich im Rahmen der inflationsbedingten Finanznot der freien Wohlfahrtspflege ausgeschütteten Subventionen. Der Zugriff auf die öffentlichen Finanzmittel und die Bank zu ihrer Verwaltung stärkten naturgemäß den Einfluß der Spitzenverbände gegenüber ihren Mitgliedsorganisationen.

Den Schlußstein des Formierungsprozesses der freien Wohlfahrtspflege bildete die Gründung der „Deutschen Liga der freien Wohlfahrtspflege" im Dezember 1924, eines Dachverbandes der Spitzenverbände der freien Wohlfahrtspflege. Die konfessionellen Wohlfahrtsverbände waren die wichtigsten Träger der „Liga". Der Caritasverband stellte mit Hugo Graf von Lerchenfeld den Präsidenten, die Innere Mission mit Gotthilf Vöhringer den Geschäftsführer. Die Arbeiterwohlfahrt hielt sich bewußt abseits. Die „Liga" sollte den Erfahrungsaustausch ihrer Mitglieder vermitteln, wissenschaftliche Forschung zu Armut und Armutsbekämpfung fördern und ganz generell die Stellung der freien Wohlfahrtspflege im öffentlichen Leben festigen - nicht zuletzt durch Einflußnahme auf die einschlägige Gesetzgebung.

Vorangetrieben und gefördert wurde der Prozeß der Formierung der freien Wohlfahrtspflege durch die Politik des RAM. Unter Führung von Reichsarbeitsminister Heinrich Brauns (Zentrum) wirkte hier eine gleichermaßen dem Sozialkatholizismus verbundene wie fachlich qualifizierte Ministerialbürokratie. Diese betrieb eine gezielte Politik der Förderung und Aufwertung der freien, vor allem der konfessionellen, Wohlfahrtspflege zu Lasten der Kommunen, die sie als Verwirklichung des Subsidiaritätsprinzips der katholischen Soziallehre verstand. Die „Liga" wurde vom RAM systematisch gefördert, da sie als Verteiler staatlicher Subventionen der freien Wohlfahrtspflege neben der Hika von strategischer Bedeutung war. „*Die Liga wurde zum Stützpunkt für die ministerielle Wohlfahrtspolitik*", hat der Chronist der Inneren Mission, Martin Gerhardt (1948: 230), diese Politik später charakterisiert. Das RAM richtete außerdem regelmäßige „Sprechtage" für die Vertreter der Spitzenverbände im Ministerium ein, und bot damit der verbandlich organisierten freien Wohlfahrtspflege ein privilegiertes Forum der Interessenvertretung im politischen Zentrum des Weimarer Wohlfahrtsstaates. Auch wenn die Kontakte zwischen Ministerium und Caritasverband naturgemäß besonders eng waren, profitierte doch durchaus auch die Innere Mission - sozusagen im Windschatten - von der verbandsfreundlichen Politik des RAM.

Die Bildung und Vernetzung der Spitzenverbände der freien Wohlfahrtspflege ist als Korrelat zur Zentralisierung von Gesetzgebungsbefugnissen und finanziellen Ressourcen auf Reichs- und Landesebene zu verstehen, als Entwicklung eines verbandlichen Pendants zum zentralisierten Wohlfahrtsstaat. Sie bedeutete eine Angleichung an die Strukturen öffentlicher Verwaltung, die nicht mehr primär auf die Erbringung sozialer Dienste und Leistungen bezogen war, sondern auf die Beschaffung von Finanzmitteln und die Beeinflussung der Gesetzgebung. Der Prozeß des Zusammenschweißens von öffentlicher und freier Wohlfahrtspflege zu einem einheitlichen Gesamtkomplex, der bereits im Weltkrieg begonnen hatte, wurde jetzt vollendet. Die Weimarer Republik war also die Geburtsstunde des korporatistischen Aushandlungssystems, das die deutsche Wohlfahrtspflege bis heute kennzeichnet (Kaiser 1995; Sachße 1995; Sachße/Tennstedt 1988: 152 ff.).

Durch das Reichsjugendwohlfahrtsgesetz von 1922, die Reichsverordnung über die Fürsorgepflicht und die Reichsgrundsätze über Voraussetzung, Art und Maß öffentlicher Fürsorge von 1924 sowie die entsprechende Länderausführungsgesetzgebung wurde dieses Kooperationsmuster in Form spezifischer Bestandssicherungsklauseln offiziell in den gesetzlichen Grundlagen der Wohlfahrtspflege verankert. Formale gesetzliche Anerkennung schließlich fanden die sieben damals existierenden Reichsspitzenverbände der freien Wohlfahrtspflege schließlich durch die 3. Verordnung zur Durchführung des

Gesetzes über die Ablösung öffentlicher Anleihen vom 4. Dezember 1926, die sie namentlich aufführte und ihnen gewisse Rechte einräumte. Damit war jene spezifische „duale" Struktur entwickelt, die das System der Wohlfahrtspflege in Deutschland bis heute bestimmt: die gesetzliche Bestands- und Eigenständigkeitsgarantie der freien bei gleichzeitiger Förderungsverpflichtung und Gesamtverantwortung der öffentlichen Träger.

Dieser massive Reorganisations- und Modernisierungsschub der freien Wohlfahrtspflege war - das soll nicht vergessen werden - von nicht minder massiven Problemen begleitet. Formierung, Zentralisierung und Bürokratisierung wurden schon von zeitgenössischen Beobachtern als „*Riesenvertrustung der freien Liebestätigkeit*" kritisiert (Wex 1929: 52). Und sie hatten eine Reihe aufsehenerregender Skandale zur Folge, von denen der „Hika-Skandal" 1930 und der Skandal um die „Devaheim", eine zur Inneren Mission gehörige Bausparkasse, in den Jahren 1931/32 die bedeutendsten waren. In beiden Fällen ging es um leichtsinniges Finanzierungsgebaren, dilettantische Verwaltung und die Unterschlagung von Geldern. Und in beiden Fällen konnte der Konkurs nur durch eine Intervention der Reichsregierung verhindert werden. Die bewegten Jahre der Weimarer Republik haben also nicht nur das bis heute existierende „duale" System der Wohlfahrtspflege hervorgebracht, sondern mit diesem auch all die Probleme, die es bis heute begleiten.

Für die Entwicklung von freiwilligem Sozialengagement war und ist der Aufstieg der Wohlfahrtsverbände von zutiefst ambivalenter Bedeutung. Einerseits generieren sie als Wertgemeinschaften neue universelle Motivationsgrundlagen und schaffen einen verbreiterten Organisationsrahmen für freiwilliges Sozialengagement jenseits der traditionellen Lokalgemeinschaft. Andererseits aber leiten sie das Ende der Identität von freiwilligem Sozialengagement und privater Wohlfahrtskultur, ja tendenziell das Ende traditioneller privater Wohlfahrtskultur überhaupt ein. In Form des Spitzenverbandes der freien Wohlfahrtspflege hat sich der Wohltätigkeitsverein von einer Institution bürgerlicher Selbstorganisation zur professionellen Großbürokratie gewandelt, sozusagen zur gesellschaftlichen Außenstelle staatlicher Sozialbürokratie. Die professionell-bürokratischen Strukturen von Organisation und Arbeit aber unterminieren langfristig die Motivation zu freiwilligem Engagement. Zwar rekrutieren die großen Wohlfahrtsverbände bis heute freiwillige Helfer in erheblicher Zahl, aber die Entwicklung stagniert, während das hauptberufliche Personal rapide zunimmt. Allein zwischen 1970 und 1996 hat sich die Anzahl der hauptberuflichen Mitarbeiter und Mitarbeiterinnen der freien Wohlfahrtspflege von knapp 382.000 (381.888) auf reichlich 1.121.000 fast verdreifacht! (Bundesarbeitsgemeinschaft der Freien Wohlfahrtspflege 1997: 11) Freiwilligkeit und wertgebundenes Sozialengagement werden in aktuellen Selbstdarstellungen zwar immer noch als Spezifikum der freien Wohlfahrtspflege gepriesen, faktisch aber wird sie in Organisationsstrukturen, Arbeitsinhalten und -formen dem öffentlichen Sektor immer ähnlicher. Die Expansion der Spitzenverbände in den neuen Bundesländern, in denen die in der alten Bundesrepublik gewachsenen kulturellen und sozialen Rahmenbedingungen und Traditionen des „dualen" Systems gänzlich fehlen, hat diesem Assimilationsprozeß weitere Schubkraft vermittelt.

Die großen Spitzenverbände der freien Wohlfahrtspflege sind zwar auch heute fraglos dem „Dritten Sektor" zuzuordnen, aber sie sind nicht länger Fundamente privater Wohlfahrtskultur, Kristallisationspunkte freiwilligen Sozialengagements auf wertgemeinschaftlicher Grundlage. Ihre aktuellen Probleme bei der Motivation freiwilliger Arbeit resultieren gerade aus dem Zerfall gesellschaftlicher Zentralwerte und der Marginalisierung der entsprechenden Wertgemeinschaften. Religion und Konfession sowie die Traditionen der Arbeiterbewegung sind heute zwar keineswegs völlig überlebt, aber sie haben als gesellschaftliche Gestaltungskräfte unübersehbar an Einfluß verloren. Sie motivieren auch weiterhin freiwilliges Sozialengagement in beachtlichem Ausmaß, aber die Neurekrutierung wird schwieriger. Freiwillige Arbeit wird zunehmend mit Gratifikationen wie Aufwandsentschädigungen und Ausbildungsangeboten geworben, nähert sich dadurch aber dem beruflichen Handeln an und verliert als grundsätzliche inhaltliche und formale Alternative zum Sozialberuf an Plausibilität. Heute geht es insoweit nicht mehr um grundsätzliche Arbeitsteilung, sondern um die Organisation fließender Übergänge.

6. Aktuelle Probleme: Freiwilligenarbeit in der „Zweiten Moderne"

Die angesprochenen Probleme bedeuten nun keineswegs das Ende des freiwilligen Sozialengagements überhaupt, aber sie signalisieren einen neuerlichen Form- und Funktionswandel. Obwohl die Bereitschaft zur Übernahme freiwilliger Arbeit in ihrer herkömmlichen Form, d. h. zu längerfristig verpflichtenden Tätigkeiten in vorgegebenen verbindlichen Formen und fixierter institutioneller Anbindung abnimmt, nimmt zugleich die Bereitschaft zur Mitarbeit an spontan inszenierten Aktivitäten im Kontext selbstorganisierter und selbstverwalteter Gruppen zu. Deutlichen Ausdruck hat diese Tendenz in der seit den 80er Jahren erstarkten Selbsthilfebewegung gefunden. Hier entstand eine Vielfalt von Projekten und Initiativen mit bemerkenswerter Breitenwirkung vor allem im Gesundheitsbereich, in denen die Betroffenen ihre Probleme selbstorganisiert bearbeiten - z. T. in expliziter Kritik der Leistungen und Angebote der etablierten - öffentlichen wie privaten - sozialen Großbürokratien. Diese neuen, kritischen Formen sozialen Engagements weisen allerdings gänzlich andere Merkmale auf als das herkömmliche freiwillige Engagement: zeitliche Flexibilität, Selbstbetroffenheit und ein hohes Maß an Selbstbestimmung, Möglichkeiten der Selbstverwirklichung, Spontaneität und Kreativität. Sie sind dezentralisiert, pluralisiert und individualisiert. Es handelt sich um Formen des Sozialengagements, in denen sich die reflexiven Strukturen einer individualisierten und pluralisierten Gesellschaft spiegeln; um expressive Tätigkeiten, die (mit dem französischen Theoretiker der Postmoderne, Jean-Francois Lyotard zu sprechen) über „punktuelle Zeitverträge" koordiniert werden und nicht mehr über zentralwertgesteuertes, formstabiles Dauerengagement.

In der sozialwissenschaftlichen Debatte der jüngeren Vergangenheit wurden diese Bewegungen unter dem Stichwort „neue Subsidiarität" diskutiert (Sachße 1996; Sachße 1998). Diese Debatte hat - nach einer anfänglichen Selbsthilfe-Euphorie - sehr deutlich gemacht, daß Selbsthilfe und Selbstorganisation die Einrichtungen und Leistungen bürokratisierter und professionalisierter sozialer Sicherung nicht ersetzen können, daß es vielmehr um neue Formen der Kombination und Koordination der verschiedenen Sektoren gehen kann und gehen muß.

Die eingangs genannten aktuellen Probleme sozialer Sicherung in unserer Gesellschaft machen allerdings deutlich, daß es sich dabei heute nicht mehr nur um kosmetische Korrekturen und Ergänzungen handeln kann. Vielmehr ist das Verhältnis von Öffentlichkeit und Privatsphäre, von öffentlicher Sozialverantwortung und privater Wohlfahrtskultur neu zu bestimmen. Verstärkte individuelle Selbstverantwortung und erhöhte Eigenleistung werden dabei wohl unvermeidlich sein.

7. Literaturverzeichnis

Berger, G. (1979): Die ehrenamtliche Tätigkeit in der Sozialarbeit. Motive, Tendenzen, Probleme. Dargestellt am Beispiel des Elberfelder Systems. Frankfurt am Main/Bern/ Las Vegas: Lang
Böhmert, V. (1886): Das Armenwesen in 77 deutschen Städten und einigen Landarmenverbänden. Allgemeiner Teil. Dresden
Böhmert, V. (1887): Das Armenwesen in 77 deutschen Städten und einigen Landarmenverbänden. Specieller Teil. Dresden

Bruch, R. vom (Hg.) (1985): Weder Kommunismus noch Kapitalismus. Bürgerliche Sozialreform in Deutschland vom Vormärz bis zur Ära Adenauer. München: Beck
Bundesarbeitsgemeinschaft der Freien Wohlfahrtspflege (Hg.): Gesamtstatistik der Einrichtungen der Freien Wohlfahrtspflege. Stand 1. 1. 1996. Bonn 1997
Croon, H./Hofmann, W./Unruh, G. C. von (1971): Kommunale Selbstverwaltung im Zeitalter der Industrialisierung. Stuttgart u.a.: Kohlhammer
Engeli, Ch./Haus, W. (Hg.) (1975): Quellen zum modernen Gemeindeverfassungsrecht in Deutschland. Stuttgart u.a.: Kohlhammer
Gerhardt, M. (1948): Ein Jahrhundert Innere Mission. Gütersloh: Bertelsmann
Habermas, J. (1990): Öffentlichkeit und Privatsphäre. Frankfurt am Main (Erstveröffentlichung: Neuwied 1962)
Heffter, H. (1969): Die deutsche Selbstverwaltung im 19. Jahrhundert. 2. Aufl. Stuttgart: Koehler
Hofmann, W. (1984): Aufgaben und Struktur der kommunalen Selbstverwaltung in der Zeit der Hochindustrialisierung. In: Jeserich, K. A. (Hg.): Deutsche Verwaltungsgeschichte. Bd. 3. Stuttgart: Dt. Verl.-Anst., S. 578-644
Kaiser, J.-Ch. (1995): Von der christlichen Liebestätigkeit zur freien Wohlfahrtspflege: Genese und Organisation konfessionellen Sozialengagements in der Weimarer Republik. In: Rauschenbach, Th./Sachße, Ch./Olk, Th. (Hg.): Von der Wertgemeinschaft zum Dienstleistungsunternehmen. Jugend- und Wohlfahrtsverbände im Umbruch. Frankfurt am Main: Suhrkamp, S. 150-174
Krabbe, W. R. (1985): Kommunalpolitik und Industrialisierung. Die Entfaltung der städtischen Leistungsverwaltung im 19. und frühen 20. Jahrhundert. Fallstudien zu Dortmund und Münster. Stuttgart u.a.: Kohlhammer
Krabbe, W. R. (1989): Die deutsche Stadt im 19. und 20. Jahrhundert. Göttingen: Vandenhoeck&Ruprecht
Nipperdey, Th. (1972): Verein als soziale Struktur im späten 18. und frühen 19. Jahrhundert. In: Boockmann, H. (Hg.): Geschichtswissenschaft und Vereinswesen im 19. Jahrhundert. Beiträge zur Geschichte historischer Forschung in Deutschland. Göttingen: Vandenhoeck&Ruprecht, S. 1-44
Sachße, Ch. (1993): Frühformen der Leistungsverwaltung. Die kommunale Armenfürsorge im deutschen Kaiserreich. In: Jahrbuch für Europäische Verwaltungsgeschichte. Bd. 5. Baden-Baden: Nomos, S. 1-20
Sachße, Ch. (1995): Verein, Verband und Wohlfahrtsstaat. Entstehung und Entwicklung der dualen Wohlfahrtspflege. In: Rauschenbach, Th./Sachße, Ch./Olk, Th. (Hg.): Von der Wertgemeinschaft zum Dienstleistungsunternehmen. Jugend- und Wohlfahrtsverbände im Umbruch. Frankfurt am Main: Suhrkamp, S. 123-149
Sachße, Ch. (1996): Subsidiarität. In: Kreft, D./Mielenz, I. (Hg.): Wörterbuch soziale Arbeit. 4. Aufl. Weinheim/Basel: Beltz, S. 592-595
Sachße, Ch. (1998): Entwicklung und Perspektiven des Subsidiaritätsprinzips. In: Graf Strachwitz, R. (Hg.): Dritter Sektor - Dritte Kraft. Stuttgart u. a.: Raabe, S. 369-382
Sachße, Ch./Tennstedt, F. (1988): Geschichte der Armenfürsorge in Deutschland. Band 2. Fürsorge und Wohlfahrtspflege 1871-1929. Stuttgart u.a.: Kohlhammer
Sachße, Ch./Tennstedt, F. (1998): Geschichte der Armenfürsorge in Deutschland. Vom Spätmittelalter bis zum 1. Weltkrieg. 2. Aufl. Stuttgart u.a.: Kohlhammer
Tenfelde, K. (1984): Die Entfaltung des Vereinswesens während der industriellen Revolution in Deutschland. In: Dann, O. (Hg.): Vereinswesen und bürgerliche Gesellschaft in Deutschland. München: Oldenbourg, S. 55-114
Wex, E. (1929): Die Entwicklung der sozialen Fürsorge in Deutschland 1914-1927. Berlin

Teresa Bock

Ehrenamtliches Engagement in der Caritas - auf der Suche nach innovativen Konzepten

1. Einleitung

Ehrenamtliche Tätigkeit gehörte von Anfang an zu den Grundfesten des Deutschen Caritasverbandes. Der Gründer des Verbandes proklamierte eine *„allgemeine Caritaspflicht"*. Keiner dürfe sich vom Caritasdienst *„entschuldigt, dispensiert, befreit halten"* (Werthmann 1918, zit. n. Borgmann 1958: 18). Im Selbstverständnis jener Zeit war mit Caritaspflicht die tätige Nächstenliebe, das soziale ehrenamtliche Engagement gemeint.

Diesem Anliegen weiß sich auch die derzeitige Satzung des DCV verpflichtet, wenn sie in der Palette seiner Aufgaben festhält: *„Der Deutsche Caritasverband soll insbesondere die ehrenamtliche Mitarbeit anregen und vertiefen."*

Das Leitbild des DCV, das zu seinem 100jährigen Jubiläum 1997 verabschiedet wurde, bestätigt diesen Satzungsauftrag. Darin heißt es:

„Die Hinwendung zu den Hilfebedürftigen und die Solidarität mit ihnen ist praktizierte Nächstenliebe. Sie ist Aufgabe und Verpflichtung eines jeden Christen [...]. Die verbandliche Caritas unterstützt, fördert und ergänzt deshalb [...] die Caritasarbeit von einzelnen, Gruppen, Gemeinschaften und Pfarrgemeinden" (Deutscher Caritasverband 1997: 5).

Es weitet diesen Auftrag aus mit der Idee einer Sozialbewegung, in der der DCV *„mit sozialengagierten Menschen, Initiativen und Organisationen an der Verwirklichung einer solidarischen Gesellschaft"* zusammenarbeiten will (ebd.: 13).

2. Der Caritasverband als Förderer und Unterstützer von Solidarität

Der Deutsche Caritasverband ist einer der sechs Spitzenverbände der Freien Wohlfahrtspflege in Deutschland. Er ist Mitglied der Caritas Internationalis, zu der 150 nationale Caritasverbände gehören.

Der DCV wurde 1897 von Lorenz Werthmann gegründet, um die vielfältigen Aktivitäten tätiger Nächstenliebe in Gemeinden, Ordensgemeinschaften und Zusammenschlüssen von Laien - z.b. dem international organisierten Mädchenschutz, dem die Sorge für junge Frauen galt, die vom Land in die Industriestädte wanderten oder als Erzieherinnen ins Ausland gingen - zu bündeln. 1916 wurde er von der deutschen Bischofskonferenz als institutionelle Zusammenfassung der Caritas in Deutschland anerkannt.

Der Deutsche Caritasverband ist kein zentral gesteuerter und hierarchisch organisierter Verband. Er hat eine föderalistische Struktur, die sich durch Wahlen von unten in mehr als 600 Ortscaritasverbänden über 27 Diözesancaritasverbände zum Bundesverband aufbaut.

Außerdem gehören zum DCV 19 zentrale caritative Fachverbände, z.B. der Malteser-Hilfsdienst, der Sozialdienst katholischer Frauen, die Caritas- und Vinzenzkonferenzen als Fachverbände der Ehrenamtlichen in den Gemeinden, der Kreuzbund als Selbsthilfe- und Helfergemeinschaft für Suchtkranke und deren Angehörige, das Raphaelswerk, das sich als „Dienst an Menschen unterwegs" in der Beratung von Auswanderern und Einwanderern engagiert. Der IN VIA Verband Katholischer Mädchensozialarbeit unterstützt seit der Jahrhundertwende junge Frauen auf dem Weg vom Elternhaus in ein selbständiges Leben und ist aus dieser Tradition - in ökumenischer Zusammenarbeit mit der Diakonie - auch Träger der Bahnhofsmission.

In allen Verbänden sind Ehrenamtliche als Vorstandsmitglieder und neben den beruflichen Fachkräften als freiwillige Experten in der Organisation und der unmittelbaren Hilfe tätig.

270 caritative Ordensgemeinschaften sind mit ihren Einrichtungen für Kinder und Jugendliche, für alte, behinderte und kranke Menschen dem DCV zugeordnet.

Ortsverbände, Diözesanverbände, Fachverbände und Ordensgemeinschaften haben ihre eigene Caritasgeschichte und ihr eigenes Profil. Sie regeln ihre Angelegenheiten in eigener Verantwortung, schließen sich aber zusammen, um sich gegenseitig zu unterstützen, miteinander abzustimmen und ihre Anliegen in Kirche und Gesellschaft zur Geltung zu bringen.

3. Wurzeln und Geschichte des Ehrenamtes

Caritatives Engagement als Zuwendung zum Mitmenschen, der in Not ist, hat seine Wurzeln in der Sozialethik des Judentums. *„Im Judentum gibt es keine Religiosität ohne das Soziale und kein Soziales ohne Religiosität"* (Leo Baeck). Das gilt gleichermaßen für die Botschaft des Neuen Testamentes, in der immer wieder der Zusammenhang von Gottes- und Nächstenliebe betont wird. Das Gleichnis vom Barmherzigen Samariter (Lk. 10, 29-37) ist die Urgeschichte des ehrenamtlichen Engagements, in der Verbindung von spontaner persönlicher Zuwendung zum Menschen, der hilflos am Weg liegt, mit organisierter Hilfe durch seine Unterbringung in einem Wirtshaus und die Sicherstellung der Mittel für seine Versorgung.

Die Wahl der Diakone in der Apostelgeschichte (Apg, 6, 1-6) und ihre Beauftragung, sich der Armen anzunehmen und für sie zu sorgen, ist der Beginn der beruflichen sozialen Arbeit in der Kirche.

Ehrenamtliche initiierten und organisierten die Hilfe von Kirchen, Zünften, Genossenschaften, Verbänden und Kommunen. Seit dem 15. Jahrhundert übertrugen ihnen die Städte in den Armenordnungen die Sorge für ihre notleidenden Bürger. Von 1850 bis zu Beginn dieses Jahrhunderts war die Fürsorge in mehr als 100 deutschen Städten nach dem Muster des „Elberfelder Systems" organisiert. Ehrenamtlichen Armenpflegern waren die Aufgaben der persönlichen Hilfe für die Armen eines Bezirkes übertragen, als Bezirkskollegium legten sie die Unterstützungsleistungen gemeinsam fest.

Da Frauen verweigert wurde, sich an kommunalen Aufgaben z.B. des Armen- und Waisenpflegers zu beteiligen, schufen sie sich über die Frauenbewegung einen Zugang zur Gesellschaft. Sie gründeten Vereine, um individuelle Not zu lindern, bauten Einrichtungen zum Schutz von Kindern und Frauen und machten in kirchlichen und politischen Krisen auf soziale Mißstände aufmerksam.

„Die moderne Frauenbewegung verlangt für das weibliche Geschlecht mehr Wissen und mehr Verantwortlichkeitsgefühle, mehr Gelegenheit, die Kräfte zu regen, mehr Lebensinhalt. Vielfach wird das streitig gemacht, aber ein Gebiet hat ihr weit die Tore geöffnet, das ist die Caritas",

stellt Agnes Neuhaus, die Gründerin des Sozialdienstes katholischer Frauen, fest.

Am Anfang der sozialen Arbeit stand das ehrenamtliche Engagement. Ihre Pionierinnen, Alice Salomon und Helene Weber, riefen Mädchen und Frauen dazu auf, gründeten Ausbildungsstätten für soziale Berufe, schufen Organisationen und Einrichtungen, die ihren Absolventinnen Arbeitsplätze boten und Berufsverbände, in denen sie ihre Interessen vertraten. Die meisten der weiblichen Abgeordneten des Weimarer Reichstages aller Parteien waren in der sozialen Arbeit engagierte Politikerinnen. Sie waren in den zwanziger Jahren maßgeblich an der Jugend- und Sozialgesetzgebung beteiligt.

Ehrenamtliches Engagement im Schatten professioneller Dienste: In 25.000 Einrichtungen der Caritas - Kindergärten, Sozialstationen, Krankenhäusern, Altersheimen, Einrichtungen für behinderte Menschen, Beratungsdiensten für Familien, Migranten, Arbeitslose, Suchtkranke - sind heute mehr als 460.000 Mitarbeiterinnen und Mitarbeiter hauptberuflich tätig.

Seit den 60er Jahren hat sich die Caritas am Ausbau professioneller Dienste als Kooperationspartner des Sozialstaates beteiligt. Dabei konzentrierte sie - wie die anderen Wohlfahrtsverbände - ihre Anstrengungen darauf, ihre Einrichtungen durch hohen Standard der sachlichen und fachlichen Ausstattung zu Dienstleistungsunternehmen zu profilieren, die den gesetzlichen Vorgaben und behördlichen Richtlinien und damit den Voraussetzungen zur Finanzierung der Leistungen entsprachen.

Das ehrenamtliche Engagement wurde in diese Prozesse nicht einbezogen. Im Schatten der Institutionalisierung und Professionalisierung des Verbandes und seiner Einrichtungen wurde es zu einer Restgröße. Entwicklungen, die sich durch veränderte Lebenssituationen und Lockerung der Bindungen an das kirchliche Milieu auch im ehrenamtlichen Engagement vollzogen, blieben lange Zeit unbemerkt. Es wurde darauf vertraut, daß die Motivation zur Nächstenliebe genetisch codiert sei und sich unbeeinflußt von äußeren Bedingungen naturwüchsig entfalte.

Trotz seiner Vernachlässigung erwies sich das traditionelle Ehrenamt, allen immer wieder beschworenen Krisen zum Trotz, erstaunlich widerstands- und regenerationsfähig. Die Caritaskonferenzen mit 3.000 Gruppen und 90.000 Ehrenamtlichen - überwiegend Frauen zwischen dem 50. und 70. Lebensjahr, die sich in den Gemeinden engagieren - sind der mitgliederstärkste Fachverband der Caritas. Der Malteser-Hilfsdienst ist vor allem ein Engagementbereich für Männer auch jüngeren Alters. 80% der Mitarbeiterinnen und Mitarbeiter in den einhundert Bahnhofsmissionen sind Ehrenamtliche aus allen Altersgruppen. Viele Zivildienstleistende, die dort tätig waren, engagieren sich weiter ehrenamtlich.

4. Erschließung der Solidaritätspotentiale und -bedürfnisse unter veränderten Lebensbedingungen

Ohne die seit über hundert Jahren funktionierenden und immer wieder neuen Bedingungen angepaßten Strukturen traditioneller ehrenamtlicher Tätigkeiten aufzugeben, hat man sich im Caritasverband in den vergangenen Jahren im Zusammenhang mit Untersuchungen zur Armut im Sozialstaat nicht nur mit den komplexen und komplizierten Erscheinungsweisen von Gefährdungslagen in unserer Gesellschaft beschäftigt, sondern im Zusammenhang damit auch mit Fragen, wie die Solidaritätspotentiale und -bedürfnisse vieler Bürgerinnen und Bürger unter Berücksichtigung ihrer Lebensbedingungen zu erschließen sind.

In der Caritas sind nach Hochrechnungen ca. 50.000 Ehrenamtliche engagiert. Ihre präzise „Erfassung" scheitert an Mängeln der Statistik, weil im Gegensatz zur Statistik der beruflichen Mitarbeiter/innen die zur Erfassung ehrenamtlicher Tätigkeiten notwendigen Bezugsgrößen fehlen.

Im Rahmen der Lebenslagenuntersuchung der Klienten von Caritas und Diakonie in den neuen Bundesländern wurden 1997 Grunddaten zum ehrenamtlichen Engagement in den Einrichtungen erhoben. Außerdem wurde eine Grunddatenerhebung zum sozial-caritativen ehrenamtlichen Engagement in den katholischen Gemeinden in Ostdeutschland und Berlin durchgeführt. Damit liegen die ersten empirisch erhobenen Daten zum Ehrenamt in Pfarrgemeinden und caritativen Einrichtungen vor. Sie sind eine Basis für den Ausbau der Statistik zum Ehrenamt. Eine Gesamtstatistik, die die vielfältigen Formen der traditionellen und neuen ehrenamtlich/freiwilligen Nächsten- und solidarischen Selbsthilfe in den Feldern der Caritas erfassen soll, und eine Langzeitstudie „Ehrenamt" sind in Vorbereitung.

In einer Umfrage wurden 1995 die ehrenamtlichen Aktivitäten der Diözesan- und Fachverbände erfaßt. Diese Bestandsaufnahme bestätigt den Trend der Ausfächerung der Profile ehrenamtlichen Engagements in der verbandlichen Caritas. Sie fächern sich aus in einem breiten Spektrum. Es umfaßt die traditionelle Nächstenhilfe in Nachbarschaften und Kirchengemeinden, unterstützende Hilfen in stationären Einrichtungen, außerberufliche Tätigkeiten von juristischen, betriebs- und hauswirtschaftlichen, ärztlichen und pflegerischen Experten, aber auch selbstorganisierte Hilfen für andere und mit ihnen, z.B. in Arbeitsloseninitiativen oder der Flüchtlingshilfe, bis zu Tauschringen „Hilfe gegen Hilfe" nach dem Genossenschaftsprinzip. Dabei gibt es fließende Übergänge zwischen Selbst- und Nächstenhilfe, dem Anbieten und Nutzen von Hilfe, nach dem Motto: „Ich tue es für mich - mit anderen - für andere."

Auch die kirchlichen Sozialformen unterliegen dem gesellschaftlichen Wandel und so wollen sich heute viele Menschen weniger in traditionelle Formen kirchlicher Solidaritätsarbeit einbinden lassen.

Die Distanz zur verbandlichen Caritas nimmt auch zu, weil deren bürokratische Strukturen schwer zugänglich sind, weil die Möglichkeiten mit zu entscheiden gering sind, weil die Dominanz, manchmal auch Arroganz und Besserwisserei der Professionellen als Begrenzung der Eigenständigkeit erlebt wird und weil die Infrastrukturen sich überwiegend am Bedarf professioneller Arbeit orientieren. Der Trend geht vom ehrenamtlichen Laien zum freiwilligen Experten, der seine Berufskompetenzen und Lebenserfahrungen in sein selbstbestimmtes Engagement einbringen will. Er hat dabei eigene

Vorstellungen zur Wahl und über die Gestaltung der Aufgaben und die Zeit, die er dafür aufbringen will.

Das Interesse an einer Mitgliedschaft im Verband und in Caritasgruppen in den Gemeinden, die Anpassung an die vorgegebenen Formen und Normen und die Identifikation mit ihrer Philosophie hat abgenommen. Es wird abgelöst durch das Interesse an einer zeitlich überschaubaren Aufgabe. Zeitgebundene Projekte werden langfristigen Verpflichtungen vorgezogen. Viele Freiwillige bestätigen sich als „Hopper", einmal hier und ein anderes mal dort. Andere schließen sich für die Dauer einer Aktion zusammen oder wandern zwischen Gruppen und Projekten, die den Bedürfnissen der jeweiligen Lebensphase und Lebenslage angepaßt sind.

In den Allensbacher Studien zum Leitbildprozeß (Juli/August 1995) zur Bereitschaft zur ehrenamtlichen Tätigkeit antworteten auf die Frage: „Können sie sich vorstellen, bei der Caritas oder einer anderen Hilfsorganisation ehrenamtlich tätig zu werden?" 15% der Befragten mit ja und 24% mit vielleicht (vgl. Köcher 1997: 33).

Diese Ergebnisse stimmen mit anderen Untersuchungen zum Ehrenamt darin überein, daß das Potential der Menschen, die für ein Engagement zu gewinnen sind, nicht ausgeschöpft wird.

Das Engagement junger Menschen wird nicht abgerufen. Nach Schätzungen der Vermittlungsstellen im Caritasverband findet nur einer von drei Bewerbern einen Platz für ein soziales Jahr und nur einer von vier Bewerbern für ein ökologisches Jahr. Im „Manifest für Freiwilligendienste in Deutschland und Europa" wird festgestellt, daß *„auf einen Platz beim Freiwilligen Sozialen Jahr, beim Freiwilligen Ökologischen Jahr oder beim Europäischen Freiwilligen Dienst bis zu zehn Interessenten kommen"* (Kommission „Jugendgemeinschaftsdienste in Deutschland und Europa" 1998: 11).

Menschen, die in belasteten Lebenssituationen oder am Rande der Gesellschaft leben, haben nur geringe Chancen, eine Aufgabe zu finden. In den Wohlfahrtsverbänden, aber auch in der neuen Freiwilligenarbeit herrscht oft ein „Klima", das die Distanz zwischen Bürgerinnen und Bürgern der Mittelschicht, die für das Ehrenamt als privilegiert gelten und dafür unterprivilegierten Hilfebedürftigen, nicht überbrückt. In der Lebenslagenuntersuchung der Menschen, die in den Diensten von Caritas und Diakonie Hilfe suchten, signalisierten mehr als 40% der danach Befragten Interesse daran.

5. Das Ehrenamt im Leitbild des Deutschen Caritasverbandes und die Förderung des ehrenamtlich/freiwilligen Engagements durch den DCV

Das Leitbild wurde im Mai 1997 vom Zentralrat verabschiedet, auf der Grundlage einer Beschlußempfehlung der Vertreterversammlung im Oktober 1996 und nach dreijährigem Leitbildprozeß in allen Gremien und Einrichtungen des Verbandes:

- Der Deutsche Caritasverband ist Teil der Sozialbewegung
- Er bietet allen an sozialer Arbeit Interessierten die Möglichkeit, sich ehrenamtlich und beruflich an der Verwirklichung seiner Ziele und Aufgaben zu beteiligen
- Er unterstützt den ehrenamtlichen caritativen Einsatz in Pfarrgemeinden, Verbänden, Gruppen und Initiativen
- Er tritt für verbesserte Rahmenbedingungen für das soziale Ehrenamt ein
- Er fördert die Idee einer Sozialbewegung und arbeitet mit sozial engagierten Menschen, Initiativen und Organisationen zusammen an der Verwirklichung einer solidarischen Gesellschaft.

Mit der Einrichtung des Zentralratsausschusses „*Ehrenamtliches Engagement*" wird ein Signal gegeben, die ehrenamtliche Tätigkeit im Verband kontinuierlich zu beobachten und weiterzuentwickeln. 1998 wurde ein ausführlicher Bericht über den Stand der Umsetzung der Zentralratsposition „Ehrenamtliche Tätigkeit in der Caritas" vorgelegt.

Ein „*Info Ehrenamt*" unterrichtet regelmäßig über Ereignisse im ehrenamtlichen Bereich.

Der *Lorenz Werthmann Preis* wird alle zwei Jahre jeweils für eine wissenschaftliche Arbeit zu einem Thema aus dem Bereich der Caritas und der freien Wohlfahrtspflege und für beispielhafte ehrenamtliche/freiwillige Tätigkeiten verliehen. Zur ersten Auslobung des Preises 1997 wurden 78 Anträge von ehrenamtlichen/freiwilligen Projekten vorgelegt, bei der zweiten Auslobung 1999 mehr als 90 Anträge.

Seit 1996 wird die Zeitschrift „*Sozialcourage - Das Magazin für soziales Handeln*" herausgegeben. Sie greift heiße Eisen aus allen Bereichen des Lebens und Miteinanderlebens auf. Sie macht auf die Befindlichkeiten armer, verletzter und ausgegrenzter Menschen aufmerksam und zeigt Beispiele des mutigen und ideenreichen freiwilligen Engagements der Solidarität mit ihnen auf. Der Name Sozialcourage ist Programm.

Ziel des Magazins ist es, nicht nur den ehrenamtlich tätigen Caritasmitgliedern eine ansprechende Zeitschrift anzubieten, sondern darüber hinaus auch sozial engagierte Personengruppen außerhalb der Caritas anzusprechen und zum Engagement anzuregen.

Sozialcourage erscheint vierteljährlich in einer Auflage von 260.000 Exemplaren in 22 Ausgaben mit eigenem Innenteil über die Aktivitäten in den Diözesen und 4 Spezialausgaben mit eigenem Innenteil zu Ehrenamt und Selbsthilfe zur Migranten- und Flüchtlingsarbeit, zur Selbsthilfe von Eltern behinderter Kinder und pflegender Angehöriger.

Sozialcourage hat dem Ehrenamt im Caritasverband ein neues „Outfit" verschafft. Es hat dem traditionellen Ehrenamt und den Entwicklungen, die dort passieren, neue Aufmerksamkeit verschafft und den dort Engagierten zu mehr Selbstbewußtsein verholfen. Gleichzeitig macht es freiwilliges Engagement attraktiv für Menschen und Gruppen, die sich in Kirche und Gesellschaft sozial engagieren wollen.

Sozialcourage ist zusammen mit den Freiwilligenzentren die eindrucksvollste Umsetzung der Aussage des Leitbildes: „Der Deutsche Caritasverband ist Teil der Sozialbewegung".

6. Modellverbund Freiwilligenzentren

Am 5. Dezember 1996, dem Internationalen Tag des Ehrenamtes, wurde der „Modellverbund Freiwilligenzentren im DCV" gegründet. 16 Freiwilligenzentren an Standorten von Greifswald an der Ostsee bis Waldshut an der Schweizer Grenze, von Geldern am Niederrhein bis Saalfeld in Thüringen, gehören zum Modellverbund. 11 weitere Zentren in Frankfurt/Oder, Chemnitz, Göttingen, Hildesheim, Bochum u.a. kooperieren mit dem Modellverbund auf der Basis seines Rahmenkonzeptes.

Mit dem bereits 1995 vom Zentralrat beschlossenen Modellverbund als einer Antwort auf die veränderten Einstellungen und Bedingungen für freiwilliges Engagement heute, erprobt der Verband modellhaft neue Strukturen. Dabei werden die Erfahrungen in der Arbeit von und mit Ehrenamtlichen in der verbandlichen Caritas eingebracht. Die strukturelle Vernetzung der Dienste und Einrichtungen und ihrer Infrastruktur, die Kompetenzen in sozialen Aufgaben, die Kenntnisse der Situationen von Menschen und Gruppen in schwierigen Lebenslagen, das Vertrauen von Rat- und Hilfesuchenden und die große Bereitschaft, sich bei richtiger Ansprache und stimmigen Bedingungen in den Diensten der freien Wohlfahrtspflege zu engagieren, führten zu der Entscheidung, diese Ressourcen des Verbandes für Innovationen zu nutzen.

Die Freiwilligenzentren sind ein Modell, in dem neue Formen und Aufgaben freiwilligen Engagements mit Ausstrahlung in den Verband und die Gesellschaft erprobt werden.
Die Trägerstrukturen der einzelnen Zentren sind unterschiedlich. Es gibt z.B. die Einzelträgerschaft eines Ortscaritasverbandes ebenso wie den Verbund mehrerer Träger aus dem kirchlichen und nichtkirchlichen Bereich. Träger des FWZ Esslingen ist z.b. das Landeskomitee der italienischen Elternvereine in Baden-Württemberg in Kooperation mit dem Spanischen Elternverein Esslingen und der Caritas-Region Neckar-Alb.
Für alle Zentren gilt, daß sie offen sind für andere Träger und ggf. Kooperationsverträge mit ihnen abschließen. Alle Zentren haben einen Beirat, in dem sachkundige und sozial interessierte Personen, Vertreter von Kirchen, Verbänden, selbstorganisierten Hilfegruppen und Initiativen mitarbeiten.
Selbstorganisation ist ein Kennzeichen der Zentren; Freiwillige sind an ihrem Aufbau und an den Aufgaben, die im Zentrum anfallen, verantwortlich beteiligt. Die Zentren werden finanziert aus Eigenmitteln der Träger und Mitteln der Glücksspirale und des Hilfswerkes, die den Diözesen zur Verfügung stehen und von ihnen für die Förderung des freiwilligen Engagements eingesetzt werden. Der Anteil öffentlicher Mittel liegt bis heute unter 10% der Kosten.

Schwerpunkte im Modellverbund sind:

- Freiwillige/ehrenamtliche Arbeit voranzubringen mit Hilfe der Strukturen der Freien Wohlfahrtspflege
- Freiwillige/Ehrenamtliche als Partner und Experten in der Sozialen Arbeit zu positionieren
- Generations- und schichtübergreifende Angebote für Helfer und Hilfesuchende zu machen; sich am Aufbau sekundärer Netze der Unterstützung zu beteiligen
- Männer herauszufordern, ihre Chancen im freiwilligen sozialen Engagement zu nutzen; Arbeitslosen Zugänge zur Freiwilligentätigkeit zu schaffen
- Gesetzliche Rahmenbedingungen für ehrenamtliche/freiwillige Tätigkeiten weiterzuentwickeln und die gesellschaftliche Anerkennung des Engagements zu verbessern
- Von und mit europäischen Ländern zu lernen.

Profilbereiche der Zentren sind:

- Vermittlung
 Freiwilligenzentren entwickeln eine bedeutsame Explorations-, Informations- und Vermittlungsfunktion. Sie übernehmen die Aufgabe, den lokalen Engagementbedarf und Engagementmöglichkeiten systematisch zu

ermitteln. Ein Ergebnis dieser Exploration ist eine Börse mit weit über 1.000 Engagementfeldern, die überwiegend im sozialen, aber auch im kulturellen Bereich angesiedelt sind. Zentrale Nachsucher sind freie Träger, Verbände, Vereine, Einrichtungen, häufig auch kleinere Institutionen außerhalb der Verbändelandschaft. Die strukturelle Offenheit der Zentren hat Kooperationsnahtstellen zu örtlichen Aidshilfen, zum Kinderschutzbund, zu Eltern- und Migranten-Initiativen und anderen Gruppen der Sozialen Bewegung hergestellt.

Der „Markt der Engagementmöglichkeiten" mit den vielfältigen Engagementoptionen hat anstiftende Funktion. Er spiegelt die Offenheiten und Solidaritätsbedarfe in der lokalen Struktur wider.

Die gute Beratung von Nachfragern nach einer Tätigkeit und Anbietern von Tätigkeiten ist das A und O einer Vermittlungsarbeit, die sich zum Ziel setzt, *„die richtige Frau/den richtigen Mann, den richtigen Jugendlichen an den richtigen Platz zu bringen."*

Überwiegend, aber nicht ausschließlich, werden bisher Menschen in der zweiten Lebenshälfte, ab 46 Jahren, erreicht. Aber es gelang auch, Jugendliche und junge Erwachsene anzusprechen. Zwei Drittel der Menschen, die vermittelt wurden, war aktuell nicht freiwillig tätig, wurden also neu für ein Engagement gewonnen. Der Anteil der Männer liegt bei 23%, von Arbeitslosen bei 30%.

- Forum für soziales Engagement

Eines der zentralen Foren jedes Zentrums sind die Beiräte oder Kuratorien. Sie wurden eingerichtet, um sich vor Ort zu vernetzen und Kooperationspartner in die Mitverantwortung einzubinden und die Arbeit auf eine breitere Basis zu stellen. Forums-Veranstaltungen werden auch genutzt, um den gesellschaftspolitischen Stellenwert des Bürgerengagements ins Bewußtsein zu rufen und das lokale Engagement-Klima zu beeinflussen. Sie sind „soziale Knoten-Punkte" für die Freiwilligen und bilden eine Plattform für den Austausch von Erfahrungen und die Abstimmung der Interessen Freiwilliger und ihrer Vertretung in der Öffentlichkeit.

- Werkstatt sozialen Handelns

Im Profilbereich Werkstatt wurden in den beiden ersten Jahren mehr als 30 selbstorganisierte Gruppen bzw. Hilfeinitiativen von Freiwilligen-Zentren gegründet und/oder unterstützt. Dazu gehören z.B. Aktivitäten einheimischer Frauengruppen für und mit Migrantinnen, Unterstützungsgruppen für Kinder, für Angehörige hilfebedürftiger Menschen, sozialkulturelle Werkstätten, wie z.B. Literatur- und Leseförderung für Kinder, Filmprojekte mit Zeitzeugen, Alt-Jung-Projekte. Freiwilligenzentren unterstützen auch - soweit am Ort vorhanden, in Kooperation mit den Kontaktstellen für Selbsthilfe - selbstorganisierte Gruppen durch Beratungsleistungen und Raumvermittlung. Viele „Werkstätten" werden in

Kooperation mit anderen Trägern verwirklicht. Damit zeichnen sich neue überverbandliche soziale Aktionsformen ab. Einige FWZ beginnen damit, sich mit den sozialen Beratungsdiensten und der Gemeinwesenarbeit zu vernetzen. Eine weitere in den Blick genommene Entwicklungsperspektive sind Überlegungen, inwieweit FWZ dazu beitragen können, von Notlagen betroffene Menschen zu gemeinschaftlichen Aktionen anzustiften und sich damit in Selbstorganisationsprozesse einzuschalten.

Auf ihrem Abschlußplenum im Oktober 1999 haben die Freiwilligenzentren des Modellverbundes und die mit ihnen kooperierenden Zentren eine Stellungnahme mit dem Titel: „Wider die Gleichgültigkeit" - Für eine Kultur der Solidarität - beraten und verabschiedet. Sie enthält auch Empfehlungen an die Gremien des Deutschen Caritasverbandes zur Anerkennung der Freiwilligenzentren und ihrer Konzepte und ihre Integration in die breite Palette traditioneller und neuer Formen und Strukturen ehrenamtlichen Engagements in der Caritas.

7. Gesellschaftspolitische Aktivitäten des Verbandes

Ehrenamtliche/freiwillige Tätigkeiten sind freiwillig, aber nicht privat; sie bedürfen des Rechtsschutzes.

Eine Erhebung im DCV ergab eine schwindelerregende Vielfalt und Unabgestimmtheit der Regelungen. Die komplizierte Sprache der Versicherungswirtschaft macht es vor allem den Verantwortlichen kleiner Organisationen und Einrichtungen schwer, zu übersehen, welche allgemeinen und aufgabenspezifischen, besonderen Risiken zu versichern sind, um die Freiwilligen vor den Folgen von Schäden und gegenüber Ersatzansprüchen Dritter zu bewahren. Der offenkundige Handlungsbedarf verlangt nach Rahmenvereinbarungen. Der DCV hat im November 1999 eine Fachtagung zum Thema „Risiko Ehrenamt" abgehalten, um mit Freiwilligen, Verbands- und Versicherungsvertretern ins Gespräch zu kommen und nach Lösungen zu suchen.

Nach wie vor ist die Berücksichtigung ehrenamtlicher Tätigkeiten im Steuerrecht und der Abbau von Barrieren im Sozialrecht nicht gelöst. Hier sind weiter gemeinsame Aktivitäten der Spitzenverbände der Freien Wohlfahrtspflege erforderlich.

Es ist auch nachzudenken über alternative Rentenmodelle und Vergünstigungen zur Belohnung von Leistungen, die Bürgerinnen und Bürger für eine Kultur der Solidarität erbringen. Da nicht davon auszugehen ist, daß ehrenamtliche Tätigkeiten in der Rentenversicherung berücksichtigt werden, sucht der Caritasverband nach „Rentenmodellen" auf privatwirtschaftlicher Basis für kontinuierliche ehrenamtliche Tätigkeiten. Er setzt sich auch für die Berücksichtigung ehrenamtlichen Engagements bei der Bewerbung um einen Studien- oder Arbeitsplatz, nicht zuletzt in seinen eigenen Ausbildungsstätten und Einrichtungen, ein.

8. Die Krise des Sozialstaates ist eine Chance für das Ehrenamt

Ehrenamtliches Engagement ist in den 90er Jahren zu einer öffentlichen Angelegenheit geworden. Es findet heute große Aufmerksamkeit in Politik und Wissenschaft, bei gesellschaftlichen Gruppen von den Kirchen bis zu den Gewerkschaften, bei den Wohlfahrtsverbänden wie den Kommunen. Es ist ein zentraler Faktor in allen Entwürfen zum Umbau des Sozialstaates und bei der Suche nach einer gerechten Verteilung von Erwerbsarbeit, Familienarbeit, Bürgerarbeit zwischen Frauen und Männern, Erwerbstätigen und Arbeitslosen.

Das Sozialwort der Kirchen: „Für eine Zukunft in Solidarität und Gerechtigkeit und Solidarität" (vgl. Evangelische Kirche in Deutschland/Deutsche Bischofskonferenz 1997), die Kommission für Zukunftsfragen der Freistaaten Bayern und Sachsen (vgl. Miegel/Mutz 1997), die Zukunftskommission der Friedrich-Ebert-Stiftung (vgl. Meyer-Kramer 1998), die Stellungnahme des Wirtschafts- und Sozialausschusses der Europäischen Gemeinschaft zum Thema „Zusammenarbeit mit den Wohlfahrtsverbänden als Wirtschafts- und Sozialpartner" (Dezember 1997), das Gutachten im Auftrag der Bundesarbeitsgemeinschaft der Freien Wohlfahrtspflege von Miegel/Ottnad/Wahl: Bedeutung der Freien Wohlfahrtspflege für Gesellschaft, Beschäftigung und Wirtschaft (August 1999) und zahlreiche weitere Stellungnahmen positionieren die gemeinsamen und kontroversen Standpunkte für eine zukünftige Gesellschaft, die sich nicht auf die fürsorgliche Hand des Staates verläßt, sondern *„die Aufgaben der Gemeinschaft als eigene begreift"* (Roman Herzog: Vierzig Jahre Aktion Gemeinsinn, 12.9.97 Berlin); eine Gesellschaft, die sich davon nicht freikauft durch Steuern an Staat und Kirche und Betroffenheitsrituale, die in Forderungen ihnen gegenüber münden.

Der Deutsche Caritasverband stellt sich diesen Forderungen. Er versteht sich - so wichtig diese Funktionen zweifellos sind - nicht nur als „Dienstleister auf dem Sozialmarkt" oder „Anwalt für Benachteiligte", sondern auch als „Solidaritätsstifter". Auf seiner Vertreterversammlung im Oktober 1999 in

Berlin heißt das Thema des Forum 6 „Solidarität stiften: Ehrenamt zwischen Freiheit und Gebundenheit". Darin sollen Wege zur Umsetzung dieses Zieles zur Sprache kommen und ihre Ergebnisse als Voten in das Plenum eingebracht werden.

9. Literaturverzeichnis

Archiv für Wissenschaft und Praxis der sozialen Arbeit (1999): Heft 3, Schwerpunkt: Bürgerengagement, Ehrenamt, soziale Berufe. Frankfurt am Main: Eigenverlag Deutscher Verein
Bock, T. (1984): Helfen als Beruf - Zur Professionalierungsdebatte. In: Boll, F. (Hg.): Der Sozialstaat in der Krise? Freiburg: Lambertus, S. 118 ff.
Bock, T. (1997): Bürgerschaftliches Engagement im Sozialstaat. In: Mielenz, I./Trauernicht, G. (Hg.): Jahrbuch der Sozialen Arbeit 1998. Münster: Votum, S. 140 ff.
Bock, T. (1997): Ehrenamtliche/freiwillige Tätigkeit im sozialen Bereich. In: Deutscher Verein für öffentliche und private Fürsorge (Hg.): Fachlexikon der sozialen Arbeit. 4. Aufl., Frankfurt am Main: Eigenverlag Deutscher Verein, S. 241 ff.
Bock, T. (1997): Professionalisierung. In: Deutscher Verein für öffentliche und private Fürsorge (Hg.): Fachlexikon der sozialen Arbeit. 4. Aufl., Frankfurt am Main: Eigenverlag Deutscher Verein, S. 734 ff.
Bock, T. (1999): Ehrenamt im Deutschen Caritasverband. In: Kistler E./Noll, H.-H./Priller, E. (Hg.): Perspektiven gesellschaftlichen Zusammenhalts. Empirische Befunde, Praxiserfahrungen, Meßkonzepte. Berlin: Edition sigma, S. 211 ff.
Bock, T. (1999): Chancen und Gefahren für die zukünftige Beziehung von Ehrenamt und Staat in Deutschland. In: Caritas, Heft 6, S. 256 ff.
Bock, T./Baldas E. (1997): Modellverbund Freiwilligen-Zentren im Deutschen Caritasverband/Konzeption. In: Caritas-Korrespondenz, Nr. 5, S. 15 ff.
Bock, T./Lowy, L./Pankoke, M. (1979): Kooperation freitätiger und beruflicher Mitarbeiter in sozialen Diensten. Freiburg: Lambertus
Borgmann, K. (1958): Lorenz Werthmann: Reden und Schriften. Freiburg: Lambertus
Deutscher Caritasverband (Hg.) (1986): Ehrenamt und Selbsthilfe. Freiburg: Lambertus
Deutscher Caritasverband (1997): Leitbild des Deutschen Caritasverbandes. Freiburg: Lambertus
Deutscher Caritasverband (Hg.) (1997): Meinungsbild Caritas. Die Allensbacher Studien zum Leitbild-Prozeß, Bd.1-3. Freiburg: Lambertus
Deutscher Caritasverband (1999): Ehrenamtliches Engagement in der Caritas, Zentralratsbeschluß Oktober 1998. In: Caritas-Korrespondenz, Nr. 3
Deutscher Caritasverband/Diakonisches Werk der Evangelischen Kirche in Deutschland (1999): Ehrenamt in Einrichtungen von Caritas und Diakonie in den neuen Bundesländern. In: Caritas, Heft 6, S. 262 ff.
Evangelische Kirche in Deutschland/Deutsche Bischofskonferenz (Hg.) (1997): Für eine Zukunft in Solidarität und Gerechtigkeit. Wort des Rates der Evangelischen Kirche in Deutschland und der Deutschen Bischofskonferenz zur wirtschaftlichen und sozialen Lage in Deutschland. Hannover: Kirchenamt der Evangelischen Kirche

Hübinger, W./Hagen, Chr./Hertz, M. (1997): Das soziale Ehrenamt: Teil 1. Kommentierte Bibliographie. Bericht für das Diakonische Werk der Evangelischen Kirche in Deutschland und den Deutschen Caritasverband e.V. Frankfurt am Main
Köcher, R. (1997): Ergebnisse. In: Deutscher Caritasverband (Hg.): Meinungsbild Caritas. Die Allensbacher Studien zum Leitbildprozeß, Bd. 1. Freiburg: Lambertus
Kommission „Jugendgemeinschaftsdienste in Deutschland und Europa" (1998): Jugend erneuert Gemeinschaft. Manifest für Freiwilligendienste in Deutschland und Europa (c/o Robert Bosch Stiftung, Stuttgart)
Krug von Nidda, C. L./Peyser, D. (Hg.) (1958): Alice Salomon, die Begründerin des sozialen Frauenberufes in Deutschland. Ihr Leben und ihr Werk. Köln: Heymann
Meyer-Krahmer, F. (1998): Wirtschaftliche Leistungsfähigkeit, sozialer Zusammenhalt, ökologische Nachhaltigkeit. Drei Ziele, ein Weg. Bonn: Dietz
Miegel, M./Mutz, G. (1997): Erwerbstätigkeit und Arbeitslosigkeit. Entwicklung, Ursachen und Maßnahmen. Bonn: Kommission für Zukunftsfragen der Freistaaten Bayern und Sachsen
Müller, C. W. (1988): Wie Helfen zum Beruf wurde. Eine Methodengeschichte der Sozialarbeit, 2 Bände. Weinheim/Basel: Beltz

Beiträge zum Thema Ehrenamt in der Zeitschrift *Caritas*:
1994
- Beiheft 1/Unser Standpunkt, Nr. 27
- Bock, T.: Ehrenamtliche in der Caritas, Heft 10, S. 420 ff.
- Merkel, A.: Frauen im Ehrenamt, Heft 10, S. 434 ff.
1995
- Becker, Th.: Ehrenamtliche Tätigkeit in der Caritas, Heft 7/8, S. 332 ff.
- Hilpert, K.: 100 Jahre sozialcaritative Arbeit von Frauen im Spiegel der Zeitschrift „Caritas", Heft 10, S. 422 ff.
- Laurien, H.-R.: Zum Stellenwert des Ehrenamtes angesichts der Grenzen des Sozialstaates, Heft 7/8, S. 293 ff.
- Weber, J.: Hospizidee und Ehrenamt, Heft 6, S. 256 ff.
1996
- Bock, T.: Ehrenamtliche gewinnen, vorbereiten, begleiten, Heft 5, S. 220 ff.
- Gleich, J. M.: Mitarbeiterstudie: Arbeitszufriedenheit und Zusammenarbeit mit Ehrenamtlichen, Heft 6, S. 275 ff.
1998
- Themenheft Freiwilligen-Zentren, Heft 2
- Beiträge zur Tagung „Kultur der Freiwilligkeit vom 9./10. 1998 in Mainz, Heft 8/9
1999
- Henke, U.: Neues Ehrenamt als Folge von Individualisierung und Subsidiarität, Heft 6, S. 252 ff.

Reihe: Baldas, E./Bock, T.: *Materialien zum Modellverbund Freiwilligen-Zentren im Deutschen Caritasverband*; (bestellbar beim DCV/Referat Gemeindecaritas, Projekt Freiwilligen-Zentren, Postfach 420, 79104 Freiburg):
In Auswahl:
    Nr. 1 Konzeption des Modellverbundes
    Nr. 2 Konzeption der wissenschaftlichen Begleitung
    Nr. 3 Präsentationsunterlagen zum Modellverbund
    Nr. 4 Analysedaten Ehrenamt

Nr. 5 FWZPRG - Das EDV-Programm für FWZ
Nr. 6 Konzeptionen der Freiwilligen- Zentren
Nr. 8 Ein Jahr Freiwilligen-Zentren. Erste Erfahrungen
Nr. 12 Engagementberatung in FWZ. Ein Leitfaden für Interessierte
Nr. 13 Finanzierungswege

Bernd Wagner

Potentiale der Zivilgesellschaft - Freiwilliges Engagement im Kulturbereich

Willst Du froh und glücklich leben

»Willst Du froh und glücklich leben,
laß kein Ehrenamt Dir geben!
Willst Du nicht zu früh ins Grab,
lehne jedes Amt gleich ab.
So ein Amt bringt niemals Ehre,
denn der Klatschsucht scharfe Schere
schneidet boshaft Dir, schnipp schnapp,
Deine Ehre vielfach ab.
Wieviel Mühe, Sorgen, Plagen,
wieviel Ärger mußt Du tragen:
gibst viel Geld aus, opferst Zeit -
und der Lohn? Undankbarkeit:
Drum, so rat' ich Dir im Treuen:
Willst Du Weib und Kind erfreuen,
soll Dein Kopf Dir nicht mehr brummen,
laß das Amt doch and'ren Dummen!«
Wilhelm Busch

Viele Menschen halten sich - erfreulicherweise - auch im Kulturbereich nicht an diese ironische Empfehlung von Wilhelm Busch.

1. Einleitung

Die folgenden Ausführungen gliedern sich in vier Abschnitte. Als Einstieg werden Aspekte der gegenwärtigen Diskussionen über Freiwilligenarbeit, bürgerschaftliches Engagement und Ehrenamt im Kulturbereich skizziert und einige der Ursachen für das verstärkte Aufgreifen dieses Themas dargestellt. Der zweite Abschnitt behandelt Besonderheiten, die den Kultursektor von anderen gesellschaftlichen Bereichen unterscheiden und den Charakter von freiwilligem Engagement in diesem Feld prägen. Der dritte Teil beschäftigt sich mit Formen und Beispielen bürgerschaftlicher Aktivitäten im kulturellen Bereich. Im abschließenden vierten Teil soll an drei zentralen gesellschaftlichen Aufgabenfeldern - Arbeit, Verwaltungsreform und zivilgesellschaftliche Stärkung der öffentlichen Sphäre - skizziert werden, wo die besonderen Chancen und Perspektiven von freiwilligem Engagement im Kulturbereich liegen.

2. Freiwilligenarbeit als wiederentdeckte Ressource im Kulturbereich

Freiwilligenarbeit, ehrenamtliche Tätigkeit und bürgerschaftliches Engagement sind seit einigen Jahren nicht nur in der Sozial- und Gesundheitspolitik, sondern auch im Kulturbereich ein vieldiskutiertes Thema. Zunehmend wird in der kulturpolitischen Diskussion die Ressource „Freiwilligenarbeit" entdeckt.

Zu den vordergründigen Anlässen der Wiederentdeckung der Bedeutung unentgeltlicher freiwilliger Tätigkeit gehört die Finanznot der öffentlichen Haushalte, die zur Reduzierung von kommunalen Leistungen und Schließung von öffentlich getragenen Einrichtungen führt. Das trifft vor allem auch den Kulturbereich. Inzwischen gibt es hier zahlreiche Beispiele, wo bürgerschaftliches Engagement die Weiterführung von Kultureinrichtungen und die Aufrechterhaltung von Leistungsangeboten ermöglicht. Das reicht von Öffnungszeiten und dem Erhalt von Stadtteilbibliotheken über Führungen in Museen bis zur Finanzierung von Theaterinszenierungen durch Spendensammlung und Sponsoringaktivitäten des Fördervereins.

Eine solche Funktionalisierung der Freiwilligenarbeit zum Stopfen der Löcher, die durch die Spar- und Kürzungspolitik der Kommunen und Länder entstehen, kann zwar kurzfristig nützen und die finanzielle Situation von Kultureinrichtungen, die inzwischen alle unter dem Spardiktat leiden, verbessern helfen. Langfristig ist dies aber wenig erfolgreich, da freiwillig Aktive und Engagierte andere Motive und Vorstellungen für ihr Engagement haben, als für eine verfehlte Finanzpolitik der öffentlichen Hand einzutreten und eine kostengünstige Alternative zu hauptamtlich Beschäftigten zu bilden. Für sie ist bürgerschaftliches Engagement im Kulturbereich Ausdruck von kulturellem Interesse und Tätigsein. Dabei werden auch traditionelle Vorstellungen über die weitgehende alleinige Verantwortlichkeit des Staates für die Kultureinrichtungen relativiert und neue Träger- und Finanzierungsstrukturen entwickelt, da die bisherigen oft nicht mehr aufrecht zu erhalten sind.

Als Ende der achtziger/Anfang der neunziger Jahre deutlich wurde, daß das in den vorherigen Jahrzehnten zwar langsame, aber recht kontinuierliche Wachstum der öffentlichen Mittel für Kultur zu Ende geht, war die kulturpolitische Situation geprägt von den Debatten über Sparmaßnahmen, Mittelstreichungen und Einrichtungsschließungen sowie vielfach von der Hoffnung, daß es sich nur um einen konjunkturellen Engpaß bei den öffentlichen Haushalten handele.

Inzwischen gibt es kaum noch jemanden, der nicht sieht, daß auch der Kulturbereich vor weitergehenden Veränderungen steht. Eine Abwehr von Neustrukturierungen und eine Verteidigung des Status quo ist aufgrund der gewandelten gesellschaftlichen und ökonomischen Rahmenbedingungen nicht möglich und auch nicht sinnvoll. Zwei zentrale Erkenntnisse haben die heutigen kulturpolitischen Diskussionen gegenüber der Situation Anfang der 90er Jahre verändert: Das ist zum einen die Einsicht, daß alle finanziellen Vorschläge im Sinne von sparen, einfrieren oder erhöhen zu kurz greifen, wenn sie nicht mit strukturellen und konzeptionellen Überlegungen verbunden werden und zu einer Neustrukturierung wichtiger Bereiche des bundesrepublikanischen Kultursystems führen.

Der zweite Aspekt bezieht sich auf einen lange Zeit im Kulturbereich verbreiteten Etatismus, nachdem der Staat für die Sicherung der kulturellen Einrichtungen und der künstlerischen Angebote weitgehend allein zuständig und verantwortlich sei. Im Rahmen der allgemeinen Diskussion über die Zukunft des Wohlfahrtsstaates und der dabei thematisierten Neugestaltung des Verhältnisses von Staat, Markt und Bürgergesellschaft ist diese verbreitete Auffassung in Frage gestellt worden (vgl. hierzu Wagner/Zimmer 1997).

In diesem kultur- und gesellschaftspolitischen Zusammenhang steht die Diskussion über bürgerschaftliches Engagement im Kulturbereich, auch wenn dieser einem Teil der Akteure und an den Diskussionen Beteiligten nicht bewußt ist. Gewachsenes bürgerschaftliches Engagement im Kulturbereich ist so Ausdruck und Teil einer umfassenden Neuorganisation der Kulturlandschaft in Gestalt von *Public-Private Partnership*. Diese Kulturpartnerschaft umfaßt mehr als die Beteiligung von Privaten und der Privatwirtschaft an der Trägerschaft und Förderung von Kultureinrichtungen (vgl. Sievers 1998). Durch verstärktes freiwilliges Engagement sollen die staatlichen Leistungen im Kulturbereich durch gesellschaftliche Aktivität ergänzt und verbessert sowie die Angebote bürgernäher organisiert werden, wodurch sich auch die Identifikation der BürgerInnen mit den Kultureinrichtungen der Stadt erhöht. Zentrales Motiv ist aber die Möglichkeit der freiwillig Engagierten, sich am kulturellen Leben aktiv und verantwortungsvoll zu beteiligen.

Die bisherigen Diskussionen über freiwilliges Engagement im Kultursektor thematisieren solche grundsätzlichen Perspektiven erst ansatzweise. Verglichen mit Debatten über dieses Thema etwa im Sozial-, Gesundheits- oder im kirchlich-caritativen Bereich ist die Reflexion über ehrenamtliche Aktivitäten in Kultureinrichtungen noch relativ jung und nicht sehr verbreitet.

Daß die Diskussion über dieses Thema im Kulturbereich noch nicht so entfaltet ist, liegt auch daran, daß umfassende Studien und Untersuchungen hierzu fehlen. Von 85 in der Sekundäranalyse von Thomas Rauschenbach und seinen MitarbeiterInnen ermittelten empirischen Studien zur ehrenamtlichen Arbeit betreffen letztlich zwei den Kulturbereich (Beher u.a. 1998: 46). Die wenigen publizistischen und theoretischen Auseinandersetzungen beschränken sich auf einige Gebiete wie Museen, Soziokultur, Bibliotheken und Laienmusik und sind noch sehr lückenhaft (vgl. Zimmer 1995, Dankert 1996, Spieckermann 1996, Frevel 1993). Aber auch schon bei diesen nur Teilbereiche erfassenden Studien wird die zentrale Bedeutung des freiwilligen Engagements für große Teile des Kulturangebots deutlich, wenn beispielsweise festgestellt wird, daß nahezu jede/r vierte MitarbeiterIn im Museumsbereich ehrenamtlich tätig ist (vgl. Zimmer 1995).

Diese unbefriedigenden Situation der fehlenden Erfassung ehrenamtlicher Arbeit im Kulturbereich ist durch die im Auftrag des Bundesinnenministeriums durchgeführte Studie des Deutschen Kulturrates „Ehrenamt in der Kultur" etwas verbessert worden. Allerdings bezieht sich diese Untersuchung nur auf die ehrenamtliche Tätigkeit in Kulturverbänden, nicht auf kulturelle Einrichtungen. Bei 211 bundesweit tätigen Verbänden und Organisationen des kulturellen Lebens wurde u.a. nach den Arbeitsbereichen, der sozialen und geschlechtlichen Zusammensetzung sowie der Entwicklung ehrenamtlicher Tätigkeit gefragt, nach der Bereitschaft sich zu engagieren und den notwendigen Veränderungen der Rahmenbedingungen für ehrenamtliche Arbeit. Als allgemeines Ergebnis wurde auch für den Kulturbereich festgehalten, daß

„das ehrenamtliche Engagement sich in einem tiefgreifenden Strukturwandel befindet. Von einem generellen Rückgang ehrenamtlicher Arbeit zu sprechen, würde aber zu kurz greifen. Vielmehr haben sich die Anforderungen an Qualität ehrenamtlicher Arbeit sowohl von seiten der Nutzer und Nutzerinnen als auch der Anbieter verändert." (Deutscher Kulturrat 1996: 163)

Die Kulturrats-Studie von 1995/96 hat, auch wenn sie sich letztlich auf die Kulturverbände bezieht, die Aufmerksamkeit für dieses Thema in den kulturpolitischen Debatten erhöht, ja teilweise erst geweckt. In dieser Diskussion werden von einigen Verbänden und aus einigen Sparten erhebliche Vorbehalte gegen den verstärkten Einsatz von freiwillig Aktiven geäußert, zum Beispiel besonders pointiert aus dem Bibliothekssektor. Befürchtet wird eine Ersetzung von hauptamtlich Beschäftigten durch ehrenamtliche Helfer und eine Verschlechterung des Leistungsangebotes durch die nicht entsprechend qualifizierten freiwilligen MitarbeiterInnen.

Von dieser etwas eingeschränkten Sichtweise heben sich Diskussionsansätze ab, wie sie vom Kulturausschuß des Deutschen Städtetages und dessen Beigeordnetem Bernd Meyer in jüngster Zeit vorgelegt worden sind. In einem Grundsatzbeitrag in der Zeitschrift „der städtetag" vom Mai 1997 entwickelt Bernd Meyer unter der Überschrift „Kultur in der Stadt - Herausforderung für eine neue Bürgerkultur" seinen Ansatz einer Neuorientierung der Kulturpolitik durch eine stärkere bürgerschaftliche Verantwortung für die Kultur.

Ausgangspunkt seiner Überlegungen ist die *„dauerhafte Überforderung kommunaler Leistungsfähigkeit"* und eine daraus begründete neue Orientierung der Kulturpolitik, die *„weg von Versorgungs- und Fürsorgeansprüchen hin zu mehr Mitverantwortung, Mitwirkung und Mitgestaltung der Bürgerinnen und Bürger führt"*. Bezugspunkte sind für Meyer dabei die Debatten zur Arbeitsgesellschaft und zur zivilgesellschaftlichen Selbstorganisation sowie kommunitaristische Ansätze, aus denen eine neue *„privat-öffentliche Verantwortungspartnerschaft für die Kultur"* begründet wird (Meyer 1997).

In der „Hanauer Erklärung" des Kulturausschusses des Deutschen Städtetages mit dem Titel „Kulturpolitik und Bürgerengagement" vom Oktober 1997 wird die Ausgestaltung einer Verantwortungspartnerschaft als wichtige Aufgabe der Kulturpolitik und der kommunalen Kultureinrichtungen formuliert:

„Um im Sinne einer neuen Kulturverantwortung bürgerschaftliche Mitarbeit, Mitverantwortung, Mitgestaltung und Mitfinanzierung in öffentlich geförderten Kultureinrichtungen zu erreichen, ist eine Umorientierung dieser Einrichtungen wünschenswert: Öffentliche Kultureinrichtungen sollten
- sich die vielfach vorhandene kulturelle, künstlerische und soziale Kompetenz der Bürgerschaft zunutze machen;
- engagierten Bürgerinnen und Bürgern die Möglichkeit zur gestaltenden Mitwirkung in Kultureinrichtungen geben;
- die freiwillige und ehrenamtliche Mitarbeit von Bürgerinnen und Bürgern suchen und fördern;
- über ein zeitgemäßes Fundraising nicht nur die Finanzierungsstruktur verbessern, sondern auch ihre Verankerung in der Bevölkerung stärken (Friend-Raising)." (Deutscher Städtetag 1997: 61)

Dieser umfassende Ansatz des Kulturausschuß des Deutschen Städtetages hat die Diskussion über bürgerschaftliches Engagement im Kulturbereich geöffnet und vereinzelte Diskussionsstränge zusammenführt, wie sie u.a. auch im Rahmen der Kulturpolitischen Gesellschaft über das neue Grundsatzprogramm (1998) diskutiert werden. Die Debatte hierüber hat aber gerade erst begonnen und wird kontrovers geführt, da hierbei Essentiales des kulturpolitischen Handelns hinterfragt werden und eine weitgehende Neuorientierung staatlicher Aufgaben und gesellschaftlichen Engagements im Kulturbereich eingefordert wird.

Da diese Diskussionen im Kulturbereich aber noch sehr jung und unentfaltet sind, spielt auch freiwilliges Engagement in Kultur- und Kunsteinrichtungen, obwohl es einen durchaus relevanten Umfang hat, in den seit mehr als einem Jahrzehnt besonders intensiv geführten sozialwissenschaftlichen Debatten und in den allgemeinpolitischen Überlegungen zum ehrenamtlich-freiwilligen Engagement (vgl. Deutscher Bundestag 1996) bislang noch eine recht untergeordnete Rolle.

3. Besondere Strukturen des Kulturbereiches

Die bislang geringe Bedeutung des Kulturbereichs in den allgemeinen Debatten um Ehrenamt und Freiwilligenarbeit ist zum einen mit der noch unentfalteten Diskussion und zum anderen, verglichen mit dem Sozial-, Gesundheits- oder Sportbereich, mit dem niedrigeren Anteil von freiwillig Aktiven im Kultursektor zu erklären.

Die verschiedenen neueren Erhebungen zu Ehrenamt, Freiwilligenarbeit und bürgerschaftlichem Engagement kommen zu sehr unterschiedlichen Angaben über den Anteil der freiwillig Engagierten an der Bevölkerung. Dieser Anteil reicht von 13 Prozent bei der Johns-Hopkins-Studie von 1996, beziehungsweise 14 Prozent des Sozioökonomischen Panels, ebenfalls von 1996, über 22 Prozent der Allensbach-Untersuchung von 1997 bis zu 38 Prozent in einer bundesweiten Erhebung von Klages u.a. von der Hochschule für Verwaltungswissenschaft in Speyer aus dem gleichen Jahr (vgl. Infratest Burke 1997).

Bei aller Unterschiedlichkeit der Ergebnisse, die auch Ausdruck fehlender Klarheit über den Erhebungsgegenstand und das methodische Instrumentarium sind, stimmen die Aussagen zum Anteil des freiwilligen Engagements im Kulturbereich an der Gesamtzahl der Engagierten doch weitgehend überein. In allen Studien, die allerdings meist noch stark von einer traditionellen Sicht ehrenamtlicher Arbeit geprägt sind und damit die Spezifik des Kulturbereichs nicht erfassen, liegt die Freiwilligenarbeit im Kultursektor weit hinter den dominanten Feldern Soziales und Gesundheit, Sport und Kirche. Erst dann folgen Kultur und Freizeit.

Eine Ausnahme bilden hierbei Ergebnisse der Johns-Hopkins-Erhebungen, bei denen der relative Anteil von freiwillig Engagierten im Kunst- und Kulturbereich erheblich höher liegt als in den anderen Studien. Allerdings handelt es sich hierbei um Untersuchungen des Nonprofit-Sektors mit einem spezifischen Erhebungsinstrumentarium, was die großen Unterschiede verständlich macht.

Die geringere Präferenz von freiwillig Aktiven für ein Engagement im Kunst- und Kulturbereich gegenüber anderen gesellschaftlichen Feldern wird sogar noch deutlicher, wenn das Interesse an einem möglichen Aktivitätsfeld bei noch nicht Engagierten nachgefragt wird. Im Wertesurvey von Klages und anderen rangieren Kunst und Kultur erst hinter Sozialen Hilfen, Tierschutz, Umwelt, Sport, Schule und Kirche, Gesundheit, Dritte Welt/Menschenrechte auf dem 8. Rang der bevorzugten Felder für eines möglichen Engagements (vgl. Klages 1998: 4).

Daß bislang der Kulturbereich kaum in den allgemeinen Diskussionen über ehrenamtliches Engagement thematisiert wird, liegt aber weniger an der quantitativ geringeren Bedeutung von Kunst und Kultur als Felder bürgerschaftlichen Engagements, als an den besonderen Strukturen, den anderen Traditionen und dem teilweise unterschiedlichen Charakter von bürgerschaftlich-freiwilligem Engagement im Kulturbereich. Dieser besondere Charakter, der Kunst und Kultur von anderen gesellschaftlichen Feldern bürgerlichen Engagements unterscheidet, soll an drei Merkmalen verdeutlicht werden:

Zum einen zählt Kultur zu den klassischen Feldern von zivilgesellschaftlichem Engagement, und in der Kulturlandschaft jeder Stadt gibt es eine lange Tradition bürgerschaftlicher Betätigung. Mit Beginn des 19. Jahrhunderts bildeten Salons, Lesegesellschaften und Kunstvereine, die von den Bürgern ins Leben gerufen und getragen wurden, Konzentrationspunkte des kulturellen städtischen Lebens, aus denen sich vielfach die Grundstrukturen der heutigen kommunalen Kulturlandschaft herausgebildet haben.

Kunst und Kultur waren Medien der Selbstverständigung und Orte des geselligen Lebens des entstehenden und an die Macht strebenden Bürgertums. Mit und in ihnen fochten sie die Kämpfe mit dem Adel und den überkommenen Feudalstrukturen aus. Sie dienten dem Bürgertum zur Kritik am Alten und zur Abgrenzung nach unten. Mit den Kunstvereinen, den öffentlichen Kunstmuseen, den Bürgerbibliotheken, den Musikschulen und Konservatorien und später den Bildungswerken schuf sich das selbstbewußte Bürgertum des 19. Jahrhunderts jene Orte der Kommunikation und des Zusammenseins, die die traditionellen Kulturinstitutionen, die höfischen Theater, fürstlichen

Kunstsammlungen und Klosterbibliotheken ihnen nicht bieten konnten (vgl. z.B. Hein/Schulz 1996).

Wie das Bürgertum bildet die mit ihm entstandene Arbeiterklasse eigene Formen und Orte des kulturellen Lebens und der Selbstvergewisserung heraus. Arbeiterbildungsvereine und proletarische Gesangvereine, Volksbühnenbewegung und Volksbibliotheken traten neben die Kultureinrichtungen des Bürgertums und die staatlichen Kulturinstitutionen des Alten Regimes (vgl. z.B. Rüden 1979).

Durch bürgerschaftliches Engagement und genossenschaftliche Selbstorganisation entstand so ein Großteil der heutigen Kultureinrichtungen, die sich eine Zeitlang in einer *„eigentümlichen Synergie von privaten und öffentlichen Initiativen entwickelten"* (Heinrichs 1997: 21) und deren Trägerschaft mit der Zeit in die öffentliche Hand überging.

Trotz späterer „Verstaatlichung" vieler Kultureinrichtungen sind vielfach Elemente dieses frühen bürgerschaftlichen und genossenschaftlichen Engagements noch erhalten, und das Bewußtsein von diesen Ursprüngen prägt partiell noch heute den Kulturbereich. In Kunstvereinen und Museumsgesellschaften, Theaterpatronatsvereinen und wissenschaftlich-kulturellen Gesellschaften einerseits, dem kulturellen Vereinswesen und den Laienkulturgruppen, der Vielzahl von kleinen Heimat- und Geschichtsmuseen und den Volksbühnen andererseits findet diese bürgergesellschaftlich-genossenschaftliche Tradition heute noch vielfach ihre Fortsetzung.

Mit dem traditionellen Ehrenamt, an das anknüpfend oder sich davon absetzend die gegenwärtigen Diskussionen über Freiwilligenarbeit und bürgerschaftliches Engagement bestimmt sind, hat diese Tradition wenig gemeinsam. Nicht nur die Formen und Motive für freiwillige Aktivitäten im Kulturbereich, sondern auch die tragenden sozialen Gruppen unterschieden und unterscheiden sich vom Freiwilligenengagement in anderen gesellschaftlichen Bereichen.

Das zweite Merkmal: Trotz der späteren „Verstaatlichung" der Mehrzahl der aus privatem und solidarischem Engagement entstandenen Einrichtungen, die vor allem eine Kommunalisierung war, ist der Kulturbereich relativ staatsfern geblieben. Das ist eine weitere Besonderheit, die ihn gegenüber anderen staatlichen und staatlich getragenen Sektoren auszeichnet. Er hat seinen ursprünglichen Charakter als „öffentlicher Raum" und „zivile Sphäre" weitgehend erhalten können und ist gleichzeitig sehr dezentral und föderativ organisiert. Auch fehlen hier ähnlich korporative Strukturen wie in anderen gesellschaftlichen Bereichen, wo große zentral organisierte Verbände zu wichtigen Trägern von Einrichtungen und Leistungsangeboten geworden sind und dadurch den Charakter von Freiwilligenarbeit und ehrenamtlichem Engagement mitprägen.

Eine dritte Besonderheit bilden die neuen Formen von Kulturangeboten und Kultureinrichtungen, die sich mit der kulturpolitischen Reformbewegung ab den frühen siebziger Jahren herausgebildet haben. Unter dem Motto „Kultur für alle" und „Bürgerrecht Kultur" sind soziokulturelle, freie, alternative Kulturinitiativen und -projekte entstanden, mit anderen Strukturen und Arbeitsweisen als die traditionellen Kultur- und Kunstinstitutionen, die sich unter diesem Einfluß ebenfalls teilweise gewandelt haben.

Mit dem kulturellen Aufbruch in den 70er Jahren durch die soziokulturelle Bewegung begann eine Revitalisierung sozialer bürgerschaftlicher Aktivitäten im Kulturbereich in neuer Form. Stadtteilkulturveranstaltungen, soziokulturelle Zentren, Kinder- und Jugendkulturarbeit, Freie Theatergruppen und soziale Kulturarbeit mit marginalisierten gesellschaftlichen Gruppen, kulturpädagogische Projekte, Geschichtsinitiativen und Bildungsvereine sind Beispiele dieser neuen Kulturbewegung. Entstanden sind diese neuen kulturellen Aktivitäten und Angebote aus freiwilligen Zusammenschlüssen von Interessierten, aus Bürgerinitiativen, Nachbarschaftsgruppen und aus der Alternativ- und Selbsthilfebewegung sowie aus politischen Initiativen und Projekten. Dabei wurde auch teilweise auf frühere Erfahrungen bürgerschaftlichen Kulturengagements und kulturelle Ansätze der Arbeiterbewegung zurückgegriffen.

Viele dieser Initiativen, Ansätze und Organisationsformen entwickelten aber recht bald das Interesse, ihre Aktivitäten nicht nur staatlich gefördert zu bekommen, sondern ihre Arbeit auch insgesamt zu professionalisieren. Der Professionalisierungsanspruch, der oft Folge wie Voraussetzung öffentlicher Förderung war und ist, gerät zunehmend in Widerspruch zu den gesellschaftlichen Ursprüngen und Zielsetzungen der neuen kulturellen Formen. Folge der Professionalisierungsbestrebungen in diesem Sektor sind weniger eine große Zahl von Vollzeitarbeitsplätzen, sondern eine Vielzahl prekärer Arbeitsverhältnisse, ABM-Anstellungen, 630-Mark-Jobs und Teilzeitbeschäftigungen.

Dieser soziokulturelle Bereich der Kultureinrichtungen und Kulturarbeit ist daher durch ein besonderes Verhältnis von Etatismus in Gestalt staatlicher Förderverpflichtung, kulturellen Eigenaktivitäten und zivilgesellschaftlichen Organisationsstrukturen gekennzeichnet, das ihn zu einem Teil des dritten Sektors zwischen Markt und Staat macht (vgl. hierzu insbesondere Sievers/Wagner 1992, 1994). Der heutige Kultursektor ist in vielen seiner Bereiche nicht nur inhaltlich, sondern auch strukturell durch die neuen Ansätze und

Einrichtungen der kulturellen Bewegung der 70er und 80er Jahre und dem damit verbundenen kulturpolitischen Paradigmenwechsel bestimmt. Diese drei angesprochenen Merkmale des Kultur- und Kunstbereiches - die Ursprünge vieler Einrichtungen als bürgerschaftliche und genossenschaftliche Gründungen, die relative Staatsferne und der große Bereich kleinerer, soziokulturell orientierter freier Träger - unterscheiden ihn von anderen Feldern heutigen bürgerschaftlichen Engagements.

Aufgrund dieser wechselvollen und vielfältigen, in den einzelnen Kunstsparten und Bereichen sehr unterschiedlichen Traditionen gesellschaftlicher Aktivitäten, haben sich vielgestaltige Formen gegenwärtigen freiwilligen Engagements herausgebildet. Die meisten Arbeitsfelder sind breit gestreut aber wenig profiliert. Sie reichen von der Leitung von kleineren Museen und kulturellen Verbänden bis zur Durchführung von kulturellen Veranstaltungen, von mäzenatischer Förderung bis zur Organisierung von Kulturangeboten, von der Unterstützung durch wirtschaftliche Aktivitäten bis zur Vermittlung künstlerischer Kompetenzen.

4. Felder bürgerschaftlich-freiwilligen Engagements im Kulturbereich

Die vielfältigen Formen freiwilliger Aktivitäten und bürgerschaftlichen Engagements im Bereich von Kunst und Kultur lassen sich grob in drei zentrale Gruppen unterteilen:

Zum einen sind das kulturelle Zusammenschlüsse, Angebote und Einrichtungen, die nahezu vollständig von freiwilligem und ehrenamtlichem Engagement getragen werden und bei denen keine oder kaum Hauptamtliche tätig sind. Das schließt natürlich nicht aus, daß sie teilweise mit öffentlichen Mitteln finanziert werden. Hierzu gehören vor allem die kulturellen Vereine, der nichtprofessionelle Chor- und Laienmusikbereich, eine Vielzahl kleiner Heimat- und Geschichtsmuseen, Theaterringe sowie eine große Zahl von Freundeskreisen und Trägervereinen kommunaler und frei getragener Kultureinrichtungen.

In den kulturellen Organisationen und Einrichtungen, die größtenteils von freiwilligem und ehrenamtlichem Engagement getragen werden, umfaßt die freiwillige Tätigkeit die ganze Palette der anfallenden Arbeiten. Ehrenamtlichkeit findet hier schwerpunktmäßig als Vorstands- und Geschäftsstellentätigkeit oder bei anderen administrativen Aufgaben statt sowie als künstlerische Anleitung und Vermittlung.

In den Geschichts-, Heimat- und Brauchtumsvereinen in den kleineren Städten und auf dem Land werden von den Mitgliedern zusätzlich zu den üblichen Vereinsfunktionen auch Tätigkeiten wahrgenommen, für die ansonsten hauptamtlich Beschäftigte angestellt sind, da die Vereine oft Träger von Museen oder Heimatstuben sind, deren Betrieb maßgeblich auf ehrenamtlicher Leitungstätigkeit und unentgeltlicher Mitarbeit basiert. Wie bedeutend die Zahl dieser durch freiwillig unentgeltliche Arbeit betriebenen Museen ist, wird auch daran deutlich, daß nahezu jede/r vierte im Museum Beschäftigte freiwillig und ohne monetäre Gegenleistung tätig ist (vgl. Zimmer 1995: 361). Ähnliche Entwicklungen zu stärker ehrenamtlich organisierten und bürgerschaftlich getragenen Einrichtungen, wenn auch bei weitem nicht in diesem Umfang, gibt es neuerdings auch in anderen Feldern wie beispielsweise dem Bibliotheksbereich.

Die zweite Gruppierung bilden die kulturellen Aktivitäten, Projekte und Einrichtungen, die aus gesellschaftlichen Initiativen der siebziger und achtziger Jahre entstanden sind und sich professionalisiert oder teilprofessionalisiert haben. Hier arbeiten Vollzeitbeschäftigte, nebenberuflich und in Teilzeit Beschäftigte sowie freiwillig/ehrenamtlich Engagierte zusammen. AB-Maßnahmen, Zivildienstleistende und geringfügig Beschäftigte sowie schlecht bezahlte Honorarkräfte komplettieren den MitarbeiterInnen-Mix im freigemeinnützigen, soziokulturellen Bereich. Soziokulturelle Zentren und Bürgerhäuser, Freie Theatergruppen und Jugendkunstschulen, Stadtteilkulturprojekte und kulturelle Zielgruppenarbeit mit Kindern, Jugendlichen und anderen gesellschaftlichen Gruppen gehören hierzu.

In dieser Gemengelage von Mitarbeitsformen ist trotz eines starken Professionalisierungstrends bei den Tätigkeiten oft keine klare Unterscheidung zwischen den Arbeitsfeldern von Vollzeit- und Teilzeitbeschäftigten, von unbefristeten und befristeten Arbeitsverhältnissen, von bezahlter und unbezahlter Arbeit möglich. Die Übergänge sind häufig fließend. Die gleiche Tätigkeit wird teilweise als bezahlte oder als freiwillig-unentgeltliche geleistet, manchmal auch von der gleichen Person zu verschiedenen Zeiten.

Hinzu kommt, daß in manchen dieser Arbeitsbereiche die Grenze zwischen Selbsthilfe zur Überwindung eigener Problemsituationen, politischen Aktivitäten und freiwilligem gesellschaftlichem Engagement oft nur schwer zu ziehen ist.

Am dominantesten für das kulturelle Leben in der Stadt ist die dritte Gruppe der kommunalen Kulturinstitute wie Theater, Museen, Bibliotheken, VHS usw. Deren Aktivitäten werden in den mittleren und großen Städten nahezu vollständig von hauptamtlich Beschäftigten getragen.

Bürgerschaftliches Engagement in größerem Umfang entwickelt sich hier verstärkt wieder in jüngster Zeit. In größerem Umfang existieren hier auch noch die traditionellen Formen mäzenatischer Unterstützung durch Freundeskreise der Kulturinstitute oder die Aktivitäten der Kunstvereine. Gerade die Gründung oder Reaktivierung von Fördervereinen als „Ressourcenbeschaffer" und Beziehungsnetzwerk zu Politik und Wirtschaft hat in Anbetracht der finanziellen Zwänge der Kultureinrichtungen gegenwärtig einen großen Aufschwung erfahren.

Für diese dritte Gruppe der großen Kultureinrichtungen in kommunaler oder Landesträgerschaft kann die Museumsarbeit als Beispiel für Möglichkeiten bürgerschaftlichen Engagements dienen. In den vergangenen Jahren haben sich - gerade unter dem Druck der finanziellen Sparmaßnahmen - in vielen Städten um Museen Freundeskreise gebildet, die über freiwillige unentgeltliche Mitarbeit die Museumsarbeit unterstützen und zur Finanzierung der Einrichtungen und Ausstellungen beitragen. Das Feld dieser Aktivitäten umfaßt nahezu die gesamte Museumsarbeit von Öffentlichkeitsarbeit, Führungen und museumspädagogischen Projekten über Dokumentations- und Archivarbeit sowie Ausstellungsvorbereitungen bis zur wissenschaftlichen Mitarbeit und Katalogerstellung. Hinzu kommen unterstützende Aktivitäten zur Erhöhung der Einnahmen etwa durch die Mitarbeit oder Trägerschaft eines Museumsshops, Spendensammlungen und Sponsoringmaßnahmen. In allen diesen Tätigkeitsfeldern gibt es in verschiedenen Museen gute Erfahrungen mit der Mitarbeit von engagierten Bürgern, die unentgeltlich aus Interesse an der Sache die Einrichtung und ihre Arbeit unterstützen (vgl. z.B. Pohl 1997, Reese 1997).

Wie verbreitet diese Formen allerdings sind, ist gegenwärtig noch kaum untersucht. Wie erwähnt gibt es bislang lediglich einige Untersuchungen zu einzelnen Sparten wie Museen, Soziokultur, Bibliotheken und Laienmusik. In einem Forschungsprojekt des *Instituts für Kulturpolitik* der *Kulturpolitischen Gesellschaft* wird gegenwärtig am Beispiel von drei Städten die vielgestaltige Form dieser kulturellen Freiwilligenarbeit untersucht (vgl. Kulturpolitische Mitteilungen 1999).

5. Kultur und Kunst als besonders geeignete Felder bürgerschaftlichen Engagements

Die unterschiedlichen Traditionen und Formen von Freiwilligenarbeit im Kulturbereich und der eigene Charakter von Kultur und Kunst eröffnen besondere Perspektiven für bürgerschaftliches Engagement. Drei Zusammenhänge sind dabei von besonderer Bedeutung, auf die abschließend noch kurz hingewiesen werden soll:

Zum einen handelt es sich um die Verknüpfung mit den Überlegungen zur Zukunft der Arbeit und neuen Formen von Tätigkeitsgesellschaft, wie sie etwa von Jeremy Rifkin, Ulrich Beck oder André Gorz beziehungsweise im neuen Bericht des „Club of Rome" diskutiert werden. Es ist inzwischen unbestritten, daß Produktivitätssteigerungen und die Folgen der Globalisierung zu einem Rückgang der Erwerbsarbeit führen. Dauerarbeitslosigkeit in Massenumfang auch bei Konjunkturaufschwung und neue Armut sind die Folge. Gleichzeitig verliert zunehmend die traditionelle Erwerbsarbeit durch die Veränderungen der Arbeitsteilung zwischen den Geschlechtern, die Etablierung eines zweiten Arbeitsmarktes und den gesellschaftlichen Wertewandel ihren dominierenden Charakter als vorherrschende menschliche Tätigkeit und bestimmender Ort gesellschaftlicher Wertsetzung.

Für viele Menschen mit erzwungener erwerbsfreier Zeit bietet die freiwillige Mitarbeit bei kulturellen, sozialen oder caritativen Einrichtungen ein wichtiges Bindeglied zum gesellschaftlichen Leben und möglicherweise auch zur Qualifizierung für eine weitere Berufstätigkeit. Wenn offiziell 10 Prozent der Erwerbsbevölkerung ohne Arbeit sind und eine Änderung in größerem Umfang nicht absehbar ist, dann findet für diese Menschen aber eine Sinnfindung und Identitätsstiftung über Erwerbsarbeit nicht mehr statt. Hinzu kommt eine weiter wachsende Zahl von Menschen im Ruhestand oder Vorruhestand, die jenseits ihrer beruflichen Erwerbsarbeitszeit sinnvolle Aufgaben wahrnehmen und tätig sein wollen. Die Bruchstelle zwischen Arbeitsleben und Ruhestand stellt heute wegen der gewandelten demographischen Entwicklung sowohl ein großes individuelles als auch gesellschaftliches Problem dar. Freiwilliges gesellschaftliches Engagement in sozialen und kulturellen Tätigkeitsfeldern bietet die Möglichkeit für individuell befriedigende und gesellschaftlich nützliche Aktivitäten.

Im Kulturbereich gibt es seit Mitte der 80er Jahre eine intensive Diskussion über den Wandel von der Arbeits- zur Tätigkeitsgesellschaft und die zentrale Rolle, die kulturelle Betätigung und künstlerische Aktivitäten in diesem Prozeß einnehmen können. Der langjährige Nürnberger Kulturdezernent und damalige Vorsitzende des Kulturausschusses des Deutschen Städtetages, Hermann Glaser, hat in seinem Buch „Das Verschwinden der Arbeit. Die Chancen der neuen Tätigkeitsgesellschaft" (1988) diese Diskussionsansätze gebündelt, die er zuvor in verschiedenen Beiträgen mitentwickelt hatte. „Werk-Statt und Werk-Tätigkeit als Orte gelungenen Lebens", wie es bei

Glaser heißt, haben für ihn in der Kultur- und Sozialarbeit ihren wichtigsten Platz.

An Glasers Initiative anknüpfend hat sich der Kulturausschuß des Deutschen Städtetages in der zweiten Hälfte der 80er Jahre intensiv mit der Zukunft der Arbeitsgesellschaft und der Bedeutung von Kunst und Kultur in diesem Zusammenhang auseinandergesetzt. In seinem Referat auf einer Sitzung des Kulturausschusses 1988 hat Kurt Biedenkopf diesen Faden aufgegriffen, indem er seinem Vortrag den Titel gab „Arbeitsgesellschaft - Freizeitgesellschaft - Kulturgesellschaft". Dieser „Diskurs Kultur - Die Zukunft der Arbeitsgesellschaft und die Kulturpolitik", wie das Nürnberger Symposium des Kulturausschusses vom März 1990 überschrieben war (vgl. Deutscher Städtetag 1991), wurde in der ersten Hälfte der 90er Jahre von (kultur-)politischen Diskussionen im Zusammenhang mit der Wiedervereinigung überlagert.

Bürgerschaftliches Engagement und Freiwilligenarbeit sind zentrale Ansatzpunkte für den Übergang von der Arbeits- zur Tätigkeitsgesellschaft, da hierbei die Menschen die Möglichkeit haben, sich aktiv und verantwortungsvoll am gesellschaftlichen Leben zu beteiligen. Für diese Partizipationschancen bietet sich der Kultursektor besonders an, denn selbständiges Tätigwerden und selbstbestimmte Aktivitäten sind besondere Merkmale von Kunst und Kultur. Die Diskussionsansätze von Hermann Glaser und vom Kulturausschuß des Deutschen Städtetages aus der zweiten Hälfte der 80er Jahre bieten hierfür gute Anknüpfungsmöglichkeiten.

Ein weiterer zentraler Aspekt besteht in der zivilgesellschaftlichen Perspektive der Stärkung der öffentliche Sphäre, intermediärer Strukturen und von Organisationsformen jenseits von Markt und Staat, die den Individualisierungs- und Pluralisierungstendenzen unserer Zeit entgegenkommen und im Kulturbereich besondere Entwicklungsmöglichkeiten haben. Der Prozeß gesellschaftlicher Individualisierung und Enttraditionalisierung ist ein wesentliches Kennzeichen unserer Zeit. Überkommene Lebensformen, Sozialmilieus und Solidargemeinschaften lösen sich auf und führen zu einer Erosion traditioneller Identifikationsangebote und Orientierungsmuster.

Diese Individualisierung und der damit einhergehende Wertewandel haben einen besonderen Einfluß auf Motive, Bereitschaft und Formen bürgerschaftlichen Engagements. Bezogen auf die gesamte Gesellschaft geht die Bereitschaft für ein solches Engagement nicht zurück, aber seine Formen wandeln sich, wie inzwischen in einer ganzen Anzahl von Untersuchungen festgestellt wurde. Selbstbestimmung und Eigeninteressen sind zentrale Werte der individualisierten Gesellschaft, die auch als Engagementmotive zunehmend an Bedeutung gewinnen. Dabei sind Synthesen von scheinbar sich widersprechenden Werten möglich, wie Individualismus und Gemeinsinn, Selbstverwirklichung und Gemeinschaftsorientierung.

Für diesen „kooperativen" (Dettling), „solidarischen" (Beck) oder „verantwortlichen Individualismus" (Evers) der „engagierten Egoisten" bietet der Kulturbereich besonders günstige Voraussetzungen, da viele Charakteristika des „Neuen Ehrenamtes" auch Kennzeichen von Kunst und Kultur sind. Hierzu gehören etwa der Zusammenhang von gesellschaftlichem Engagement und individuellen biographischen Präferenzen, von altruistischem Handeln und Selbstbezug, die nicht mehr lebenslange Bindung von freiwilligen Tätigkeiten, die Anforderungen an demokratische Strukturen und größerer Selbständigkeit sowie das Bedürfnis nach Austausch und Kommunikation.

Da der Kultursektor relativ staatsfern und dezentral organisiert ist, bietet er viele Möglichkeiten zu selbstbestimmten Tätigkeiten und lustbetonten Aktivitäten. Durch die enge lokale Bindung an die Strukturen vor Ort sind Transparenz und Nähe gewährleistet, die Engagement erleichtern und befördern. Selbstvergewisserung, Selbstbestimmung und Selbsttätigkeit als Kennzeichen kultureller Prozesse machen ihn zu einem wichtigen Ort individuellgesellschaftlicher Selbstverwirklichung.

Die Lebensstilorientierung bei der Auswahl von Tätigkeitsfeldern für bürgerschaftliches Engagement entspricht den Strukturen und Arbeitsformen des Kulturbereichs in hohem Maße und macht ihn gemeinsam mit ökologischen und humanitären Aktivitäten für zunehmend mehr Menschen zu einem Betätigungsort gesellschaftlicher Freiwilligenarbeit als die traditionellen Felder der Großorganisationen wie Wohlfahrtsverbände oder Kirchen.

Als letzten Aspekt soll noch kurz auf die Verbindung von freiwilligem Engagement in Kultur und Kunst mit den Ansätzen zur Verwaltungsreform der öffentlichen Einrichtungen hingewiesen werden, die im Kulturbereich verhältnismäßig weit entwickelt ist. Dabei geht es, auch wenn diese Reform in der Praxis oft technizistisch umgesetzt wird, nicht nur um eine Neustrukturierung der öffentlichen Einrichtungen, sondern um eine weitreichende Neuorientierung des Verhältnisses von Individuum, Gesellschaft und Staat im Bereich der öffentlichen Verwaltung und der Staatsaufgaben als Form des Umbaus vom „Wohlfahrts*staat* zur Wohlfahrts*gesellschaft*" (Dettling).

Bei der Diskussion um die Zukunft des Wohlfahrtsstaates steht die Überprüfung des Staatsverständnisses und die Modernisierung des Staates im Mittelpunkt. Im Sinne eines Abschieds von der Allzuständigkeit staatlicher Politik wird der Staat zunehmend als eine die Gesellschaft aktivierende „Entwicklungsagentur" gedacht, die anstehende Fragen und Probleme nicht mehr vor allem selbst bearbeitet, sondern sich um die Beteiligung und Aktivierung gesellschaftlicher Gruppen und einzelner Personen bemüht.

Die „*grundlegende Funktionsverschiebung in der strategischen Aufgabe des Staates von der Produzentenrolle zur Gewährleistungsrolle*" (Naschold) hat im Kultursektor gerade aufgrund der langen Tradition bürgerschaftlichen Engagements und der neuen Strukturen soziokultureller, frei-gemeinnütziger Einrichtungen günstige Voraussetzungen. Im Motto „Kultur für alle - Kultur von allen" drückt sich dieses partizipative und eigenaktive Verständnis von Kunstvermittlung und kulturellen Aktivitäten aus.

Im Rahmen der gegenwärtigen Politik- und Verwaltungsreform ist zunehmend der „Kunde" im Sinne einer stärkeren Marketingorientierung in den Blickpunkt von Kulturpolitik und Kulturarbeit getreten. Beim notwendig weiteren Schritt vom „Kunden" zum „Bürger" im Sinn einer Neugewichtung kulturpolitischer Aufgabenwahrnehmung durch eine verstärkte gesellschaftliche Beteiligung und Trägerschaft kann Freiwilligenarbeit für den kulturellen Bereich zu einer zentralen Ressource werden. Damit werden die Kulturangebote verbessert, Menschen aktiv und verantwortungsvoll am kulturellen Leben beteiligt und ein Beitrag zur Stärkung zivilgesellschaftlicher Potentiale geleistet.

6. Literaturverzeichnis

Beck, U. (1995): Solidarischer Individualismus. In: Süddeutsche Zeitung, 2.3.1995
Beher, K./Liebig, R./Rauschenbach, T. (1998): Das Ehrenamt in empirischen Studien - ein sekundäranalytischer Vergleich. Stuttgart u.a.: Verlag W. Kohlhammer
Dankert, B. (1996): Chance oder Alibi? Ehrenamtliche Arbeit in der Finanzkrise Öffentlicher Bibliotheken. In: Deutscher Kulturrat: Ehrenamt in der Kultur. Stand und Perspektiven ehrenamtlicher Arbeit im Kulturbereich. Bonn, S. 187-190
Deutscher Bundestag (1996): Bedeutung ehrenamtlicher Tätigkeit für unsere Gesellschaft. Antwort der Bundesregierung auf die Große Anfrage der Abgeordneten Klaus Riegert, Wolfgang Börnsen (Bönstrup), Heinz Dieter Eßmann, weiterer Abgeordneter und der Fraktion der CDU/CSU sowie der Abgeordneten Dr. Gisela Babel, Dr. Olaf Feldmann, Heinz Lanfermann, weiterer Abgeordneter und der Fraktion der F.D.P. Bonn: Bundestagsdrucksache 13/5674, sowie Beschluß des Bundestages vom 5.12.1996. Bonn: Bundestagsdrucksache 13/6386
Deutscher Kulturrat (1996): Ehrenamt in der Kultur. Stand und Perspektiven ehrenamtlicher Arbeit im Kulturbereich. Bonn
Deutscher Städtetag (Hg.) (1991): Diskurs Kultur. Die Zukunft der Arbeitsgesellschaft und der Kulturpolitik. Köln; DST-Beiträge zur Bildungs- und Kulturpolitik, Reihe C, Heft 18
Deutscher Städtetag, Kulturausschuß (Hg.) (1997): Kulturpolitik und Bürgerengagement (Hanauer Erklärung vom 23.10.1997). In: Kulturpolitische Mitteilungen, Heft 79 (IV/97)
Frevel, B. (1993): Funktion und Wirkung von Laienmusikvereinen im kommunalen System. München: minerva publikation

Glaser, H. (1988): Das Verschwinden der Arbeit. Die Chancen der Tätigkeitsgesellschaft. Düsseldorf u.a.: Econ
Hein, D./Schulz, A. (Hg.) (1996): Bürgerkultur im 19. Jahrhundert. Bildung, Kunst und Lebenswelt. München: Beck
Heinrichs, W. (1997): Kulturpolitik und Kulturfinanzierung. München: Beck
Infratest Burke Sozialforschung (1997): Ehrenamtliche Tätigkeit in Deutschland. München
Klages, H. (1998): Motive des Bürgerengagements - Trends für die Bundesrepublik Deutschland. In: KGSt Sonder-Info, Nr. 01 S. 1-10
Klein, A./Heinrichs, W. (1996): Kulturmanagement von A-Z. Wegweiser für Kultur- und Medienberufe. München: Beck
Kulturpolitische Gesellschaft (1998): Grundsatzprogramm. In: Kulturpolitische Mitteilungen, Heft 84 (IV/98)
Kulturpolitische Gesellschaft (1999): Freiwilligenarbeit und bürgerschaftliches Engagement in der Kultur (Schwerpunktthema). In: Kulturpolitische Mitteilungen, Heft 85 (I/99)
Meyer, B. (1997): Kultur in der Stadt - Herausforderung für eine neue Bürgerkultur. In: der städtetag, Heft 5, S. 318-322
Pohl, K.-D. (1997): Ehrenamt für die Kultur. Das Beispiel Hessisches Landesmuseum Darmstadt. In: Wagner, B./Zimmer, A.: Krise des Wohlfahrtsstaates - Zukunft der Kulturpolitik. Bonn/Essen: Kulturpolitische Gesellschaft, Klartext Verlag, S. 226-230
Psychologie heute (1996): Engagierte Individualisten, Dezember 1996, S. 8-9
Reese, J. (1997): Bürgerinitiative permanent. Freiwilliges Engagement als neue Ressource der Kulturpolitik? In: Wagner, B./Zimmer, A. (Hg.): Krise des Wohlfahrtsstaates - Zukunft der Kulturpolitik. Bonn/Essen: Kulturpolitische Gesellschaft, Klartext Verlag, S. 231-233
Rüden, P. von (Hg.) (1979): Beiträge zur Kulturgeschichte der deutschen Arbeiterbewegung. 1848-1918. Frankfurt am Main u.a.: Büchergilde Gutenberg
Sievers, N. (Hg.) (1998): Neue Wege der Kulturpartnerschaft. Bonn: Kulturpolitische Gesellschaft
Sievers, N./Wagner, B. (Hg.) (1992): Bestandsaufnahme Soziokultur. Beiträge - Analysen - Konzepte. Stuttgart: Kohlhammer
Sievers, N./Wagner, B. (Hg.) (1994): Blick zurück nach vorn. 20 Jahre Neue Kulturpolitik. Hagen/Essen: Kulturpolitische Gesellschaft, Klartext Verlag
Spieckermann, G. (1996): Programmatisches Essential und Überlebenshilfe - Ehrenamtliche Arbeit in soziokulturellen Zentren und Initiativen. In: Deutscher Kulturrat: Ehrenamt in der Kultur. Stand und Perspektiven ehrenamtlicher Arbeit im Kulturbereich. Bonn, S. 221-230
Wagner, B./Zimmer, A. (Hg.) (1997): Krise des Wohlfahrtsstaates - Zukunft der Kulturpolitik. Bonn/Essen: Kulturpolitische Gesellschaft, Klartext Verlag
Zimmer, A. (1995): Ehrenamtliche und freiwillige Arbeit im Museum - die vernachlässigten Ressourcen. In: Zimmer, A. (Hg.): Das Museum als Nonprofit-Organisation. Frankfurt am Main: Campus, S. 359-388

Dieter H. Jütting

Wie sozialer Reichtum entsteht - empirische Daten zu neu gegründeten Sportvereinen

1. Der Ausgangspunkt: Bowling alone oder Sporttreiben, gemeinsam und organisiert

„Bowling alone: America's declining social capital" überschreibt der US-amerikanische Politologe Robert D. Putnam (1995) seinen Beitrag, der weltweite Beachtung gefunden hat (vgl. den bibliographischen Essay von Harris/de Renzio 1997) und der zum Beispiel auch zu einer interdisziplinären discussion group im Internet geführt hat. Seine Argumente, die er in pointierter Form im Titel zusammenfaßt, ziehen deshalb so viel Aufmerksamkeit auf sich, weil sie zwei zentrale Fragen moderner Gesellschaften berühren: *Was hält die moderne Gesellschaft noch zusammen?* und *Wie sollen in modernen Gesellschaften Leistungen erzeugt werden?* Putnam beschreibt für die USA ein Krisenszenario. In den letzten 25 Jahren ist eine der Stärken der US-amerikanischen Gesellschaft, die civil society, das direct engagement in Politik und Gesellschaft, stetig zurückgegangen. In diesem Vorgang sieht er alarmierende Anzeichen für Demokratie, wirtschaftliches Wachstum, soziale Sicherheit oder Vertrauen in die Politik, kurz für den Zusammenhalt der US-amerikanischen Gesellschaft.

Ein ähnliches Krisenszenario wird auch gern für die Bundesrepublik gezeichnet. Sowohl in den allgemeinen politischen Debatten als auch im sozialwissenschaftlichen Diskurs werden diese Fragen seit Jahren diskutiert, mal mehr mit dem Akzent auf die Zivilgesellschaft, ein andermal mehr mit dem Akzent auf den Wohlfahrtsstaat. In diesen Zusammenhängen werden auch, meistens jedoch eher am Rande, Vereine, Gemeinschaften, kleine Lebenskreise, freie Gruppen, Initiativen usw. angesprochen, die ebenfalls überwiegend in einer Krise gesehen werden, denen zumindest aber ein Modernitätsrückstand zugeschrieben wird.

Dieses Krisenszenario wird in diesem Beitrag auf den Prüfstand gestellt. Während in den USA nach Putnam immer mehr Personen alleine bowlen, soll für die Bundesrepublik Deutschland gezeigt werden, daß auch in den 1990er Jahren immer noch Menschen neue Sportvereine gründen, also gemeinsam und organisiert Sport treiben. Der Beitrag beginnt mit einigen theoretischen Überlegungen, die ein Rahmenkonzept für die Interpretation der empirischen Daten andeuten sollen. Es werden knapp die Begriffe sozialer Reichtum, social capital und Dritter Sektor erläutert; dann in einem Abschnitt quantitative Daten und in einem anderen qualitative Daten zu neuen Sportvereinen und zu den Gründerinnen und Gründern vorgestellt. In einer Schlußbemerkung werden Verallgemeinerungen vorgenommen.

2. Zum theoretischen Rahmen: Sozialer Reichtum und social capital zwischen gesellschaftspolitischer Metapher und theoretischem Konzept

Sozialer Reichtum und social capital sind Begriffe, die in engem Zusammenhang mit den gegenwärtigen Problemen moderner Gesellschaften und deren wünschenswerte zukünftige Entwicklung stehen. Beide Begriffe sind in Deutschland eng mit dem Dritten Sektor verbunden. Im Folgenden werden in aller Kürze vier theoretische Zugänge zu dieser Debatte skizziert.

Der Begriff *sozialer Reichtum* wird in der Bundesrepublik Deutschland in mehreren gesellschaftlichen Diskussionszusammenhängen gebraucht. Etwa in den Diskussionen um die Krise bzw. Zukunft des Wohlfahrtsstaates, in denen um die Zivilgesellschaft, in denen um die Wertedebatte oder in denen um eine neue Aufgaben- und Rollenverteilung zwischen Staat, Markt und Dritter Sektor wird er von Politikern, Journalisten und Wissenschaftlern zur positiven, metaphorischen Bezeichnung von informellen Gruppen, Nachbarschaften, Gemeinschaften, freien Vereinswesen und ähnlichem verwendet. Dieser Sprachgebrauch charakterisiert und würdigt damit die positiven Leistungen dieser sozialen Formationen (jenseits von Staat, Markt und privaten Haushalten) für die moderne Gesellschaft und läßt ihre Schattenseiten eher unterbelichtet.

Die Sprachformel sozialer Reichtum wird in diesem Beitrag auf die Sportvereine in Deutschland bezogen[1]. Es sollen damit typische Merkmale

---

[1] International gesehen werden mit dem Begriff *Verein* bzw. den entsprechenden nationalsprachlichen Ausdrücken z.B. club, association usw. durchaus unterschiedliche soziale Formationen bezeichnet. Für die EU hat Weisbrod (1994) dazu eine Studie vorgelegt. Im Hinblick auf den Sport ist der Begriff club international gesehen nicht mehr als eine Worthülse. So werden mit club sowohl Aktiengesellschaften, freiwillige Vereinigungen als auch informelle Gruppen bezeichnet. Um es zu pointieren, während für die Mitgliedsvereine in den deutschen Sportverbänden eine demokratische Entscheidungsstruktur (Mitgliederver-

und Leistungen der Sportvereine als Idealvereine in einem Sprachbild verdichtet werden: z.b. die auf Freiwilligkeit beruhende Mitgliedschaft, die demokratische Verfaßtheit (Mitgliederversammlung als legislatives Organ, Vorstand als exekutives Organ, Vorstandsfunktionen durch Wahl und auf Zeit), die Leistungserstellung durch Freiwilligenarbeit und Beiträge, die durch Egalität und Solidarität gekennzeichneten Sozialbeziehungen der Mitglieder und die rechtliche Verfaßtheit als eingetragener Verein. Der Begriff *sozialer Reichtum* ist eine Sprachformel für den politischen Raum und bezeichnet nicht ein sozialwissenschaftliches Konzept.

Während der Begriff sozialer Reichtum, manchmal auch soziales Kapital, in Deutschland eher im politischen Feld gebraucht wird, ist der Begriff *social capital* in den USA auch im wissenschaftlichen Feld verbreitet. Für Putnam (1995) ist social capital ein Konzept, das viele Sozialwissenschaftler in den verschiedensten gesellschaftlichen Feldern verwenden, um gesellschaftliche Sachverhalte zu verstehen[2]. Für ihn ist social capital verbunden mit sozialen Organisationen, Netzwerken von zivilem Engagement, Normen und sozialem Vertrauen in Verbindung mit wechselseitiger Hilfe.

Putnams Argumentation nimmt ihren Ausgangspunkt von der engen Verbindung einer „active civil society" und „western democracy". Er erinnert an Alexis de Tocquevilles Buch „Democracy in America". Bekanntlich äußert sich Tocqueville darin erstaunt über das vielfältige und blühende US-amerikanische Assoziationswesen und erkennt darin gerade das Typische der US-amerikanischen Zivilgesellschaft. Um das Typische dieser Gesellschaft ist es aber gegenwärtig schlecht bestellt. Während weltweit, insbesondere auch in den postkommunistischen Ländern, die Bedeutung von Assoziationen und freiwilligem bürgerschaftlichem Engagement entdeckt werden, geht es in den USA damit bergab. Putnam führt eine Reihe von gesellschaftlichen Feldern (u.a. Wahlbeteiligung, Kirchenbesuch, Mitgliedschaft in Organisationen) an und weist anhand von zahlengestützten Vergleichen über mehrere Jahrzehnte nach, daß die aktive Beteiligung der Bevölkerung in den verschiedensten gesellschaftlichen Feldern rückläufig ist. Exemplarisch werden diese Entwicklungen für ihn beim bowling sichtbar. Während über einen Zeitraum von 10 Jahren die Zahl der bowler insgesamt um 10 Prozent gewachsen ist, hat die Zahl der league bowler um 40 Prozent abgenommen. Das solo bowling ist gewachsen, das organisierte team bowling gefallen. Darin zeigt sich für ihn in

---

sammlung, gewählter Vorstand) zwingende Voraussetzung ist, ist dies in anderen Ländern keineswegs der Fall.

2 In einer Fußnote verweist er u. a. auf Coleman und dessen Aufsatz „Social Capital in the Creation of Human Capital" (1988) und dessen Buch „The Foundations of Cocial Theory" (1990), deutsch „Grundlagen der Sozialtheorie" (1991) sowie weitere Belegautoren.

herausgehobener Weise die gegenwärtige, besorgniserregende Lage. Sein Resümee lautet, das social capital verfällt, zumindest aber stagniert es[3].
Putnams Konzept ist ein Mix aus einem deskriptiven, empirisch gestützten Beschreibungsmodell und einem normativ gestützten Gesellschaftsbild. Anhand von empirischen Daten unterschiedlicher Art (statistische Bestandszahlen, Meinungsdaten) weist er einen Rückgang an Mitgliedern in freiwilligen Vereinigungen, einen Verlust an Vertrauen usw. nach und denkt über die Gründe dieses Zustandes nach. Bei der Beschreibung seiner empirischen Fälle wird deutlich, daß eine Übertragung auf deutsche Verhältnisse nicht ohne weiteres möglich ist, denn sowohl seine Beispiele für *civic engagement* als auch für *civic groups* und *associations* unterscheiden sich vom deutschen Verständnis von bürgerschaftlichem Engagement und freiwilligen Vereinigungen. Unabhängig davon ist es anregend, auch in Deutschland sich mit der Frage nach dem Bestand von Dritte Sektor-Organisationen zu befassen und deren Entwicklung im Zeitverlauf zu beobachten.

Während der Ansatz von Putnam von den Dritte Sektor-Theoretikern in Deutschland bald beachtet wurde (vgl. Anheier u.a. 1997), ist das Konzept von Coleman (1991) unbeachtet geblieben. Für Coleman ist *social capital* ein Element seiner Sozialtheorie, das er in Abgrenzung zu seinen beiden anderen Kapitalsorten *human capital* und *physical capital* entwickelt und diskutiert. Unter human capital versteht er im Wesentlichen die Kompetenzen und Qualifikationen eines Individuums, unter physical capital Maschinen, Werkzeuge und Produktionsanlagen und unter social capital, zunächst grob gesagt, die sozialen Beziehungen zwischen Menschen, die versuchen, die Ressourcen auf bestmögliche Weise gemeinsam zu nutzen.

Social capital versteht er als eine Funktion, die mit irgendeinem Aspekt der Sozialstruktur und Handlungen von Individuen zu tun hat, die sich innerhalb der Sozialstruktur befinden. Seine Beispiele verdeutlichen, daß er dabei an alle Felder der Gesellschaft und alle möglichen Sozialstrukturen denkt: radikale Studentengruppen, Arzt-Patient-Beziehungen, Familien und Nachbarschaften, Betriebe, Verkäufer auf Märkten, soziale Netzwerke usw. Social capital ist für ihn kein Element in einem bestimmten sozialen System, etwa dem Dritten Sektor, sondern eine Kapitalsorte, die in allen gesellschaftlichen Systemen vorkommen kann. Diese Kapitalsorte ist produktiv, denn sie ermöglicht erst die Verwirklichung bestimmter Ziele (vgl. Coleman 1991: 392). Erkennbar wird, daß Colemans Begriff von social capital weiter gefaßt ist und

---

[3] Ich referiere zur Verdeutlichung nur Putnams Text von 1995. Dazu gibt es eine Diskussion in der Zeitschrift „The American Prospect", und die Texte sind auch im Internet eingestellt. Vgl. Putnam 1996; Portes/Landolt 1996.

eine allgemeinere Bedeutung hat als das Konzept von Putnam, der sein Konzept in das von Coleman einstellen kann und sich zustimmend auf ihn beruft. Soziales Kapital kann in allen gesellschaftlichen Leistungssystemen wirken, vornehmlich wird es in Deutschland mit dem Dritten Sektor in Verbindung gebracht. Unter dem Titel „Zwischen Staat, Markt und informellem Sektor/privaten Haushalten" sind in den letzten 10 Jahren international wie national viele Debatten geführt, Tagungen veranstaltet und Bücher veröffentlicht worden (vgl. zuletzt Anheier u.a. 1997; Graf Strachwitz 1998). In diesen Debatten gibt es im Wesentlichen zwei Schwerpunkte. Einmal geht es um die Dienstleistungen der Dritte Sektor-Organisationen, also um eine ökonomische Perspektive, und zum anderen um den „zivilisatorischen Beitrag" (Zimmer 1996: 1988) dieser Organisationen für eine demokratische, liberale, moderne Gesellschaft, also um eine demokratietheoretische Perspektive. Aus aktuellen Anlässen (z.B. Krise des Sozialstaats) stehen vor allem die Wohlfahrtsorganisationen im Mittelpunkt theoretischer Konzepte und empirischer Arbeiten, während andere Organisationen eher am Rande behandelt werden, so z.B. auch das Sportvereinswesen, obwohl es in ausgeprägter Weise die typischen Merkmale von freiwilligen Vereinigungen als Dritte Sektor-Organisationen aufweist[4].

Für unsere theoretischen und empirischen Interessen greifen wir auf das Konzept des *Welfare Mix* zurück (vgl. Bauer 1992; Evers 1992; kommentierend Zimmer 1996). Dieses Konzept erlaubt es, in einem pragmatischen Zugriff eine Art Landkarte der sportiven Leistungserzeuger modellhaft zu entwerfen. Mit einem solchen Modell ist es u. a. möglich, sich einen quantitativen Überblick über die sportive Landschaft zu verschaffen und zum anderen in einem interinstitutionellen Vergleich (Horch 1992) die typischen Merkmale der einzelnen Leistungssysteme zu beschreiben oder auch Stärken/Schwächen-Analysen vorzunehmen.

In Anlehnung an das Modell von Bauer (1992) läßt sich die sportive Landschaft in Deutschland als Leistungsmix-System beschreiben. Sport wird in vier Systemen produziert und angeboten (vgl. Abbildung 1). Sport wird in Deutschland von ca. 43000 allgemein bildenden (staatlichen) Schulen und ca. 9000 beruflichen Schulen als Sportunterricht (weltweit ist der Ausdruck Sportunterricht unüblich, sondern das Fach heißt z.B. physical education bzw. eine entsprechende nationalsprachliche Bezeichnung) angeboten. Im Markt-

---

4 Eine gewiße Ausnahme bilden die Veröffentlichungen von Horch (1992) und Heinemann/Schubert (1994), die neben Theoremen aus der Soziologie der freiwilligen Vereinigungen auch auf Konzepte der Dritte Sektor- bzw. Nonprofit-Forschung zurückgreifen. In diesem Zusammenhang sind auch Arbeiten aus dem Institut für Sportkultur und Weiterbildung zu erwähnen, die sich zum Teil auf Dritte Sektor-Theoreme beziehen (z.B. Jütting 1994; Jütting/Jochinke 1996; Strob 1998).

system sind etwa 6000 gewerbliche Sportanbieter tätig. Am häufigsten wird der Sport privat getrieben. In Münster beispielsweise organisieren 63 Prozent der Sportaktiven ihr Hobby privat, 21 Prozent sind in Sportvereinen organisiert und 16 Prozent bei sonstigen Anbietern, unter denen die kommerziellen Anbieter mit 6 Prozent die größte Gruppe stellen (vgl. Hübner 1993).

Abb. 1: **Vier Leistungssysteme in der modernen Gesellschaft und der Sport**

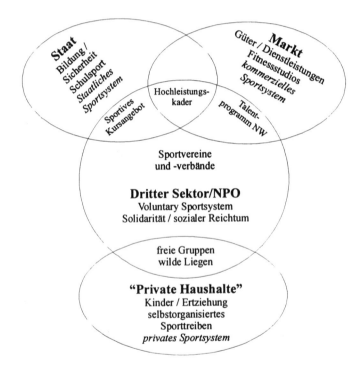

Die Sportvereine sind in diesem Leistungsmix nach den staatlichen Schulen der größte organisierte Anbieter und das Sportvereinswesen ist die größte Personenvereinigung in Deutschland überhaupt.

Wir wollen nun im Folgenden einige Untersuchungsergebnisse vorstellen, die uns möglicherweise erklären können, warum sich heute in einer Situation, wo es Sportvereine in jedem Ort in großer Zahl gibt, wo es kommerzielle

Sportanbieter gibt, wo es halbstaatliche - halbkommerzielle Sportanbieter in Form von Bildungswerken gibt, wo es viele Gelegenheiten zum privaten Sporttreiben gibt, immer noch weitere Sportvereine gründen.

3. Neue Sportvereine als neue freiwillige Vereinigungen: quantitative Aspekte

Über das Sportvereinswesen in der Bundesrepublik Deutschland werden seit Mitte der 1970er Jahre regelmäßig empirische Studien vorgelegt (vgl. den Literaturbericht von Jütting 1996) und bis in die jüngste Zeit fortgesetzt (vgl. zuletzt die bundesweit repräsentative Studie von Heinemann/Schubert 1994 oder die Regionalstudien von Emrich u. a. 1998; Baur/Beck 1999). Merkwürdigerweise liegt aber keine Studie vor, die sich mit *neuen* Sportvereinen befaßt hat[5]. Aus dem umfangreichen Datenmaterial werden fünf Aspekte vorgestellt: die kontinuierliche jährliche Zunahme der Sportvereine, die Verteilung der Sportvereine auf Vereinsgrößenklassen, die Verteilung der Neugründungen auf Sportarten, das Geschlecht und das Alter der Vorstandsmitglieder und die Meinungen der Vorsitzenden zur Ehrenamtlichkeit und Hauptberuflichkeit.

In der breiten Öffentlichkeit und in Fachkreisen ist die Auffassung weit verbreitet, daß das Sportvereinswesen in einer Krise stecke. Die Krise wird vor allem darin gesehen, daß den Sportvereinen mit den gewerblichen Sportanbietern ernsthafte Konkurrenten erwachsen seien, die flexibler und professioneller auf die rasch wechselnden Bedürfnisse der Sportkonsumenten reagieren könnten als die alten, sprich unmodernen Sportvereine. Demgegenüber ist kaum bekannt, daß jährlich 3000 bis 4000 neue Sportvereine gegründet werden und damit der Bestand an Sportvereinen sich Jahr für Jahr stetig erhöht hat. Und in Ergänzung zu dieser populären Meinung wird gleichzeitig die Ansicht vertreten, daß es immer schwerer sei, Leute zu finden, die sich in Vereinen freiwillig und unentgeltlich engagieren und somit, quasi von innen

---

5   Wir haben die Vereine, die 1994 und 1995 neu als Mitgliedsvereine in den Landessportbund eingetreten sind (genauer muß man sagen, dem LSB als neue Mitgliedsvereine der Fachverbände gemeldet wurden), untersucht. Insgesamt konnten wir 740 Vereine anschreiben und mit einem schriftlichen Fragebogen befragen, von denen wir ungefähr 240 auswertbare Fragebögen zurückerhalten haben. Wir haben darüber hinaus mit 25 Vereinsgründerinnen und -gründern qualitative Interviews geführt. Vgl. im Einzelnen Jütting u. a. 1999. Das Projekt wurde vom Landessportbund Nordrhein-Westfalen unterstützt. Wir danken dem Hauptgeschäftsführer Walter Probst herzlich.

heraus, das Sportvereinswesen allmählich absterben würde. Denn, so die Meinung, Ehrenamtlichkeit geht zurück.

Vor diesem Hintergrund ist die Ausgangslage im Sportsektor zu bedenken: Es gibt keinen Mangel an Sportanbietern, sondern eher eine Fülle privater, gewerblicher und kommunaler Einrichtungen, die Sport jeglicher Art zu jedem Preis anbieten. In einer solchen Situation des Überflusses nehmen dennoch Menschen die Mühe auf sich, einen Verein zu gründen und zu managen.

Abb. 2: **Vereinsentwicklung im DSB**

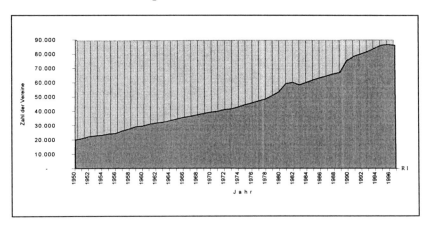

Abb. 3: **Mitgliederentwicklung im DSB**

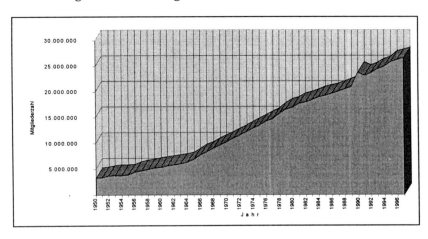

Die Abbildungen zeigen, daß seit Gründung des Deutschen Sportbundes im Jahre 1950 bis in unsere Zeit (1990er Jahre) die Zahl der Sportvereine wie die Zahl der Mitgliedschaften stetig, manchmal deutlicher, manchmal weniger ausgeprägt zugenommen hat. Der Präsident des Landessportbundes NRW etwa kann in seinen Reden stolz verkünden, daß in Nordrhein-Westfalen fast an jedem Tag ein Verein gegründet wird, anders ausgedrückt: In diesem Bundesland wurden auch in den 1990er Jahren zwischen 280 und 360 Vereine jährlich neue Mitglieder im Landessportbund Nordrhein-Westfalen.

Diese Vereine haben bereits eine längere Gründungsgeschichte hinter sich (z.B. Erstellen einer Satzung, Gründungsversammlung, Wahlen, Aufnahme in einen Fachverband, Eintragung in Vereinsregister, Beantragung der Gemeinnützigkeit), d.h. es handelt sich nicht um spontane, fragile Zusammenschlüsse, sondern um formalisierte und organisierte Interessen.

In der deutschen Sportvereinsforschung ist eine Einteilung in vier Vereinsgrößenklassen üblich[6] (vgl. Abbildung 4).

Abb. 4: Vergleich der Vereinsgrößenklassen

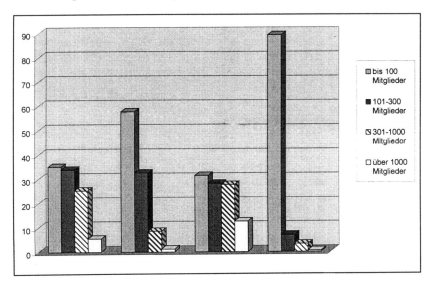

---

[6] In der Sportvereinsforschung wird unter Größe des Vereins die Anzahl der Mitglieder verstanden. Es sind unterschiedliche Vereinsgrößenklassen im Umlauf. Wir übernehmen die von Heinemann/Schubert 1994.

Bei den Neugründungen handelt es sich im Wesentlichen um Kleinstvereine, also um Vereine mit einer Mitgliederzahl bis zu 100 (89 Prozent), dann folgen Kleinvereine mit einer Mitgliederzahl bis zu 300 (7 Prozent). Auf die beiden anderen Vereinsgrößenklassen fallen 4 Prozent der Neugründungen. Die zum Vergleich herangezogenen Daten zeigen, daß das deutsche Sportvereinswesen als Organisationslandschaft durch drei Vereinsgrößenklassen geprägt ist. Die Großvereine (über 1000 Mitglieder) stellen als Organisationen nur eine Minderheit dar, andererseits organisieren sie fast 30 Prozent der Vereinsmitglieder.

In diesem schlichten Datum der Vereinsgröße wird nun bereits ein erstes verallgemeinerbares Element erkennbar: Menschen schließen sich zu freiwilligen Vereinigungen zusammen, um vor allem in face-to-face-Interaktionen etwas gemeinschaftlich zu unternehmen. Diese unmittelbare Nähe, Bekanntheit und Vertrautheit ist nun offensichtlich für eine bestimmte Gruppe von Menschen so attraktiv, daß sie die Mühe auf sich nehmen, die bürokratischen Hürden einer Vereinsgründung zu überwinden und sich neu zusammenzuschließen. Es kann so ein dichtes Beziehungsnetz zwischen den Mitgliedern entstehen, dem soziales Kapital innewohnt, also Überschaubarkeit und Kleinheit als fördernde Momente für die Entstehung neuer Formen sozialen Reichtums. Wenn wir im Vergleich dazu die Sportvereinslandschaft in der Bundesrepublik betrachten, dann wird in diesem Vergleich noch einmal besonders deutlich, daß insgesamt für das Sportvereinswesen in Deutschland kleine und mittlere Vereine charakteristisch sind, keineswegs aber Großvereine; diese liegen im bundesweiten Durchschnitt gesehen bei etwa 7 Prozent, in den ostdeutschen Bundesländern deutlich darunter, in Münster haben sie einen Anteil von etwa 10 Prozent.

Individuen schließen sich zu freiwilligen Vereinigungen zusammen, um gemeinsame Interessen und Ziele zu verfolgen. Im Falle von Sportvereinen kommen diese in den Sportarten zum Ausdruck, zu deren gemeinsamer Ausübung sie einen Verein gründen.

Abb. 5: Selbstorganisation alter und neuer Sportinteressen

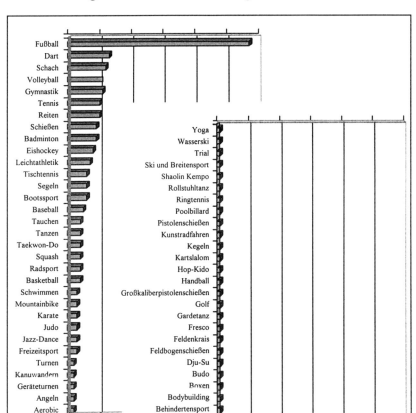

Quelle: ISW-Erhebung „Neugegründete Sportvereine in Nordrhein-Westfalen 1994/95"
(n = 222)

Die Abbildung zeigt eine breite Fülle von sportiven Aktivitäten. Neben alten, weitverbreiteten Sportinteressen (z.B. Fußball oder Tennis) haben sich die Menschen zu neuen, für breite Kreise eher noch unbekannten wie Shaolin Kempo oder Hop Kido zusammengeschlossen. Überraschend ist die große Zahl der Fußballvereine, von denen es allein in Nordrhein-Westfalen schon ca. 6000 gibt. In dieser Vielfalt von sportiven Aktivitäten reproduzieren sich einerseits alte, etablierte sportliche Bedürfnisse, wie Fußball, Volleyball usw. und andererseits neue sportive Bewegungsarten, von fernöstlichen Meditationsübungen bis hin zu Kampfsportarten oder traditionellen Übungen wie der des Angelns. Die Abbildung macht die Vielfalt der Interessen und Bedürfnisse der Bevölkerung deutlich, die aus der Mitte der Gesellschaft entstehen.

Um den Sachverhalt insgesamt würdigen zu können, muß man sich noch einmal vor Augen halten, daß es diese Angebote, diese Aktivitäten auch in den bereits bestehenden Vereinen und auch bei kommerziellen Anbietern gibt. In einer Situation des Überflusses nehmen dennoch diese Menschen die Anstrengung auf sich, ihren eigenen Verein zu gründen. In der Sportpraxis wird häufig vermutet, daß es sich bei den Neugründungen um Abspaltungen aus bestehenden Vereinen handelt. Unsere Daten zeigen, daß dies nur in geringem Maße zutrifft. Am häufigsten wird als Grund für die Neugründung genannt, mit seinesgleichen zusammen zu sein. Die Menschen schließen sich also überwiegend zusammen, um ihren eigenen Interessen und Bedürfnissen in kleinen und überschaubaren Zusammenhängen nachzugehen. Damit ist auch immer ein gewisser Grad an normativer und sozialer Geschlossenheit verbunden. Eine normative Übereinstimmung liegt im Falle von Sportaktivitäten nahe, denn es ist anzunehmen, daß das Individuum aus einer Fülle von Aktivitäten die auswählt, die es liebt, deren Regeln es kennt und deren Motorik es einigermaßen beherrscht. Mit anderen Worten, die Wahl der Sportart beruht auf vorab vorhandenen gemeinsamen Orientierungen, die die Menschen veranlassen, sich zu Sportartvereinen zusammenzuschließen. Man geht in einen Fußballverein, weil man Fußballer ist und eben nicht Handballer. Genauso wie man wohl kaum ein Mozart-Quartett gründet, wenn man eigentlich Jazz spielen möchte.

Während über die Sportvereine als Organisationen ein breites und fundiertes, systematisches empirisches Wissen vorliegt, ist das systematische Wissen über die Mitglieder in den Sportvereinen relativ dürftig. An personenbezogenen Daten erheben die Vereine üblicherweise systematisch Alter und Geschlecht, und dies scheint als offizielles Wissen in der Praxis auch auszureichen. Daneben gibt es in den Vereinen ein heimliches Wissen, das entweder von vornherein bekannt ist, weil man sich kennt oder das nach und nach im alltäglichen Umgang miteinander bekannt wird. In den Sportvereinsstudien des Instituts für Sportkultur und Weiterbildung wurde von den Vorstandsmitgliedern das Lebensalter, das Geschlecht und die Verweildauer in den jeweiligen Ämtern/Funktionen erhoben.

In den Vorständen der neu gegründeten Sportvereine sind überwiegend Männer im mittleren Erwachsenenalter tätig. Das Gesamtdurchschnittsalter aller Vorstandsmitglieder liegt bei 37 Jahren. Die Durchschnittswerte der einzelnen Ämter deuten zudem das in der Gesellschaft weitverbreitete Prinzip der Seniorität an, d.h., die Ältesten stehen als Vorsitzende an der Spitze, und dann folgt mehr oder weniger eine Altersreihung nach der Wichtigkeit der weiteren Funktionen. Das Durchschnittsalter der Vereinsvorsitzenden liegt mit 41 Jahren am höchsten, das der Kassenwarte mit 39 fast gleich auf mit dem der Oberturnwarte.

Im Vergleich ist das Durchschnittsalter aller Vorstandsmitglieder in den etablierten Vereinen höher, und die ersten Vorsitzenden sind im Durchschnitt sieben Jahre älter (vgl. Tabelle 1).

Tab. 1: **Durchschnittsalter und Geschlecht in Vorstandsämtern**

	Neue Sportvereine NW	Münster	Osnabrück	Skivereine NW	Enschede	Hengelo	Gesamt
Gesamt	37,2	43,5	46,3	45,1	43,3	43,2	43,1
1. Vorsitzender	41,1	50,6	50,5	50,9	47,6	47,3	48
2. Vorsitzender	38,5	46,6	46,9	47,6	46,7	46,7	45,5
Geschäftsführer	37,1	41	43	46,9	45,1	42,9	42,7
Schriftführer	35,2	40,8	42	45,1	39,3	43,9	41,1
Kassenwart	39,1	44,8	47,1	47,1	43,3	48,6	45
Oberturnwart	38,5	57,7	62,3				53,2
Sportwart	37,3	40,2	41,7	42,5	51,6		42,7
Spielwart	35,2	35,8	40,8		45,5	38,8	39,2
Jugendwart	34,4	33,9	35,7	32,6	37,8	38,2	35,4
Frauenwartin	38,3	42,5	51,8	46,3			44,7
Pressewart	33,5	41,5	43,5	43,9	40,7	41	40,7
Kulturwart		43,2	54	47,9	36,3		45,4
Quelle:	ISW-Erhebung „Sportvereine in Münster 1993" (n=120) ISW-Erhebung „Sportvereine in Osnabrück 1997" (n=88) ISW-Erhebung „Neue Sportvereine in NW" (n=222) ISW-Erhebung „Skivereine in NW" (n=114)						

Diese Durchschnittswerte belegen zunächst einmal, daß sowohl in den alten als auch in den neuen Vereinen nicht von einer Überalterung gesprochen werden kann, im Gegenteil: Das Durchschnittsalter zeigt an, daß die Vorstandsmitglieder sich insgesamt in der Mitte des Lebens befinden. Mit Blick auf die ersten Vorsitzenden können wir sagen, daß diese Männer und Frauen mitten in der Erwerbsphase bzw. der Familienphase stehen - die einen eher, die anderen etwas später. Wir haben mit Blick auf die Münsteraner Sportvereine in diesem Zusammenhang die These entwickelt, daß die Sportvereine familiengeprägt sind. Diese These haben wir aufgrund des Sachverhalts entwickelt, daß die Vorsitzenden zu 90 Prozent verheiratet sind und deren Kinder im Sportverein aktiv sind. Die (männlichen) Vorsitzenden sind in überwiegender Zahl (99 Prozent) erwerbstätig, sie befinden sich in guten beruflichen Positionen mit durchschnittlichen bis überdurchschnittlichen Einkommen. Festzuhalten ist somit also, daß diese Männer und die wenigen Frauen in der Mitte des Lebens stehen und daß sie freiwillig - wenn man so will - eine Doppelbelastung von Erwerbstätigkeit und Ehrenamt bzw. bei den Frauen eine Dreifachbelastung, Erwerbsarbeit, Ehrenamt und Haushalt auf sich nehmen.

In den neuen Sportvereinen sind die Frauen gegenüber den Männern deutlich in der Unterzahl (Frauen 32 Prozent). In den Vorstandsfunktionen sind 23 Prozent Frauen und 77 Prozent Männer aktiv. Von den 240 antwortenden Vereinen werden nur 15 von Frauen geführt. In den Neugründungen reproduzieren sich, alles deutet darauf hin, eher traditionelle Muster des sozialen Lebens, Vereine als Männerbünde und durch sie dominiert.

Die Sportvereine in Deutschland sind, bis auf wenige Ausnahmen (z.B. Fußballbundesligaclubs) Nonprofit-Organisationen, relativ klein (nur 7 Prozent haben über 1000 Mitglieder) und werden von Personen geführt, die sich freiwillig für diese Aufgaben zur Verfügung gestellt haben und von den Mitgliedern für eine begrenzte Zeit dafür gewählt wurden. Diese Vereinsmitglieder werden in Deutschland Ehrenamtliche (ein Begriff, der weltweit unüblich ist) genannt[7]. Im Gegensatz zu manchen anderen Feldern des Dritten Sektors liegt die Führungsaufgabe in den Sportvereinen de jure wie de facto in den Händen von Ehrenamtlichen. Zwar ist Hauptberuflichkeit im deutschen Sportvereinswesen seit langem bekannt, aber sie ist eher auf den operativen Feldern (Übungs- und Trainingsbetrieb, Wartung und Pflege, Verwaltung) angesiedelt. In den Fällen, wo Hauptberuflichkeit auf der Führungsebene vorhanden ist (z.B. in Großvereinen), ist der Sprachgebrauch von ehrenamtlicher Führung und hauptberuflicher Leitung verbreitet. Mit anderen Worten, Ehrenamtlichkeit und Freiwilligenarbeit sind traditionelle Strukturelemente des Sportvereinswesens und zugleich die wichtigsten Ressourcen.

Welche Meinungen haben die Neugründer von Sportvereinen zu diesen Strukturelementen?

---

7 Dieses enge Begriffsverständnis ist keineswegs Allgemeingut, weder im Sport noch in den übrigen Feldern des Dritten Sektors. Weit verbreitet ist ein Sprachgebrauch, der auch diejenigen als Ehrenamtliche bezeichnet, die in den Dritte Sektor-Organisationen mitarbeiten, auf welche Weise auch immer. Vgl. zu dieser Problematik Jütting/Jochinke 1996.

Tab. 2: **Beurteilung von Ehrenamtlichkeit und Hauptberuflichkeit (nach statist. Kennziffern)**

Item	Vereinsführung		Sportbetrieb		Streubreite	
	Ø	M	Ø	M	Vf	Sb
1) Ehrenamtliche Tätigkeiten sind heute nicht mehr zeitgemäß.	1,8	1	2,1	1	1	1,1
2) Ohne ehrenamtlich Tätige würde vieles in unserer Gesellschaft nicht mehr funktionieren.	3,8	4	3,6	4	0,6	0,8
3) Der Einsatz von Hauptamtlichen im Sportverein sollte sich auf die Entlastung der Ehrenamtlichen von Routinearbeiten beschränken.	2,5	1	2,4	1	1,2	1,2
4) Bezahlte MitarbeiterInnen sollten erst eingesetzt werden, wenn alle Möglichkeiten der Aufgabenerledigung durch Ehrenamtliche geprüft.	3,4	4	3,3	4	1	1

Frage: Beurteilen Sie bitte folgende Aussagen zur Tätigkeit von haupt-, neben- und ehrenamtlichen MitarbeiterInnen in einem Sportverein. Unterscheiden Sie bitte zwischen einer Tätigkeit in der Vereinsführung und einer Tätigkeit im Sportbetrieb. Kreuzen Sie bitte getrennt für die Vereinsführung und den Bereich des Sportbetriebs an, inwieweit sie Ihrer Meinung nach zutreffen.

Skalierung: 1= trifft nicht zu 2= trifft kaum zu 3= trifft bedingt zu 4= trifft voll zu
Ø= Durchschnittswert M= häufigster Wert, Sb= Streubreite, Vf= Vereinsführung
Quelle: ISW-Erhebung „Neugegründete Sportvereine in Nordrhein-Westfalen 1994/95"

Wir haben die Meinungen der Vereinsneugründer zur Ehrenamtlichkeit und zur Hauptberuflichkeit mit je einem zustimmenden und einem ablehnenden Item erfragt (vgl. Tabelle 2). Wir haben die Daten differenziert nach den Funktionsbereichen der Vereinsführung und des Sportbetriebs, weil bekannt ist, daß im Sportbetrieb die Verberuflichung bzw. die Monetarisierung weiter voran geschritten ist als auf der Ebene der Vereinsführung.

Das negative Item, „ehrenamtliche Tätigkeiten sind heutzutage nicht mehr zeitgemäß", wird deutlich abgelehnt bzw. zurückgewiesen (Ø bei 1.8, M bei 1), das positive Item, „Ohne Ehrenamtliche würde vieles in unserer Gesellschaft nicht mehr funktionieren", findet hohe Zustimmung (Ø bei 3.8, M bei 4), die Differenzen zwischen beiden Funktionsbereichen sind gering.

Zur Frage der Hauptberuflichkeit nehmen die Ehrenamtlichen eine klare Position ein. Sie lehnen es ab, Hauptberufliche nur zur Entlastung der Ehrenamtlichen von Routinearbeiten zu beschäftigen (x bei 2.5, M bei 1). Wenn schon, denn schon, könnte man sagen: Hauptberufliche nicht nur als Kofferträger. Aber, so die Zahlen zum Item, „bezahlte Mitarbeiter sollten erst eingesetzt werden, wenn alle Möglichkeiten der Aufgabenerledigung durch Ehrenamtliche geprüft und ausgeschöpft sind" (x bei 3.4, M bei 4) - und dies unterstreicht noch einmal die Wertschätzung der Ehrenamtlichkeit: Hauptberufliche erst, wenn es nicht mehr anders geht.

Im Resümee spiegeln diese Ergebnisse zunächst eine hohe Wertschätzung der Ehrenamtlichkeit durch die Ehrenamtlichen selbst wider. Sie sind davon überzeugt, daß Ehrenamtlichkeit und Freiwilligenarbeit wichtige Werte in der Gesellschaft sind, die sie durch ihr eigenes Engagement aktiv zum Ausdruck bringen. Das zweite wichtige Ergebnis ist, daß bezahlte MitarbeiterInnen nicht als Ersatz für Ehrenamtliche angesehen werden, sondern daß sie der Notnagel sind, der erst dann eingeschlagen werden sollte, wenn alle anderen Möglichkeiten genutzt sind.

4. Neue Sportvereine und ihre Gründerinnen und Gründer: qualitative Aspekte

Mit Putnam können wir sagen, daß der soziale Reichtum einer Zivilgesellschaft vor allem in dem Vorhandensein von freiwilligen Vereinigungen besteht. Wir haben bisher gezeigt, daß das Sportvereinswesen aus einem dichten Netz an freiwilligen Vereinigungen besteht und dieses Netz von Jahr zu Jahr sogar noch dichter wird. Mit Coleman (1991: 392) können wir sagen, daß das soziale Kapital in den Beziehungsstrukturen zwischen zwei und mehr Personen innewohnen kann. Was sind das für Personen, die diese Beziehungen eingehen? In unserer Forschungsarbeit sind wir dieser Frage nachgegangen. Qualitative Daten, z.B. über subjektive Deutungsmuster des ehrenamtlichen Engagements (Handlungsmotive, Interessen, Führungsverhalten), über die Engagementgeschichte, über die gegenwärtige Situation und zukünftige Perspektiven oder über die Verknüpfung des Engagements mit anderen thematischen Lebenslauflinien liegen kaum vor. Wir haben 25 offene Interviews geführt und zehn davon zu soziologischen Portraits verarbeitet[8]. Es handelt sich dabei um fünf Frauen und fünf Männer, denen wir Namen nach dem Gesundheits- und Bewegungskonzept oder der Sportart gegeben haben, die sie organisieren, also zum Beispiel Frau Kneipp oder Herr Karate. Diese zehn Personen wurden ausgewählt, weil sie typische Muster von Generations-

---

8 In der empirischen (Sport)Vereinsforschung ist dieser Frage bisher wenig Aufmerksamkeit geschenkt worden. Bekannt sind wenige soziodemographische Daten über die Mitglieder in Vereinen (vgl. zusammenfassend Zimmer 1996). Anregend ist der Beitrag von Wuthnow (1997), der dem amerikanischen Paradox Individualismus oder Altruismus auch mit qualitativen Daten nachgeht. Zum Konzept des *sozialen Tausches* vgl. Jütting 1998 und zu dem des *soziologischen Portraits* Jochinke u.a. 1992. Die Portraits werden veröffentlicht in Jütting u.a. 1999.

und Lebenslagen, Engagementformen und Bewegungs- und Sportkonzepten präsentieren. An den zwei Beispielen Soccer X und Frau Kneipp, die sehr unterschiedliche Typen darstellen, wollen wir individuelle Potentiale und Kompetenzen sowie soziale Beziehungsstrukturen sichtbar machen, die individuelle Zufriedenheit und sozialen Reichtum produzieren (können). Im Anschluß werden in knapper Form einige allgemeinere Ergebnisse unserer Analysen referiert: ein gemeinsames Führungsmuster bei den beiden Extrem-Beispielen, vielfältigere Muster von Lebensformen bei den Frauen, Unterschiede zwischen Frauen mit/ohne Kinder, die typische Lebensform der Männer sowie eine Erweiterung des üblichen Duals Altruismus - Egoismus.

4.1. *Fallbeispiel Soccer X*

Soccer X ist zum Zeitpunkt des Interviews 29 Jahre alt (*1967), verheiratet und hat ein Kind. Zusammen mit seiner Familie wohnt er in einer Stadt im Ruhrgebiet, in der er auch aufgewachsen ist. Nach dem Hauptschulabschluß absolvierte er eine Ausbildung zum Hydrauliker. Derzeit ist er auch als Hydrauliker unter Tage tätig.

In seiner arbeitsfreien Zeit beschäftigt sich Soccer X mit Korfballspielen und Fußballspielen. Beide Sportarten betreibt er vereinsorganisiert. Etwa bis 1990 war Soccer X Jugendwart in einem Korfballverein. Derzeit ist Soccer X der 1. Vorsitzende eines neu gegründeten Fußballvereins, den „Saturday-Soccers", dort spielt er auch. Der Verein versteht sich als Hobbyverein, der nicht am Meisterschaftsbetrieb teilnimmt. Da dennoch eine Vorliebe für Wettkämpfe vorhanden ist, sind die „Saturday-Soccers" in einer Hobbyklasse gemeldet. Dort werden regelmäßig Turniere gespielt. Jeden Samstag am frühen Abend treffen sich die „Saturday-Soccers" zum Training. Im Anschluß daran suchen die Spieler in aller Regel die Vereinskneipe auf, um sich auf das Wochenende einzustimmen: *„Samstachs nach dem Training, wir trainieren nur Samstag, das ist für uns eigentlich die beste Zeit (...). Ich erzäh' noch ein, zwei Takte, und anschließend gucken wir Fußball oder Boxen. Wir treffen uns um sechs Uhr oder um sieben ".*

Die derzeit „17 plus Frauen" Saturday-Soccers rekrutieren sich aus einem einheitlichen sozialen Milieu, dem Arbeitermilieu. Soccer X räumt zwar ein *„Wir sind also ein ganz gemischter Trupp"*, dies bezieht sich jedoch nur auf die unterschiedlichen Berufe. So sind einige *„auf'm Pütt beschäftigt, wir haben Leute dabei, die haben Montage. Dies erweitert sich um Klempner, Maurer. Ist auch nicht verkehrt, wenn man mal ein Problem da hat".*

Da sich die „Saturday-Soccers" zum größten Teil aus der Jugendfußballzeit kennen, *„in der D-, E- Jugend fing es an, okay im Laufe bis zur*

A-Jugend", ist auch die Altersstruktur recht homogen. Wie Soccer X sind auch die anderen Ende 20, Anfang 30. Nachdem sie sich *„eine ganze Weile nicht mehr gesehen"* haben, stellte irgendwann einer die entscheidende Frage: *„Ja wie sieht das so aus? Hast Du nicht mal Lust zu pöhlen, samstags".* Irgendwann, nachdem bereits häufiger in der Halle gespielt wurde, sich eine gewisse Konstanz und Regelmäßigkeit abzeichnete, freundeten sich Soccer X und einige andere mit dem Gedanken an, einen Verein zu gründen: *„Dann haben wir uns mal zusammengesetzt in der Kneipe nach dem Training bzw. nachdem wir gepöhlt haben und dann, wie sieht das so aus, sollen wir nicht einen Verein gründen?".*

Wenngleich einige diesem Unterfangen zunächst mit einer gewissen Skepsis begegneten, *„dann wird daß wieder so eine Art Muß"* setzte sich schlußendlich *„der Reiz, etwas Neues zu machen"* durch. Die Differenzen umschreibt Soccer X wie folgt: *„Und der eine nimmt es ein bißchen ernster, der eine nicht, komm ich heute nicht, komm ich morgen, so nach dem Motto".* Aus acht Mann entstanden dann die „Saturday-Soccers", *„jetzt sind wir mehr, siebzehn plus Frauen".*

Die Besetzung der Vorstandsämter ergibt sich aus den Neigungen und Möglichkeiten der einzelnen Mitglieder. So ist schnell klar, daß Soccer X mit der Vereinsgründung das Amt des 1. Vorsitzenden übernimmt. Schließlich bringt er aus seiner Tätigkeit als Jugendwart eines Korfballvereins Erfahrung und Engagement mit: *„Ich hab eigentlich Spaß daran, weil ich nicht das erste Mal so ein Amt mache. Deswegen mach' ich's".*

Die Vereinsgründung und die Besetzung der Ämter verlief reibungslos und unproblematisch. Zunächst interessierte: *„Wer ist in der Lage, überhaupt was zu machen, und dann haben wir das in einer lockeren Runde durchdiskutiert und drüber abgestimmt. Und dann waren eigentlich die Ämter besetzt, und das haben wir dann auch sofort in einer Art Satzung festgehalten, wer was macht".*

Wenngleich auch von den 17 Mitgliedern der „Saturday-Soccers" sechs im Vorstand sind, sorgen lediglich drei Personen für den reibungslosen Ablauf der Vereinsaktivitäten. So hat Soccer X als der 1. Vorsitzende *„quasi die Adresse ... alles was an Papierkram, alles vom Sportbund kommt oder von den Versicherungen, ..., das läuft alles über mich".*

Die Kommunikation der Mitglieder bzw. Spieler findet vornehmlich nach dem Training in der Vereinskneipe statt. So trifft sich der Vorstand bzw. treffen sich die drei dennoch *„außer der Reihe, jetzt einmal im Monat, wo wir irgendwelche Sachen besprechen".* Neben diesen regelmäßigen Terminen besteht Soccer X Vorstandsarbeit vornehmlich aus telefonieren. Er beklagt die hohe Telefonrechnung: *„Meine Telefonrechnung wäre wahrscheinlich* *nicht so hoch, wenn ich nichts machen würde "*. Für Soccer X ist die Vereinsarbeit ein Element seiner alltäglichen Lebensführung. Sie ist eingebunden in die eingewöhnten Routinen der Zeitgestaltung zwischen Arbeit und Freizeit und der kleinen Kommunikationsformen per Telefon, am Tresen und in der Halle.

Somit fühlt sich *Soccer X* in der Rolle als *„der Arsch"* eigentlich nicht unwohl. Diese ironisierende Selbstbeschreibung ist wohl eher eine Reaktion auf den alltäglichen Klatsch, in dem Ehrenamtlichkeit und Freiwilligenarbeit mit einer Mischung aus hilfloser Abwertung und herablassendem Tonfall (die Funktionäre) kommentiert werden. Soccer X kennt dies natürlich und geht seinerseits damit reflexiv um und zeigt gerade damit, daß er der richtige Mann am richtigen Platz ist. Denn das Amt des 1. Vorsitzenden der „Saturday-Soccers" verschafft ihm eine gewisse Genugtuung. Gerade ein Kleinstverein wie die „Saturday-Soccers", der sich als Großfamilie begreifen läßt („17 plus Frauen") bietet ihm eine kleine Bühne für seine Selbstdarstellung und für das Organisieren männlich geprägter Geselligkeit.

Einer, in diesem Fall Soccer X, muß die Fäden in der Hand halten. Da er den *„Papierkram"* macht, gehen sämtliche Angelegenheiten der „Saturday-Soccers" durch seine Hände. In seinem Ermessen liegt es dann, ob es sich lohnt, am Tresen *„ein, zwei Takte"* darüber zu verlieren. Anders als im Berufsleben, wo Soccer X als Hydrauliker unter Tage wohl kaum *„ein, zwei Takte"* zur Organisation des Arbeitsablaufs beizusteuern hat, bietet ihm die ehrenamtliche Arbeit als 1. Vorsitzender die Möglichkeit hervorzutreten, sozial sichtbar zu sein und eben auch der *„Arsch",* will sagen, Zeit und Geld (für das Telefonieren zum Beispiel) zu opfern und sich im Zweifel auch anmachen zu lassen, aber andererseits eben auch der Boss zu sein.

Soccer X hat an sich Ansprüche. Von klein auf mit dem Fußball und dem Sport verbunden und früh engagiert, ist das Managen jenseits der Arbeit ein Element seiner alltäglichen praktischen Lebensführung, und die „Saturday-Soccers" geben ihm diese Möglichkeit. Es ist eine Gruppe, die eher den Charakter einer informellen Freundschaftsclique hat, die in eine gemeinsame Lebenswelt eingelagert ist und in der er der Boß sein darf. Gleiche oder ähnliche schulische Ausbildungen und Berufe, das gemeinsame Hobby Fußball mit dem Kommunikationsort Kneipe, sind die Fundamente dieser Lebenswelt. Handlungsmaxime der „Saturday-Soccers" ist das Motto „eine Hand wäscht die andere". So stellen die „Saturday-Soccers" ihre beruflichen Qualifikationen zur wechselseitigen Hilfe zur Verfügung. Dazu gehört auch das gegenseitige, wechselseitige Helfen bei Arbeiten im Haus und Garten. In einer Gruppe, in der alle bestens miteinander vertraut sind, wo die eine Hand die andere wäscht, Erbsenzählerei eher verpönt ist, kurz, ein adäquates Ambiente für das Geben und Nehmen des sozialen Tausches vorhanden ist, läuft das Management über eine Person, die das Notwendige mit leichter Hand und mit allseits vertrauten und anerkannten Kommunikationsformen regelt.

4.2. Fallbeispiel Frau Kneipp

Frau Kneipp ist zum Zeitpunkt des Interviews 60 Jahre alt (*1936), verheiratet und Mutter von vier Kindern. Nach der mittleren Reife verließ sie die Schule und trat dann ohne Berufsausbildung ins Erwerbsleben ein. Für eine Frau ihrer Generation hat sie mit der mittleren Reife eine überdurchschnittlich gute Schulbildung erworben, die jedoch nicht, möglicherweise aufgrund des damals vorherrschenden Frauenbildes, in eine Berufsausbildung mündete. Wie viele andere junge Frauen ihrer Generation konzentrierte auch Frau Kneipp sich entsprechend der damaligen Frauenrolle auf ein Leben als Ehefrau und Mutter. Sie heiratete früh und war dann nicht mehr im Sinne von Erwerbstätigkeit beschäftigt. Die Umstände der Nachkriegszeit sowie der wirtschaftliche Aufschwung in den 1960er Jahren erforderten oftmals jedoch die außerhäusliche Mitarbeit von Frauen. Auch Frau Kneipp arbeitete parallel zur Familienarbeit im Betrieb ihres Ehemanns mit, was sich insbesondere durch *„Repräsentieren mit für die Firma"* äußerte.

Heute lebt Frau Kneipp mit ihrem Ehemann, der seit einem Jahr trockener Alkoholiker ist, und ihrer jüngsten, gerade volljährig gewordenen Tochter („ein Nachkömmling") in einem Einfamilienhaus. Neben ihren alltäglichen hausfraulichen Pflichten widmet Frau Kneipp sich ihren Hobbies wie Malen, Wandern und Schwimmen. Da die Familie ihre Zeit inzwischen nicht mehr so stark bindet wie früher - *„vier Kinder, da hat man für sich keine Zeit mehr"* - kann sie heute verstärkt eigenen Interessen nachgehen: *„Ich hatte meine Kinder groß und habe mir überlegt: ‚Ja, was machst Du jetzt?'"*.

Derzeit verbringt Frau Kneipp einen Großteil ihrer Zeit mit aktivem Kneippen. Zudem ist sie als 1. Vorsitzende eines von ihr mitgegründeten Kneipp-Vereins ehrenamtlich tätig. Das Interesse am Kneippen ist eng verknüpft mit eigenen gesundheitlichen Problemen. So hat zum einen das Zusammenleben mit einem alkoholkranken Mann stark an ihrer Gesundheit gezehrt, zum anderen hinterließ ein acht Jahre zurückliegender Unfall, bei dem ein Sohn der Kneipps tödlich verletzt wurde, seine Spuren. In dieser belastenden Lebensphase gab es dann eine Zeit, in der sie selbst *„sehr krank gewesen"* ist. Da sie jedoch zeitlebens, wie sie sagt, eine *„Kämpfernatur"* war, machte sie sich irgendwann daran, sich sozusagen am eigenen Schopfe *„aus dem Sumpf"* zu ziehen. Sie fragte sich: *„was tut dir jetzt gut, wie kommst du wieder auf die Beine"*. Bei diesem Vorhaben sprach das Kneippsche Konzept sie besonders an, denn *„ich wußte, daß ich verkehrt atme ... und dann bin ich auf diese Kneipp-Institution gekommen"*. Hier lernte sie das Kneippsche Konzept kennen.

Bereits nach einem *„halben Jahr ist dieser Verein zusammengebrochen"*, was zum Teil in der mangelnden Bereitschaft zur Mitarbeit begründet lag. So hat beispielsweise *„die Frau, die das hierher geholt hat, die hat von vornherein gesagt: 'Aber ich will im Verein nicht arbeiten`, sie wollte lediglich die Räume zur Verfügung stellen"*. Um jedoch eine Vereinsauflösung abzuwenden, erklärte Frau Kneipp sich dann bereit, das Amt der 1. Vorsitzenden zu übernehmen: *„Gut, also ich werd' den ersten Vorsitzenden machen"*. Bis auf Frau Kneipp und die Schriftführerin stehen die anderen Vorstandsmitglieder der Vorstandsarbeit recht distanziert gegenüber: *„Die anderen sind froh und glücklich, daß es gemacht wird ... diese ehrenamtliche Arbeit, sie bringt ja nichts außer ... Freude ..., aber auch viel Ärger"*.
Inzwischen hat es sich eingespielt, daß Frau Kneipp die Fäden in der Hand hält, was die anderen sehr wohl zu schätzen wissen: *„Die anderen sind alle froh und glücklich, daß ich das Sagen habe"*. Heute, wo die Verpflichtungen ihrer Familie gegenüber hintangestellt werden können, ist sie in einer Lebensphase, in der sie ihre eigenen Träume verwirklicht. Körperliche Bewegung in geselliger, gemütlicher Atmosphäre darf dabei nicht fehlen. Schließlich hat sie bereits als junge Frau, allein in einer größeren Stadt, die Vorzüge von geselligem Sporttreiben kennengelernt. Seinerzeit knüpfte sie durch die Mitgliedschaft in einem Ruderclub neue soziale Kontakte. Und diese hat sie auch heute noch in guter Erinnerung. Sie weiß *„wie schön es ist, wenn man Anschluß findet und auch was tut"*.

Der Kneipp-Verein ist diesbezüglich eher Wegbereiter denn Barriere. Zum einen ist ihr Engagement zweifelsohne als eine Bereicherung ihrer individuellen Lebensführung anzusehen, zum anderen schafft sie dadurch überdies - quasi als Abfall bzw. Nebenprodukt - soziale Leistungen, also etwas, wovon dann auch Dritte profitieren können. Als nämlich seinerzeit der *„Kneipp-Verein hierher geholt"* wurde, Frau Kneipp dann vor Ort die Zügel in die Hand nahm, schaffte Frau Kneipp nicht nur durch Mühe und Zeit einen organisatorischen Rahmen, sondern sie schaffte bzw. holte sozialen Reichtum in ihre unmittelbare Umgebung. Vor Ort entstand ein neues gesundheitsorientiertes Dienstleistungsangebot, ein Angebot für eine aktive gesunde Lebensführung, natürlich für Frau Kneipp selbst, aber eben auch für andere Gleichgesinnte. Und Frau Kneipps tiefe Zufriedenheit mit dem Lauf der Dinge zeigt, daß sich bei ihr ein insgesamt wahrlich ausgewogenes Verhältnis von Geben und Nehmen eingependelt hat.

4.3. Analyse-Ergebnisse

Frau Kneipp und Soccer X stellen die Extreme in unserem Ensemble von Vereinsgründerinnen und -gründern dar. Eine ältere Frau mit ihrem Kneipp-Verein, der den äußersten Rand des Sportverständnisses darstellt, und ein jüngerer Mann mit seinem Fußballverein, der die populärste Sportart präsentiert, verkörpern unterschiedliche Generationslagen, soziale Milieus, Bewegungs- und Sportkonzepte und weibliche und männliche Lebensformen. Während für Frau Kneipp kneippen eine Art Überlebensmittel war und nun ein anspruchsvolles Element ihrer alltäglichen praktischen Lebensführung ist, ist das Fußballspielen für Soccer X ein harmloses Wochenendvergnügen im Rahmen männlich geprägter Geselligkeit. Und doch haben beide etwas gemeinsam, sie organisieren und gestalten Beziehungen und halten die Fäden in der Hand. Anders gesagt, beide führen nach einem inhaltlichem Konzept, wenn auch in unterschiedlicher Form, die eine durch wohlgesetzte Worte in hübsch gestalteten Räumen, der andere sagt ein paar Takte am Tresen. Obwohl sich beide in vielerlei Hinsicht unterscheiden, führen sie beide nach dem Konzept gebilligte Alleinherrschaft[9]. Damit soll gesagt sein, daß alle Vereinsmitglieder wissen, daß die Vorsitzenden die Vereinsdinge nach ihrem Gusto, aber schon irgendwie im Sinne aller richten.

Bei den Frauen, die wir untersuchten, liegen vielfältigere Muster der Lebensumstände und der Lebensführung vor als bei den Männern. Frau Kneipp zeigt eine ungewöhnlich hohe individuelle Lebenskraft.

In einem Alter, in dem Männer sich üblicherweise zur Ruhe setzen, fängt sie neu an. Nach einem entbehrungsreichen Leben für die Familie, in dem vieles andere nicht möglich war, tut sie jetzt etwas für sich und - das ist die Logik des sozialen Tausches - zugleich auch etwas für andere. Ihr Engagement beginnt erst, nachdem die Familienarbeit zurücktreten kann.

Bei zwei jüngeren Vereinsgründerinnen dagegen, beide um 30 Jahre, mit akademischen Ausbildungen und erwerbstätig, läuft das Engagement als ein in den Alltag integriertes Element mit. Bei diesen beiden Frauen verwischen sich die thematischen Lebenslauflinien. Verein, Familie und Beruf überlappen sich, d.h. Entdifferenzierungsprozesse werden erkennbar, möglicherweise neue Formen von Arbeit und Leben. Bedingt durch Freiberuflichkeit bzw. Selbstständigkeit, erfolgt die Zeitgestaltung weitgehend in Eigenregie und sorgt für hohe Flexibilität bei Terminkoordinationen. Eine Sache, die im All-

---

9 Über Führungskonzepte in Nonprofit-Sportvereinen gibt es keine empirischen Untersuchungen. Judith Wagemann (1998) hat unsere Interviews unter dieser Perspektive ausgewertet und unterscheidet drei Konzepte: demokratische Vereinsführung mit System, gebilligte Alleinherrschaft und informelles Management by Spaßfaktor.

gemeinen eher bei Männern als bei Frauen an der Tagesordnung ist und bezeichnenderweise zudem vom beruflichen Status abhängt. Als Selbständige kann Frau Squash die Vereinsarbeit „zwischen Supp und Kartoffel" erledigen. Frau Kneippi, die 30jährige Powerfrau, ist voll ausgelastet, ihr Ehemann unterstützt sie aber, wo er kann.

Die beiden jungen Frauen haben keine Kinder zu versorgen, womit ein weiteres differenzierendes Merkmal sowohl zwischen den Geschlechtern als auch zwischen den Frauen hervortritt. Bei Frau Rad, die eine Grundschule leitet, verwitwet ist und zwei Töchter hat, werden die Belastungen einer Vorstandstätigkeit und eine Disbalance des sozialen Tausches erkennbar. Beruf, Familie und Vorstandstätigkeit belasten sie als alleinerziehende Mutter sehr, und anders als bei den männlichen verheirateten Vorsitzenden gibt es keinen, der ihr den Rücken freihält.

Bei Frau Kampf, deren Ehe gescheitert ist, bedeutet die Vereinsgründung (ein Kampfsportverein) sowohl ein Stück materieller Existenzsicherung als auch soziale Heimat, ein sozialer Raum mit familienähnlichem Charakter. Der Begriff Großfamilie fällt des Öfteren. Mit dieser Formel werden neue Formen der Zusammengehörigkeit, des Vertrauens und der Hilfe zum Ausdruck gebracht. Familie ist hier nicht mehr nur eine positive Metapher für Blutsverwandte, sondern für Wahlverwandte - man könnte auch formulieren, Wahlschwestern statt Blutsbrüder. Die Wissenschaftler erfinden das Konzept social capital, der Alltag praktiziert es und sagt Großfamilie.

Die Männer dagegen befinden sich durchweg in beruflich und familiär stabilen Verhältnissen. Sie sind erwerbstätig, verheiratet und die Ehefrauen tragen weitestgehend die Verantwortung für den familiären Part bzw. sind dafür zuständig. Mit anderen Worten, die Gründer leben in familiären Verhältnissen mit einer eher traditionellen Rollenaufteilung, wozu auch gehört, daß nach Feierabend die eigenen Interessen Vorrang haben. So kann der eine mehr, der andere weniger gut Familien- und Vereinsleben miteinander vereinbaren und verbinden.

Der soziale Reichtum bzw. social capital hat viele Gesichter, und die individuellen Gewinn- und Verlustrechnungen fallen inhaltlich unterschiedlich aus. Eines aber ist unseren Probanden gemeinsam, die Freude, die Zufriedenheit, der Spaß, der mit der Vorstandsarbeit verbunden ist. Selbst Frau Rad mit ihrer Dreifachbelastung durch Familie, Beruf und Ehrenamt spricht auch diesen Aspekt an und empfindet ihren Vorsitz nicht nur als Beschwernis, sondern auch als Bereicherung ihrer Lebensführung. Alle betonen die Arbeit, die das Ehrenamt macht, aber sie sprechen auch die Anerkennung an, die damit verbunden ist und die sie durchaus selbst sehen und auch genießen. Die Subjekte, die Individuen, können nicht mehr nur nach den Modellen egoistische

Nutzenmaximierer oder altruistische Philantropen verstanden werden, vielmehr scheint die Figur des aufgeklärten Engagierten ein angemesseneres Modell für die gegenwärtige Situation[10].

5. Zusammenfassung: Bowling alone oder gemeinsames Sporttreiben

Aus dem umfangreichen Datenmaterial einer Erhebung zu neuen Sportvereinen, d.h. Sportvereinen, die in den 1990er Jahren gegründet und 1994 und 1995 dem Landessportbund Nordrhein-Westfalen als neue Mitgliedsvereine gemeldet wurden, sind in diesem Beitrag nur wenige Aspekte präsentiert worden. Diese Präsentation erfolgte aus der Perspektive einer Dritte Sektor-Theorie und unter Heranziehung von Theorieelementen, die als social capital bzw. sozialer Reichtum bezeichnet werden. Aus einer solchen Perspektive wird deutlich, daß das Sportvereinswesen keineswegs ein Auslaufmodell ist, sondern im Gegenteil jährlich wächst. Weiterhin wird erkennbar, daß dieses System alte und neue Bedürfnisse organisieren und Menschen aktivieren kann, die sich für die Philosophie des Dritten Sektors (Freiwilligenarbeit, Ehrenamtlichkeit, Selbstorganisation) engagieren.

In diesem Sachverhalt liegt auch schon eine erste Antwort, warum die Klagelieder über den Verfall von Gemeinsinn, bürgerschaftlichem Engagement und Ähnlichem zu mindestens für Deutschland der Relativierung bedürfen. Die Menschen, die sich engagieren, sind soziale Aktivisten. Der Anteil dieser Menschen liegt in der Bundesrepublik Deutschland seit Jahrzehnten relativ konstant bei ca. 17 Prozent (15 Prozent Frauen, 20 Prozent Männer). Diese Menschen haben spezifische Interessen und Ziele. Im Falle des Sports wollen sie ihre Liebhaberei, nämlich eine ganz bestimmte Sportart, nicht nur ausüben, das könnten sie ja beispielsweise in bestehenden Einrichtungen, sondern ihr überdies eine eigenständige soziale Form geben. Dadurch sind sie zugleich sozial erkennbar und sichtbar für ihre Mitmenschen und in ihrer lokalen Umwelt (z.B. durch Presseberichte, Aktionen, Gespräche) und produzieren Neues. Die Menschen, die so leben wollen, sind - gewiß - ein knappes Gut, aber es gibt keine Anzeichen dafür, daß dieses knappe Gut auf breiter Front verfällt.

Freiwillige Vereinigungen sind ein gesellschaftlich eingerichteter Möglichkeitsraum, der von Individuen betreten werden kann. In diesem gesell-

---

10 Vgl. ausführlicher Jütting 1998.

schaftlichen Möglichkeitsraum stellen die freiwilligen Vereinigungen gleichzeitig einen individuellen Entfaltungs- und Gestaltungsraum und eine soziale Struktur dar, in dem das Individuum soziale Anerkennung bei gleichzeitiger distanzierter Nähe erleben kann und zusammen mit anderen sozialen Reichtum produziert. Dieses *Neue* besteht, mit Coleman gesprochen, sowohl in einer Sozialstruktur als auch in einem Beziehungsnetz, d.h. es ist *social capital* entstanden.

Freiwillige Vereinigungen als gesellschaftlicher Möglichkeitsraum sind andererseits keine Außenstellen bürokratischer Organisationen (des Staates), keine Front-Shops von Großfinalisten des kommerziellen Sportanbietermarktes, und sie sind auch kein Ersatz für die privaten Gemeinschaften (private Haushalte), die dem Glück oder der Tyrannei der Intimität unterstehen. Sie sind vielmehr eigenständige, soziale Formationen zum zielgerichteten wechselseitigen Nutzen. Im Gegensatz zu Putnams Beobachtung für die Sportlandschaft in den USA kann für Deutschland nicht von einem allgemeinen Verfall der Bereitschaft gesprochen werden, Mitglied in freiwilligen Organisationen zu werden und sich darin zu engagieren. Statt des US-amerikanischen bowling alone gilt für Deutschland die Maxime gemeinsam organisiert Sport treiben.

6. Literaturverzeichnis

Anheier, H. K. u. a.(1997): Der Dritte Sektor in Deutschland. Berlin: Sigma
Coleman, J. S. (1991): Grundlagen der Sozialtheorie. München: Oldenbourg
Bauer, R. (1992): Vereine und das intermediäre Hilfe- und Dienstleistungssystem. In: Zimmer, A. (Hg.): Vereine heute - Zwischen Tradition und Innovation. Basel u.a., S. 151-169
Baur, J./Beck, J. (1999): Vereinsorganisierter Frauensport. Aachen: Meyer & Meyer
Emrich, E. u. a. (1998): Sportvereine im Sportbund Pfalz. Niedernhausen/Ts: Schors
Evers, A. (1992): Soziale Bewegung und soziale Ordnung im Konzept des Wohlfahrtsmix. In: Forschungsjournal Neue soziale Bewegungen, 5, No 4, S. 49-58
Harris, J./Renzio, P. de (1997): „Missing Link" or analytically Missing?: The concept of social capital. In: Journal of International Development, No 7, S. 919-937
Heinemann, K./Schubert, M. (1994): Der Sportverein. Schorndorf: Hofmann
Horch, H. D. (1992): Geld, Macht und Engagement in freiwilligen Vereinigungen. Berlin: Duncker & Humblot
Hübner, H. (1993): Sporttreiben in Münster. Münster/Hamburg: LIT
Jochinke, M. u.a. (1992): Die Untersuchung der nichthauptberuflichen Mitarbeiterinnen in der Erwachsenenbildung der DEAE. In: Jütting D. H. (Hg.): Situation, Selbstverständnis, Qualifizierungsbedarf. Nicht-hauptberufliche MitarbeiterInnen in der Deutschen Evangelischen Arbeitsgemeinschaft für Erwachsenenbildung. Empirische Studien. Frankfurt am Main u.a.: Lang, S. 3-196

Jütting, D. H. (Hg.) (1994): Sportvereine in Münster. Münster: LIT
Jütting, D. H. (1998): Geben und Nehmen: ehrenamtliches Engagement als sozialer Tausch. In: Graf Strachwitz (Hg.): Dritter Sektor - Dritte Kraft: Versuch einer Standortbestimmung. Stuttgart: Raabe, S. 271-289
Jütting, D. H u. a. (1999): Wie sozialer Reichtum entsteht. Empirische Untersuchungen zu neuen Sportvereinen. Münster: Waxmann
Jütting, D. H/Jochinke, M. (Hg.) (1996): Standpunkte und Perspektiven zur Ehrenamtlichkeit im Sport. Münster: LIT
Portes, A./Landolt, P.: The downside of social capital. In: The American Prospect, No 26, S. 18-21
Putnam, R. D. (1995): Bowling alone: America's declining social capital. In: Journal of Democracy, 6 (1), S. 65-78
Putnam, R. D. (1996): The strange disappearance of civic Amerika. In: The American Prospekt, No 24
Strachwitz, Graf R. (Hg.) (1998): Dritter Sektor - Dritte Kraft: Versuch einer Standortbestimmung. Stuttgart: Raabe
Strob, B. (1999): Der vereins- und verbandsorganisierte Sport in der Bundesrepublik Deutschland: Ein Zusammenschluß von Wahlgemeinschaften? Ein Analysemodell auf der Grundlage des Dritter-Sektor-Ansatzes. Münster. (unveröffentlichte Inaugural-Dissertation zur Erlangung des Doktorgrades der Philosophischen Fakultät der Westfälischen Wilhelms-Universität zu Münster)
Wagemann, J. (1998): Managementkonzepte in Sportvereinen. Münster: Manuskript
Weisbrod, C. (1994): Europäisches Vereinsrecht. Eine vergleichende Studie. Frankfurt am Main: Lang
Wuthnow, R. (1997): Handeln aus Mitleid. In: Beck, U. (Hg.): Kinder der Freiheit. Frankfurt am Main: Suhrkamp, S. 34-84
Zimmer, A. (1996): Vereine - Basiselement der Demokratie. Opladen: Leske + Budrich

Gerd Mutz

Bürgerschaftliches Engagement in der Tätigkeitsgesellschaft: Das Münchner Modell

1. Einleitung

Den alten Arbeitsgesellschaften ist es bislang gelungen, nahezu alle Menschen mit Erwerbsarbeit zu versorgen und in das wohlfahrtsstaatliche Sozialsystem einzubinden. Die meisten Menschen fühlten sich als Teil dieser Gesellschaft, weil sie materiell versorgt waren, soziale Anerkennung fanden und durch ihre Erwerbsarbeit einen Beitrag zur wirtschaftlichen Entwicklung leisten konnten.

In unseren modernen Arbeitsgesellschaften haben sich Arbeits- und Lebensgemeinschaften jedoch sozial und räumlich auseinanderentwickelt. Erwerbsarbeit wird über den Markt und „außerhalb des Hauses" durchgeführt, während andere Tätigkeiten als nicht marktgängig gelten und privat in Familien (Haus- und Erziehungsarbeit), im Freundes- und Kollegenkreis, der Nachbarschaft und in anderen sozialen Netzwerken (in Vereinen, im freiwilligen Engagement, in der Selbsthilfe usw.) erbracht werden. Mit dieser Ausdifferenzierung haben sich zugleich unterschiedliche Bewertungen gesellschaftlichen Arbeitens durchgesetzt. Die marktförmige, sichtbare Erwerbsarbeit gilt als wertschöpfend und wird sozial anerkannt. Sie dominiert alle anderen Formen des Arbeitens und wirkt in besonderem Maße sinn- und identitätsstiftend. Andere Aktivitäten (wie Erziehungstätigkeiten oder das soziale Ehrenamt) werden zwar in einer ideellen Form anerkannt, ihr Beitrag zur Wertschöpfung und zur persönlichen Identitätsstiftung werden aber geringer veranschlagt als dies für die Erwerbsarbeit der Fall ist. Erwerbsarbeit bildet die zentrale Grundlage für gesellschaftliche Integration und Partizipation.

Die moderne Arbeitsgesellschaft hat eine starre Hierarchie der Wertigkeiten gesellschaftlichen Arbeitens und eine wenig durchlässige Zeitordnung entwickelt, die den Menschen nur geringe Gestaltungsmöglichkeiten läßt. Mit der Ausdifferenzierung von „Arbeiten und Leben" sind relativ feste Zeiteinteilungen im biologischen Lebensverlauf entstanden, die idealtypisch wie folgt verteilt sind: Menschen entwickeln im jungen Alter ihre Fähigkeiten in einer Schul- und Ausbildungsphase. Diese mündet in eine Phase der Erwerbsarbeit mit unterschiedlichen geschlechtsspezifischen Ausgestaltungen: Im Falle einer Familiengründung unterbrechen Frauen, zumindest für die Erziehungsphase, ihre berufliche Tätigkeit, während Männer bis zum Rentenalter durchgängig in einem Vollzeitarbeitsverhältnis verbleiben (sollten), um die Familie zu ernähren. Schließlich endet die Erwerbsphase sehr abrupt und endgültig; es beginnt der Ruhestand und damit die ausgedehnte Phase der Freizeit. Die strikte Trennung der Zeitsegmente strukturiert darüber hinaus den Tag, die Wochen und die Lebensjahre.[1]

Dieses starre Werte- und Zeitregime hat sich nicht naturwüchsig entwickelt, sondern wurde gesellschaftlich erst vor etwa 200 Jahren als eine Ausprägung moderner Arbeitsgesellschaften - nach den neuen Erfordernissen der erwerbsförmigen Fabrikarbeit - durchgesetzt.[2] Heute spricht vieles dafür, daß die westlichen Erwerbsgesellschaften des ausgehenden Jahrhunderts ihre Funktionsfähigkeit in mehrerlei Hinsicht eingebüßt haben. Sie erodieren nun, weil ihre Basis, die Erwerbsarbeit selbst, immer schmaler wird. Gesellschaftliche Integration und Partizipation vieler Menschen ist durch unfreiwillige Arbeitslosigkeit gefährdet, die zentralen Säulen der sozialen Sicherung (die Familie und der Sozialstaat) geraten unter Druck, während die normative Kraft der Erwerbsarbeit, die Erwerbsorientierung, ungebrochen scheint: Immer mehr Menschen wollen Erwerbsarbeit ausüben - ökonomisch gesprochen: Das Angebot an Arbeitskräften bzw. die Nachfrage nach Arbeitsplätzen steigt.[3]

Gleichzeitig entwickeln sich im System der „alten", industriellen Erwerbsgesellschaft Strukturen einer neuen Arbeitsgesellschaft: Auch wenn das Leben der Menschen an der Erwerbsarbeit ausgerichtet ist, bedeutet ihnen die Erwerbsarbeit nicht mehr alles. Es hat ein tiefgreifender Wertewandel stattgefunden, der im wesentlichen dazu geführt hat, daß trotz hoher Leistungsethik und ungebrochenem protestantischen Arbeitsethos andere Sphären des Lebens wichtiger geworden sind.[4] Die Stellung der Familie hat sich verändert, Menschen wollen mehr erwerbsarbeitsfreie Zeiten haben, um sich bürger-

---

1 Dies ist nicht selbstverständlich. So ist etwa in den asiatischen Kulturen zu beobachten, daß sich Erwerbs-, Frei-, Familien- und Bildungs-Zeit ständig durchmischen – je nach sozialen Erfordernissen.
2 Zur Einübung dieser Ordnungen der Neuzeit vgl. Treiber/Steinert (1980) sowie Foucault (1971). Zur Entwicklung entsprechender Selbstkontrollen siehe Elias (1976). Zur Rolle der Sozialpolitik bei der Durchsetzung von Wert- und Zeitordnungen vgl. die Beiträge in Rödel/Guldimann (1978) sowie Mutz (1983).
3 Zur Entwicklung der Erwerbsorientierung vgl. Mutz et al. (1998).
4 Die 'Zentralität der Erwerbsarbeit' hat abgenommen. Siehe dazu ebenfalls Mutz et al. (1998). Als Klassiker der Wertewandelforschung sind immer noch lesenswert: Inglehart (1989) und Klages (1984). Präzisierende bzw. kritische Stellungnahmen werden bspw. formuliert von: Hinrichs/Wiesenthal (1982) sowie Pawlowsky (1986). Siehe auch die Beiträge in Rosenstiel (1993).

schaftlich zu engagieren oder Eigenarbeit zu leisten.[5] Es hat den Anschein, daß zumindest ein Teil der Menschen aus der engen Werte- und Zeitordnung ausbrechen möchte. Es gibt zwar viele diesbezügliche Diskussionen, jedoch nur wenige konkrete oder gar realisierte Modelle, die dies ermöglichen. Ein solches Modell, das in München erprobt werden soll, wird im Rahmen dieses Beitrags ausführlich vorgestellt. Es zeigt Wege, wie die Dominanz der Erwerbsarbeit „aufgebrochen" werden kann und wie die festen Zeitsegmente durchlässiger werden könnten.

2. Digitalisierung, Globalisierung und Individualisierung haben Arbeitsgesellschaften verändert

Eine neue Ära der Technisierung der Produktion (Digitalisierung), der Internationalisierung des Wettbewerbs (Globalisierung) und der sozialen Entbindung der Menschen (Individualisierung) hat die Struktur von Arbeitsgesellschaften (zunächst: der westlichen Welt) verändert: Digitalisierung und Globalisierung können den Kapitaleinsatz zwar sukzessive verbilligen, der Arbeitseinsatz verteuert sich aber, weil hochtechnologisierte Produktionsverfahren qualifizierte Arbeitskräfte mit entsprechendem Lohnniveau erfordern. Entstanden ist eine hohe Produktivität kapitalistischen Wirtschaftens: Immer mehr Produkte werden mit weniger menschlicher Arbeitskraft hergestellt. Unternehmen brauchen auch dann weniger Arbeitskräfte, wenn der Absatz zunimmt (eine steigende Nachfrage nach Autos erfordert nicht mehr automatisch eine Zunahme der Beschäftigten im Automobilgewerbe). Die Liberalisierung der Kapitalmärkte hat dazu geführt, daß Unternehmen entscheiden können, ob sie in die Warenproduktion investieren und damit neue Arbeitsplätze schaffen oder ob sie die erwirtschafteten Überschüsse auf dem weltweit vernetzten Kapitalmarkt „arbeiten" lassen. Die eine Variante ist mit einem hohen Risiko und geringer Verzinsung, die andere Möglichkeit war (bislang) mit einem kalkulierbaren Risiko und hohen Renditeaussichten verbunden. Im Zweifel legten die Unternehmen die erwirtschafteten Gewinne deshalb am Kapitalmarkt an.[6] Die in den vergangenen Dekaden (im Vergleich zu den Lohneinkommen) überproportional gestiegenen Unternehmensgewinne wur-

---

5 Zur Struktur moderner Familien vgl. Bertram (1997) und Kaufmann (1996); zur Veränderung des freiwilligen Engagements siehe die Untersuchung von Heinze/Keupp (1998). Eine Untersuchung zur Eigenarbeit wurde vorgelegt von Mutz et al. (1997); siehe auch: Kühnlein (1997) und Redler (1998).
6 Dieser Aspekt ist mit dem Begriff 'Kasinokapitalismus' trefflich erfaßt; vgl. Strange (1986).

den größtenteils nicht reinvestiert.[7] So sind trotz wirtschaftlichem Erfolg nicht zusätzliche Arbeitsplätze in entsprechender Zahl entstanden. Dies (und nicht, wie so häufig behauptet, der Export von Arbeitsplätzen) ist das Kernproblem von Globalisierungsprozessen.[8]

Zudem hat es in der Nachkriegszeit einen *sektoralen Wandel* hin zur Dienstleistungsgesellschaft gegeben. Der Dienstleistungssektor hat sich aber entgegen der in ihn gesetzten Hoffnungen nicht als „Auffangbecken" für Arbeitskräfte industrieller Rationalisierungswellen erwiesen - eher sogar als eine Sackgasse.[9] Digitalisierung und Produktivitätssteigerung verursachen bereits jetzt in Dienstleistungsbereichen gravierende Umbrüche, die ebenfalls zu einem Rückgang der Nachfrage nach Arbeitskräften führen.

Eine gegenläufige Entwicklung hat durch den Prozeß der Individualisierung eingesetzt. Menschen sind von den traditionellen Bindungen unabhängiger geworden, soziale und regionale Herkunft, geschlechtsspezifische und familiäre Rollen werden weniger verbindlich. Dies bedeutet, daß Männer *und* Frauen verstärkt auf den Arbeitsmarkt drängen, weil sie zu einer individualisierten Lebensführung auf Erwerbsarbeit angewiesen sind (vgl. Mutz 1997a)

Jobless growth und eine neue *dynamische Arbeitslosigkeit* sind Folge dieser Entwicklungsstränge: Stabile lebenslange Beschäftigungsverhältnisse werden selten, immer mehr Menschen erleben einmalige oder wiederkehrende Phasen der Arbeitslosigkeit sowie Tätigkeiten in mehreren Berufen und in unterschiedlichen Arbeitszusammenhängen (vgl. Mutz 1997a). Die Zahl der Arbeitslosen steigt kontinuierlich. Gleichzeitig sinkt die Leistungsfähigkeit des deutschen Wohlfahrtssystems, wenn die Zahl der Transferempfänger und der Hilfebedürftigen zu-, die der Beitrags- und Steuerzahler jedoch abnimmt. Deutlich wird, daß wirtschaftliche Entwicklung und Sozialstaatlichkeit - Cash und Care - auseinanderfallen.

---

7   Siehe die Berechnungen in: Kommission für Zukunftsfragen der Freistaaten Bayern und Sachsen (1997) und Eißel (1998).
8   Die Debatte, wie Globalisierungsprozesse erstens begrifflich zu fassen, zweitens in ihren Auswirkungen einzuschätzen sind, verläuft außerordentlich kontrovers. In der (Fach-) Öffentlichkeit werden seit Jahrzehnten lediglich die längst bekannten Formen der Internationalisierung diskutiert. Zum tieferen Verständnis nützlich sind die Ausführungen in: Bonß (1998) und Paqué (1995); siehe auch Beck (1997), Sassen (1991) sowie Münch (1998).
9   Zum sektoralen Wandel vgl. Rostow (1967). Zur qualitativen Dimension der Dienstleistungsgesellschaft siehe Bell (1975). Zur Ambivalenz der Dienstleistungsbeschäftigung vgl. Baethge/Oberbeck (1985) sowie Mutz (1987).

3. Weiter-so-Modernisierung oder Umbau der Arbeitsgesellschaft?

In den meisten wirtschafts- und sozialwissenschaftlichen Debatten wird ein weiterer Rückgang der Nachfrage nach Arbeitskräften und ein gleichzeitiger Anstieg des Arbeitskräfteangebots prognostiziert.[10] Die Schere wird sich also weiter öffnen. Es ist unübersehbar, daß Vollbeschäftigung nur eine kurze Phase in der Entwicklung moderner Gesellschaften war[11] und daß die auf Vollbeschäftigung aufbauenden Institutionen des Wohlfahrtsstaates und seine sozialen Einrichtungen ihre Aufgaben auch zukünftig immer weniger werden erfüllen können.[12] Es ist zweifelhaft, ob es der Erwerbsgesellschaft nochmals gelingen kann, die durchaus vorhandene gesellschaftliche Arbeit in bezahlte Normalarbeitsverhältnisse zu überführen - dies ist um so unwahrscheinlicher, je stärker auch die Politik der Neuen Linken Europas weiterhin (in Kontinuität zu den Konservativ-Liberalen) nur auf wirtschaftliches Wachstum und Erwerbsarbeit setzt.

Die Gesellschaft hat zwei Möglichkeiten, auf diese neue Herausforderung zu reagieren: Sie kann die Situation aussitzen und hoffen, daß die demographische oder wirtschaftliche Entwicklung zu einer Entspannung auf dem Arbeitsmarkt führen wird. Sie kann eine Wirtschaftspolitik betreiben, die auf eine Stabilisierung des wirtschaftlichen Wachstums zielt und versuchen, die menschliche Arbeitskraft quantitativ und qualitativ dem Produktionsprozeß anzupassen (Modell der „Weiter-so-Modernisierung" (vgl. Bonß 1998)). Wenn man aber davon ausgeht, daß es sich um eine strukturelle Krise der Erwerbsgesellschaft handelt, dann muß mit einer dauerhaft eingeschränkten Leistungsfähigkeit gerechnet werden und alle derzeit diskutierten Politikvorschläge würden zu kurz greifen. Ein grundlegender Umbau des Erwerbssystems auf der Basis der Arbeitsgesellschaft wäre dann notwendig. Hintergrund dieser Überlegung ist, daß die Erwerbsgesellschaft, in der nur Erwerbsarbeit als die eigentliche Arbeit angesehen wird, eine von den Strukturen des Industriezeitalters bestimmte Variante der Arbeitsgesellschaft ist.

---

10 Zu dieser Diskussion vgl. Beck (1996), Bergmann (1997), DGB EXPO 2000 Büro (1996), Eichendorf (1998), EKD (1996), Giarini/Liedtke (1998), Gorz (1998), Kommission für Zukunftsfragen der Freistaaten Bayern und Sachsen (1997), Lutz (1995), Mulgan (1997), Mutz (1997b), Rifkin (1995), Saiger (1998), Senatsverwaltung für Arbeit, Berufliche Bildung und Frauen des Landes Berlin (1998), Vobruba (1998) sowie Zukunftskommission der Friedrich-Ebert-Stiftung (1998).

11 Lutz (1984) spricht von einem „kurze(n) Traum immerwährender Prosperität". Berger/Sopp (1992) weisen darauf hin, daß stabile Erwerbsverläufe in der Nachkriegszeit „aufbaubedingt" eine historische Ausnahme waren.

12 In dieser Hinsicht müssen neue Modelle erdacht werden; eine Fülle von Anregungen finden sich bspw. in: Dettling (1995 und 1998), Evers (1995) sowie Evers/Olk (1996).

Es sind jedoch auch weitere Ausprägungen von Arbeitsgesellschaften denkbar, wie etwa die der Tätigkeitsgesellschaft.

4. In der Tätigkeitsgesellschaft[13] sind alle Arbeiten gleichwertig

Soll es in der Debatte um die Zukunft der Arbeit um mehr als naive Kapitalismuskritik gehen, dann muß über Transformationspotentiale, also um bereits vorhandene Ansatzpunkte zur *Restrukturierung* der Erwerbsgesellschaft nachgedacht werden – und zwar innerhalb der Arbeitsgesellschaft. Dazu ist die beschränkte Perspektive auf Erwerbsarbeit aufzugeben und der Blick darauf zu lenken, daß es in Arbeitsgesellschaften immer schon eine Vielzahl sozial, ökologisch und individuell nützlicher Tätigkeiten gab, die außerhalb der Erwerbsarbeit erbracht, aber aus der eingeschränkten Logik der Erwerbsgesellschaft als nicht bezahlbar erachtet wurden. Zu diesen Arbeitsfeldern zählen: private und öffentliche Eigenarbeit, Haus- und Erziehungsarbeit, soziales Ehrenamt,[14] Vereinsarbeit, Netzwerkarbeit (insbesondere Verwandtschafts- und Nachbarschaftshilfen), Selbsthilfe sowie öffentlich-gemeinnützige Tätigkeiten. Alle Arbeitsformen können abgebildet werden in einer *Triade der Arbeit* mit den Elementen Erwerbsarbeit (gesellschaftlich nützliche, bezahlte Tätigkeiten im privaten, öffentlichen und Nonprofit-Sektor), Eigenarbeit (individuell nützliche, personenbezogene Arbeit) und bürgerschaftliches Engagement[15] (nützliche gemeinschaftsbezogene Arbeit, wie etwa Ehrenamt, Netzwerkarbeit und öffentlich-gemeinnützige Arbeit).

---

13 Vgl. Arendt (1981), Rifkin (1995) (die Begriffe 'Dritter Sektor', 'informelle Ökonomie' oder 'Schattenwirtschaft' treffen den Sachverhalt nur sehr unzureichend), Illich (1982), Mutz (1997b), Scharpf (1995) sowie Weizsäcker/Weizsäcker (1984).
14 Vgl. Bock (1994) und zum 'Modernen Ehrenamt' siehe Jakob (1993).
15 Das Thema Bürgerarbeit bzw. bürgerschaftliches Engagement wird etwa seit 1995 in Deutschland sehr kontrovers diskutiert; zu den verschiedenen Ansätzen vgl. die Beiträge in: Dubiel (1994), Chatzimarkakis/Hinte (1999) sowie Kistler/Noll/Priller (1999). Siehe auch: Beck (1998), Heinze/Keupp (1998) sowie Mutz/Kühnlein (1998).

Abb. 1: Triade der Arbeit[16]

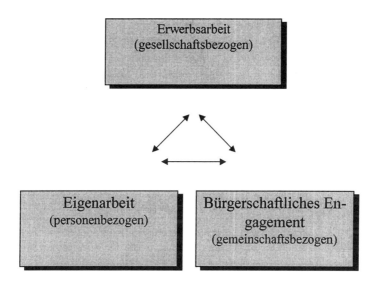

Um der Arbeit in Arbeitsgesellschaften (weiterhin) ihren prominenten Stellenwert zu geben, ist es notwendig, *Tätigkeitsfelder jenseits der Erwerbsarbeit* zu erschließen und diese gesellschaftlich aufzuwerten. Dazu muß sich das Gefüge innerhalb der Triade der Arbeit qualitativ verändern: Die unterschiedlichen Arbeitsformen dürfen nicht länger in einem gegensätzlichen Verhältnis zueinander stehen, sondern müssen einander *komplementär* ergänzen. Während in der Erwerbsgesellschaft die Erwerbsarbeit dominiert, sind in einer Tätigkeitsgesellschaft alle Elemente der Triade der Arbeit (relativ) gleichwertig, und es bestehen Durchlässigkeiten und fließende Übergänge. Tätigkeiten jenseits der Erwerbsarbeit werden nicht als Übergangsformen in Erwerbsarbeit, sondern als eigenständige Arbeitsformen *neben* der Erwerbsarbeit aufgefaßt. Arbeitslose sind in einer Tätigkeitsgesellschaft nicht arbeits-, sondern *erwerbslos*, denn sie können prinzipiell in allen anderen Arbeitsbereichen tätig sein. Es handelt sich aber nicht um ein Beschäftigungsprogramm für Arbeitslose, die nun in Tätigkeitsfelder jenseits der Erwerbsarbeit abgeschoben werden.

---

16 Vgl. Mutz (1998a) sowie Mutz (1998b).

5. Institutionelle Voraussetzungen für Bürgerschaftliches Engagement in der Tätigkeitsgesellschaft

Die Kombination unterschiedlicher Tätigkeitsfelder erfordert aktive Menschen, die fähig und bereit sind, ihren Lebensweg, d.h. ihr Lebens- und Arbeitsumfeld zu gestalten – *Gestaltung* ist das Schlüsselwort für die Herausbildung einer Tätigkeitsgesellschaft, die wiederum unterschiedliche institutionelle Voraussetzungen erfordert:

Eine zentrale Voraussetzung ist eine neue (auch geschlechtsneutrale!) Verteilung von gesellschaftlicher Arbeit. Erwerbsarbeit muß gleichmäßig über den Lebensverlauf hinweg verkürzt werden. Alle sollten Gelegenheit zu einer reduzierten Erwerbstätigkeit *und* Bürgerschaftlichem Engagement sowie Eigenarbeit haben.

Ebenso ist von großer Bedeutung, daß die sozialen Sicherungen nicht entfallen, wenn Menschen zeitweise außerhalb der Erwerbsarbeit stehen und Eigenarbeit leisten oder sich für die Belange der Gesellschaft engagieren. Der Zugang zu Leistungen aus den sozialen Versicherungssystemen muß erhalten bleiben, um die Wahl zwischen unterschiedlichen Tätigkeitsfeldern zu erleichtern. Generell gilt: Diejenigen, die nicht im Erwerbssystem, aber dennoch produktiv tätig sind, dürfen nicht länger bestraft werden (vgl. Bonß 1998). Vielmehr muß der freiwillige Verzicht auf Erwerbsarbeit von der Gesellschaft honoriert werden.

Bürgerschaftliches Engagement ist nicht umsonst zu haben. Die bisherigen *Be*lohnungsmodelle entsprechen nicht mehr den veränderten gesellschaftlichen Anforderungen. Bürgerschaftliches Engagement darf nicht zu einer billigen, nicht-sozialversicherungspflichtigen Variante der Erwerbsarbeit werden. Menschen, die sich für die Gesellschaft einsetzen, müssen *ent*lohnt werden - nicht in Form eines regulären Einkommens, sondern über die üblichen Aufwandsentschädigungen hinaus durch Steuervergünstigungen (oder: negative Einkommensteuer), Qualifizierungsangebote, Beiträge zur privaten Vorsorge, privilegierte Nutzung öffentlicher Einrichtungen usw.

Eine neue ressourcenorientierte, gestaltende Sozialpolitik muß Gelegenheitsstrukturen schaffen, damit sich soziales Kapital bilden kann und vorhandene Aktivitätspotentiale gestärkt werden. Menschen brauchen mehrdimensionale Lern- und Entfaltungsmöglichkeiten, um Kompetenzen und Kompetenzüberzeugungen zu entwickeln. Sozialpolitische Institutionen müssen sich zu *Bürgerinstitutionen* transformieren, die Gestaltungsräume für Eigenarbeit und Bürgerschaftliches Engagement schaffen (Mutz/Kühnlein 1998; Kühnlein/ Mutz 1999).

6. Das Münchner Modell

Das Münchner Modell ist ein Konzept, das für ein Modellvorhaben entwikkelt, bislang aber nicht realisiert wurde.[17] Es hat zum Ziel, Tätigkeitsfelder des Bürgerschaftlichen Engagements und der Eigenarbeit *neben* der Erwerbsarbeit attraktiv zu machen. Beschäftigte sollen im Rahmen dieses Programms verschiedene Tätigkeitsbereiche nach eigenen Wünschen und in Absprache mit den Unternehmen kombinieren können: Phasen der Erwerbsarbeit können mit Zeiten des Lernens wechseln, dazwischen gibt es Phasen der Eigenarbeit und Zeiten des Bürgerschaftlichen Engagements. Bei diesem Modell kooperieren die Institutionen, die an den Arbeitsmarktprozessen einer Region direkt oder indirekt beteiligt sind: Unternehmen/Gewerkschaften, Kommune/Land, Arbeitsverwaltung, Wohlfahrtsverbände und Bürgerinitiativen/Netzwerke. Das *Münchner Modell* richtet sich zunächst an Beschäftigte von Unternehmen, die an diesem Modellversuch mitwirken wollen (es kann aber auch auf Arbeitslose ausgedehnt werden). Die Beschäftigten haben zwei Möglichkeiten, Erwerbsarbeit und Bürgerschaftliches Engagement zu kombinieren:

6.1. Bürgerschaftliches Engagement als Bildung

Viele Unternehmen sehen die neue gesellschaftliche Herausforderung, daß die sozialen Kompetenzen der Mitarbeiter zukünftig wichtiger werden. Soziale Qualifikationen können selten im betrieblichen Ablauf oder in den üblichen Lehrgängen und Bildungsmaßnahmen erworben werden. Hingegen liegen außerhalb des Betriebes, in den vielfältigen Bereichen des Bürgerschaftlichen Engagements, solche sozialen und kommunikativen Lernfelder. Angesprochen sind interessierte Beschäftigte, die ihr Fähigkeitsspektrum erweitern wollen und die in ihrem Arbeitsbereich „soziales Kapital" benötigen. Ihnen soll angeboten werden, zur Weiterqualifikation oder als Bildungsurlaub praktische Erfahrungen in diesen Arbeitsfeldern zu sammeln. Bürgerschaftliches Engagement als Bildung kann (wie das vergleichbare Züricher Modell *Seiten-Wechsel* gezeigt hat) unmittelbar Vorteile für alle Beteiligte haben (Hauser 1998; Spindler 1996; Wickel 1998). So nützt es den Beschäftigten und den Unternehmen, wenn beispielsweise Mitarbeiter der Kreditabteilung

---

17 Die Entwicklung dieses Modellvorhabens wurde vom Sozialreferat der Landeshauptstadt München unterstützt. Es befindet sich derzeit noch in der wissenschaftlichen und sozialpolitischen Diskussionsphase, erste Elemente wurden im Jahr 1999 als Modellversuch realisiert. Als theoretisches Modell wurde es bereits skizziert in: Mutz (1998c).

einer Bank Erfahrungen bei der Schuldnerberatung sammeln, und es ist für die Schuldnerberatung von Vorteil, wenn ihr zeitweise fachkompetente Mitarbeiter zur Verfügung stehen. Mittelbare Vorteile ergeben sich für den Arbeitsmarkt und die assoziierten Institutionen, die durch die Weiterbildung entlastet werden, da in dieser Zeit von den Erwerbstätigen *weniger* Erwerbsarbeit geleistet wird. Bürgerschaftliches Engagement als Bildung kann auch eine Erprobungsphase sein, in der die Mitarbeiter nach ihren Engagementfeldern suchen.

Abb. 2: Bürgerschaftliches Engagement als Bildung

Erwerbsarbeit
(11 Monate)

Bürgerschaftliches Engagement als Bildung
(Bis zu 1 Monat)

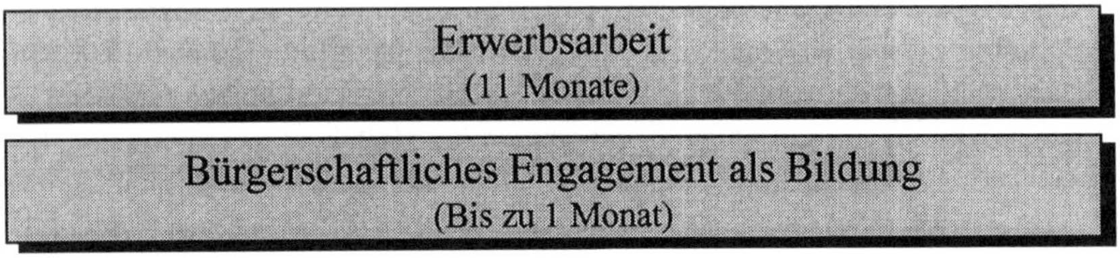

6.2. Stabiles Bürgerschaftliches Engagement

Die Unternehmen stellen sich der Verantwortung, das soziale, ökologische und kulturelle Umfeld außerhalb des Betriebes mitzugestalten. Sie wollen wie andere öffentlichenInstitutionen auf die Umwelt einwirken und damit zivilgesellschaftlich aktiv sein. Die Devise lautet: Nicht alles (semi-) staatlichen Institutionen überlassen - Privatisierung der Verantwortung für die soziale, ökologische und kulturelle Umwelt! Dies wirkt (wie die vielen Beispiele in den USA verdeutlichen) positiv auf das unternehmerische Image, und es ist darüber hinaus eine Investition für die Zukunft des Unternehmensstandorts.[18] Aus diesen Gründen bieten die Unternehmen interessierten Beschäftigten die Möglichkeit, ihre Erwerbsarbeit um bis zu 20 Stunden pro Monat zu reduzieren, wenn sie sich in dieser Zeit bürgerschaftlich engagieren. Sie können diese 20 Stunden monatlich in Anspruch nehmen, jährlich oder aber auch bis zu einem Zeitraum von 7 Jahren anhäufen und sich auf einem BE-Konto gutschreiben lassen und dieses im Falle eines Betriebswechsels zwischen den beteiligten Unternehmen transferieren.

Dies spricht vor allen Dingen Beschäftigte an, die nicht nur aktive *Mitarbeiter*, sondern auch aktive Mit*bürger* sein wollen; Menschen, die neben

---

18 Zu diesem Themenbereich vgl. bspw. Alter (1997), Bellah et al. (1985), Dekker (1995), Etzioni (1995), Gaskin et al. (1996), Paulwitz (1995), Social and Cultural Report 1996 (1997), Wuthnow (1991) und (1997).

der Erwerbsarbeit „immer schon etwas anderes" machen wollten. Sie gewinnen damit einen Tätigkeitsbereich, den sie selbstbestimmt und nach eigenen Interessen gestalten können; sie sind flexibel und nutzen die Möglichkeit, in unterschiedlichen Welten zu arbeiten; sie entwickeln differenzierte Perspektiven, die sie jeweils für die verschiedenen Arbeitsbereiche fruchtbar machen können. Sie lernen, vernetzt zu denken.

Abb. 3: Stabiles Bürgerschaftliches Engagement

> **Stabiles Bürgerschaftliches Engagement**
> (Bis zu 20 Stunden/Monat)

> **Erwerbsarbeit**
> (134 Stunden/Monat)

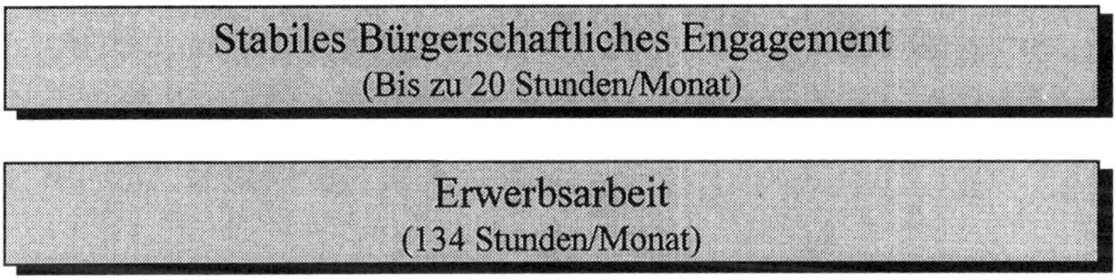

Unabdingbar beim Münchner Modell ist, daß Bürgerschaftliches Engagement den sozialen, kulturellen und ökologischen Bereich umfaßt: Die Arbeit bei der Caritas gilt als ebenso nützlich wie die Arbeit bei der Staatsoper oder beim Bund Naturschutz. Die Mitarbeiter bleiben während dieser Zeit Beschäftigte ihrer Betriebe (sie sind erwerbsarbeits*freie* Erwerbstätige). Werden durchschnittlich 44 Erwerbsarbeitswochen pro Jahr zugrundegelegt, so ergibt sich im Jahr eine ansehnliche Summe von 160 Stunden für Bürgerschaftliches Engagement als Bildung bzw. 240 Stunden stabiles Bürgerschaftliches Engagement.

6.3. *Eigenarbeit während der Eigen-Zeit*

Dieses Modell wäre unvollständig, wollte man nur Bürgerschaftliches Engagement, nicht aber Eigenarbeit als einen gesellschaftlich wichtigen Tätigkeitsbereich betrachten. Eigenarbeit spricht Menschen an, die auf privater Basis „endlich einmal" ihren persönlichen Vorstellungen und Neigungen nachgehen wollen (dies kann der Entwurf und Bau eigener Möbel oder die Vertiefung künstlerischer Fertigkeiten sein), die in Gemeinschaft mit anderen in einem öffentlichen Stadtteilhaus Dinge selbst herstellen wollen und so ihre Kreativität erproben (bspw. Tätigkeitsbereiche im Münchner „Haus der Eigenarbeit") (Kühnlein 1997; Mutz et al. 1997; Redler 1998) oder die sich in einer Form des „self providing" teilweise selbst versorgen wollen (bspw. in Bergmanns Modell des New Work) (Bergmann 1997). Für diese Phasen stellen Unternehmen „Eigen-Zeit" zur Verfügung. Diese Form der Teilzeit Erwerbstätigkeit entlastet den Arbeitsmarkt und ermöglicht den Mitarbeitern, auch in Tätigkeitsfeldern aktiv zu sein, die nicht direkt der Gemeinschaft dienen, sondern der Befriedigung eigener Bedürfnisse. Das Münchner Vier-Schichten-Modell vernetzt folglich unterschiedliche Zeitsegmente: Erwerbs-Zeit, Bildungs-Zeit, Gemeinschafts-Zeit (oder: Bürger-Zeit) und Eigen-Zeit - alles gemeinsam wechselt mit der Frei-Zeit, in der die Menschen tätig oder nicht tätig sein können, also „tun oder lassen" können, was sie wollen.

Abb. 4: Das Münchner Vier-Schichten-Modell

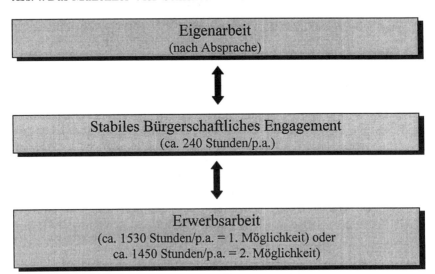

Menschen, die sich in der Phase der Bürger- und Eigen-Zeit befinden, reduzieren ihre Erwerbs-Zeit und entlasten so den Arbeitsmarkt. Durch Bürgerschaftliches Engagement entsteht soziales Kapital in der Gesellschaft; Eigeninitiative und Verantwortung werden gestärkt; der soziale Nahbereich wird selbstbestimmt gestaltet; die Kommunen werden entlastet; das Subsidiaritätsprinzip kann mit neuem Leben gefüllt werden: Das Engagement der Bürger hat Vorrang vor staatlichen Zuständigkeiten. Menschen sind integriert, selbst wenn sie vorübergehend nicht erwerbstätig sind. Die neuen Erfahrungen in den unterschiedlichen Tätigkeiten können die dauerhafte Bereitschaft zu Teilzeitarbeit fördern.

6.4. *Bürgerschaftliches Engagement in der Arbeitslosigkeit*

Die Arbeitsverwaltung soll arbeitslose Menschen ermutigen, sich im Rahmen des Münchner Modells bürgerschaftlich zu engagieren. Dies muß grundsätzlich freiwillig geschehen. Ziel ist der Erhalt der fachlichen und sozialen Qualifikationen sowie die Integration der Menschen. Arbeitslose, die sich bürgerschaftlich engagieren wollen, sollen die bisherigen Transferzahlungen und eine zusätzliche Aufwandsentschädigung aus Stiftungsgeldern erhalten.

6.5. *Das Stiftungsmodell*

Das Münchner Modell geht davon aus, daß neue arbeitsgesellschaftliche und sozialpolitische Strukturen in Form von Bürgerinstitutionen nur dann entstehen können, wenn alle „alten", aus der industriegesellschaftlichen Zeit stammenden Institutionen zusammenwirken und gemeinsam ein neues Konzept für die Zukunft der Arbeit entwickeln. In einem ersten Schritt bilden die klassischen Organisationen, die direkt oder indirekt am Arbeitsleben der Menschen mitwirken (Unternehmen/Gewerkschaften, Kommune/Land, Arbeitsverwaltung, Wohlfahrtsverbände und Bürgerinitiativen/Netzwerke), einen Stiftungsrat, der nach dem Selbstverständnis einer Bürgerinstitution arbeitet. Dies bedeutet: Diese Institutionen finden sich zusammen, weil sie unterschiedliche Kompetenzen innerhalb und außerhalb des Arbeitslebens bündeln können und sich in der Lage sehen, die soziale, kulturelle und ökologische Umwelt auf kommunaler Ebene mitzugestalten.

Der Stiftungsrat setzt ein Dialogzentrum ein, um Unternehmen, Beschäftigte sowie soziale, kulturelle und ökologische Einrichtungen zusammenzuführen. Dieses Dialogzentrum ist das Herz des *Münchner Modells*: Es soll die Gemeinnützigkeit der Tätigkeitsfelder und einen reibungslosen verwaltungstechnischen Ablauf gewährleisten. Es soll die von den Wohlfahrtsverbänden und Bürgerinitiativen/Netzwerken angebotenen Tätigkeitsfelder daraufhin prüfen, ob sie neben der Gemeinwohlorientierung Erfahrungsräume bieten, die im Interesse der Region, der Unternehmen und der Beschäftigten liegen. Viele Tätigkeitsfelder müssen im Rahmen dieser Evaluierung erst entsprechend der Interessen der beteiligten Partner gestaltet werden.

Das Dialogzentrum sieht sich mit dem Problem konfrontiert, daß viele Menschen wissen, was sie neben der Erwerbsarbeit „wirklich, wirklich wollen", aber sich unklar sind, was sie „wirklich, wirklich können". Dies ist in Einklang zu bringen, um den Anbietern von Bürgerschaftlichem Engagement empfehlen zu können, welche Tätigkeitsfelder in Frage kommen. Das Dialogzentrum koordiniert folglich das „Brauchen" der sozialen, kulturellen und ökologischen Einsatzfelder, den „Bedarf" der Unternehmen, das „Wollen" und „Können" der interessierten Mitarbeiter und die übergeordneten allgemeinen Belange der Region. Um diese Aufgabe zu erfüllen, werden im Dialogzentrum in erster Linie dialogische Konsensverfahren angewendet, um es allen Partnern des Münchner Modells gleichberechtigt zu ermöglichen, ihre Interessen einzubringen. Das Dialogzentrum kann darüber hinaus „Andock-Möglichkeiten" für andere Bürgerinstitutionen bieten (Existenzgründer-Haus, Zentren für New Work, Haus der Eigenarbeit usw.).

Abb. 5: **Das Dialogzentrum**

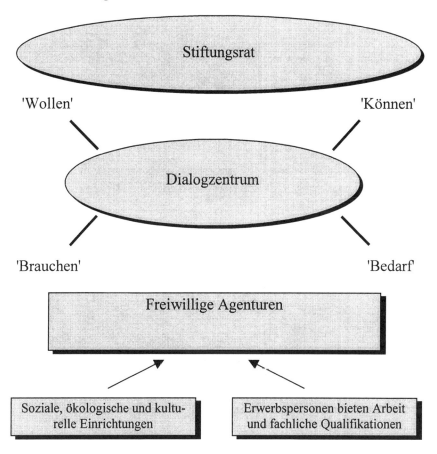

Die Stiftung Bürgerschaftliches Engagement, die durch die Organisationen des Stiftungsrats gebildet wird, finanziert sich aus Einlagen der beteiligten Organisationen, Erblassungen und Spenden. Je mehr Einlagen eingeworben werden können, desto größer der Kreis derjenigen Unternehmen und Mitarbeiter, die im Rahmen des Münchner Modells tätig sein können. Das Konzept sieht vor, daß die Beschäftigten, die sich an dem Programm Bürgerschaftliches Engagement als Bildung und stabiles Bürgerschaftliches Engagement beteiligen, 70 Prozent des aktuellen Nettolohns erhalten und sozialversichert bleiben; der Einkommensunterschied soll durch die Stiftung ausgeglichen werden. Beschäftigte, die sich für Eigenarbeiten entscheiden, erhalten in dieser Zeit keinen Lohnausgleich, bleiben aber ebenfalls in der Sozialversicherung. Die dazu notwendigen Gelder werden durch die Stiftung aufgebracht. Diese Konzeption ist von dem Grundgedanken getragen, möglichst alle Partner des Arbeitsmarktgeschehens bei Berücksichtigung ihrer Finanzkraft relativ gleichmäßig zu belasten, weil für alle beteiligten Institutionen - in je unterschiedlicher Weise - ein positiver Nutzen entsteht.

Abb. 6: **Die Stiftung Bürgerschaftliches Engagement**

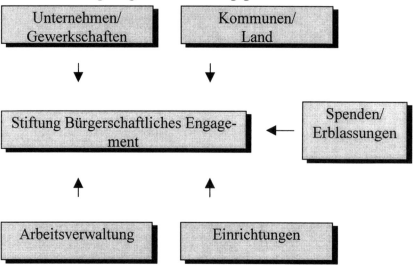

7. Das Münchner Modell ist keine Patentlösung

Das Münchner Modell bewältigt nicht das Problem der Arbeitslosigkeit, es verändert nicht die Strukturen des Arbeitsmarktes, und es beeinflußt auch nicht seine Wirkungsweise. Es setzt aber den Hebel auf der Seite des Arbeitskräfteangebots an, weil das Angebot an Erwerbsarbeit reduziert wird und somit Entlassungen verhindert bzw. Neueinstellungen ermöglicht werden. Das Münchner Modell basiert auf der Einsicht, daß eine nationale Arbeitsmarktpolitik im Gesamtgefüge globaler Märkte kaum noch Chancen hat, daß aber die lokale Ebene durchaus gestaltbar ist, wenn alle arbeitsmarktrelevanten Institutionen vor Ort zusammenwirken und daß es deshalb gelingen kann, den regionalen Arbeitsmarkt zu entlasten. Bürgerschaftliches Engagement als Bildung zielt auf einen Wissenstransfer, der in beide Richtungen zwischen der Erwerbsarbeit und außerhalb liegenden Tätigkeitsfeldern wirken kann - idealerweise fände ein Austausch zwischen Fach- und Sozialkompetenz statt und die beteiligten Mitarbeiter würden sich zu begehrten Kompetenzträgern entwickeln. Der Prozeß des „Sich-Bildens" hätte eine neue Dimension, weil die strikte Trennung zwischen den Bildungssphären in und außerhalb der Erwerbstätigkeit durchbrochen würde. Die Möglichkeit zu stabilem Bürgerschaftlichen Engagement und zur Eigenarbeit geht über diesen Anspruch hinaus, weil das „eherne Gehäuse" der Erwerbsarbeit aufgebrochen und die flexible Kombination unterschiedlicher Tätigkeitsfelder institutionalisiert wird. Dies kann bewirken, daß auch im Bewußtsein der Menschen unterschiedliche Formen des Arbeitens als gleichwertig empfunden werden. Der Wirtschafts- und Erwerbsmensch kann somit zum aktiven Bürger werden, der seine Lebenswelt sozial engagiert, ökologisch verantwortlich und kulturell kompetent mitgestaltet. Das Münchner Modell skizziert eine Möglichkeit, die einseitige Erwerbsgesellschaft in eine vielseitige Tätigkeitsgesellschaft zu transformieren.

8. Literaturverzeichnis

Alter, J. (1997): Powell's New War. In: Newsweek vom 28. April 1997, S. 30-35
Arendt, H. (1981): Vita Activa oder vom tätigen Leben. München: Piper
Baethge, M./Oberbeck, H. (1985): Dienstleistungssektor als Auffangnetz? In: Soziale Welt, 36,3, S. 226-241

Beck, U. (1996): Kapitalismus ohne Arbeit. In: Der Spiegel Nr.20 vom 13. Mai 1996, S. 140-146
Beck, U. (1997): Was ist Globalisierung? Frankfurt am Main: Suhrkamp
Beck, U. (1998): Freiwillig aber nicht umsonst. In: Politische Ökologie, 16, 54, S. 61-64
Bell, D. (1975): Die nachindustrielle Gesellschaft. Frankfurt am Main: Campus
Bellah, R. et al. (1985): Habits of the Heart: Individualism and Commitment in American Life. Berkeley: University of California
Berger, P./Sopp, P. (1992): Bewegte Zeiten? Zur Differenzierung von Erwerbsverlaufsmustern in Westdeutschland. In: Zeitschrift für Soziologie, 21, 3, S. 166-185
Bergmann, F. (1997): Die Neue Arbeit. Skizze mit Vorschlag. In: Gewerkschaftliche Monatshefte, 48, S. 9-10, S. 524-534
Bertram, H. (1997): Familien leben: neue Wege zur flexiblen Gestaltung von Lebenszeit, Arbeitszeit und Familienzeit. Gütersloh: Verlag Bertelsmann Stiftung
Bock, T. (1994): Ehrenamt - Definition, historische Entwicklung, Perspektiven. In: Akademie für politische Bildung/Bayerisches Staatsministerium für Arbeit und Sozialordnung, Familie, Frauen und Gesundheit (Hg.): Ehrenamt - Krise oder Formwandel? Tutzing: S. 3-20
Bonß, W. (1998): Arbeitsmarktbezogene Zukunftsszenarien (Gutachten im Auftrag der Kommission für Zukunftsfragen der Freistaaten Bayern und Sachsen). In: Erwerbstätigkeit und Arbeitslosigkeit in Deutschland. Entwicklung, Ursachen und Maßnahmen. Anlagenband 3. Zukunft der Arbeit sowie Entkopplung von Erwerbsarbeit und sozialer Sicherung. Bonn
Chatzimarkakis, G./Hinte, H. (Hg.) (1999): Brücken zwischen Freiheit und Gemeinsinn. Bonn: Lemmens
Dekker, P. (1997): Freiwilliges soziales Engagement in den Niederlanden und öffentliche Förderstrategien. (Unveröffentlichtes Manuskript). Bochum
Dettling, W. (1995): Politik und Lebenswelt. Vom Wohlfahrtsstaat zur Wohlfahrtsgesellschaft. Gütersloh: Verlag Bertelsmann-Stiftung
Dettling, W. (1998): Wirtschaftskummerland? Wege aus der Modernisierungsfalle. München: Kindler
Dubiel, H. (1994): Ungewißheit und Politik. Frankfurt am Main: Suhrkamp
DGB EXPO 2000 Büro (Hg.) (1996): Die Zukunft der Arbeit im globalisierten Kapitalismus. Hannover
Eichendorf, W. (Hg.) (1998): We can work it out. Beiträge zur Zukunft der Arbeit. Wiesbaden
Eißel, D. (1998): Lohn- und Sozialabbau zur Rettung des Standorts Deutschland? In: Hormuth, S. Gießener Diskurse. Sozialstaat. Band 16. Gießen
EKD (Hg.) (1996): Arbeit für alle? (Arbeitshilfe Aktuelle Informationen Nr. 32, herausgegeben von der Gymnasialpädagogischen Materialstelle der Evangelischen Lutherischen Kirche)
Elias, N. (1976): Über den Prozeß der Zivilisation. Frankfurt am Main: Suhrkamp
Etzioni, A. (1995): Die Entdeckung des Gemeinwesens. Ansprüche, Verantwortlichkeiten und das Programm des Kommunitarismus. Stuttgart: Schäffer-Poeschel
Evers, A. (1995): Part of the Welfare Mix. Their Impact on Work, Social Services and Welfare Policies. Boulder/Frankfurt am Main
Evers, A./Olk, Th. (1996): Wohlfahrtspluralismus. Vom Wohlfahrtsstaat zur Wohlfahrtsgesellschaft. Opladen: Westdeutscher Verlag
Foucault, M. (1971): Die Ordnung der Dinge. Frankfurt am Main: Suhrkamp

Gaskin, K. et al. (1996): Ein neues bürgerschaftliches Europa. Eine Untersuchung zur Verbreitung und Rolle von Volunteering in zehn Ländern. Freiburg im Breisgau: Lambertus

Giarini, O./Liedtke, P. (1998): Wie wir arbeiten werden. Der neue Bericht an den Club of Rome. Hamburg: Hoffmann und Campe

Gorz, A. (1998): Arbeit zwischen Elend und Utopie. Frankfurt am Main: Suhrkamp

Hauser, L. (1998): Das Projekt „Seiten-Wechsel". In: Civitas (Monatszeitschrift für Politik und Kultur) 7/8, S. 151-154

Heinze, R./Keupp, H. (1998): Gesellschaftliche Bedeutung von Tätigkeiten außerhalb der Erwerbsarbeit (Gutachten im Auftrag der Kommission für Zukunftsfragen der Freistaaten Bayern und Sachsen). In: Erwerbstätigkeit und Arbeitslosigkeit in Deutschland. Entwicklung, Ursachen und Maßnahmen. Anlagenband 3. Zukunft der Arbeit sowie Entkopplung von Erwerbsarbeit und sozialer Sicherung. Bonn

Hinrichs, K./Wiesenthal, H. (1982): Arbeitswerte und Arbeitszeit. Zur Pluralisierung von Wertmustern und Zeitverwendungswünschen in der modernen Industriegesellschaft. In: Offe, C. (Hg.): Arbeitspolitik. Frankfurt am Main/ New York: Campus

Inglehart, R. (1989): Kultureller Umbruch. Wertewandel in der westlichen Welt. Frankfurt am Main: Campus

Illich, I. (1982): Vom Recht auf Gemeinheit. Reinbeck bei Hamburg: Rowohlt

Jakob, G. (1993): Zwischen Dienst und Selbstbezug. Opladen: Leske und Budrich

Kaufmann, F.-X. (1996): Modernisierungsschübe, Familie und Sozialstaat. München: Beck

Kistler, E./Noll, H.-H./Priller, E. (Hg.) (1999): Perspektiven gesellschaftlichen Zusammenhalts. Berlin: edition sigma

Klages, H. (1984): Wertorientierung im Wandel. Frankfurt am Main/München: Campus

Kommission für Zukunftsfragen der Freistaaten Bayern und Sachsen. (1997): Erwerbstätigkeit und Arbeitslosigkeit in Deutschland. Entwicklung: Ursachen und Maßnahmen (3 Bände). Bonn

Kühnlein, I. (1997): Weniger Erwerbsarbeit – mehr Eigenarbeit? In: Aus Politik und Zeitgeschichte, B. 48-49, S. 41-46

Kühnlein, I./Mutz, G. (1999): Individualisierung und bürgerschaftliches Engagement in der Tätigkeitsgesellschaft. In: Kistler, E./Noll, H.H./Priller, E. (Hg.). Perspektiven gesellschaftlichen Zusammenhalts. Berlin: edition sigma

Lutz, B. (1984): Der kurze Traum immerwährender Prosperität. Eine Neuinterpretation der industriell-kapitalistischen Entwicklung im Europa des 20. Jahrhunderts. Frankfurt am Main: Campus

Lutz, Ch. (1995): Leben und Arbeiten in der Zukunft. München: Beck

Münch, R. (1998): Globale Dynamik, lokale Lebenswelten. Frankfurt am Main: Suhrkamp

Mulgan, G. (Hg.) (1997): Life after Politics. New Thinking for the Twenty-First Century. London

Mutz, G. (1983): Sozialpolitik als soziale Kontrolle. München: Profil

Mutz, G. (1987): Arbeitslosigkeit in der Dienstleistungsgesellschaft. In: Soziale Welt, 38,3, S. 255-281

Mutz, G. (1997a): Dynamische Arbeitslosigkeit und diskontinuierliche Erwerbsverläufe. Wie stehen die Chancen für eine zukünftige Tätigkeitsgesellschaft? In: Berliner Debatte INITIAL, 6, Heft 5, Schwerpunkt „Erwerbsarbeit im Wandel", S. 23-36

Mutz, G. (1997b): Zukunft der Arbeit. Chancen für eine Tätigkeitsgesellschaft. In: Aus Politik und Zeitgeschichte, B. 48-49, S. 31-40

Mutz, G. (1998a): Triade der Arbeit. Bürgerschaftliches Engagement in der Tätigkeitsgesellschaft. In: Impuls, 5, S. 6-7

Mutz, G. (1998b): Tätigkeitsgesellschaft. In: Politische Ökologie, 16, 54, S. 59-60
Mutz, G. (1998c): Von der Erwerbsgesellschaft zur Tätigkeitsgesellschaft. Das Münchner Modell. In: Eichendorf, W. (Hg.): We can work it out. Beiträge zur Zukunft der Arbeit. Wiesbaden, S. 87-98
Mutz, G./Kühnlein, I. (1998): Die Tätigkeitsgesellschaft. In: Universitas, Jg. 53, Heft 8, S. 751-758
Mutz, G./Kühnlein, I./Burda-Viering, M./Holzer, H. (1997): Eigenarbeit hat einen Ort. Öffentliche Eigenarbeit im „Haus der Eigenarbeit". München
Mutz, G./Kühnlein, I./Holzer, B. (1998): Struktur der Erwerbsorientierungen und Beschäftigungserwartungen west- und ostdeutscher Erwerbspersonen, (Gutachten im Auftrag der Kommission für Zukunftsfragen der Freistaaten Bayern und Sachsen). In: Erwerbstätigkeit und Arbeitslosigkeit in Deutschland. Entwicklung, Ursachen und Maßnahmen. Anlagenband 1. Zukunft der Arbeit sowie Entkopplung von Erwerbsarbeit und sozialer Sicherung. Bonn
Paque, K.-H. (1995): Weltwirtschaftlicher Strukturwandel und die Folgen. In: Aus Politik und Zeitgeschichte. B. 49/95, S. 3-9
Paulwitz, I. (1995): Wem gebührt die Ehre? Das Ehrenamt im europäischen Vergleich - die Eurovol-Studie. In: aktiv und gemeinsam. 1, S. 1-2
Pawlowsky, P. (1986): Arbeitseinstellungen im Wandel. München: Minerva
Redler, E. (1998): Tätigkeit statt Warenkauf. In: Politische Ökologie 16, 54. S. 65-67
Rifkin, J. (1995): Das Ende der Arbeit und ihre Zukunft. Frankfurt am Main: Campus
Rödel, U./Guldimann, T. (1978): Starnberger Studien 2. Frankfurt am Main: Suhrkamp
Rosenstiel, L.v. (Hg.) (1993): Wertewandel. Herausforderungen für die Unternehmenspolitik in den 90er Jahren. Stuttgart: Schäffer-Poeschel
Rostow, W. (1967): Stadien wirtschaftlichen Wachstums. Göttingen: Vandenhoeck und Ruprecht
Saiger, H. (1998): Die Zukunft der Arbeit liegt nicht im Beruf. München
Sassen, S. (1991): The Global City. New York, London, Tokyo. Princeton
Scharpf, F.W. (1995): Subventionierte Niedriglohnbeschäftigung statt bezahlter Arbeitslosigkeit? In: Zeitschrift für Sozialreform, 41, S. 65-82
Senatsverwaltung für Arbeit, Berufliche Bildung und Frauen des Landes Berlin (Hg.) (1998): Die Sackgassen der Zukunftskommissionen. Berlin
Social and Cultural Report 1996 (1997): The Netherlands. Rijswijk
Spindler, Ch. (1996): Sozialkompetenz durch Gemüserüsten. In: Tages-Anzeiger vom 21. August 1996, S. 6
Strange, S. (1986): Casino Capitalism. New York
Treiber, H./Steinert, H. (1980): Die Fabrikation des zuverlässigen Menschen. München: Moos
Vobruba, G. (1998): Ende der Vollbeschäftigungsgesellschaft. In: Zeitschrift für Sozialreform, 44, S. 77-99
Weizsäcker; E. von/Weizsäcker, C. von (1984): Freiheit der Tätigkeit. In: Harms, J. (Hg.): „Über Freiheit". John Stuart Mill und politische Ökonomie des Liberalismus. Frankfurt am Main
Wickel, H. (1998): Wenn Manager weinen. In: Süddeutsche Zeitung vom 21./22. November 1998, S. VI/1
Wuthnow, R. (1991): Acts of Compassion. Princeton: Princeton University Press
Wuthnow, R. (1997): Handeln aus Mitleid. In: Beck, U. (Hg.). Kinder der Freiheit. Frankfurt am Main: Suhrkamp
Zukunftskommission der Friedrich-Ebert-Stiftung (1998): Wirtschaftliche Leistungsfähigkeit, sozialer Zusammenhalt, ökologische Nachhaltigkeit. Drei Ziele - ein Weg. Bonn

Marita Haibach

Frauen und Philanthropie

1. Einleitung

Philanthropie, das freiwillige, nicht gewinnorientierte Geben von Zeit oder Wertgegenständen (Geld, Wertpapiere, Sachgüter) für öffentliche Zwecke (Salamon 1992), spielte bislang lediglich eine geringe Rolle in Deutschland. Der Anteil von privaten Spenden an den Einnahmen von Nonprofit-Organisationen liegt lediglich bei 4 Prozent, während dieser sich in den USA auf 19 Prozent beläuft (Salamon/Anheier 1996: 61). Der relativ unbedeutende gesellschaftliche Stellenwert zeigt sich auch bei der wissenschaftlichen Erforschung philanthropischen Handelns: Diese steht noch ganz am Anfang. Auf diesem Hintergrund ist es nicht verwunderlich, daß auch über das Thema Frauen und Philanthropie hierzulande wenig bekannt ist.

Das Thema Frauen und Philanthropie beinhaltet eine Reihe von Aspekten, darunter auch das Zeitspenden, ein Thematik, die besonders in bezug auf Frauen relevant ist. Die Einbeziehung dieses Gebietes würde jedoch den Rahmen und die Zielsetzung dieser Veröffentlichung überschreiten. Thema dieses Aufsatzes sind Spenden finanzieller Art. Grundsätzlich kann hierbei unterschieden werden zwischen der Seite der GeldgeberInnen und der Seite der GeldnehmerInnen. Bei der GeberInnenseite geht es zum einen um die Frage: Wie steht es um das Engagement von Frauen als Spenderinnen und als Stifterinnen? Zum anderen geht es um Frauen, die in Stiftungen und Unternehmen Entscheidungen darüber treffen, ob und in welcher Weise sich die jeweilige Organisation philanthropisch oder evtl. auch in Sachen Sponsoring (bei Unternehmen) engagiert. Auf der NehmerInnenseite stehen zwei Bereiche im Mittelpunkt: Inwieweit betätigen sich Frauen als Fundraiserinnen und wie steht es um das Fundraising für Frauenprojekte?

2. Frauen als Spenderinnen

In den USA haben Nonprofit-Organisationen unterschiedlichster Couleur in den vergangenen Jahren damit begonnen, sich mit der Frage zu befassen, wie sie mehr Frauen als Spenderinnen gewinnen und wie Frauen zu höheren Spenden motiviert werden können. Traditionelle, von Männern für Männer geschaffene Fundraising-Methoden, so die dortigen Erfahrungen, funktionieren nicht so gut in bezug auf Frauen; vielmehr verhindern sie, daß das Spendenpotential von Frauen voll ausgeschöpft wird. In Deutschland haben sich spendensammelnde Organisationen, abgesehen von einigen sporadischen Ausnahmen, bislang nicht explizit mit der Thematik „Frauen als Spenderinnen" beschäftigt. Die Notwendigkeit der Einbeziehung geschlechtsspezifischer Unterschiede bei der Ansprache von SpenderInnen ist bislang noch kein Thema, das FundraiserInnen beschäftigt.

Aus dem EMNID-Spendenmonitor ist bekannt, das die Spendenbereitschaft von Frauen größer ist als die der Männer. 1997 spendeten 40 Prozent der Frauen, während es bei den Männern lediglich 38 Prozent waren. Dieser Trend bestätigt auch die US-amerikanischen Erfahrungen: Dort spendeten 1996 65,3 Prozent der Männer und 71,4 Prozent der Frauen (Independent Sector 1996). Allerdings liegt in den USA, obwohl sich die Werte im Laufe der Jahre immer mehr annäherten, die durchschnittliche Jahresspendensumme bei Männern noch immer höher (1057 Dollar) als die der Frauen (983 Dollar). Grund dafür ist das Einkommensgefälle zwischen Männern und Frauen.

Das *gender gap*, die Geschlechterkluft im Spendenverhalten, kommt besonders bei Testamentspenden zum Tragen. Beim Fundraiserinnen-Tag der BSM (Bundesarbeitsgemeinschaft Sozialmarketing - Deutscher Fundraising Verband e.V.) im Jahr 1997 stand das Thema „Frauen als Spenderinnen" im Mittelpunkt einer Podiumsdiskussion, an der unter anderem Fundraiserinnen von Greenpeace, WWF und der Deutschen Welthungerhilfe mitwirkten. Sie berichteten: Zwei Drittel der Menschen, die ihren Organisationen etwas vermachen, sind Frauen. Dabei spielt zweifelsohne die im Durchschnitt längere Lebenserfahrung von Frauen eine große Rolle. Interessant ist aber auch ein anderer Trend, über den die Fundraiserinnen informierten: Bei den Großspenden kehrt sich das Verhältnis um. Zwei Drittel kommen von Männern und nur ein Drittel von Frauen. Es gilt daher, Strategien zu entwickeln, damit sich Frauen auch hierzulande stärker als bisher als Großspenderinnen betätigen. Zudem aber geht es in Deutschland grundsätzlich darum, einen größeren Anteil der Bevölkerung, also auch der Frauen, zum Spenden zu motivieren.

Frauen werden zum Spenden ermutigt, wenn sie sich und ihre Motivation wahrgenommen fühlen und wenn mit ihnen auf eine Art und Weise kommuniziert wird, die ihnen angenehm ist. Es gibt viele Beispiele aus den USA, die belegen, daß Frauen als Spenderinnen weniger ernst genommen werden und daß ihnen weniger zugetraut wird als Männern. Bei verheirateten Paaren richtet sich die Aufmerksamkeit der Fundraiser meist auf den Mann. Ehefrauen werden nicht als Individuen angenommen, Einladungen erfolgen an „Mrs. James Smith", Dankschreiben werden an den Ehemann gerichtet, obwohl die Ehefrau den Spendenscheck unterschrieben hat. Noch gravierender wirkt sich aus, daß Frauen seltener als Männer um Spenden gebeten werden oder daß Frauen, die einer Nonprofit-Organisation von sich aus ihre Spendenbereitschaft signalisieren, durch einen rüden Umgangston verschreckt werden. Außerdem werden Frauen oft, ohne daß sie dies wollen, in die traditionelle Frauenecke gestellt (indem sie beispielsweise lediglich darum gebeten werden, das Frauenstudienprogramm an einer Hochschule zu unterstützen, während Männern in den Spendenaufrufen die ganze Institution vorgestellt wird).

Einige Nonprofits in den USA haben mittlerweile besondere Aktivitäten gestartet, um mehr Frauen dazu zu bewegen, ihre Institution mit höheren Summen zu unterstützen. Mittels Befragungen und Fokusgruppen haben sie die Bedürfnisse und Beschwerden ihrer Förderinnen festgestellt. Nun werden oft Schulungsmaßnahmen für Angestellte durchgeführt, in denen es darum geht, ein Gespür für die Bedürfnisse von Spenderinnen zu entwickeln. Mehr Frauen werden um mehr Geld gebeten. Es zeigt sich, daß Frauen positiv auf die Konfrontation mit höheren Erwartungen reagieren. Weitere Empfehlungen: Um Frauen nicht durch stereotype Erwartungen zu verärgern, sollte herausgefunden werden, wo ihre wirklichen Interessensschwerpunkte liegen. Frauen benötigen Frauen als Spenderinnenvorbilder; die Veröffentlichung von Großspenden von Frauen ermutigt andere Frauen zum Spenden. Die Spendenbereitschaft von Frauen wächst, wenn ihnen Gelegenheiten geboten werden, sich selbst an Aktivitäten der Organisation zu beteiligen. Frauen erwarten auch die Präsenz von Frauen im Vorstand und auf der Ebene der leitenden Angestellten einer Organisation.

Was das Thema Kommunikation anbetrifft, so berichten FundraiserInnen aus den USA, daß Frauen mehr über die Organisation insgesamt sowie den Verwendungszweck ihrer Spende wissen wollen als Männer. Sie stellen daher detailliertere Fragen. Gewöhnlich muß mehr Zeit aufgewendet werden, um Großspenden von Frauen zu erhalten. Was die Gesprächsinhalte angeht, so sollten FundraiserInnen berücksichtigen, daß Männer gerne über Aktionen, Ereignisse und Erfolge reden, während Frauen oft mehr an Beziehungen, Personen und Gefühlen interessiert sind. Wenn männliche Fundraiser Frauen um Geld bitten, so sollten sie ihnen Fragen stellen und ihnen viel Gelegenheit zum Reden bieten, denn oft neigen Männer in Gesprächen dazu, mehr zu reden als Frauen. Dabei werden das Nicken und Lächeln von Frauen oft fälschlicherweise als positive Signale interpretiert.

Die beschriebenen Erfahrungen und Anregungen aus den USA können von Nutzen sein, um die Spendenbereitschaft von Frauen auch im deutschsprachigen Raum auszuweiten. Auch wenn allen Frauen ihr Geschlecht gemeinsam ist, so genügt das Segmentierungskriterium „Frau" alleine nicht, um Fundraising-Strategien zu entwickeln. Dafür, ob eine Frau überhaupt spendet oder nicht, sind insbesondere die Kriterien Alter, Bildung, Einkommen/Vermögen sowie Familienstand relevant. Die Wahrscheinlichkeit, daß eine geschiedene Ärztin im Alter von 50 Jahren, deren Kinder erwachsen sind, spendet, ist größer als bei einer alleinerziehenden Verkäuferin im Alter von 22 Jahren. Eine 75jährige kinderlose Beamtenwitwe kann es sich eher leisten zu spenden, als eine 28jährige alleinlebende Mathematikerin, die gerade ihre erste Stelle angetreten hat. Bei der Frage, welche Ziele Frauen unterstützen, spielen deren politische und weltanschauliche Einstellungen (also psychographische Kriterien) eine große Rolle. Eine Unternehmerin, die der CDU nahesteht, ließe sich sicherlich dafür gewinnen, ein Projekt zu unterstützen, das der Karriereförderung junger Frauen dient. Daß eine strenggläubige Katholikin bereit ist, *Pro Familia* mit Spenden zu unterstützen, ist kaum anzunehmen. Die Frage, über welche Kommunikationswege eine Frau zu erreichen ist, läßt sich nur unter Bezugnahme auf Verhaltensmerkmale und Benefitkriterien beantworten. Ein Spendenaufruf, der sich an eine *Cosmopolitan*-Leserin richtet, muß anders aussehen, als ein Spendenaufruf, mit dem eine *Bild-der-Frau*-Leserin als Spenderin gewonnen werden soll. Die Einladung zu einem Klassik-Benefizkonzert kann ein Kommunikationsweg sein, auf dem sich eine kulturinteressierte Lehrerin ansprechen läßt, ob dies allerdings auch für eine sportbegeisterte Ingenieurin zutrifft, ist fraglich.

3. Frauen als Stifterinnen

Abgesehen von prominenten Politikerfrauen, wie beispielsweise Christiane Herzog, der Frau des Bundespräsidenten, die das Engagement für Mukoviszidose-Kranke durch eine Stiftung mit ihrem Namen verstetigen will, treten in Deutschland bislang wenige Frauen als Stifterinnen hervor. In den USA ist dies anders: Dort betätigen sich zunehmend Frauen als Stifterinnen und bringen dies auch öffentlich zum Ausdruck. Seit der zweiten Hälfte der siebziger Jahre wurde damit begonnen, *women's funds* zu schaffen (Frauenstiftungen und Zusammenschlüsse von Frauenorganisationen mit dem Ziel der Beschaffung von Geldern für Projekte). Die Zahl dieser Stiftungen ist inzwischen auf fast 100 angewachsen.

Bei uns gibt es zumindest ein paar Hinweise darauf, daß auch Frauen Anteil am deutschen Stiftungswesen haben: Die Durchsicht der vorhandenen Stiftungsführer zeigt, daß zahlreiche Stiftungen nach Personen benannt sind. Auch wenn Männernamen häufiger vorkommen, so gibt es doch auch eine ganze Reihe von Stiftungen, die den Namen einer Frau oder aber eines Paares (Mann und Frau) führen. Es wäre interessant, mehr über die Hintergründe der Namengebung zu erfahren und damit möglicherweise auch den konkreten Anteil von Frauen daran. Auffällig ist, daß unter den Zwecken der Stiftungen mit Frauennamen die Themenbereiche Gesundheit sowie Kinder und Jugendliche besonders oft vorkommen.

Seit einigen wenigen Jahren ist Bewegung in die bundesdeutsche Stiftungslandschaft gekommen. Ein regelrechter Gründungsboom zeichnet sich ab. Jedes Jahr werden über 200 neue Stiftungen gegründet. Neu ist auch, daß neben die Bewertung von Stiftungen als Spielwiesen der Reichen und Steuersparmodelle ein neuer Aspekt getreten ist: Stiftungen als Form bürgerschaftlichen Engagements und als wichtige Akteure der zivilen Gesellschaft.

Es gibt erste positive Anzeichen dafür, daß sich auch hierzulande Frauen in wachsendem Maße mit dem Gedanken anfreunden, sich als Stifterinnen zu betätigen, darunter auch Frauen, die sich explizit für frauenspezifische Projekte einsetzen. Eine Frau, die sich mit der von ihr errichteten Stiftung explizit für Frauen einsetzt, ist Helga Stödter. Die 1988 von ihr gegründete *Helga-Stödter-Stiftung zur Förderung von Frauen für Führungspositionen* mit Sitz in Wentorf bei Hamburg hat sich, wie der Name andeutet, die Förderung von Frauen in und für Führungspositionen in Wirtschaft, Wissenschaft und Politik zur Aufgabe gemacht. Karriereförderung von Frauen ist ein Ziel, daß die Stifterin bereits seit langem durch ihre vielfältigen Aktivitäten verfolgt. Bei dieser Stiftung handelt es sich um eine operative Stiftung, deren Stiftungszweck durch Veröffentlichungen, Beratungen und Veranstaltungen verwirklicht wird. Die Gelder der Stiftung stammen von Helga Stödter selbst; außerdem hat die Stiftung auch Fördermitglieder (Maecenata 1996a: 252).

Die Erbschaftswelle ist von nicht unerheblicher Bedeutung bei den Stiftungsgründungen. Zunehmend denken Erbinnen daran, ihr gesellschaftliches Engagement zu verstetigen, indem sie Stiftungen errichten. Beispiele dafür sind die 1998 errichtete *Karin-Burmeister-Stiftung*, die der Förderung von Frauenprojekten gewidmet ist, sowie die Internationale Künstlerinnen-Stiftung *Die Höge*, die sich der Förderung der Kunst und Kultur von Frauen verschrieben hat. Beide Stiftungen verfügen über ein bislang relativ geringes Stiftungskapital und sind darauf angewiesen, Fundraising zu betreiben.

In Gründung befindet sich auch eine weitere Frauenstiftung, die sich als bundesweit tätige Gemeinschaftsstiftung versteht. Ich selbst gehöre zu den Initiatorinnen. Gemeinsam mit drei anderen Frauen, Birgit Breyer, Heide Härtel-Herrmann und Anita Wagner, organisiere ich seit 1997 einmal im Jahr eine speziell für Erbinnen ausgerichtete bundesweite Konferenz *Mut zum Vermögen - Frauen erben anders*. Zahlreiche Erbinnen sind daran interessiert, sich philanthropisch zu engagieren, darunter eine ganze Reihe explizit in einer Frauenstiftung. Eine wichtige Erfahrung aus der Arbeit mit den Erbinnen: In den meisten Fällen brauchen die Frauen viel Zeit, um herauszufinden, in welchen Bereichen ihre philanthropischen Neigungen liegen und wie sie diese dann tatsächlich in die Praxis umsetzen können. Diese Einsicht ist in den USA schon lange bekannt.

4. Frauen als (Förder-)Entscheiderinnen in Stiftungen und Unternehmen

Die Thematik *Frauen und Stiftungen in Deutschland* wurde bisher noch nicht untersucht. Informationen darüber, welcher Anteil der Stiftungsbewilligungen frauenspezifischen Zwecken zugute kommt oder wie hoch der Anteil von Frauen in den Stiftungsgremien oder unter den StiftungsmitarbeiterInnen ist, gibt es nicht. Das Fehlen derartiger Informationen hat zwei Hauptursachen: Zum einen spiegelt sich darin die Tatsache wider, daß, auch wenn sich hier in den vergangenen Jahren einiges getan hat, über das Stiftungswesen insgesamt bislang wenig bekannt ist und Detailinformationen über Teilbereiche nahezu völlig fehlen; zum anderen aber hat die bundesdeutsche Frauenbewegung das Stiftungswesen bisher weitgehend ignoriert. Anders als in den USA existiert keine Gruppe wie *Women and Philanthropy*, die die Interessen von Frauen in der Stiftungswelt vertritt. Zwar sind in einer ganzen Reihe von deutschen Stiftungen Frauen in Entscheidungspositionen tätig, doch was dies in der Praxis bedeutet, wurde bislang nicht untersucht.

Unternehmen können als Spender oder Sponsoren in Betracht kommen. Zudem wickeln eine ganze Reihe von Unternehmen ihr Spendenengagement über eigene Stiftungen ab. Außerdem existieren auch Unternehmensträgerstiftungen - Stiftungen, die ganz oder teilweise Unternehmen besitzen. Es liegen jedoch keine Untersuchungen und Angaben darüber vor, welchen Anteil Frauen an den Entscheidungspositionen in Unternehmen in Sachen Spenden und Sponsoring haben. Demzufolge ist auch nicht bekannt, welche Auswirkungen dies auf das Förderverhalten von Unternehmen hat. Einzelfälle belegen, daß es Frauen gibt, die sich als Unternehmerinnen explizit gesellschaftlich engagieren. Bekannt ist auch, daß im Marketingbereich zunehmend Frauen tätig sind und daß dies daher auch für Entscheidungspositionen in Sachen Sponsoring gilt.

5. Frauen als Fundraiserinnen

Fundraising bedeutet wörtlich Kapitalbeschaffung. Dabei geht es um die Erstellung einer Kommunikationsstrategie für die Beschaffung von Finanzmitteln, und zwar vor allen Dingen für Mittel, die nicht nach klaren Förderkriterien vergeben werden und nicht regelmäßig fließen. Fundraising richtet sich an private und staatliche Geldgeber, um die Förderung sehr verschiedener Zwecke zu erreichen. Es kann ehrenamtlich und hauptamtlich ausgeübt werden. In der hier verwendeten Bedeutung dient Fundraising der Bezeichnung von Aktivitäten zur Einwerbung privater Fördermittel für gemeinnützige Zwecke.

Als sich Fundraising in den sechziger und siebziger Jahren in den USA zu einem Berufsfeld entwickelte, waren es zunächst Männer, welche die bezahlten Positionen einnahmen. Bei den Personen, die sich für diesen Arbeitsbereich interessierten, handelte es sich nicht um Berufseinsteiger; meist waren es Männer mit längerer Berufserfahrung in anderen Gebieten. Interessanterweise wurden diese Männer bei ihren bezahlten Fundraising-Tätigkeiten oft von ihren Ehefrauen - ohne Entgelt - unterstützt. Diese übernahmen Aufgaben, die heute als grundlegend für erfolgreiches Fundraising gelten: das Zusammentragen von Namen und Beziehungen aus der Erinnerung und vielen anderen Quellen. Auch das Timing und die Zielsetzung der Fundraising-Bemühungen wurden vielfach von den Ehefrauen beeinflußt (Faust/Whittier 1993).

Zunehmend hat sich Fundraising in den USA zu einem Berufsfeld für Frauen entwickelt. Nach Angaben der *National Society of Fundraising Executives* (NSFRE) lag der Frauenanteil unter den hauptberuflichen FundraiserInnen 1981 bei 38 Prozent; eine erneute Untersuchung im Jahre 1988 erbrachte, daß der Frauenanteil auf 51 Prozent gestiegen war. Bis 1992 hat sich dieser Trend fortgesetzt, der Frauenanteil betrug 57,6 Prozent (Klein 1988; Hall 1992). Frauen sind am stärksten präsent in den Bereichen Bildung, Gesundheit, Kultur und Jugend.

Die Entwicklung der Fundraising-Branche zu einer Frauendomäne hat verschiedene Ursachen. Die Zahl der professionellen FundraiserInnen in den

USA ist während der achtziger Jahre insgesamt stark gewachsen; Frauen profitierten von dem enormen Bedarf. Das Berufseinstiegsalter liegt inzwischen unter 30; im Gegensatz zu früher sind viele hauptberufliche FundraiserInnen BerufseinsteigerInnen. Der Frauenanteil unter den NeueinsteigerInnen ist doppelt so hoch wie der Anteil der Männer. Frauen werden als Fundraiserinnen eingestellt, weil es sich zum einen hierbei um ein Tätigkeitsfeld handelt, für das Frauen besonders qualifiziert sind, so die Ansicht vieler Fachleute. Ein anderer Grund aber ist, daß Frauen, gerade wenn es sich um Berufseinsteigerinnen oder -wiedereinsteigerinnen handelt, eher bereit sind, für geringere Gehälter zu arbeiten als Männer. Ihre Bereitschaft, viele Stunden ohne zusätzliche Bezahlung zu arbeiten, ist für viele Organisationen mit finanziellen Problemen attraktiv. So sind Frauen eher in Organisationen mit kleinem Budget zu finden.

Das Durchschnittseinkommen von weiblichen Fundraisern lag 1992 bei 40.000 Dollar im Jahr, während das Einkommen männlicher Fundraiser durchschnittlich 52.000 Dollar betrug. Diese Kluft zeigt sich noch deutlicher im Bereich der Spitzenpositionen. Immerhin 16,5 Prozent der Männer verfügten über ein Jahreseinkommen zwischen 75.000 Dollar und 115.000 Dollar, bei den Frauen waren es lediglich 3,6 Prozent (Hall 1990). Allerdings ist festzustellen, daß sich die Bezahlung der Frauen mit wachsender Berufserfahrung auf dem Gebiet des Fundraising erhöht und daß Frauen zunehmend Führungspositionen übernehmen.

Frauen, die als Fundraiserinnen tätig sind, so die Erfahrungen aus den USA, sind meist sehr erfolgreich. Dies wird auch auf sogenannte weibliche Eigenschaften und Verhaltensweisen zurückgeführt, die Frauen aufgrund ihrer spezifisch weiblichen Sozialisation besitzen und die sich für das Fundraising als nützlich erweisen. An der Spitze der Liste der Qualifikationsmerkmale, über die FundraiserInnen verfügen sollten, stehen nach Einschätzung von US-amerikanischen FundraiserInnen *people skills* und *organizational skills*. Frauen besitzen oft bessere *people skills* als Männer: Sie können meist schneller als Männer Beziehungen auf einer emotionalen oder persönlichen Ebene herstellen und bringen dadurch nicht nur mehr über die wirkliche Motivation ihrer Gegenüber in Erfahrung, sondern reden auch mit ihnen darüber. Potentielle SpenderInnen sprechen, zumindest in der Anfangsphase, mit Männern nicht über die gleichen Dinge wie mit Frauen. Was die *organizational skills* anbetrifft, so wird Frauen eher - nicht zuletzt aufgrund ihrer Verantwortlichkeiten im Haushalt - zugetraut, Aufgaben mit sehr unterschiedlichen Anforderungen parallel zu erledigen, ob es sich nun um Detailaufgaben oder konzeptionelle Tätigkeiten handelt. Gerade diese Qualifikation ist auch beim Fundraising wichtig. Visionen müssen entwickelt und vermittelt werden, aber zur Umsetzung von Visionen in Fundraising-Aktivitäten bedarf es vieler organisatorischer Einzelschritte (vgl. Faust/Whittier 1993). Zu den weiblichen Sozialisationsmerkmalen, die als förderlich für Fundraising-Aufgaben benannt werden, gehören Einfühlungsvermögen, Anpassungsfähigkeit, *nurturing qualities* (die Fähigkeit, Beziehungen zu pflegen und Wohlbefinden zu vermitteln) und auch die Bereitschaft, das eigene Ego zumindest vorübergehend zurückzustellen. Zu starke Selbstdarstellungsbedürfnisse stören beim Fundraising.

Zu ihrer gegenseitigen Stärkung und Unterstützung sowie zur Vertretung von Fraueninteressen in der Fundraising-Branche haben Fundraiserinnen in den USA spezielle Berufsorganisationen für Frauen gegründet. Die Anfang der achtziger Jahre geschaffene Organisation *Women in Development of Greater Boston* hat mittlerweile über 800 Mitfrauen; mehr als 300 Frauen gehören *Women in Financial Development* in New York City an.

Es gibt keine zuverlässigen Zahlen darüber, wie viele Personen sich in Deutschland hauptberuflich oder ehrenamtlich mit Fundraising beschäftigen. So ist auch nicht bekannt, wie hoch der Anteil von Frauen unter den FundraiserInnen ist. Seit Anfang der neunziger Jahre gewinnt in Deutschland die Erkenntnis an Boden, daß Fundraising eine Organisationsaufgabe ist. Ein Professionalisierungsschub ist in Gang gekommen, auch wenn in vielen Fällen Geschäftsführung, Vorstände und Mitglieder mühsam von der Notwendigkeit überzeugt werden müssen. Fundraising ist hierzulande nun ebenfalls dabei, eine Dienstleistungsbranche und ein Berufsfeld zu werden.

Anfang 1993 wurde der erste Berufsverband für FundraiserInnen in Deutschland gegründet: die in Obernburg (in der Nähe von Aschaffenburg) ansässige *Bundesarbeitsgemeinschaft Sozialmarketing*, die seit 1997 die Zusatzbezeichnung *Deutscher Fundraising-Verband* trägt. Die Anzahl der BSM-Gründungsmitglieder betrug 38, Ende 1998 lag die Mitgliedszahl bei fast 400. Mitglied werden kann, wer hauptberuflich in Organisationen tätig ist, die mit der Sammlung von Spenden befaßt sind, und Entscheidungsbefugnisse zur Spendenakquisition besitzt oder als BeraterIn gemeinnützige Organisationen bei der Planung, Gestaltung und Durchführung von Maßnahmen zur Mittelbeschaffung unterstützt.

Unter den 400 Mitgliedern der BSM befinden sich etwa 40 Prozent Frauen. 1996 gründete sich innerhalb der BSM ein Fundraiserinnen-Netzwerk. Es will dafür sorgen, daß Frauen sich über fachspezifische Fragen, besonders aber frauenspezifische Aspekte des Fundraising austauschen können. Frauen, so eines der Ziele, sollen bei Stellenangeboten in der Branche besser berücksichtigt werden und auch bei den Gehältern mit den Männern gleichziehen. Einmal im Jahr findet ein Fundraiserinnen-Tag statt, der auch für Interessentinnen offen ist. Die Zahl der Teilnehmerinnen wächst von Jahr zu Jahr und auch der Frauenanteil innerhalb der BSM hat sich seit Gründung des Netzwerks kontinuierlich gesteigert.

6. Fundraising für frauenspezifische Projekte

Wie nun steht es um den Stellenwert von Frauenbelangen und den Chancen von Frauenprojekten auf dem deutschen Spendenmarkt? Bedauerlicherweise hat das Thema Frauen bislang keinen öffentlich wahrnehmbaren Stellenwert auf dem deutschen Spendenmarkt. Zahlen darüber, welcher Anteil des Spendenaufkommens Frauenprojekten zugute kommt, liegen nicht vor. Wo nun liegen die Gründe für dieses „Randgruppendasein"? Haben es frauenspezifische Anliegen wirklich so schwer, UnterstützerInnen zu finden? Meine These lautet: Frauenprojekte haben es versäumt, sich einen Stammplatz in der Spendenpräferenzskala zu erobern; sie betreiben kaum aktiv und schon gar nicht in großem Maßstab Fundraising; Frauen werden nicht gezielt, kontinuierlich und systematisch als Förderinnen von frauenspezifischen Anliegen umworben.

In der Bundesrepublik kam, trotz der mehrjährigen politischen Diskussionen um die Abtreibungsfrage, keine Massenbewegung zustande; das Thema wurde weitgehend der Politik überlassen. Fundraising-Kampagnen gab es nicht; mögliche Spendenakquisitions- und Mobilisierungschancen wurden vertan. Eine der Ursachen dafür ist, daß bei uns aus der Frauenbewegung der siebziger und achtziger Jahre keine bundesweit agierende Großorganisation (wie NOW in Amerika) hervorgegangen ist. Das Hauptproblem aber ist das langjährige Versäumnis der Projekte, die auf dem Hintergrund der Frauenbewegung in der BRD entstanden sind, das soziale und politische Verantwortungsbewußtsein von Frauen in Form von Spenden einzufordern. In den USA profitieren nicht nur Großorganisationen, sondern auch viele kleine Frauenprojekte von dem frauenspezifischen Spendenbewußtsein, das sich aufgrund der Fundraising-Praktiken von Großorganisationen wie NOW entwickelt hat.

Die Bereitschaft von Frauen in Deutschland, mit ihren Spenden frauenspezifische Anliegen zu finanzieren, ist vorhanden. Dies zeigte die riesige spontane Spendenbereitschaft, als die Massenvergewaltigungen von Frauen in Bosnien bekannt wurde. Ein anderes Beispiel ist ein Spendenaufruf des ZDF-Frauenmagazins *ML Mona Lisa*. Aufgrund eines Berichtes über die Beschneidung von Frauen in Äthiopien im Herbst 1994 kamen über 500.000 Mark zusammen.

Seit Mitte der neunziger Jahre beginnen auch Frauenverbände und Frauenprojekte in Deutschland, sich zunehmend der Erschließung privater Finanzierungsquellen zuzuwenden. Dabei wird deutlich: Wer aktiv und professionell Fundraising betreibt, hat durchaus Chancen auf dem Fundraisingmarkt. Ein Problem ist jedoch, daß es bei vielen Frauenprojekten nach wie vor an personellen Kapazitäten für das Fundraising und an Know-how fehlt. Doch es ist eine wachsende Tendenz festzustellen: In immer mehr Frauenprojekten gibt es Frauen, die zumindest eine feste Anzahl von Stunden pro Woche dem Fundraising widmen.

Die privaten Förderer lassen sich in drei große Gruppen unterteilen: Privatpersonen, Unternehmen und Stiftungen. Häufig wird angenommen, Firmen seien die wichtigste Quelle. Auch wenn in diesem Bereich noch viele Chancen ungenutzt sind, so sollte die Wirtschaft als Finanzquelle nicht überbewertet oder gar als Ersatzstaat hochstilisiert werden. Das wichtigste Potential stellen private SpenderInnen dar, und dabei für Frauenprojekte insbesondere Frauen als Spenderinnen. Mindestens 80 Prozent des Fundraising-Volumens kommt von Privatpersonen. Die Zahlen, die über den deutschen Spendenmarkt kursieren, beruhen bislang lediglich auf Schätzungen und nicht auf wissenschaftlich abgesicherten Untersuchungen. Die Angaben über das Gesamtvolumen schwanken zwischen 4,8 und 15 Milliarden Mark.

6.1. Privatpersonen als SpenderInnen gewinnen

Die Identifikation von möglichen UnterstützerInnen, also das Zusammentragen von Namen und Anschriften, ist eine zentrale Fundraising-Aufgabe, die jede Einrichtung selbst leisten muß. In der Fachsprache wird unterschieden zwischen „kalten" und „warmen" Adressen. Mit kalten Adressen bestand vor der Erstansprache noch keinerlei Kontakt, während es sich bei warmen Adressen um Personen, ob Privatpersonen oder MitarbeiterInnen von Unternehmen, handelt, die schon in irgendeiner Weise mit der Einrichtung in Berührung kamen (insbesondere Personen mit direktem Eigeninteresse wie MitarbeiterInnen, Vorstandsmitglieder, der persönliche Kontakthof der Aktiven, also deren Freunde und Angehörige sowie Ehemalige). Wem es nicht gelingt, die warmen Adressen zur Unterstützung zu motivieren, der wird erst recht Probleme haben, Fremde zu überzeugen. Viele Frauenprojekte verfügen über ein enormes Potential an warmen Adressen, haben diese bisher aber weder systematisch gesammelt und gepflegt, noch für das Fundraising genutzt.

Die geläufigste Methode zur Gewinnung kalter Adressen ist das Anmieten von Adressen mit dem Ziel, die betreffenden Personen mittels Spendenbriefen („Kaltmailings") als SpenderInnen zu gewinnen. Da die Mindestabnahmemenge bei 5.000 Adressen liegt, lohnt sich dieses Verfahren allerdings für viele kleinere Organisationen nicht. Eine wichtige Voraussetzung für erfolgreiches Fundraising ist der Computereinsatz. Adressen sind das Betriebskapital von FundraiserInnen. Sie sollten mittels einer Fundraising-Software gepflegt und gezielt eingesetzt werden. Auch in diesem Bereich stehen Frauenprojekte noch am Anfang.

Was die Fundraising-Methoden anbetrifft, so muß sich jede Organisation die Frage stellen: Auf welchen Kanälen erreichen wir unsere EinzelspenderInnen am besten und effizientesten. Wichtig ist allerdings: Immer wieder mit den (potentiellen) UnterstützerInnen zu kommunizieren und zwar möglichst auf mehreren, unterschiedlichen Wegen. Die Erfahrung lehrt: Menschen spenden dann am ehesten, wenn sie persönlich gefragt werden und sich mit der Person, die sie bittet, identifizieren können. Eine der gebräuchlichsten und erfolgreichsten Methoden der Spendenwerbung ist der Spendenbrief (das Mailing). Wer sich dafür entscheidet, Spendenbriefe als Fundraising-Methode einzusetzen, darf nicht mit überzogenen Erwartungen in bezug auf die Rücklaufquoten an die Sache herangehen. So sind bei den ersten Verschickungen bereits 2 Prozent als wirklicher Erfolg zu werten. Jüngste Erfahrungen belegen: Lokale NPO, darunter auch Frauenprojekte, erzielen bei Erstmailings an Anschriften aus ihrem Umfeld oft weit bessere Resultate, sofern sie zumindest Grundprinzipien der Gestaltung beherzigen und das Prinzip der wiederholten Verschickung beachten.

Spendenbriefaktionen müssen gut durchdacht und geplant werden, besonders was die technische Abwicklung anbetrifft (Druck, Versand). Unbedingt beiliegen sollte ein Überweisungsträger mit eingedruckter Empfänger-Organisation und Spendenkonto-Nummer. Beim Formulieren des Briefes ist es ratsam, sich eine konkrete Person vorzustellen (am besten eine gute Freundin oder eine Verwandte). Wichtig ist auch, sich vor Augen zu halten, daß sich innerhalb von 20 Sekunden entscheidet, ob die mögliche Spenderin dem Schreiben positiv oder negativ gegenüber steht. Daher spielt die optische Gestaltung eine große Rolle.

Eine weitere gängige Form der Spendeneinwerbung ist die Benefizveranstaltung, ob Konzerte, Essen, Basare oder Wettbewerbe sportlicher Art. Neben der Möglichkeit, Gelder einzunehmen, liegt der besondere Vorteil darin, die jeweilige Organisation und ihre Anliegen in sichtbarer, ja greifbarer Form darzustellen. Der besondere Anreiz für die Umworbenen besteht darin, direkt etwas für ihr Geld zu bekommen und gleichzeitig Gutes für eine wohltätige Sache getan zu haben. Auch hier gibt es noch viel zu tun für Frauenprojekte. Anders als in den USA haben es die meisten bislang versäumt, ihr regelmäßiges „gesellschaftliches Ereignis" zu etablieren.

Zur Zeit bewegt sich eine riesige Erbschaftswelle über Deutschland. Viele der großen spendensammelnden Organisationen beschäftigen sich inzwischen mit der Frage, wie sie daran partizipieren und Personen finden können, die ihnen etwas vererben. Grundsätzlich ist es erforderlich, äußerst sensibel mit dem Thema Erben umzugehen, denn es handelt sich um einen emotional stark besetzten Bereich. Die Personen, die am ehesten bereit sind, eine gemeinnützige Organisation testamentarisch zu bedenken, sind diejenigen, zu denen bereits eine Beziehung besteht (also Stammförderer). Eine ganze Reihe von Spendenorganisationen betreibt inzwischen Testamentsspendenwerbung. Dabei sollte, wo immer möglich, darüber geschrieben und gesprochen werden, daß die Möglichkeit eines Vermächtnisses an die jeweilige gemeinnützige Organisation besteht. Niemand aber sollte aktiv und direkt auf sein/ihr Erbe angesprochen werden. Viele frauenbewegte Frauen sind „in die Jahre gekommen", in ein Lebensalter, in dem Erben und Vererben eine Rolle spielt. Viele Frauen tragen sich mit dem Gedanken, sich zumindest mit einen Teil ihres Erbes gesellschaftlich zu engagieren. Frauenprojekte gehören bislang jedoch noch nicht zu denjenigen spendensammelnden Organisationen, die sich aktiv um Testamentspenden bemühen.

6.2. *Unternehmen als Spender und Sponsoren gewinnen*

Frauen nutzen ihre Macht als Konsumentinnen nicht, um Unternehmen dazu zu bewegen, sich aktiv für die Belange von Frauen - sei es in Form interner Frauenfördermaßnahmen, sei es in Form der Unterstützung von Frauenprojekten - einzusetzen. Dem steht gegenüber, daß im Zentrum der Werbung, die deutsche Wirtschaftsunternehmen betreiben, noch immer die Verfestigung von eher traditionellen Geschlechterrollenklischees und nicht die zielgruppengerechte Ansprache von Frauen steht. Dabei sind es weitgehend Frauen, die für den privaten Konsum zuständig sind. Alleine zwei Drittel der KundInnen von Versandhäusern sind Frauen. Die besondere Bedeutung von Frauen als Konsumentinnen beschränkt sich keineswegs auf die klassischen Frauenbranchen wie Kosmetik, Waschmittel oder Kleidung. Vielmehr führt die Veränderung des weiblichen Rollenverhaltens dazu, daß Konsumentscheidungen von Frauen in vielen Branchen wichtig sind, in denen traditionell der Konsument Mann im Mittelpunkt stand (vgl. Assig 1993):

- Frauen kaufen mehr Autos als Männer.
- Frauen sind die Hauptgesprächspartnerinnen für Architekten, Baufachleute und Handwerker. Die Hälfte der KundInnen im Heimwerker-/Gartenmarkt ist weiblich.

- Frauen treffen zunehmend Entscheidungen über Finanzen - auch für ihre Ehepartner; sie sind daher für Finanzdienstleister, jedenfalls für Banken und Versicherungen, eine wichtige Zielgruppe.
- Zumindest in den USA geben Frauen mehr für Sportschuhe und -bekleidung aus als Männer. Frauen wenden sich zunehmend frauenuntypischen Sportarten wie Angeln, Golf oder Fußball zu.
- Frauen spielen auf dem Touristik-Markt eine wichtige Rolle, und zwar als Mitentscheiderinnen bei gemeinsamen Reisen mit dem Partner wie als Alleinreisende.
- Frauen sind für den Buch- und Zeitschriftenmarkt als Zielgruppe von enormer Bedeutung.

Die Palette der Branchen, für die Frauen als Konsumentinnen eine wichtige Rolle spielen, ließe sich noch fortsetzen. Das Image von Unternehmen im Frauenbereich beinhaltet noch einen weiteren Aspekt: Unternehmen sind daran interessiert, qualifizierte Frauen als Mitarbeiterinnen zu gewinnen und auch zu halten. Mit diesen Pfunden gilt es zu wuchern, wenn Frauenprojekte oder andere Projekte, in denen viele Frauen tätig sind bzw. von deren Angeboten Frauen besonders profitieren, auf die Suche nach Förderern aus der Wirtschaft gehen.

Frauen müssen an Sponsoren aus der Wirtschaft mit einer anderen Einstellung herantreten als an staatliche Geldgeber. Am Anfang eines Sponsoringverhältnisses steht oft das „Klinkenputzen", das von vielen Frauen als erniedrigend empfunden wird. Männer haben damit meist weniger Probleme; für sie ist es eine Art sportliche Herausforderung, einen Sponsor „an Land zu ziehen". Allerdings muß dazu gesagt werden, daß es sich bei den Verantwortlichen, die in Wirtschaftsunternehmen für Sponsoring zuständig sind, oft ebenfalls um Männer handelt. Bei der Konstellation „Männer offerieren eine Leistung und fordern dafür Geld von Männern" handelt es sich um ein bekanntes soziales Muster; die Konstellation „Frauen offerieren eine Leistung und fordern dafür Geld von Männern" dagegen ist ein nach wie vor negativ belastetes, Unsicherheit hervorrufendes soziales Muster. Frauen sind, wie die Erfahrungen aus den USA belegen, gute Fundraiserinnen. Sie verfügen meist über mehr Einfühlungsvermögen als Männer und sind so eher in der Lage, die Interessenlage des Gesprächspartners aufzuspüren. Es kommt darauf an, dieses Potential auch für die Gewinnung von Sponsoren und Spendern aus der Wirtschaft zu nutzen. Grundvoraussetzung ist, daß Frauen das damit verbundene „Klinkenputzen" oder „Verkaufen" als etwas Normales empfinden, was zu diesem Vorgang gehört. Frauen, die sich selbst als Bittstellerinnen definieren, strahlen dies auch nach außen aus. Es ist daher wichtig, sich selbstbewußt als professionell agierende Geschäftspartnerinnen von Unternehmen zu sehen.

1996 erschien erstmals in Deutschland ein Nachschlagewerk, der Maecenata Unternehmensführer, in dem das Spenden- und Sponsoringverhalten von rund 250 Unternehmen in Deutschland kurz skizziert wird. Allerdings genügt das Nachschlagen in der Regel nicht, um die in Frage kommenden Unternehmen zu identifizieren. Der Suche nach Förderern aus der Wirtschaft sollten Kriterien zugrunde gelegt werden, welche die Wahrscheinlichkeit einer Unterstützung erhöhen. Dabei sind Branchenbücher, Markenhandbücher, Messehandbücher, Fachzeitschriften, IHK-Listen sowie die Handbücher von Hoppenstedt über Groß- und mittelständische Unternehmen hilfreich. Bevor die Suche nach Förderern aus der Wirtschaft beginnt, muß geklärt werden, wie die Mitarbeiterinnen und Vereinsmitglieder zu einer Unterstützung durch Unternehmen stehen und ob es bestimmte Unternehmen gibt, die von vornherein nicht in Frage kommen.

Ein wichtiges Auswahlkriterium ist der Ort. Frauenprojekte mit lokalem Wirkungsfeld haben die größten Chancen bei ortsansässigen Unternehmen; auch kleine Einzelhandelsgeschäfte in der Nachbarschaft sollten, besonders wenn es um Sachspenden geht, nicht vergessen werden. Großunternehmen kommen eher für Projekte mit überregionaler Ausstrahlung in Frage. Ist die Klientel einer gemeinnützigen Einrichtung mit einer wichtigen Kundenzielgruppe eines Unternehmens identisch, so erhöht dies die Wahrscheinlichkeit einer Zusammenarbeit. Die Produktpalette eines Unternehmens ist noch aus einem anderen Grund relevant: Möglicherweise handelt es sich um Produkte oder Dienstleistungen, die eine gemeinnützige Einrichtung benötigt (z.B. Computer, Fahrzeuge, Druck).

Bei der Sponsorensuche sollte vor der Kontaktaufnahme mit den ausgewählten Unternehmen eine Projektskizze erstellt werden. Diese darf nicht zu lang sein (maximal eine Seite pro Gliederungspunkt, dazu ein Deckblatt) und sollte folgende Punkte enthalten: Idee/Projektbeschreibung, Zielgruppenanalyse, Sponsornutzen, begleitende Kommunikationsmaßnahmen intern und extern, Termine, Kosten/gewünschte Leistung des Unternehmens. Ziel der Formulierung des Punktes Sponsornutzen ist es, einem potentiellen Sponsor klarzumachen, welche konkreten Vorteile (z.B. Logoeindruck auf Plakaten und Einladungskarten, Ausstellungseröffnung, gemeinsame Veranstaltungen, Pressekonferenz zur Scheckübergabe) er aus der Zusammenarbeit mit der gesponserten Organisation (oder auch Person) ziehen kann.

Für den Erstkontakt mit den ausgewählten Unternehmen gibt es vier verschiedene Möglichkeiten: persönlich, Brief, Telefon, Agentur. Am erfolgreichsten ist die persönliche Ansprache, hilfreich sind hierbei auch „Türöffner". Besteht kein persönlicher Zugang, so empfiehlt sich für den Erstkontakt die Kombination Telefon-Brief-Telefon, abzuraten ist allerdings von der Verschickung von Massen-Spendenbriefen. In einem ersten Telefonat sollte man den Namen der/des Verantwortlichen erfragen, sich verbinden lassen, das Projekt ganz kurz vorstellen und bei grundsätzlichem Interesse die Zusendung der Projektskizze ankündigen. Für das Sponsoring ist meist die Abteilung Marketing oder Öffentlichkeitsarbeit zuständig. Großunternehmen haben für den Spendenbereich oft eigene Abteilungen (oder Stiftungen), bei mittleren und kleineren Unternehmen entscheidet üblicherweise die Geschäftsleitung. Nach dem Telefonat folgt die Verschickung der Projektskizze einschließlich eines personalisierten Anschreibens. Darin sollte auf das Telefongespräch Bezug genommen und ein Nachtelefonat angekündigt werden. Bei diesem Anruf (sieben bis zehn Tage später) geht es darum herauszufinden, ob eine Förderung grundsätzlich in Frage kommt oder nicht. Erfolgt eine Absage, so ist es wichtig, den Grund dafür zu erfragen (wegen einer etwaigen Kooperation zu einem späteren Zeitpunkt).

Ist das Unternehmen interessiert, so erfolgt die Vereinbarung eines Termins. Bei diesem Termin entscheidet sich, ob für das Unternehmen und natürlich auch die Sponsorsuchenden eine Zusammenarbeit wirklich in Frage kommt. Das Sponsoringprojekt muß daher überzeugend präsentiert werden. Dabei muß man sich darauf einstellen, daß Unternehmen auch eigene Vorstellungen bezüglich der Form der öffentlichen Kommunikation der Sponsoringmaßnahme haben. Nach der endgültigen Formulierung des Konzeptes erfolgt, sofern es sich um Sponsoring handelt, der Abschluß eines Vertrages. Darin sollten alle Vereinbarungen (Beschreibung des Projektes, AnsprechpartnerInnen, Termine, Vertragsdauer, Leistungen, Kostenrahmen, Zahlungsbedingungen, Haftung, Nutzungsrechte, Kündigung) festgehalten werden. Nach Abschluß des Vertrages beginnt die eigentliche Durchführung des Sponsoringprojekts. Für dessen Erfolg ist eine gute Öffentlichkeitsarbeit unverzichtbar.

6.3. Stiftungen als Förderer

In Deutschland gibt es über 7.500 Stiftungen. Abgesehen von den wenigen kleinen und noch jungen Frauenstiftungen hat sich bislang keine der bundesdeutschen Stiftungen nachdrücklich für Frauenbelange stark gemacht, obwohl das ein oder andere Frauenprojekt gelegentlich Geldern von Stiftungen erhalten haben. Es fehlte an lauten Stimmen aus der Frauenbewegung, die dies einforderten. Doch mit der wachsenden Bedeutung des Stiftungswesen sollten sich Frauenprojekte auch diesem Teil der privaten Förderer mehr zuwenden.

Wer auf der Suche nach Fördermitteln ist, muß sich auf die Eigenarten der jeweiligen Stiftungen einstellen. Am Anfang steht die Klärung, ob es sich um ein Vorhaben handelt, für das die Förderung durch Stiftungen überhaupt in Frage kommt. Stiftungen sind meist an der Unterstützung von innovativen Vorhaben, von Modellprojekten, von Objekten mit investivem Charakter (wie Gebäudeumbau oder Einrichtungsgegenstände), von Veranstaltungen, Studien und Veröffentlichungen interessiert. Die Förderung eines Projektes kann sich über mehrere Jahre erstrecken, doch sind Stiftungen grundsätzlich nicht bereit, Dauerverpflichtungen einzugehen.

Wichtige Angaben für die Grundorientierung (wie Anschrift, Förderzweck, Fördervolumen) lassen sich Nachschlagewerken wie dem Verzeichnis der Deutschen Stiftungen oder dem Maecenata Stiftungsführer entnehmen. Doch dies alleine führt allerdings selten zum Erfolg, wenn es darum geht, die passende Stiftung für die Förderung eines Projektes zu finden. Vielmehr ist es erforderlich, gezielt an diejenigen Stiftungen heranzutreten, bei denen man sich aufgrund von genaueren Vorinformationen (Tätigkeitsbericht, Förderrichtlinien, Erfahrungsberichte anderer) wirkliche Chancen verspricht.

7. Schlußbemerkung

Bei dem Thema Frauen und Philanthropie handelt es sich um ein Zukunftsthema und zwar im wahrsten Sinne des Wortes. Frauen sind auch hierzulande dabei zu entdecken, daß sie mit ihrem Engagement als Spenderinnen und Stifterinnen, als (Förder-)Entscheiderinnen in Stiftungen und Unternehmen, Einfluß auf die Entwicklung der Gesellschaft nehmen können. Noch tun sich viele Frauen schwer, diese Tatsache in ihrer gesamten Tragweite anzunehmen und müssen den aktiven Umgang damit erst lernen. Die wachsende Zahl der Fundraiserinnen, auch in Frauenprojekten, belegt: Frauen erkennen zunehmend ihre Funktion als Brückenschlägerinnen zwischen gemeinnützigen Anliegen und den (angehenden) Philanthropinnen. Fundraising, so Henry Rosso, der Gründer der Fundraising School in den USA, ist die sanfte Kunst des Lehrens der Freude am Spenden.

8. Literaturverzeichnis und Anschriften

Assig, D. (1994): Zielgruppe Frauen. Erfolgreiche Konzepte für effektives Marketing. Frankfurt am Main/New York: Campus
EMNID-Institut (1997): EMNID-Spendenmonitor 1997. Bielefeld

Faust, P. J./Whittier, H. S. (1993): Women as staff leaders and fundraisers. In: von Schlegell A. J./Fisher, J. M. (Hg.): Women as Donors, Women as Philanthropists. Chicago, S. 33-46

Haibach, M. (1997): Fundraising - Spenden, Sponsoring, Stiftungen. Frankfurt am Main/ New York: Campus

Haibach, M. (1998): Handbuch Fundraising - Spenden, Sponsoring, Stiftungen in der Praxis. Frankfurt am Main/New York: Campus

Hall, H. (1990): Fund Raisers' Group Accused of Slighting Women. In: Chronicle of Philanthropy, 24.3.1990

Independent Sector (1996): Giving and Volunteering in the United States. Washington DC

Klein, E. (1988): Survey Finds Women Outnumber Men Among Fund Raisers. In: Chronicle of Philanthropy, 11.11.1988

Maecenata (Hg.) (1996a): Maecenata Stiftungsführer. München: Maecenata

Maecenata (Hg.) (1996b): Maecenata Unternehmensführer. München: Maecenata

Salamon, L. M. (1992): America's Nonprofit Sector. A Primer. New York: Foundation Center

Salamon, L. M./Anheier, H. K. (1996): The Emerging Sector: An Overview. Baltimore: Johns Hopkins University

BSM - Bundesarbeitsgemeinschaft Sozialmarketing
Deutscher Fundraising Verband e.V.
Bachstr. 10
63785 Obernburg

Fundraiserinnen Netzwerk in der BSM
c/o Dr. Marita Haibach
Mosbacher Str. 3
65187 Wiesbaden

Mut zum Vermögen - Frauen erben anders
Gereonshof 36
50670 Köln

Kapitel III:

Zur Organisation von Engagement

Eckart Pankoke

Freie Assoziationen - Geschichtliche Prämissen und gesellschaftliche Perspektiven moderner Genossenschaften

1. Zur Begriffs- und Programmgeschichte

Der Begriff der „*Genossenschaft*" ist gespannt in modernisierungstheoretische Ambivalenzen. Er weist zurück weit vor die Schwellen der industriellen Moderne. Aber indem er dort Gegenbilder zur modernen Welt aufnimmt, programmiert er zugleich Alternativen zur Systemrationalität industrieller Kapitalverwertung - nicht als Rückfall vor die Moderne, sondern auch im Vorgriff auf „Wege in eine andere Moderne". Dieser Doppelsinn von „*Genossenschaft*" - als vorindustrielle Tradition und zugleich post-industrielle Alternative - läßt sich begriffsgeschichtlich rückverfolgen bis in die Gründungsgeschichte des modernen Genossenschaftswesens.

„*Genosse (socius, consors, äequalis) - ein wertvolles und lehrreiches altes Wort, auch gut erhalten und vorteilhaft wieder auflebend*" so beginnt das „*Deutsche Wörterbuch*" der Brüder Grimm 1897 seine umfangreiche Recherche zum Begriffsfeld „*Genosse/Genossenschaft*": Ersten Bedeutungsgrund gibt die Gemeinschaftlichkeit von „genießen/Genuß", die in früher Archaik noch durch keine Herrschaft, Schichtung oder gesellschaftliche Arbeitsteilung durchbrochen war. Die Gemeinschaft des Nutzens wie Genusses - die Vorsilbe „ge-" weist immer auf Gemeinsames hin, etwa auf die gemeinsame Weide des Viehs (althochdeutsch: „noz"), später auch auf den Ertrag gemeinsamer Arbeit - entwickelte sich bald zu einer durch Ehre, später durch Recht geordneten sozialen Gegenseitigkeit. Dies galt nicht nur für die guten Zeiten des Überflusses, sondern vor allem auch für kritische Phasen der Knappheit und Unsicherheit. Genossenschaft erschien so als Nutz- und Notgemeinschaft auf Gegenseitigkeit. In der Rechtstheorie des deutschen Bürgertums wurde das Prinzip der Genossenschaft programmatisch auf „*germanische Wurzeln*" zurückgeführt. Programmatisch richtungsweisend für die Beschreibung und Bewertung des „*Wesens der Verbände*" wurde Otto von Gierke mit seinem „Deutschen Genossenschaftrecht". Hier beschwor er als politische Kultur der Deutschen

„ihre Liebe am korporativen Leben, ihren Familien-, Gemeinde- und Stammessinn, ihre Fähigkeit und ihre Lust zur freien Assoziation mit jenem unerschöpflichen germanischen Assoziationsgeist, der allen engeren Gliederungen des Staates ein eigenes selbständiges Leben zu wahren versteht, und doch noch Kraft genug übrig behält, (...) aus den noch ungebundenen Elementen der Volkskraft lebensvolle, nicht von oben belebte, sondern von innen heraus tätige Genossenschaften in unübersehbarer Reichhaltigkeit zu schaffen" (Gierke 1868: 3).

Die Spannung zwischen genossenschaftlicher Tradition und gesellschaftlicher Modernität spiegelt auch die Begriffsgeschichte: Den radikalen Modernisierungsprogrammen der französischen Revolution fielen beim Angriff auf alles Korporative und Partikulare auch die „Genossenschaften" zum Opfer. Auch Marx und Engels erkennen im *„Kommunistischen Manifest"* von 1848 als die *„revolutionäre Rolle der Bourgeoisie"*, daß mit der Durchsetzung der industriellen Moderne *„alles Ständische verdampft"*.

Zugleich aber wurde gerade das Prinzip der genossenschaftlichen *Solidarität* in den sozialen Bewegungen der industriellen Revolution schon früh aktiviert als menschliches Maß des Gegenhaltes und Widerstandes gegen den Modernisierungsdruck von „großer Industrie". Gegen drohende Verelendung und Ausbeutung setzte die sozialrevolutionäre Programmatik der sozialen Bewegung das Prinzip der *„Assoziation"*. Als programmatische Begriffspolitik stand dies nicht nur im Kontrast zu den traditionellen „Korporationen", sondern beanspruchte auch eine Alternative zur industriekapitalistischen *„Organisation der Arbeit"*. *„Assoziation"* zielte auf Sozialformen, die die modernen Prinzipien der Emanzipation und der Solidarität verbinden sollten. Es ging um freie Arbeit im Sinne einer von den Arbeitern Proletariat (mit)getragene „Selbstorganisation der Arbeit".

Die begriffsgeschichtlichen Wurzeln auch der modernen Genossenschaftsidee in der *„Gemeinsamkeit des Nutzens und des Genießens"* und der Verbindung von *„Arbeit und Leben"* wurden aktualisiert in den auch aus handwerklichen Traditionen kommenden Arbeiterbewegungen, die sich zu einer sozialen Bewegung sammelten unter der Parole *„Arbeit und Genuß"*. Gegen die industrielle *„Organisation der Arbeit"* setzten Marx und Engels im *„Kommunistischen Manifest"* auf die kommunistische Gesellschaft als *„große Assoziation"*.

Dieser sozialrevolutionäre Kontext diskreditierte den Begriff der *„Assoziation"* allerdings im bürgerlichen Lager. Doch ging es auch hier in einer sich strukturell verschärfenden Krise des bürgerlichen Mittelstandes um Alternativen zum industriellen Organisationsprinzip. Als Programmformel für die neuen Reformmodelle wurde deshalb der ideologisch belastete „Assoziationsbegriff" der sozialen Bewegung rückübersetzt in die älteren Formeln der genossenschaftsrechtlichen Traditionen. Dies bedeutete allerdings kein traditionalistisches Zurück vor die Moderne, vielmehr ging es um neue Formen der Verbindung von „Arbeit und Genuß" (so die programmatische Formel in vielen Proklamationen der Arbeiter- und Gesellenbewegung). Nicht mehr das „alte Recht" oder die bedrohte „Ehre des Standes" stand im Mittelpunkt der Interessen, sondern die Gestaltungsprinzipien einer neuen Zukunft der Arbeit (Zerwas 1988).

Ein neuer Typ der wirtschaftlichen „*Genossenschaften"* wurde gefordert als „*Innung der Zukunft",* so der sozialliberale Sozialpolitiker Herrmann Schulze-Delitzsch, dem die moderne Genossenschaftsbewegung entscheidende Impulse verdankt. Auf der Suche nach Alternativen zum „manchesterliberalen' Industrialismus signalisierte der auf der Suche nach „innerer Reichsgründung" in den 1860er Jahren von Schulze-Delitzsch, Gierke u.a. neu gefaßte und gefüllte Begriff der „*Genossenschaft"* also nicht nur eine Alternative zur sozialrevolutionären Assoziationsidee, sondern markierte zugleich einen spezifisch deutschen Weg durch die Moderne.

2. „Labyrinth der Bewegung": Vereinswesen, Selbstverwaltung, Genossenschaften

Das moderne Prinzip der „freien Assoziation" gewann praktische neue Bedeutung in den sozialen Bewegungen und politischen Reformen des 19. Jahrhunderts. In den aus den Korporationen und Zünften des alten Handwerks sich neu belebenden wirtschaftlichen Genossenschaften, bewährte sich die Selbstorganisation wirtschaftlicher Interessen als ein wirksamer Gegenhalt zu den Risiken des Industriezeitalters, von denen sich gerade der kleinbürgerliche Mittelstand von Handwerk und Handel bedroht sah. So zeigte sich in den Folgen der industriellen Revolution, dass der Markt zwar wirtschaftliches Selbstinteresse freisetzte, dennoch wirtschaftliche Selbständigkeit nicht garantieren konnte. Demgegenüber setzten sozial-liberale Programme der Sicherung bürgerlicher Selbständigkeit darauf, das liberale Prinzip der Emanzipation mit dem solidarischen Konstrukt der freien Assoziation zu verbinden.

Zum Verhältnis von „Bewegung" und „Verwaltung" verdanken wir dem Autor der „Geschichte der sozialen Bewegungen", dem frühen Soziologen Lorenz von Stein auch eine 10-bändige „*Verwaltungslehre"* (1862ff.), worin die durch Selbstverwaltung und Ehrenamt geprägten neuen Assoziations- und Organisationsformen bürgerlicher Freiheit (wie Vereine, Stiftungen, Genossenschaften) in einem gesonderten Teil-Band „*Das Vereinswesen"* in verwaltungs- und steuerungstheoretischer Perspektive als Organe öffentlichen Lebens gewürdigt wurden. Damit wurden die Organisationsprinzipien von Selbstverwaltung und Genossenschaft verwaltungs- und korporationsrechtlich weiterentwickelt. Freiheitliches Engagement sollte so auch in der wirtschaftlichen Öffentlichkeit des Marktes offenen Raum finden für wirtschaftliche Autonomie und Assoziation.

Die nun als *„Innung der Zukunft"* sich neu entwickelnde Genossenschaftsbewegung ist allerdings nicht nur zu beschränken auf das bürgerliche Interesse mittelständischer Selbständigkeit. Zugleich verschärfte sich die Betroffenheit durch die Krisen des Arbeitsmarktes. Gerade im Stand der Gesellen wurde schmerzlich erfahren, daß das persönliche Arbeitsvermögen - wie man es sich selbst als zünftigen Beruf angeeignet hatte - auf dem Arbeitsmarkt zur Ware wurde. In der unter dem Druck der „sozialen Frage" in die Radikalität getriebenen Gesellenbewegung entwickelte sich deshalb der Anspruch, das neue Prinzip der *„freien Assoziation"* auch auf die (Selbst-) *Organisation der Arbeit* zu übertragen:

3. Markt-Genossenschaften und Assoziationen der Arbeit: Klassische Kontroversen um Selbsthilfe und Staatshilfe

Im arbeitspolitischen Diskurs um die *„Organisation der Arbeit"* setzte die genossenschaftliche Bewegung den Akzent auf „Selbstorganisation". Dabei wurde „Leitbild" einer „Freiheit der Arbeit" weniger „emanzipativ" als im Sinne „assoziativer" Freiheit gedeutet. Auch das „Recht auf Arbeit" zielte weniger auf eine politisch abhängig machende *„Staatshilfe"* als auf rechtliche Rahmenbedingungen, welche eine als Besitz verstandene Arbeit der *„Selbsthilfe"* der Arbeitenden übertrugen. Zu den staatssozialistischen Assoziations-Plänen gingen die eher kleinbürgerlich-mittelständischen Konzepte wirtschaftlicher „Selbsthilfe" auf Distanz, indem begriffsstrategisch an „genossenschaftliche" Traditionen angeknüpft wurden (vgl. das ausführliche und umfangreiche Standardwerk zur „Geschichte der Genossenschaftsbewegung": Faust 1977).

Das für die sozialistische Arbeiterbewegung programmatische Konzept der „Assoziation" fand programmatisch Ausdruck und praktische Verwirklichung im Umfeld der sozialen Bewegungen in Frankreich. In der Pariser Revolution von 1848 war es vor allem Louis Blanc, der in seinem publizistischen Organ *„Organisation du travail"* und der gleichnamigen Buchveröffentlichung die Idee vorangetrieben hatte, durch gesellschaftliche Organisation der Arbeit in staatlichen „Werkstätten" das „Recht auf Arbeit" durchzusetzen.

Gleich am ersten Tag nach ihrer Konstituierung erließ die provisorische Revolutionsregierung ein Dekret, indem sie sich verpflichtete, *„dem Arbeiter* *seinen Unterhalt durch Arbeit zu garantieren"* und *„allen Bürgern Arbeit zu garantieren":* Blanc hoffte dabei, daß in den staatlich geförderten Produktiv-Genossenschaften jedem Arbeiter das „Recht auf Arbeit" in seinem erlernten Beruf garantiert werden könne. Doch wieder sah die realisierbare Praxis bald anders aus: Gerade die paramilitärische Organisation der staatlichen Nationalwerkstätten und der über sie durchgeführten Notstandsarbeiten (insbesondere Erd- und Straßenarbeiten) diente mehr der Pazifizierung und der Disziplinierung als der arbeitsgesellschaftlichen Utopie einer *„assoziativen Gesellschaft".*

Als schließlich im Juni 1848 allein in der Hauptstadt Paris die Zahl der hier eingeschriebenen Arbeiter auf fast 90.000 angestiegen war, zeigte sich die Verbindung staatlicher Arbeitsverwaltung, Beschäftigungspolitik und Arbeitslosenunterstützung diesem Ansturm finanziell wie organisatorisch nicht mehr gewachsen. Disziplinlosigkeit, Arbeitsverweigerung und allgemeines Chaos ergriffen die Nationalwerkstätten. Immer lauter wurden Kritik und Polemik. Deutlich wurde, daß die mit den Nationalwerkstätten verfolgten Ziele inzwischen auf diesem Wege einer „Organisation der Arbeit" für unerreichbar gehalten wurden.

Auch in der deutschen Revolution von 1848 wurde das von den sozialen Bewegungen politisierte Thema eines *„Rechts auf Arbeit"* durch *„Organisation der Arbeit"* zum Politikum. So wurde im Entwurf einer ersten Verfassung eines deutschen Bundesstaates im Zusammenhang mit der Garantie der Unverletzlichkeit des Eigentums auch die Frage des Rechts auf Arbeit angesprochen (Verfassungsentwurf §30).

Zeitgleich zum Frankfurter Parlament berieten sich die Handwerker- und Arbeitervereine, die sich in Frankfurt nicht angemessen vertreten sahen. Dabei ging es nicht nur um quantitative Ansprüche sozialer Verteilungskämpfe. Bei den Handwerkern und Gesellen galt es zugleich auch, eine in „Altem Recht" verankerte soziale Qualität handwerklicher Arbeitsweise und Lebensform gegenüber industriewirtschaftlichem Rationalisierungsdruck abzusichern: Gerade die gemeinschaftlichen Verbindlichkeiten und Sicherungen zünftisch geordneter Arbeitsverhältnisse schienen in Gefahr, im Prozeß der industriellen Modernisierung einer „freien" und zugleich „abstrakten" Arbeit verloren zu gehen. So setzte die am Handwerk orientierte Arbeiterbewegung weniger auf revolutionären Umschlag als auf ein durch „altes Recht" bestätigtes „menschliches Maß" zünftischer Arbeitsverhältnisse. (Zum gesellschaftsgeschichtlichen Hintergrund vgl. Pankoke 1990). Gegen das französische Modell einer staatssozialistischen *„Organisation der Arbeit"* setzte die Handwerker-Bewegung - im Selbstbewußtsein der eigenen Traditionen assoziativer Selbstverwaltung und Selbstverständigung die *„Assoziation der Arbeit":*

„Sie unterscheiden sich von den Nationalwerkstätten in der Weise, daß ihre Mitglieder selbst die Verwaltung übernehmen, daß sie in der Assoziation nicht besoldete Staats-Diener sind, wie in der Nationalwerkstätte, sondern daß sie von dem Gewinne ihres Geschäftes leben müssen, daß jeder Einzelne an demselben beteiligt ist und also auch ein Interesse dabei haben muß ihn möglichst reichhaltig werden zu lassen. Jedes Mitglied der Assoziation ist Arbeiter, Unternehmer und Verkäufer zugleich. und der Staat versieht nur die Dienste des Banquiers. Er hilft der Assoziation durch seine Kreditinstitute nach, er unterstützt sie in dem Aufsuchen von Absatzquellen, (...) er weist der Assoziation seine Arbeiten zu, sorgt für ihre Erweiterung. (...); des Staates Sorge muß es vielmehr sein, recht viele Assoziationen ins Leben zu rufen" (Zitiert nach Zerwas 1988: 198f.).

Dabei ging es oft auch um recht handfeste Modelle, wie die genossenschaftliche Regelung kollektiver Vergünstigungen beim Einkauf von Rohstoffen, beim Vertrieb der Endprodukte und bei der kollektiven Haftung im Kreditbereich. Wir sprechen hier von Markt-Genossenschaften, weil die durch die Dynamik des Marktes bedrohte kleingewerbliche und mittelständische Selbständigkeit über genossenschaftlich gestärkte und gesicherte Marktfähigkeit zu stablisieren war: dies gilt für Einkaufs- und Verkaufs- wie für Kredit-Genossenschaften auf dem Kapitalmarkt.

Im Unterschied zu solchen eher auf bürgerliche Selbständigkeit zielenden Markt-Genossenschaften sprechen wir von Arbeiter-Assoziationen im Blick auf genossenschaftliche Selbstorganisation gegenüber einer industriekapitalistischen „Organisation der Arbeit". Hier schien gerade die sozial geschwächte Selbsthilfe der von Arbeitslosigkeit bedrohten oder betroffenen Lohnarbeiter auf „Staatshilfe" angewiesen: Auf die wachsende Arbeitslosigkeit antwortete dabei zunächst die Einrichtung von Assoziationskassen als *„Selbsthilfe der Arbeiter".* Gegen die marktliberalistische Parole der *„Gewerbefreiheit"* setzte die Arbeiter-Verbrüderung ihr Postulat einer *„Befreiung der Arbeit".*

Die sozialdemokratische Position entwickelte sich aus dem Programm Ferdinand Lassalles. Diese Position hatte zum Ziel, über eine von der liberal-demokratischen Fortschrittspartei sich abspaltende politische Arbeiterbewegung der Idee einer mit *„Staatshilfe"* zu fördernden *„Arbeiter-Produktiv-Assoziationen"* politisch Gewicht zu geben. In seinem „Offenen Antwortschreiben an das Zentralkomitee zur Berufung eines allgemeinen deutschen Arbeiterkongresses zu Leipzig" (Leipzig 1863) hatte Lassalle erstmals seinen Kurs staatlich geförderter Assoziationen entwickelt, welche gegenüber Louis Blancs „Organisation der Arbeit" das Freiheitselement des Assoziationsgedankens betonte, sich zugleich jedoch auch von Schulze-Delitzsch und seiner liberalen Genossenschaftsidee distanzierte. Letztere sah er allenfalls für das handwerkliche Kleingewerbe wirksam; die Situation des industriellen Proletariats wurde nach Lassalles Auffassung jedoch verkannt und verfehlt: Bezugsrahmen seiner pessimistischen Einschätzung der Chancen des liberalisierten Arbeitsmarktes war für Lassalle das „eherne Lohngesetz", wonach die wachsende Industrialisierung die Situation des Arbeiters auf dem Arbeitsmarkt nur verschlechtern würden. Eine Aufhebung dieses „Gesetzes" erkannte Lassalle nur in einer Politik, die den Arbeiter „zu seinem eigenen Unternehmer machen" könne: Nur dies ermögliche

„die Aufhebung des Unternehmergewinns in der friedlichsten, legalsten und einfachsten Weise, indem sich der Arbeiterstand durch freiwillige Assoziationen als sein eigener Unternehmer organisiert. (...) Eben deshalb ist es Sache und Aufgabe des Staates, (...) die große Sache der freien individuellen Assoziation des Arbeiterstandes fördernd und entwickelnd in seine Hand zu nehmen und [den Arbeitern] die Mittel und Möglichkeit zu dieser Ihrer Selbstorganisation und Selbstassoziation zu bieten" (Lassalle 1919: 69f.).

Die zwischen dem liberalen Genossenschaftler Hermann Schulze-Delitzsch und dem sozialdemokratischen Staatssozialisten Ferdinand Lassalle ausgetragene, ordnungspolitische Kontroverse um „Selbsthilfe" oder „Staatshilfe" vertiefte und besiegelte den Bruch zwischen liberaler und sozialistischer Demokratie und wurde Gustav Schmoller ein Bezugsproblem seines Programms einer sozialwissenschaftlich aufgeklärten Sozialpolitik. In seinem dazu grundlegenden Aufsatz zur „Arbeiterfrage" machte er deutlich, daß im Zuge industriellen Ausbaus die „Arbeiterfrage" als entscheidende und unterscheidende Problem- und Programmformel sozialstaatlichen Engagements nun als „Strukturfrage" wie als „Kulturfrage" gesellschaftspolitisch neu zu fassen sei: *„Von diesem Gesichtspunkt müssen wir unsere industriellen Verhältnisse betrachten, es handelt sich nicht bloß um eine ökonomische, sondern um eine sittliche Kulturfrage"* (Schmoller 1864: 396). Dies zielte auf die *„innere Entwicklung"* der Arbeiter, insbesondere ihre Fähigkeit und Bereitschaft zur Selbstorganisation: *„Aber die totale Umgestaltung muß von innen heraus die Arbeiter ergreifen, die Hauptsache müssen sie somit immer noch von selbst thun - das ist ihre Pflicht, ihre wahre Selbsthülfe"* (Schmoller 1864: 424).

Für Schmoller war der drohende Verfall des Handwerks und seine Aufsaugung durch Fabrikarbeiter nur aufhaltbar, wenn es gelänge, das Handwerk durch betriebsübergreifende Arbeitsteilung und genossenschaftlichen Verbund wieder handlungs- und steuerungsfähig zu machen. Dabei galt ihm die Krisis des Handwerks nur als Symptom eines allgemeinen *„Gährungsprozesses"*: Jedoch setzte Schmoller auf sozialstaatliche *„Staats-Hilfe"* nur im Sinne einer *„Hilfe zur Selbsthilfe"*. Diese „Hilfe" hatte allerdings weniger den Charakter durchgreifender und einschneidender Staatsintervention. Sie gewann eher die non-direktive Form einer kontextuellen Steuerung, welche einer problemlösenden Selbst-Aktivierung gesellschaftlicher Kräfte eher den Rahmen setzte: Als eine entscheidende Rahmenbedingung für die Entwicklung und Stärkung wirtschaftlicher und gesellschaftlicher Selbsthilfe-Potentiale sah Schmoller die Gründung und Entwicklung genossenschaftlicher Selbsthilfe und Selbstbehauptung der kleinen und mittleren Selbständigkeit.

4. Produktiv-, Produktions-, Professions-Genossenschaften

Das klassische Modell der Genossenschaft sind die „Produktiv-Assoziationen", deren Konzept auf dem Hintergrund der industriellen „Organisation der Arbeit" als assoziative Alternative entwickelt wurde. Während industriekapitalistische Arbeitsorganisation gründete auf der Trennung von Kapital und Arbeit und auf der Ökonomisierung der Arbeit als Ware, setzten die „Assoziationen der Arbeit" auf die produktive Kraft des Organisationsprinzips der Identität von Arbeitsleistung und Verwertungsinteresse: jeder Mitarbeiter ist als Eigner von Kapital und Arbeit zugleich sein Arbeitgeber. Dies sogenannte „Identitätsprinzip" verband sich mit dem „Demokratieprinzip", welches allen Mitarbeitern kooperative Mitbestimmung und Mit-Entscheidung einräumte. Konstitutives Prinzip für Produktivgenossenschaften war schließlich die in der klassischen Verbindung von „Arbeit und Genuß" geforderte Bedürfnisorientierung, welche den Unternehmenszweck nicht über den Gewinn definierte, sondern über die Förderung auch der sozialen Bedürfnisse und Interessen, etwa das kollegiale Wohlbefinden, das Ethos der Solidarität oder die Sicherung des Arbeitsplatzes. Genossenschaftstheoretiker sprechen hier auch vom „Förderprinzip" (Flieger 1996:16).

Offen für den Genossenschaftsgedanken erweisen sich gerade die personalintensiven Dienstleistungsbereiche, in denen hoch produktives Humankapital kooperativ verknüpft wird. Typische Assoziationen sozialer Dienstleistung sind die - beispielsweise im mediterranen Raum sich ausweitenden - Tourismus-Kooperativen, aber auch Dienstleistungsgenossenschaften die ein vernetztes Angebot im Bereich der neuen Informationstechniken und Kommunikationsmedien bereitstellen. Nicht zufällig finden sich richtungsweisende Formen genossenschaftlicher Selbstverwaltung im Bereich der Kommunikationswirtschaft, wo es weniger um industrielles Betriebskapital geht als um das sich synergetisch vernetzende Humankapital der Mitarbeiter. Zu diesem Humankapital zählt nicht nur die eingebrachte fachliche Kompetenz, sondern auch der kulturell geteilte Sinn gemeinsamen Engagements. Richtungsweisend als genossenschaftlich selbstverwaltetes Kommunikationsprojekt wurde die Gründungsphase der Berliner „tageszeitung" (taz).

Bei den Dienstleistungs-Genossenschaften ist der Übergang zu den Professions-Genossenschaften oft fließend. Typisch sind genossenschaftlich orientierte „Sozietäten", in denen - im Bereich der klassischen „freien Berufe" wie Berater und Anwälte, heute aber auch in neuen Feldern wie Design und Softwareentwicklung - sich Kompetenzen mit hohem Synergie-Effekt verbinden.

Bei allen Chancen des genossenschaftlichen Prinzips, gerade als Alternative in den Krisen der Arbeitsgesellschaft, sind aber auch kritische Stimmen ernst zu nehmen: Dabei lassen sich in der Kritik zwei Richtungen unterscheiden: die eine Richtung kritisiert die Rationalisierungsgrenzen des genossenschaftlichen Prinzips. Dabei wird die gegen den „Dritten Sektor" gerichtete These des *„funktionalen Dilettantismus"* (Seibel 1992) kritisch auch auf Defizite und Risiken genossenschaftlicher Selbstorganisation bezogen. Die andere Kritik scheint dazu gegenläufig orientiert: so wird mit dem Paradox argumentiert, daß die Genossenschaften zum Opfer ihres eigenen Erfolges werden, daß Genossenschaften durch die Konkurrenz auf dem Markt oder auch durch die Kooperation mit dem Staat, unter einen Rationalisierungsdruck kommen, der zu Transformationen zwingt, die sich den Rationalitätskriterien von Markt und/oder Staat immer mehr anzupassen.

Dieses Paradox der *Transformation* formulierte schon um 1900 der Soziologe Franz Oppenheimer, der aus seinen Untersuchungen der Entwicklung genossenschaftlicher Organisationen die Bilanz zog, daß Genossenschaften nur bedingt konkurrenzfähig sind und selten zu wirtschaftlicher Blüte kommen (Defizit- und Dilettantismus-These); daß sie im dann aber im *seltenen* Fall wirtschaftlicher Blüte oft damit aufhören, in ihrer inneren Führung noch „genossenschaftliche" Prinzipien zu wahren. Andere Kritiker verweisen im Anschluß an Oppenheimer darauf, daß gerade das Prinzip der Selbstverwaltung zu einer sozialen Schließung führen könne, da die damit verbundene Selbstrekrutierung die Einwerbung qualifizierter Fach- und Führungskräfte von außen verhindern müsse. Zugleich würde die introvertierte Intensität der Gruppenbeziehung eine Außenorientierung an den Interessen der gesellschaftlichen Umwelt, also am Markt, schwächen (Meißner 1997: 77).

Auch eine aktuelle, eher betriebswirtschaftlich orientierte Schwachstellenanalyse der Genossenschaften (Dülfer 1995) zeigt das konzeptionelle Dilemma eines egalitären Anspruchs bei steigender Erfordernis von funktionaler Autorität und Differenzierung. Aber auch die Anreize der Profilierung durch Motivation und Leistung könnten durch eine nivellierende Organisationskultur gehemmt werden. Dies führt dann nicht nur zu Konflikten bei der Verteilung des Ertrags, sondern auch zu Berührungsängsten zu extern zu suchenden Spezialkompetenzen, zumal der enge Zusammenhalt der Gruppe die Abkapselung nach außen fördert.

Zum Problem wird heute auch neben kollektiven Zwängen der Selbstausbeutung die gleichzeitige Entsicherung der sonst den Arbeitnehmern zustehenden wohlfahrtsstaatlichen Standards. Da die Mitglieder von Produktiv-Genossenschaften sozialversicherungsrechtlich als Mitunternehmer und Kapitalgesellschafter eingestuft werden, müssen hier die sozialen Sicherheiten der Arbeits- und Sozialversicherungen anders reguliert werden. Dies wird dramatisch, wenn Genossen - etwa bei einem Konkurs der Genossenschaft - ungeschützt in die Arbeitslosigkeit abstürzen.

Diese Kritik setzt als Bezugsgröße die etablierte industrielle Rationalität von Arbeitsmarkt und Arbeitsgesellschaft, gegenüber der die Rationalitätsdefizite aller Alternativen stigmatisiert werden. Ganz anders würde die Bewertung allerdings ausfallen, wenn wir uns bewußt machen, daß in den Krisen der Arbeitsgesellschaft, nicht nur die Sicherheiten des Arbeitslebens sondern auch die Chancen unternehmerischer Selbständigkeit gefährdet sind. Der historische Rückblick hat uns daran erinnert, daß auch schon in den klassischen Krisen der industriellen Revolution sich zwei unterschiedliche Bezugsprobleme genossenschaftlicher Bewegung identifizieren lassen: die Krise der unternehmerischen Selbständigkeit im Bereich von Mittelstand und Kleingewerbe, wie sie schon in den Anfängen der modernen Genossenschafts-Bewegung über das „sozialliberale" Programm von Schulze-Delitzsch aufgegriffen wurde, und die sich kritisch zuspitzende Situation abhängiger Arbeit, auf die Lassalles „sozialdemokratisches" Projekt der staatlich geförderten Produktiv-Genossenschaft zu reagieren suchte.

Auch heute gewinnen Genossenschaftsprojekte ihre Aktualität und auch Attraktivität als Alternative zu den Zwängen abhängiger Arbeit aber auch als eine Perspektive in den sich verschärfenden Risiken unternehmerischer Selbstständigkeit, zumal wenn das Betriebskapital nicht mehr in Maschinen investiert werden muß, sondern die oft hohen Investitionen in individuelles Humankapital produktiv werden müssen.

Mit der „schöpferischen Zerstörung" (Schumpeter) der industriellen Dynamik kann es immer wieder dazu kommen, daß bislang produktive Betriebsmittel (Maschinenparks, Industrieanlagen, Infrastrukturen, aber auch naturale Ressourcen und Humankapitalien) sich rein nach kapitalistischen Prinzipien nicht mehr verwerten lassen und sich dann davon bedroht sehen, brach zu liegen oder „plattgemacht" zu werden. In solchen Fällen kann die bei rückläufiger Rentabilität drohende „Entwertung" oft aufgefangen werden, wenn die Belegschaft selbst die Ressourcen wie die Risiken der individuellen Humankapitale in die eigene, solidarische Verantwortung nimmt. Vielfach ist dann die Überführung in genossenschaftliche Produktionsformen die Chance der Sicherung von Arbeitsplätzen. Gerade der Transformationsprozeß der deutschen Einigung gibt hierzu gute wie schlechte Beispiele (Pankoke 1996). Die genossenschaftliche Überführung gefährdeter Arbeitsplätze in selbstverwaltete Betriebe bewährte sich nicht nur im Produktionssektor.

Auch im Bereich kultureller Produktivität gibt es ermutigende Beispiel, wie Kultureinrichtungen, die sich in öffentlicher Hand nicht mehr halten ließen, durch Überführung in genossenschaftliche Selbstverwaltung produktiv überleben konnten. So wird in den Krisen der Arbeitsgesellschaft und dem gleichzeitigen Rentabilitätsverfall der klassischen unternehmerischen Ressourcen der gesellschaftspolitische Stellenwert von „Dritt-Sektor-Modellen" neu zu reflektieren sein.

5. Europäische Perspektiven: Grenzübergreifende Kooperation

Als Antwort auf die Krisen der Arbeitsgesellschaft gewinnt die genossenschaftliche Idee heute neue Impulse auch über die im europäischen Integrationsprozeß sich eröffnende grenzübergreifende Vernetzung. In der Praxis sind hier längst erste europäische Netzwerke aktiv, so das „Europäische Komitee der Arbeits- und Produktionskooperativen" (CECOP) als Interessenvertretung der Genossenschaften auf europäischer Ebene oder das europäische interaktive Kommunikations- und Informationsnetz der Sozialwirtschaft (ARIES), das genossenschaftliche Produktionsbetriebe, gemeinnützige Vereinigungen und Stiftungen, Bildungswerke und Wohlfahrtsverbände und Agenturen einer alternativen Beschäftigungsförderung miteinander verbindet.

Dabei sind im zusammenwachsenden Europa unterschiedliche genossenschaftliche Traditionen zu vermitteln. Dies gilt auch dann, wenn das gemeinsame Bezugsproblem der Krisen von Arbeitsgesellschaft den Vergleich leitet. In ihrer Beschäftigungswirksamkeit zu vergleichen wären: die britischen „*Community Cooperatives*", die „*Associations intermédiaires*" in Frankreich, die „sozialen Kooperativen" in Spanien und Italien oder die „*Beschäftigungs- und Qualifizierungsgesellschaften*" und andere Beschäftigungsprojekte des sogenannten „*Zweiten Arbeitsmarktes*" in Deutschland.

Die verbindenden Kriterien der damit vergleichbaren „sozialen Unternehmen" wären:

- Soziale Unternehmen versuchen, soziale Ziele durch ökonomische Aktivitäten zu realisieren.
- Soziale Unternehmen sind „Nonprofit-Organisationen", die erwirtschaftete Überschüsse entweder re-investieren, oder in soziale Ziele und Projekte umsetzen.
- Das Vermögen kommt nicht Privatpersonen zugute, sondern wird treuhänderisch zugunsten kooperativer, kollektiver oder regionaler Nutznießer des Unternehmens verwendet.

- Die Kommunikationsstrukturen sind orientiert an Prinzipien der freien Assoziation und der demokratischen Partizipation aller auf kooperativer Basis Beteiligten.
- Typisch für soziale Unternehmen ist schließlich die Offenheit zur Kooperation mit gleichgesinnten Akteuren und Organisationen der lokalen und sozialen Ökonomie.

Die gemeinsamen Ziele, Werte und Funktionen „sozialer Unternehmen" bestimmen sich aus dem gemeinsamen Bezugsproblem der „sozialen Ausgrenzung von Menschen aufgrund von Armut und Arbeitslosigkeit.

6. Italien: das Modell der „cooperative sociale"

Während in Deutschland der Prozeß industrieller Modernisierung die genossenschaftlichen Prinzipien zurückzudrängen schien, zeigen sich in den mediterranen Gesellschaften die genossenschaftlichen Modelle eher im Aufwind. Vielleicht wird hier eine relative Rückständigkeit im Industrialisierungsprozeß zur Chance für Gegenhalte und Widerstände gegenüber der industriellen Logik der großen Organisation. Vielleicht liegt der Auftrieb der Genossenschaften auch darin begründet, daß die mediterranen Gesellschaften stärker noch durch die „kleinen Netze" und das „menschliche Maß" von Kleingewerbe und Kleinhandel geprägt sind und damit Existenzformen sozialer Selbständigkeit im Verbund mit den familialen, lokalen und kooperativen Solidaritäten des Alltags als Motivationsgrundlage wirksam blieben.

Speziell in Italien, wo eine wachsende Vielfalt genossenschaftlicher Projekte und Experimente zu beobachten ist, ist das genossenschaftliche Prinzip durch seine Verankerung als Verfassungsauftrag auch institutionell gefördert:

„*Die Republik erkennt die gesellschaftliche Aufgabe des auf dem Gegenseitigkeitsprinzip beruhenden Genossenschaftswesens an, das nicht privatem Gewinnstreben dient. Das Gesetz fördert und unterstützt dessen Entwicklung durch zweckdienliche Maßnahmen und sorgt durch entsprechende Überwachungsmaßnahmen dafür, daß sowohl die Eigenart des Genossenschaftswesens als auch die genossenschaftliche Zielsetzung gewahrt bleibt"* (Verfassung der Republik Italien von 1948, Art. 45; dazu und zum folgenden vgl. Haensch 1997).

Beispielhaft für die Entwicklung genossenschaftlicher Alternativen zur industriellen Arbeitsgesellschaft ist die Beschäftigungswirksamkeit der Produktivgenossenschaften, die in Italien im Jahrzehnt 1980-1990 sprunghaft von 17.880 auf 37.339 Kooperativen, also um 109% zunahmen. (Haensch 1997: 153).

Bei einer differenzierteren Betrachtung sind unterschiedliche Typen der Genossenschaft zu unterscheiden. Bleiben wir beim italienischen Beispiel, so unterscheiden wir die in der Entwicklungslinie der klassischen Produktivgenossenschaft liegenden „cooperative di produzione e lavoro", die landwirtschaftlichen Genossenschaften.

Wichtig ist auch die vielfarbige Differenzierung nach dem ideologischen Hintergrund: neben den einerseits „roten", also linksgerichteten Genossenschaften in der Tradition der Arbeiterbewegung, orientieren sich viele Genossenschaften auch in der Tradition des sozialen Katholizismus. Daneben wächst in den letzten Jahren ein sogenannter „grüner" Sektor von Genossenschaften im Kontext ökologisch-alternativer Bewegung. Viele der Genossenschaften in Italien sind allerdings ideologisch nicht mehr fixiert. Sie verstehen ihre Organisationsform pragmatisch als „best practice" der Behauptung wirtschaftlicher Selbständigkeit und Selbststeuerung.

Als wachsender Sektor gegenüber den klassischen Produktivgenossenschaften entwickeln sich heute sogenannte *„Dienstleistungs-Genossenschaften" (cooperazione di servicio),* für die vielleicht die oft genossenschaftlich betriebenen touristischen Kooperativen typisch sind, etwa in der oft durch EU-Programme geförderten Verbindung von Landschafts- und Stadtbildpflege und „nachhaltigem" Tourismus (*„agratourismo"*).

Den „Dienstleistungs-Genossenschaften" verwandt sind die „Professionsgenossenschaften" als synergetische Vernetzung von Humankapital. Die hohe Effektivität und Produktivität des genossenschaftlichen Prinzips im Bereich hoher professioneller Kompetenzen sollte nicht vergessen machen, daß sich assoziative Kooperationsformen gerade auch am unteren Rand der Gesellschaft bewähren müssen, wo wir es mit einem Humankapital zu tun haben, das sich über einen immer schärfer sortierenden Arbeitsmarkt nicht mehr integrieren und aktivieren läßt. Auch in diesem Bereich der „sozialen Genossenschaft" (im Unterschied zur primär ökonomisch orientierten) gibt die italienische Gesellschaft lehrreiche Beispiele, die soziale Integration wirtschaftlicher Randgruppen genossenschaftlich zu aktivieren:

Da sich diese Ziele in ihrer Produktivität über den Markt nur bedingt rechnen, sind sie auf öffentliche Förderung angewiesen. Das dazu in Italien erlassene „Gesetz zur Förderung der sozialen Kooperativen" unterscheidet zwei Typen der *„cooparative sociale":* die genossenschaftliche Produktionsform sozialer Dienste und die genossenschaftliche Organisation alternativer Arbeitsformen jenseits von Staat und Markt (Aliani 1996), also einen *„zweiten Arbeitsmarkt"*, wie wir in Deutschland formulieren würden (Trube 1997).

Bei der genossenschaftlichen Organisation sozialer Dienste ist ein entscheidendes Prinzip, daß auch die in einer Einrichtung (z.B. Altenheim) umsorgten Insassen mit ihren Kräften als „Mitarbeiter' in die Genossenschaft einbezogen sind. Gesellschaftspolitisches Interesse gewinnen heute genossenschaftliche Beschäftigungsalternativen für Problemgruppen, die in der Krise der Arbeitsgesellschaft von Exklusion bedroht oder längst betroffen sind. Richtungsweisend sind die Behinderten-Kooperativen, die sich oft mit landwirtschaftlichen Genossenschaften verbinden. Dabei erfordert die gesetzlich geregelte Förderungswürdigkeit, daß mindestens 30% der Mitarbeiter „behindert" sein müssen, wobei der Begriff der Behinderung und Benachteiligung weit gefaßt ist, daß neben der körperlichen Behinderung auch psychische Erkrankungen, Alkohol- und Drogenabhänigigkeit oder die Resozialisation entlassener Strafentlassener unter das Förderungskriterium „Behinderung und Benachteiligung" fallen.

Bleiben wir beim italienischen Beispiel: hier bindet das italienische Genossenschafts-Gesetz von 1991 die öffentliche Förderungswürdigkeit wie auch die steuerrechtliche Privilegierung an die Kriterien der „Gegenseitigkeit" (mutualità) verbunden mit basisdemokratischen Regulativen, etwa der Auflage, daß im Verwaltungsrat der Kooperative mindestens 30% der Sitze mit Angehörigen der benachteiligten Zielgruppe besetzt sein müssen, sowie mit Vertretern aus Kommune, Provinz und Verbänden (Haensch 1997: 165).

Die Förderung kann sich auch realisieren lassen über die bevorzugte Vergabe von Staatsaufträgen an beschäftigungswirksame Kooperativ-Betriebe. All diese Vergünstigungen erklären, daß der Vollzug des Genossenschaftsgesetzes äußerst restriktiv, aber auch mit hoher Transparenz gehandhabt wird. Dazu gehört die amtsgerichtliche Registrierung und regelmäßige Kontrolle der Einhaltung genossenschaftlicher Standards und Prinzipien (requisiti mutualistici).

Im Kontext der europäischen Integration bedeutet die in Italien bewährte Praxis der Förderung genossenschaftlicher Produktionsformen gewiß ein institutionelles Kapital, das auch für andere Regionen Maßstäbe und Richtlinien setzen könnte.

Das genossenschaftliche Prinzip des kooperativen Mutualismus - bewußt auch in seiner Spannung zu einem als „Kausalität im Süden" (Luhmann 1995) oft mafiösen Klientelismus - wird vor allem deshalb Interesse verdienen, weil es in seiner Beschäftigungswirksamkeit zur Krise der Arbeitsgesellschaft Alternativen eröffnen könnte: *„Piu occupazione con la cooperazione"* - *mehr Arbeit durch Kooperation!*

7. Entwicklungs-Genossenschaften: Selbsthilfe in der Entwicklungshilfe

Die strukturellen wie kulturellen Fragen des „*Dritten Sektors*", also der selbstorganisierten Produktion und Organisation sozialer und wirtschaftlicher Leistung - „jenseits von Markt und Staat" - lassen sich weltgesellschaftlich verfremden im Blick auf die sogenannte „*Dritte Welt*": Wie steuert sich gesellschaftliche Entwicklung abseits der „westlichen" Rationalitäten moderner Marktwirtschaft und moderner Staatlichkeit? Vergleichbar scheinen „Dritte Welt" und „Dritter Sektor" schon deshalb, weil in beiden Konstellationen die Modernität von „Staat" und „Markt" jeweils nur unvollkommen wirksam wird. Dies verweist auf die Bedeutung von Nicht-Regierungs-Organisationen (NGO) bzw. Nonprofit-Organisationen (NPO) im Entwicklungsprozeß. Hier wird selbstorganisierte Solidarität zur Chance einer nachholenden und zugleich nachhaltigen Modernisierung: *sustainable development*.

Dabei wird bewußt, daß die Probleme der Modernisierung nur noch bedingt durch den nationalen Staat oder einen globalen Markt zu lösen sind. Vielmehr zeigt sich gerade in den Randzonen und Schattenlagen einer globalen Modernität, daß in der „dritten Welt" moderne Staatlichkeit nur bedingt greift und eine um die Existenz kämpfende Armut zu den modernen Märkten (Arbeitsmarkt, Warenmarkt) noch kaum anschlußfähig ist. Vielleicht wird gerade dann das Organisationsprinzip des „Dritten Sektors" zur treibenden Kraft auf dem Weg in die Moderne, die sich in der „Dritten Welt" zu einer „anderen Moderne" entwickeln wird, als sie bislang in den Staaten und Märkten der „ersten Welt" durchgesetzt wurde.

Lehrreich ist hier ein Ablösungsprozeß der älteren Abhängigkeiten traditioneller Kolonisierungspolitik durch neue Organisationsprinzipien, Partizipationsmuster und Assoziationsformen einer selbstbestimmten Entwicklungspartnerschaft. Nicht nur im wirtschaftlichen Bereich erweist sich dabei das Modell der „Genossenschaft" als besondere Chance, die Bevölkerung in einen „eigenen Weg" ihrer wirtschaftlichen Entwicklung aktiv und produktiv einzubeziehen.

Dabei gibt die besondere Autonomie des Prinzips der „freien Assoziation" den Rahmen zur Aktivierung der sogenannten „endogenen Potentiale" gesellschaftlicher Selbsthilfe und Selbststeuerung. Die Führungsrolle des „change agent" geht über an einheimische Kräfte - bewußt auch über die Einladung zu einer genossenschaftlichen Selbstorganisation von Arbeit und Wirtschaft. So kann gerade in den von der Gewalt struktureller Armut betroffenen Problemzonen selbstorganisierte Arbeit aktiviert werden. Experten sprechen in Hinblick auf die Aktivierung von Selbsthilfekräften und Selbststeuerungspotentialen - gerade in den Problemzonen wirtschaftlicher Unterentwicklung - von einer „armutsorientierten Entwicklungspolitik".

Der institutionelle Rahmen der Entwicklungsprojekte und Entwicklungspartnerschaften entwickelte sich vielfach selbstorganisiert im Rahmen genossenschaftlicher Kooperation, oft auch unter dem Dach einer freigemeinnützigen „Stiftung", welche in Verbindung von stiftungsmäßigen und genossenschaftlichen Organisationsformen die unterschiedlichen Projekte der Selbst- und Solidarhilfe fördern und vernetzen konnte.

Beispiel der entwicklungspolitischen Verbindung von „Stiftung" und „Genossenschaft", von „Dritter Welt" und „Drittem Sektor" finden sich etwa bei Genossenschaftsprojekten der Entwicklungshilfe in solidarpartnerschaftlicher Vernetzungen mit Spendern und Förderkreisen in Europa, welche erst die Mittel frei machen, mit denen dann vor Ort unbürokratisch gearbeitet werden kann. Daß das Geld „arbeitet", wird oft dadurch erst möglich, daß die Empfänger vor Ort „lernen" können, mit eigenem und zugleich gemeinsamen Geld schöpferisch und wertschöpfend umzugehen.

Ein Beispiel der entwicklungspolitischen Aktivierung genossenschaftlicher Selbsthilfe gibt der Wiederaufbau auf der Tropeninsel Flores/Indonesien nach dem Erdbeben 1992. Hier bedeutete die Umstellung von „Beton' auf „Bambus' nicht nur eine Wende zur auf die einheimischen Ressourcen setzenden Architektur, sondern auch eine neue Flexibilität und Reflexität der Organisation. Im Rahmen einer Community-Foundation als Entwicklungshilfe zur Selbsthilfe und in Verbindung mit genossenschaftlichen Produktionsformen eröffneten sich neue Perspektiven selbstorganisierter Entwicklungs- und Aufbauhilfe, wobei sich die „endogenen Potentiale" der einheimischen Bevölkerung aktiver in den gemeinsamen Wiederaufbau sich einbringen können (Zu genossenschaftlichen Formen der „Entwicklungspartnerschaft" am Beispiel Flores/Indonesien vgl. Pankoke 1997).

Die Verbindung der Organisationsprinzipien „Stiftung" als Dachkonstruktion und „Genossenschaft" als Arbeitsform für entwicklungs- und sozialpolitische Selbsthilfeprojekte leistet neben solidarischer Vernetzung noch ein Weiteres, zu dem die lokalen Selbsthilfeprojekte aus sich heraus sonst kaum fähig wären.

Sie leisten Organisationshilfe und Finanzhilfe, vermitteln aber auch manageriale Kompetenz im Umgang mit Geld, damit das Geld auch „arbeiten" kann. Solidarität im Verbund mit Management bedeutet demnach keinen Gegensatz, sondern die Chance produktiver Synergie.

In allen Entwicklungsprojekten der Stiftung - vom Kindergarten bis zur Produktionsgenossenschaft - dokumentieren wändedeckende Bilanz-Poster in detaillierten Zahlenreihen und Tabellen den Kostenstand und die Zielstrebigkeit des Entwicklungsprozesses. Das Geheimnis des transparent gemachten Erfolgs läßt sich allerdings in Geldrelationen nur bedingt darstellen. Entscheidend für das Prinzip selbstorganisierter Solidarität wird eher, ob Organisationsformen und Aktionsmuster gefunden werden, welche über ehrenamtliches Engagement und genossenschaftliche Solidarität soziale Kräfte aktivieren, die auch dort noch wirken, wo monetäre Steuerung sich noch nicht hat durchsetzen können.

So können durch soziales Vertrauen und personale Treue freie Kräfte mobilisiert werden, die nur für Geld nicht zu haben sind. Die „Genossenschaft" verknüpft - auch hier - also beides: den managerialen Umgang mit wirtschaftlichen Mitteln und die solidarische Vernetzung menschlicher Stärke. So erscheint das Potential des Persönlichen als das Geheimnis des Dritten Sektors, wodurch auch dann etwas „in Bewegung" kommt, wenn Markt und Staat nicht mehr/noch nicht greifen. Menschen, die nur die Macht und den Markt zu spüren bekommen, sind kaum bereit, sich selbst/gemeinsam lernend zu entwickeln.

Die Wirksamkeit des „dritten Sektors" in „dritter Welt" findet ihren Rahmen kontextueller Steuerung über die Förderung von Netzwerken und Lernprozessen. Netzwerke schaffen für die Kooperation das gebotene Vertrauen. Lernprozesse erfordern Bereitschaften, die nur bei einer subjektorientierten Führung ansprechbar sind. Dabei kommt es darauf an, die kommunitäre Bindung zu verbinden mit der kommunikativen Kultur gemeinsamer Sinnbildung. Dann werden Konferenzen genau so wichtig wie Kommissionen, wird Partizipation und Diskussion zum aktivierenden Medium „innerer Führung".

Bei der Frage, wie Geld zukunftwirksam „arbeiten" kann, ist darauf hinzuweisen, daß entscheidende Mittel in das Humankapital der Mitarbeiter investiert wird. Gewiß kann über genossenschaftliche Solidarformen das Steuerungsmedium „Personalität" besonders wirksam werden, weil hier durch verbindende Nähe und verbindliche Werte eine Vertrauensbasis gegeben ist, auf der sich zwischen Personen Vertrauen aufbaut und auf dieser Vertrauensbasis zu lernen ist, sich auch selbst etwas zuzutrauen.

8. Genossenschaftliche Initiativen und Alternativen in Deutschland: Sozialwirtschaft, Zweiter Arbeitsmarkt, Freiwilligen-Assoziationen

Zu neuen Problemen sozial-wirtschaftlichen Engagements in assoziativer Solidarität kommt es heute mit den „Krisen der Arbeitsgesellschaft". Es ist allerdings umstritten, ob für die Frauen und Männer, die - erzwungenermaßen oder selbstbestimmt - von Erwerbsarbeit freigesetzt sind, das freie Engagement des Ehrenamtes eine akzeptable Alternative bietet. Auch deshalb muß im Dritten Sektor über die gesellschaftliche und auch wirtschaftliche Anerkennung freien Engagements neu nachgedacht werden. So werden mit der Ausgestaltung des ehrenamtlichen Engagements die aktuellen Probleme der Beschäftigungswirksamkeit von „Zweitem Arbeitsmarkt" und „Drittem Sektor" zu bedenken sein. Als institutionelle Kontexte einer „aktiven Gesellschaft" gewinnen heute nicht nur Stiftungen aktuelles Interesse (Pankoke 1998), auch die assoziative Solidarität genossenschaftlicher Kooperations- und auch Produktionsformen könnte als sozialwirtschaftliche Alternative zu industrieller Arbeitsorganisation an Bedeutung gewinnen. Dies gilt gerade für die Transformation in den neuen Bundesländern, wo die staatssozialistisch geprägten Genossenschaften der alten DDR allerdings nur in wenigen Fällen in marktkonforme Modelle überführt werden konnten.

Heute gewinnen Modelle der Institutionalisierung von Betätigung und Beschäftigung im Schwellenbereich zwischen klassischer Lohnarbeit und klassischem Ehrenamt auch deshalb an Interesse, weil nicht mehr alle über den Arbeitsmarkt ihre Arbeit finden. Zudem werden nicht mehr alle Aufgaben im öffentlichen Raum zu bezahlen sein. So wird die Betrachtung der neuen Assoziationsformen von Kompetenz und Engagement die aktuellen Konzepte und Projekte eines „zweiten Arbeitsmarktes" in den Blick nehmen müssen. Beschäftigungswirksam wird auch die Verbindung von Ehrenamtlichkeit, „Freiwilligenarbeit" und „zweitem Arbeitsmarkt" in Projekten der selbstorganisierten Sozial-, Kultur- und Jugendarbeit. Auch dort, wo Erwerbsarbeit nicht geboten werden kann, könnten assoziative Alternativen im Grenzbereich Freiwilligenarbeit/Zweiter Arbeitsmarkt - mit entsprechenden Chancen der Weiterbildung - den Arbeitslosen neue Perspektiven eröffnen, welche dazu motivieren, ihre freie Zeit zur Gestaltung des sozialen Miteinander zu nutzen und aus diesem Engagement auch konkrete Profile für ihre weitere Lebensgestaltung zu ziehen.

Gerade in den auf die Krisen der Arbeitsgesellschaft antwortenden Projekten der Sozialwirtschaft gewinnen genossenschaftliche Traditionen dann praktische Aktualität.

Das genossenschaftliche Prinzip der Förderung und Sicherung personaler Selbständigkeit durch solidarische Gegenseitigkeit gilt allerdings nicht nur für den Bereich der (markt-) wirtschaftlichen Arbeit und Wertschöpfung.

Im „Dritten Sektor" der Selbstorganisation sozialer Kompetenz und intermediären Engagements (Brinkmann 1998) finden sich heute neue Formen der Aktualisierung genossenschaftlicher Konzepte. Dabei geht es darum, im solidarischen „Engagement für andere" nicht nur wirtschaftlich zu handeln, sondern auch den Reichtum an kulturellem Wissen, fachlichem Können oder auch an freier Zeit solidarisch zu bündeln und zu teilen. Richtungsweisend Bezug auf die genossenschaftliche Tradition nehmen etwa die *„Senioren-Genossenschaften"* als eine Form, welche im Austausch von Leistung und Gegenleistung auch den sozialwirtschaftlichen Wert bürgerschaftlichen Engagements ernst nehmen (Hummel 1995).

Die kontextuelle Förderung bürgerschaftlichen Engagements durch genossenschaftlich orientierte Assoziationsprinzipien ist damit weiter entwikkelt und vom Produktionsbereich auf die Bedarfe und Bedürfnisse des Reproduktionsbereichs ausgedehnt worden. Auch hier demonstrieren große Traditionen der Konsum- und Wohnungenossenschaften, daß genossenschaftliche Solidarität nicht nur unternehmerische Selbstständigkeit stabilisiert, sondern auch dem Arbeitnehmer vor den Risiken der Märkte (hier insbesondere Warenmärkte, Wohnungsmärkte) Halt und Schutz verspricht. Wichtige, oft vergessene Akzente einer genossenschaftlichen Selbstorganisation des Reproduktionsbereichs kommen aus der Verbindung von konsumgenossenschaftlichen Modellen und sozialer Frauenbewegung. Hier erwies sich eine genossenschaftliche Stützung von Haushalt und Hausarbeit gerade für die arbeitenden Frauen als interessante Perspektive. Hinzuweisen ist auf Initiativen genossenschaftlicher Haushaltsorganisation in Großhaushalten (Hagemann 1990) oder auch bei der beschäftigungswirksamen Regulierung der bislang sozialpoiltisch ungeschützten Hausarbeitshilfen (Bartolomae/Nokielski 1995).

Auch in anderen Feldern aktivieren genossenschaftliche Produktionsformen den sozialwirtschaftlichen Gebrauchswert von sozialen Kompetenzen und kulturellen Kapitalien des Wissens und Lernens, wie sie über den Markt kaum zu haben sind, die nun aber in neuen Assoziations-Modellen gehandelt und geteilt werden. Ein aktuelles Modell dafür sind heute die oft nach dem Vorbild der „Senioren-Genossenschaft" orientierten Freiwilligen-Zentralen oder auch Selbsthilfe-Kontaktstellen, wo freie Zeit sozial produktiv neu geteilt wird.

9. Entwicklungs- und Forschungsperspektiven

Die in der Programm- und Problemgeschichte des modernen Genossenschaftswesens deutlich werdenden Perspektiven wie Probleme bürgerschaftlicher Selbstorganisation gewinnen heute neue Aktualität. Dabei sah es lange so aus, als ob die Genossenschaftsbewegung unter den Systemzwängen verschärfter Rationalisierung gebrochen würde. Unter dem Druck der *„Systemkonformität"* zur Marktwirtschaft einerseits und zur modernen Organisationsgesellschaft andererseits kam es zu „Transformationen" von Projekten genossenschaftlicher Selbstorganisation und Selbsthilfe. In gesellschaftspolitischer Perspektive verwies insbesondere Thiemeyer auf Tendenzen eines *„Abdriftens zum Typ des privaten Eigenbetriebs einerseits oder (seltener) zum Typ der öffentlichen Behörde andererseits".* Diese Konvergenz der Systeme verschärfe Gefahren der *„Entartung"* und *„Sinnverdünnung"* (Thiemeyer 1981: 216).

Diese Krise von Konvergenz und Transformation traf die bürgerlich-liberalen wie die sozialistischen Genossenschaften gleichermaßen: aus den liberalen Kredit-Genossenschaften zum Schutz des selbständigen Mittelstandes wurden große Banken, die sich an der Logik der Geldmärkte orientieren mußten. Dennoch verweist die korporative Kultur der Genossenschaftsbanken auf tradierte Prinzipien, das Systemvertrauen ins Banksystem zu verbinden mit einem in gegenseitiger Nähe gegebenen genossenschaftlichen Sozialvertrauen. Diese besondere Vertrauensbasis könnte jedoch unter dem Druck der sich globalisierenden Geldmärkte an Deutlichkeit verlieren. Auch die aus der Arbeiterbewegung und teilweise auch aus der Frauenbewegung entwickelten Wohn- und Konsum-Genossenschaften wurden oft Opfer des eigenen Erfolgs, insofern organisatorisches Wachstum letztlich Robert Michels *„ehernes Gesetz der Oligarchie"* bestätigen. Auch die für das Management der immer größeren Organisationen eingestellten Funktionäre mußten sich mit dem Abstraktionsschub und der Komplexitätssteigerung großer Systeme von genossenschaftlicher Tradition entfernen. Je mehr die Selbstkontrolle und das Sozialvertrauen genossenschaftlicher Gegenseitigkeit sich schwächte, umso mehr trieb dies in die Paradoxien des funktionalen Dilettantismus (Seibel 1992). Manche in den letzten Jahren gerade in Konsum- und Wohngenossenschaften publik gewordenen „Skandale" demonstrieren jene Vertrauens- und Führungskrise, die sich immer dann einstellt, wenn die Systemsteuerung zu groß gewordener Apparate nach wie vor noch auf dem Sozialvertrauen personaler Nähe bauen will.

Doch die vielbeschworenen Krisen des genossenschaftlichen Organisationsprinzips könnten sich auch ins Konstruktive wenden, wenn das genossenschaftliche Prinzip des Sozialvertrauens ernst genommen wird für institutionellen Umbau: Dabei wären die geschlossenen Systeme der großen Apparate umzubauen in offene Netzwerke, welche über lose gekoppelte Autonomie der unternehmerischen Eigendynamik und Selbststeuerung der vernetzten Mitglieder aktiv Raum eröffnen. Dies Prinzip einer genossenschaftlichen „Nachhaltigkeit" könnte sich gerade dort bewähren, wo in den Krisen der Arbeitsgesellschaft nach neuen Formen gesellschaftlicher Arbeit gesucht wird, oder wo ökonomische Rationalität sich mit ökologischer Vernunft verbinden will.

Heute stellt sich aber auch die - gewiß umstrittene - Frage, inwieweit an den Grenzen von Markt und Staat die sonst fallengelassenen und liegenbleibenden öffentlichen Aufgaben im Verantwortungsbereich der sozialen, ökologischen und kulturellen Entwicklung nun über die Selbstorganisation Bürgerschaftlichen Engagements verantwortlich aufgegriffen und nachhaltig weitergeführt werden könnten (Andersen u.a. 1999). Hier verdienen die in der Weiterführung genossenschaftlicher Praxis zu vernetzenden Assoziationsprojekte - gerade in der Beschäftigungswirksamkeit neuer „Assoziationen der Arbeit" - öffentliches Interesse. Zudem könnten heute durch neue Medien und Kommunikationstechniken - gerade im Bereich der Selbstorganisation intermediären Engagements - auch neue Assoziationsmuster der kooperativen Vernetzung wirksam werden.

Im diesem Sinne eröffnen genossenschaftliche Assoziationsmuster neue Kontexte und Perspektiven, in denen nicht nur ein durch Marktrisiken bedrohtes wirtschaftliches Kapital im Verbund mit neu zu aktivierendem Humankapital von Beruf und Arbeit durch Gegenseitigkeit zu sichern ist, sondern auch das den „Reichtum einer Gesellschaft" letztlich ausmachende soziale und kulturelle Kapital aller Bürger produktiv und assoziativ wird „arbeiten" können.

10. Literaturverzeichnis

Andersen, U./Neuendorf, H./Schatz, H./Pankoke, E. (1998): Erfahrungen und Potentiale eines verstärkten bürgerschaftlichen Engagements zur Entlastung der Kommunen. Gutachten im Auftrag der Stadt Herne. Bochum: Ruhr-Universität
Arnold, U./Maelicke, B. (Hg.) (1998): Lehrbuch der Sozialwirtschaft. Baden-Baden: Nomos
Bartholomae, H./Nokielski, H. (1995): Verbände im Schatten der Erwerbsgesellschaft. Hauswirtschaftliche Verbände in der Bundesrepublik Deutschland. Frankfurt am Main
Becher, B./Pankoke, E. (1981): Sozialadministration und selbstaktive Felder: Neue Relationsprobleme kommunaler Sozialpolitik. In: Archiv für Wissenschaft und Praxis der sozialen Arbeit, Jg. 12, S. 219-239
Beck, U. (1999): Schöne neue Arbeitswelt. Vision: Weltbürgergesellschaft. Frankfurt am Main: Suhrkamp
Brinkmann, V. (1998): Intermediäre Engagements als Herausforderung an die Sozialpolitik in Deutschland. Münster: Lit
Cattacin, S./Passy, F. (1993): Der Niedergang von Bewegungsorganisationen. Zur Analyse von organisatorischen Laufbahnen. In: Kölner Zeitschrift für Soziologie und Sozialpsychologie 1993, S. 419-438
Dülfer, E. (1995): Betriebswirtschaftslehre der Genossenschaften und vergleichbarer Kooperative. (2. Aufl.) Göttingen: Vandenhoeck und Ruprecht
Engelhardt, W. K. (1985): Allgemeine Ideengeschichte des Genossenschaftswesens, Berlin

Evers, A./Olk, T. (Hg.) (1996): Wohlfahrtspluralismus. Vom Wohlfahrtsstaat zur Wohlfahrtsgesellschaft. Opladen: Westdeutscher Verlag

Faust, H. (1977): Geschichte der Genossenschaftsbewegung. Ursprung und Aufbruch der Genossenschaftsbewegung in England, Frankreich und Deutschland. (3. Aufl.) Frankfurt am Main: Knapp

Flieger, B./Nicolaisen, B./Schwendter R. (Hg) (1995): Gemeinsam mehr erreichen. Kooperation und Vernetzung alternativökonomischer Betriebe und Projekte Bonn: Stiftung Mitarbeit

Frank, H./Lueger, M. (1993): Transformation kooperativen Handelns. Von der Gründung eines selbstverwalteten Betriebes zum erfolgreichen kooperativ geführten Unternehmen. In: Zeitschrift für Soziologie 22, S. 49-64

Gierke, O. von (1868ff): Das Deutsche Genossenschaftsrecht (Bd. 1-4), Berlin: Granz (Neudruck 1954)

Hagemann, K. (1990): Frauenalltag und Männerpolitik. Alltagsleben und gesellschaftliches Handeln von Frauen in der Weimarer Republik. Bonn: Dietz

Haensch, D. (1997): Soziale und Dienstleistung-Kooperativen in Italien. In: Heckmann, F./Spoo, E.: Wirtschaft von unten. Selbsthilfe und Kooperation. Heilbronn, S. 175-184

Heckmann, F./Spoo, E. (1997): Wirtschaft von unten. Selbsthilfe und Kooperation. Heilbronn

Hettlage, R. (1998): Die Genossenschaften. Unternehmen oder Organisationen des Dritten Sektors? In: Strachwitz R. Graf (Hg.): Dritter Sektor - Dritte Kraft. Stuttgart: Raabe, S. 141-162

Hummel, K. (1995): Bürgerengagement. Seniorengenossenschaften, Bürgerbüros und Gemeinschaftsinitiativen. Freiburg im Breisgau: Lambertus

Jakob, G. (1999): Veränderungen der Arbeitsgesellschaft und Perspektiven für freiwilliges Engagement. In: Stiftung Mitarbeit (Hg.): Wozu Freiwilligen-Agenturen? Visionen und Leitbilder., Bonn: Stiftung Mitarbeit, S. 51-72

Jung, R. H./Schäfer, H. M./Seibel, F. W. (Hg.) (1997): Economie Sociale. Fakten und Standpunkte zu einem solidarwirtschaftlichen Konzept. Frankfurt am Main: IKO

Kaufmann, F.-X. (1987): Staat, intermediäre Instanzen und Selbsthilfe. Bedingungsanalysen gesellschaftspolitischer Intervention. München/Wien: Beck

Kaufmann, F.-X. (1984): Solidarität als Steuerungsform - Erklärungsansätze bei Adam Smith, In: Kaufmann, F.-X./Krüsselberg, H.-G. (Hg.): Markt, Staat und Solidarität bei Adam Smith. Frankfurt am Main/New York: Campus, S. 158-184

Lassalle, F. (1919): Gesammelte Reden und Schriften. Hrsg. von E. Bernstein. Berlin: Cassirer

Luhmann, N. (1995): Kausalität im Süden. Zeitschrift für Systemtheorie, I,1995

Meissner, D. (1997): Zur bleibenden Aktualität des Genosssenschaftsgedankens. In: Heckmann, F./Spoo, E.: Wirtschaft von unten. Selbsthilfe und Kooperation. Heilbronn, S. 73-79

Nokielski, H./Pankoke, E. (1996): Postkorporative Partikularität. Zur Rolle der Wohlfahrtsverbände im Welfare-Mix. In: Evers, A./Olk, T. (Hg.): Wohlfahrtspluralismus. Vom Wohlfahrtsstaat zur Wohlfahrtsgesellschaft. Opladen: Westdeutscher Verlag, S. 142-165

Nutzinger, H.-G. (Hg.) (1992): Ökonomie der Werte oder Werte in der Ökonomie? Unternehmenskultur in genossenschaftlichen alternativen und traditionellen Betrieben. Marburg

Pankoke, E. (1971): Sociale Frage - Sociale Bewegung - Sociale Politik. Grundfragen der deutschen „Socialwissenschaft" im 19. Jahrhundert. Stuttgart: Klett

Pankoke, E. (1990): Die Arbeitsfrage. Arbeitsmoral, Beschäftigungskrisen und Wohlfahrtspolitik im Industriezeitalter. Frankfurt am Main: Suhrkamp
Pankoke, E. (1996): Grenzen der Arbeit: Mobilität und Solidarität in der Beschäftigungskrise Deutschland-Ost. In: Hradil, S./Pankoke, E. (Hg.): Aufstieg für alle? Opladen: Leske und Budrich, S. 425-510
Pankoke, E. (1997): Solidaritäten im Wandel. Von der „Nächstenliebe" zur „Entwicklungspartnerschaft". In: Wollasch, A. (Hg.): Wohlfahrtspflege in der Region. Paderborn: Schöningh
Pankoke, E. (1998a): Freies Engagement - Steuerung und Selbststeuerung selbstaktiver Felder. In: Strachwitz, R. Graf (Hg.): Dritter Sektor - Dritte Kraft. Versuch einer Standortbestimmung. Stuttgart: Raabe, S. 251-270
Pankoke, E. (1998b): Stiftung und Ehrenamt. In: Bertelsmann-Stiftung (Hg.): Handbuch Stiftungen. Gütersloh, S. 637-670
Pankoke, E. (1999): Sozialethiken und Wohlfahrtskulturen. In: Prisching, M. (Hg.): Ethische Probleme des Wohlfahrtsstaates. Wien: Böhlau
Priller, E./Zimmer, A./Anheier, H. K (Hg.) (1999): Der Dritte Sektor in Deutschland. Entwicklungen, Potentiale, Erwartungen. In: Aus Politik und Zeitgeschichte B9/99, S. 12-21
Prisching, M. (1996): Bilder des Wohlfahrtsstaates. Marburg: Metropolis
Rauschenbach, T./Sachße, C./Olk, T. (Hg.) (1995): Von der Wertgemeinschaft zum Dienstleistungsunternehmen. Jugend- und Wohlfahrtsverbände im Umbruch Frankfurt am Main: Suhrkamp
Schmoller, G. (1864): Die Arbeiterfrage
Schulze-Delitzsch, H. (1863): Die Abschaffung des geschäftlichen Risikos durch Herrn Lassalle. Ein neues Kapitel zum deutschen Arbeiterkatechismus. Berlin
Stein, L. (1869) Das System des Vereinswesens und des Vereinsrechts (Die Verwaltungslehre Erster Teil: Die vollziehende Gewalt. Dritter Teil). Stuttgart: Cotta
Strachwitz, R. Graf (Hg.) (1998): Dritter Sektor- Dritte Kraft. Versuch einer Standortbestimmung. Stuttgart: Raabe
Swoboda, W. (1997): Das deutsche Genossenschaftswesen und die Economie Sociale. In: Jung u.a., Economie Sociale: Frankfurt am Main: IKO, S. 94-127
Taliani, E. (Hg.) (1996): Marginalità sociale e nuova Progettualità. Riflessioni, metodologie, esperienze. Pisa
Trube, A. (1997): Zur Theorie und Empirie des Zweiten Arbeitsmarktes. Exemplarische Erörterungen und praktische Versuche zur sozioökonomischen Bewertung lokaler Beschäftigungsförderung. Münster: Lit
Zerche, J./Schmale, I./Blome-Drees, J. (1998): Einführung in die Genossenschaftslehre. Genossenschaftstheorie und Genossenschaftsmanagement. München: Oldenbourg
Zerwas, H.-J. (1988): Arbeit als Besitz. Das ehrbare Handwerk zwischen Bruderliebe und Klassenkampf 1848. Reinbek: Rowohlt

Stefan Toepler

Organisations- und Finanzstruktur der Stiftungen in Deutschland[1]

1. Einleitung

Im Rahmen der Dezentralisierungs- und Privatisierungsbemühungen, durch die sich die westeuropäischen Sozialstaaten in den letzten zwei Jahrzehnten ausgezeichnet haben, ist auch dem gemeinnützigen Stiftungswesen als einem Träger kollektiver Aufgabenerfüllung eine politische und gesellschaftliche Aufwertung zugekommen. Bedauerlicherweise stehen allerdings dem gestiegenen Interesse am Stiftungsinstrument soweit nur selten ausreichende Daten gegenüber, die eine genauere empirische Analyse ermöglichen würden. Das Wissen über die Stiftungssektoren Westeuropas beschränkt sich daher weitgehend auf zum Teil sehr grobe Schätzungen. Nach solchen Schätzungen zählt das deutsche Stiftungswesen mit rund 7.000 Stiftungen zu den umfangreicheren Sektoren in Europa. Während in der Schweiz und in Schweden von einem Umfang von ca. 8.000 Stiftungen ausgegangen wird, sind in Großbritannien nur etwa 2.500 Förderstiftungen (trusts) verzeichnet und in Frankreich bestehen derzeit nicht mehr als 800 Stiftungen, von denen zudem ein nicht unbeträchtlicher Anteil als unselbständige Stiftungen von der *Fondation de France* verwaltet wird. Für Österreich und andere südeuropäische Länder, wie etwa Italien und Portugal, muß ebenfalls von einem sehr geringen Umfang ausgegangen werden (Strachwitz/Toepler 1996: 100).

Obgleich die Informationsfülle in Europa immer noch mehr als unzureichend ist, beginnt sich die vorhandene Datenlage langsam zu verbessern, was wiederum eine Revision gängiger Annahmen über die Struktur, Rolle und Bedeutung des Stiftungswesens in der modernen Demokratie erlaubt. Für den

---

1 Die vorliegende Fassung ist ein Wiederabdruck des Beitrages in der Zeitschrift für öffentliche und gemeinwirtschaftliche Unternehmen, Band 20, Heft 3, 1997, S. 314-329. Die hier vorgestellten Forschungsarbeiten wurden im Rahmen des Graduiertenkollegs am John F. Kenndy-Institut für Nordamerikastudien der Freien Universität Berlin mit finanzieller Unterstützung der Deutschen Forschungsgemeinschaft erstellt. Für die Zurverfügungstellung der Daten bin ich dem Dokumentationszentrum Deutsche Stiftungen (DDS), München, insbesondere Rupert Graf Strachwitz und Elisabeth Brummer, verbunden.

deutschen Fall hielt beispielsweise Karpen noch gegen Ende der 1970er Jahre fest: „*Wegen der obrigkeitsstaatlichen Entwicklung ist die Stiftungstradition allerdings - bei inhaltlicher Differenzierung - umfangmäßig nicht so reich wie in anderen Ländern"* (Karpen 1980: 13). Aus heutiger Sicht bedarf diese Aussage, wie der flüchtige Überblick weiter oben bereits gezeigt hat, einer deutlichen Relativierung.

Zu einer drastischen Verbesserung der Informationslage über die deutsche Stiftungslandschaft hat die vom Bundesverband Deutscher Stiftungen Ende der 1980er Jahre in Auftrag gegebene und von Maecenata in München aufgebaute Datenbank des deutschen Stiftungswesens beigetragen, mit der nun erstmals nähere, empirische Angaben zum deutschen Stiftungswesen vorliegen.[2] Die Datenbank basiert auf freiwilligen Angaben der Stiftungen, die 1989/1990 mittels einer Fragebogen-Aktion erhoben wurden. Hierzu wurden 1989 5.933 Datensätze angelegt und ein Rücklauf von 2.848 Fragebögen oder 49,6 Prozent erreicht (Bundesv. Dt. Stiftungen 1991). Seitdem ist die Datenbank kontinuierlich ergänzt und aktualisiert worden (Brunner 1996).

Ziel dieses Beitrages ist eine empirische Strukturbeschreibung der deutschen Stiftungslandschaft. Auf Grundlage einer weitergehenden Auswertung der ersten Stiftungserhebung werden historische Entwicklungen sowie die aktuelle wirtschaftliche Bedeutung, die Struktur und Komposition des modernen Stiftungswesen, inklusive des Staatsanteils, dargestellt, soweit die noch bestehenden Beschränkungen der Datenbank dies erlauben.[3] Angesichts der wachsenden Erwartungen, die sowohl von privater als auch von staatlicher Seite an das Stiftungswesen herangetragen werden, erscheint eine empirische Fundierung der aktuellen Stiftungsdebatte von besonderer Bedeutung.

2. Geschichtliche Entwicklung

Obzwar die vorliegenden Daten gerade in historischer Perspektive nur mit Vorsicht zu interpretieren sind,[4] ergeben sich aus der Datenbank interessante

---

2 Der Aufbau dieser Datenbank resultierte unter anderem aus der Veröffentlichung eines umfangreichen Stiftungsverzeichnisses und eines selektiven Stiftungsführers zu den grösseren deutschen Förderstiftungen, die beide mittlerweile in aktualisierten Neuauflagen erschienen sind; vgl. Bundesverband Deutscher Stiftungen 1991, 1994; Maecenata Management 1994, 1996.

3 Für eine Beschreibung der Limitationen der Datenbank sowie für weitere Auswertungen und einen Vergleich mit U.S. Daten, vgl. Toepler 1996.

4 Bei der Analyse bleibt zu beachten, daß die Datenbank nur Stiftungen enthält, die heute noch existieren. Über die Art und die Anzahl untergegangener Stiftungen stehen keine Angaben zur Verfügung. Insbesondere bei älteren Stiftungen enthält die Datenbank selten den

Hinweise sowohl auf die geschichtliche Entwicklung der Stiftungstypen als auch auf die gesellschaftliche Stellung der Stifter im Zeitverlauf seit dem Mittelalter. Im Frühmittelalter wurde es üblich, Vermächtnisse zur Gründung von Anstalten für Notleidende, Kranke oder Alte der Kirche zu hinterlassen. Solche Anstalten gewannen im fünften Jahrhundert rechtliche Selbständigkeit und konnten somit gestiftet werden, ohne dabei in kirchlichen Besitz zu gelangen, obwohl die Aufsicht der Kirche übertragen blieb. Dieser Sachverhalt wurde dann im sechsten Jahrhundert im justinianischen Recht kodifiziert (Coing 1991: 272 f.), womit sich die Anstaltsstiftung - vornehmlich in Form der Spitalstiftung - als die dominante Stiftungsform bis zu Beginn der Neuzeit entwickelte (Campenhausen 1988: 50). Spitäler oder Hospitäler dienten im wesentlichen der Pflege und Unterbringung von Kranken und Siechen, der Alten sowie der Armen und auch als Herbergen für durchreisende Fremde. Dies spiegelt sich auch in den Zwecken der rund 180 deutschen Stiftungen wider, die vor dem 16. Jahrhundert gegründet wurden und heute noch bestehen - darunter ebenfalls die ältesten, aus dem 10. Jahrhundert stammenden noch existenten Stiftungen. Zwei Drittel dieser Stiftungen tragen das Spital noch im Namen und betreiben weiterhin vorwiegend Krankenhäuser und Alten- und Pflegeheime. Ein weiteres knappes Fünftel der überlieferten Stiftungen dienten als Pilgerherbergen, Gasthaus-, Siechenhaus-, Blatterhaus- und als Waisenhausstiftungen. Der Rest verteilt sich im wesentlichen auf Benifizien, Klöster und Pfründnerhäuser.

Erst mit beginnender Neuzeit um die Mitte des 14. Jahrhunderts herum entstanden die ersten weltlichen Förderstiftungen in Form von Unterstützungs- und Stipendienstiftungen, die keine eigenen Anstalten mehr unterhielten. Zehn soziale Förderstiftungen (Armen-, Wohltätigkeits- und Almosenstiftungen) und elf Stipendienstiftungen sind noch aus der Zeit von 1343 bis 1500 erhalten. Die bisherige Annahme, daß sich die im „Familienstipendium" ausdrückende Sorge um die eigene Familie (und damit zugleich auch die einsetzende Verweltlichung des Stiftungswesens) im 15. und vor allem 16. Jahrhundert stärker in den Vordergrund rückte (Schiller 1969: 140), kann somit schon auf das 14. Jahrhundert bezogen werden.

---

originalen Wortlaut des Stiftungszweckes, da vielfach die Stiftungsurkunden selbst nicht mehr vorhanden sind oder der Stiftungszweck im Laufe der Zeit modernisiert wurde.

Abb. 1: Anteil operativer und Förderstiftungen an noch existenten Stiftungen, bis 1800

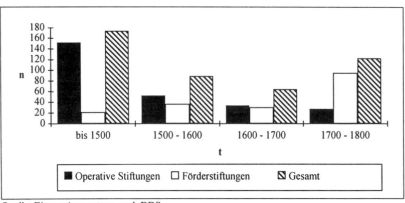

Quelle: Eigene Auswertung nach DDS

Wie aus Abbildung 1 ersichtlich, dominierten Anstaltsstiftungen vor dem 16. Jahrhundert noch eindeutig das Stiftungsbild, was sich allerdings in den folgenden beiden Jahrhunderten zu ändern begann, als Armenfürsorge zunehmend über finanzielle Förderung und weniger durch die Einrichtung von Anstalten vollzogen wurde, deren Verwaltung zudem in die städtische Verantwortung überging. Bei den aus dem 17. Jahrhundert überkommenen Stiftungen sind Förderstiftungen erstmals annähernd so zahlreich vertreten wie Anstaltstiftungen, und im 18. Jahrundert dominieren Förderstiftungen bereits deutlich. Der Trend zur Förderstiftung wurde weiterhin durch die Errichtung von Stiftungen im Bildungsbereich, dem zweiten historischen Eckpfeiler des Stiftungswesens, unterstützt, die unter anderem auch der Armutsprävention durch Verbesserung des Bildungsniveaus dienten (Campenhausen 1988: 55f.).

Mit dem Beginn des Spätmittelalters wurden Stiftungen zunehmend Teil der bürgerlichen Gesellschaft, als vorwiegend in den freien Reichsstädten die Stadträte die Aufsicht über die Spitäler zu übernehmen begannen und für die Errichtung neuer Stiftungen die Genehmigung durch den Stadtrat erforderlich wurde (Coing 1981: 274). Das Erstarken des Bürgertums zeigt sich auch in den überlieferten Stiftern der Zeit. Von den 76 überlieferten Stiftungen aus der Zeit bis 1500, denen noch der Stifter bekannt ist, gehen 30 auf Stiftungstaten freier Bürger zurück, weitere sieben wurden von Stadträten, mitunter auf Geheiß der Bürgerschaft errichtet; 26 Stiftungen wurden durch den Adel gegründet und weitere acht gehen auf einen Stiftungsakt kirchlicher Würdenträger zurück. Fünf Stiftungen entstanden im Zusammenwirken zwischen den Städten und kirchlichen und landesherrlichen Stellen.

Abb. 2: Anteil verschiedener Stiftergruppen, bis 1800

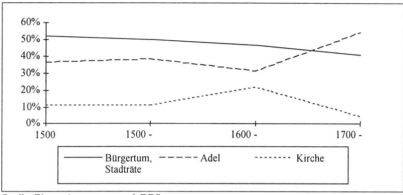

Quelle: Eigene Auswertung nach DDS

Wie Abbildung 2 zeigt, blieb das Bürgertum auch bis zum 18. Jahrhundert die dominante Stiftergruppe. Allerdings zeigen sich Verschiebungen im 17. Jahrhundert mit einem sinkenden Anteil des Adels unter den Stiftern bei gleichzeitig steigendem Anteil kirchlicher Stifter, was möglicherweise auf einen Ressourcenabzug des Adels in Folge des Dreißigjährigen Krieges zurückzuführen ist. Mit dem Erstarken des feudalaristokratischen Staates im folgenden Jahrhundert stieg jedoch die Bedeutung des Adels für das Stiftungswesen wieder an, während der Anteil bürgerlicher und besonders kirchlicher Stiftungsgründungen sank. Die Aristokratie entwickelte sich zum ersten Male zur dominanten Stiftergruppe und die Wohlfahrtspflege ging in den absolutistischen Staatsgebilden des Jahrhunderts weitgehend in die landesherrliche Verantwortung über.

Vom Beginn des 19. Jahrhunderts bis zur Gründung des Kaiserreiches 1870 trat der Adel als Stifter gegenüber dem Bürgertum wieder zurück. Unter den überlieferten Stiftungen halten sich beide Stiftergruppen in etwa die Waage, während kirchliche Stiftungsgründungen - vorwiegend operative Stiftungen im Sozialbereich - nur eine untergeordnete Rolle einnahmen. Von der Gründung des Deutschen Reiches bis zum Ende des Ersten Weltkrieges festigte sich die Bedeutung der bürgerlichen Stiftungen weiter, während der Adel und vor allem die Kirche als Stifter zunehmend zurücktraten.

Unter den Zwecksetzungen blieben im 19. Jahrhundert soziale und Bildungsaufgaben dominant. Mit dem Präzedenzfall des Städelschen Kunstinstitutes in Frankfurt 1816 bekamen erstmals auch Kunst und Kultur legitime Zweckbereiche des Stiftungswesens. Obwohl sich Kultur im 19. Jahrhundert zum primären Feld der Emanzipation des politisch machtlosen Bürgertums entwickelte und die Kunst zunehmend bürgerlich wurde (Nipperdey 1989), sind nur vereinzelt Kulturstiftungen aus dieser Zeit bestehen geblieben. Es ist daher anzunehmen, daß sich das bürgerliche Kunstinteresse eher in Vereinen und Gesellschaften vermittelte als durch die Stiftungsform. Erst mit dem Beginn des folgenden Jahrhunderts stieg der Anteil der Kulturstiftungen deutlich an. Während des Kaiserreiches wuchs dagegen das Interesse an Wissenschaft und Forschung, was neben weiteren Stiftungen zur Förderung der Hochschulen und der Studentenschaft zur Gründung der Frankfurter Universität in Stiftungsform führte.

Während sich die einsetzende Industrialisierung und die damit verbundenen sozialen Probleme im allgemeinen nicht sonderlich auf die Stiftungslandschaft auswirkten, äußerte sich die patriarchalische Fürsorge der Unternehmer im letzten Drittel des 19. Jahrhundert aber zunehmend durch Stiftungen zur Versorgung von Werksangehörigen, ehemaligen Arbeitern und deren Witwen und Waisen und die Errichtung von Fürsorgestiftungen durch die Unternehmerschaft gewann an Beliebtheit (Schiller 1969: 165ff.). Den Höhepunkt erreichten diese Belegschaftsstiftungen während des Nazi-Regimes von 1933 bis 1945, wo sie knapp 40 Prozent aller neu gegründeten Stiftungen ausmachten.

Abb. 3: **Zuwachsraten des deutschen Stiftungswesens, 1800 bis 1950**

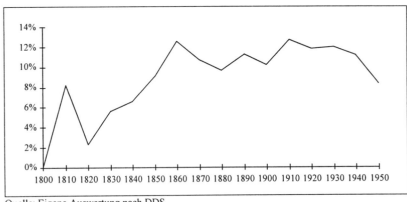

Quelle: Eigene Auswertung nach DDS

Eine negative Wirkung des autoritären Staates auf das Stiftungswesen hatte sich zuvor im Laufe des 19. Jahrhunderts weniger gezeigt. Vielmehr setzte in der zweiten Hälfte des Jahrhunderts eine Stiftungswelle ein (Abbildung 3), so daß fraglich ist, inwieweit der Ausbau des Stiftungswesens durch die obrigkeitsstaatliche Enwicklung gehemmt wurde (Karpen 1980: 13). Nach einem starken Abfall während der napoleonischen Kriege stiegen die Wachstumsraten des Stiftungswesens bis in die 1860er Jahre, um dann in den militärischen und politischen Auseinandersetzungen der Zeit vor der Reichsgründung wieder abzuflachen. Nach einer Stabilisierung auf relativ hohem Niveau erreichten die Zuwachsraten erst nach der Jahrhundertwende wieder die Höhe der Zeit vor 1860. Bemerkenswerterweise blieb das Stiftungswachstum während der Weimarer Republik und des Dritten Reiches relativ stabil, und einen deutlichen Einbruch brachte erst der Zweite Weltkrieg. Insgesamt aber - soweit sich dies anhand der verfügbaren Daten sagen läßt, führte das Erstarken des Staates nach 1870 nicht zu deutlichen Wachstumsgewinnen des Stiftungswesens.

3. Komposition des modernen Stifungswesens

Das deutsche Stiftungswesen unterlag vom Ende des 19. Jahrhunderts bis zur Mitte des 20. Jahrhunderts einer Reihe von Entwicklungen, die die Zahl der Stiftungen erheblich dezimierten. Darunter fallen vor allem die Inflationen der Nachkriegszeiten, die Entwertungen von Kriegsanleihen und auch die Unterdrückung der unabhängigen Stiftungen in der DDR. Förderstiftungen dürften von diesen Entwicklungen in besonderem Maße betroffen gewesen sein. Entsprechend liegt die Zahl der noch existierenden, datierbaren Förderstiftungen aus der Zeit vor 1945 auf dem Niveau der allein in den 1980er Jahren neu gegründeten Stiftungen (Abbildung 4). Die Zeit nach dem Zweiten Weltkrieg jedoch zeichnet sich durch ein starkes Wachstum des Stiftungssektors aus. Einen eigentlichen Stiftungsboom jedoch brachten die 1980er Jahre[5] (Abbildung 4).

---

5   Zur Erklärung dieses Stiftungsbooms lassen sich zwei Hypothesen anführen. Eine erste Hypothese erklärt diese Entwicklung als Gegenreaktion zu dem „Scheitern" des Wohlfahrtsstaates in den 1970er Jahren. Da sich der Wohlfahrtsstaat trotz Ausweitung und Technokratisierung nicht in der Lage erwies, adequat auf sich verändernde gesellschaftliche Rahmenbedingungen zu reagieren, erfolgte eine Rückbesinnung auf private Initiative und ziviles Engagement innerhalb der Gesellschaft, von der das Stiftungswesen profitierte. Eine zweite, pragmatischere Hypothese führt den Aufschwung des Stiftungswesens seit den 1980er Jahren darauf zurück, daß die Generation der Nachkriegsunternehmer ein Alter er-

Bedauerlicherweise läßt sich für Förderstiftungen der Datenbank noch nicht entnehmen, wieviel der Fördermittel in welche Bereiche fließen, so daß bislang nur von den angegebenen Zwecken als Annäherungswert ausgegangen werden kann. Auf 3.664 gemeinnützigen reinen Förderstiftungen basierend, ergaben sich 6.070 Zwecknennungen. Nach der Zahl der Nennungen ergibt sich, daß der Wohlfahrtsbereich, das heißt soziale Aufgaben und das Gesundheitswesen, mit fast 37 Prozent der Nennungen und der Bildungs- und Wissenschaftsbereich mit knapp 36 Prozent das Stiftungswesen weitgehend dominieren, wie Abbildung 6 demonstriert.[6] Weitere nahezu 11 Prozent der genannten Zwecke entfallen auf die Förderung von Kunst und Kultur. Durch die Konzentration der Stiftungstätigkeit auf diese drei Bereiche spielt die Vielzahl anderer Zwecke dagegen lediglich eine untergeordnete Rolle.

Abb. 4: Anzahl deutscher Förderstiftungen nach Gründungszeitraum

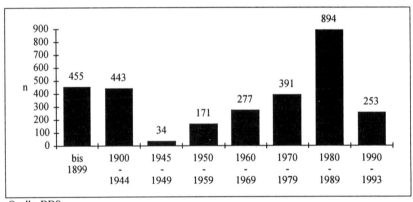

Quelle: DDS

Da die Hauptschwerpunkte im Sozial- und Bildungsbereich liegen, liegt die Vermutung nahe, daß die gegebene Verteilung großteils die klassische Stiftungstradition in Form der milden/karitativen und der Stipendienstiftungen widerspiegelt. Entsprechend wäre zu erwarten, daß diese Zwecke im moder-

---

reicht, in dem Entscheidungen über Nachfolge und Weiterführung der Unternehmen sowie der Erbschaftsplanung getroffen werden müssen. Stiftungen, als klassischer Mechanismus der Vermögensübertragung, partizipieren daher an dem Transfer des insgesamt zur Vererbung anstehenden Vermögens in Deutschland, das für die 1990er Jahre auf 1,3 Billionen DM geschätzt worden ist (vgl. Heuser 1994).

6 Frühere Schätzungen vermuteten einen wesentlich höheren Anteil der sozialen Zwecke. Noch kurz vor Erstellung der Datenbank des Deutschen Stiftungswesens zitiert beispielsweise Möller eine Schätzung, nach der 80 Prozent der Stiftungen sozialen und jeweils zehn Prozent kulturellen und wissenschaftlichen Zwecken dienen (vgl. Möller 1989: 27).

nen Teil des Stiftungswesens aufgrund gewandelter gesellschaftlicher Rahmenbedingungen und des Ausbaus des Wohlfahrtsstaates weniger stark repräsentiert sind.

Abb. 5: **Verteilung der Zwecknennungen deutscher Förderstiftungen**

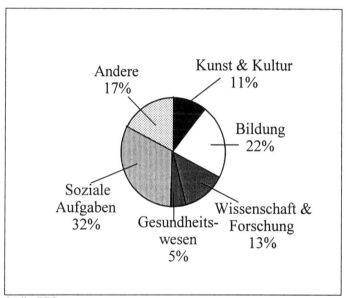

Quelle: DDS

Abbildung 6 zeigt die Entwicklung der prozentualen Anteile verschiedener Stiftungszwecke seit 1945. Die Entwicklung der Zwecknennungen der seit 1945 neu errichteten Stiftungen scheint diese Annahme zu bestätigen. In der Tat stellen Bildung, Ausbildung und Erziehung sowie soziale Aufgaben die einzigen Zweckbereiche dar, deren Bedeutung relativ abnimmt. Dennoch bleiben beide Zweckfelder auch in den 1980er Jahren noch die am häufigsten angegebenen. Analog bleibt auch im modernen Stiftungswesen noch weitgehend ein Schwerpunkt der Stiftungstätigkeit in einigen wenigen Bereichen bestehen. Der gesamt Bildungs- und Wissenschaftsbereich erfuhr ein Hoch in den 1960er Jahren, in denen fast die Hälfte aller neuen Stiftungen entsprechende Zwecke verfolgten respektive mitverfolgten, und konnte seine beherrschende Stellung seitdem wahren. Das Hoch ist dabei vor allem auf Wissenschafts- und Forschungsaufgaben zurückzuführen, die weitgehend den Rückgang bei Bildungs- und Erziehungszielen kompensierten. Die deutliche relative Abnahme der sozialen Aufgaben im Wohlfahrtsbereich dagegen konnte durch eine leicht positive Entwicklung im Gesundheitswesen nicht ausgeglichen werden. Der relative Rückgang sozialer Zwecke erfolgte im wesentlichen zugunsten kultureller und einer Vielzahl anderer Zwecke, die allerdings im einzelnen bislang keine besondere Rolle spielen.

Abb. 6: Prozentualer Anteil verschiedener Stiftungszwecke, seit 1945[7]

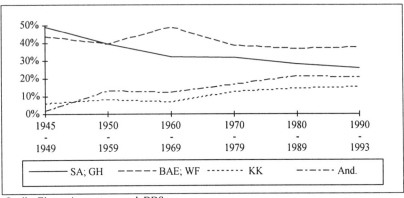

Quelle: Eigene Auswertung nach DDS

Obgleich Förderstiftungen die Mehrheit bilden, sind operative Stiftungen nach wie vor ein integraler Bestandteil des deutschen Stiftungswesens und prägen gleichzeitig dessen Selbstverständnis mit. Mit der ältesten noch existierenden deutschen Stiftung, der Hospitalstiftung in Wemding, und der Bertelsmann Stiftung, die im Herbst 1993 anläßlich der Übertragung von rund 70 Prozent der Anteile der Bertelsmann AG auf die Stiftung durch deren Gründer Reinhard Mohn Schlagzeilen machte, umspannt der operative Teil des Stiftungssektors sowohl zeitlich als auch inhaltlich einen weiten Bereich der Stiftungsaktivität. Gleichzeitig stehen beide Stiftungen für die zwei extremen Ausformungen des operativen Stiftungstyps: die klassische Anstaltsstiftung als Bereitsteller von Gütern und Leistungen und die moderne Projektstiftung, welche *„als konzeptionell arbeitende Einrichtung ... praxisorientierte und anwendungsbezogene Projekte mit exemplarischem Charakter und Modellwirkung"* (Bertelmann Stiftung 1992: 62) durchführt und somit weiter in die Gesellschaft hineinwirkt.

Derzeit liegt der Anteil von rein operativen und Mischstiftungen, mit anderen Worten Stiftungen, die sowohl operativ als auch fördernd tätig sind, bei

---

7 Anmerkung: SA = Soziale Aufgaben; GH = Gesundheit; BAE = Bildung und Erziehung; WF = Wissenschaft und Forschung; KK = Kunst und Kultur; And. = Andere.

30 Prozent der Stiftungen. Allerdings kann davon ausgegangen werden, daß ein nicht unwesentlicher Anteil operativer Stiftungen wesentlich als historische Hinterlassenschaft zu werten ist. In der Tat läßt sich der Datenbank entnehmen, daß mehr als 50 Prozent der operativen Stiftungen, bei denen das Gründungsjahr angegeben ist, vor 1945 errichtet worden sind, während der entsprechende Anteil bei Förderstiftungen lediglich bei etwa einem Drittel liegt.

Abb. 7: **Prozentuale Entwicklung der Anzahl neu gegründeter operativer und Förderstiftungen im 20. Jahrhundert**

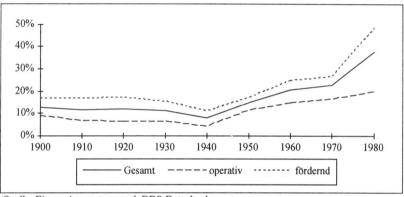

Quelle: Eigene Auswertung nach DDS-Datenbank

Betrachtet man den prozentualen Anteil von operativen und gemischten Stiftungen an allen Stiftungsneugründungen seit 1945, so zeichnet sich ein deutlicher Abwärtstrend ab. Während noch mehr als 40 Prozent der in den ersten Nachkriegsjahren gegründeten Stiftungen operativen oder teiloperativen Charakter hatten, sank der Anteil auf ungefähr 20 Prozent in den 1980er Jahren. Während der relative Anteil der Mischstiftungen dabei nur graduell zurückging, sind bei rein operativen Stiftungen in den Daten während der 1950er und 1980er Jahren zwei bemerkenswerte Sprünge zu verzeichnen, die einen besonderen Boom der Förderstiftungen andeuten. Zu Beginn der 1990er Jahre jedoch - soweit die Daten eine derartige Aussage zulassen - scheint sich der Anteil operativer Stiftungen an den Neugründungen wieder zu stabilisieren. Obwohl in Relation zu den Förderstiftungen der Anteil operativer Stiftungen rückläufig ist, bleibt der operative Subsektor ein bedeutender Bestandteil des Stiftungswesens. Nach einer Phase relativer Stabilität in der Entwicklung der Neugründungen in der ersten Hälfte des 20. Jahrhunderts und einem Einbruch während der 1930er Jahre bis zum Zweiten Weltkrieg, partizipierten operative Stiftungen ebenso wie Förderstiftungen an dem generellen Stiftungsboom der Nachkriegszeit (vgl. Abbildung 7).

Allerdings deutet sich schon seit den 1960er Jahren eine weitere Vergrößerung der Lücke zwischen den Wachstumsraten an, die sich mit dem Einsetzen des zweiten Stiftungsbooms der Nachkriegszeit in den 1980er Jahren rapide vergrößert. Nichtsdestominder zeigt die Entwicklung, daß der operative Teil des Stiftungswesen keineswegs nur ein Relikt der Vergangenheit ist, sondern auch in Zukunft eine bedeutende Rolle in der deutschen Stiftungslandschaft spielen wird.

Den historischen Kern des operativen Stiftungswesens bilden die Anstaltsstiftungen und darin die Hospitalstiftungen mit ihren sozialkaritativen Zwecksetzungen. Der historische Schwerpunkt auf sozialen Zielsetzungen und die im Vergleich zu Förderstiftungen grundlegend verschiedene Arbeitsweise von operativen Stiftungen legen die Vermutung nahe, daß sich hinsichtlich der Tätigkeitsschwerpunkte deutliche Unterschiede zu Förderstiftungen ergeben. Eine Auswertung der Datenbank in dieser Hinsicht ergibt, daß Alten- und Pflegeheime mit 27 Prozent aller operativen Stiftungen die wichtigste Einzelkategorie darstellen, gefolgt von Einrichtungen des Sozialwesens mit rund 23 Prozent und kulturellen Organisationen mit 14 Prozent. Bildung und Wissenschaft mit 11,4 und das Gesundheitswesen mit 10,4 Prozent bilden zwei weitere Bereiche mit nennenswerter Stiftungsaktivität. Damit ergibt sich innerhalb der operativen Stiftungslandschaft eine starke Konzentration auf den Wohlfahrtsbereich: Auf das Sozial- und Gesundheitswesen entfallen somit über 60 Prozent aller operativen Stiftungen. Rechnet man Stiftungen im Wohnungswesen – überwiegend Alten- und Studentenwohnungen – als Sozialdienste im weiteren Sinne dazu, erhöht sich der Anteil der wohlfahrtsorientierten Einrichtungen auf über zwei Drittel. Kultur, Bildung und Wissenschaft zusammen machen ein weiteres Viertel aus, so daß sich die Vielfalt im operativen Stiftungswesen im wesentlichen auf nur vier Hauptbereiche beschränkt.

4. Der Staatsanteil

Schon seit etwa dreißig Jahren wird eine anhaltende „Tendenz der Verstaatlichung des Stiftungswesens" in der Literatur konstatiert (Schiller 1980: 201). Insofern erscheint es lohnenswert, anhand der nun zur Verfügung stehenden Daten einen genaueren Blick auf den eigentlichen Anteil öffentlicher Einrichtungen an der Gesamtheit der deutschen Stiftungen zu werfen. Die offensichtlichste Form staatlicher Beteiligung am Stiftungswesen ist die Stiftung öffentlichen Rechtes. Öffentlich-rechtliche Stiftungen dienen im allgemeinen der Dezentralisierung und Flexibilisierung öffentlicher Aufgaben und genießen daher zumindest prinzipiell einen teilautonomen Status. Allerdings unterliegen derartige Stiftungen in der Regel dem öffentlichen Haushalts- und Dienstrecht, was die stiftungstypische Flexibilität einschränkt und letztlich eine Abgrenzung von der regulären öffentlichen Verwaltung erschwert (Strachwitz 1994: 78; Totenhöfer-Just 1973: 24). Zu diesen Spezifika öffentlichrechtlicher Stiftungen treten häufig ebenfalls finanzielle Abhängigkeiten vom Staat sowie die politische Beeinflussung der Entscheidungsgremien (Maurice 1991: 142). Aus diesen Gründen wurde in letzter Zeit davon ausgegangen, daß die Gründung öffentlich-rechtlicher Stiftungen rückläufig ist (Srachwitz 1994: 79). Öffentlich-rechtliche Stiftungen konstituieren allerdings nicht das ganze Spektrum staatlicher Stiftungsaktivitäten. Zum Staatsanteil am Stiftungswesen sind ferner nicht rechtsfähige Stiftungen in öffentlicher Trägerschaft, in denen sich oftmals private Stiftungsleistungen in den öffentlichen Bereich hinein widerspiegeln, zu zählen sowie Stiftungen in privaten Rechtsformen, vor allem in bürgerlich-rechtlicher Form, die entweder durch öffentliche Körperschaften selbst errichtet werden oder deren Organe öffentliche Körperschaften wie Gemeinde, Stadt oder Kreis bilden.

Wie sieht nun der Staatsanteil am Stiftungswesen aus? Generell läßt sich festhalten, daß staatliche Stiftungen knapp 15 Prozent aller deutschen Stiftungen ausmachen. Unter den Stiftungsneugründungen der letzten fünfzig Jahre, wie aus Abbildung 8 hervorgeht, lag der Staatsanteil bei etwas unter einem Fünftel mit Ausnahme der 1980er Jahre, wo er auf nurmehr 11 Prozent im Zuge des privaten Stiftungsbooms sank. Weiterhin lassen sich Trends bei der Wahl der Rechtsform für öffentliche Stiftungsgründungen aufzeigen, obwohl alle drei oben erwähnten Typen staatlicher Stiftungen zahlenmäßig etwa gleich stark vertreten sind. Dabei ist vor allem der Zuwachs an öffentlichrechtlichen Stiftungen in den 1970er und bürgerlich-rechtlicher Stiftungen in den 1980er Jahren auffällig (Abbildung 8). War die Rechtsformwahl der öffentlichen Stifter traditionell eher „Zufallsentscheidung" (Totenhöfer-Just 1973: 21), scheint die Entwicklung mittlerweile in der Tat in Richtung der flexibleren privatrechtlich gestalteten Stiftung zu tendieren. Obgleich es sich nicht so zu verhalten scheint, daß in den letzten Jahren „*kaum noch Stiftungen des öffentlichen Rechts errichtet*" werden (Strachwitz 1994: 79), muß aber angemerkt werden, daß der tatsächliche Anteil der öffentlichen Stiftungen in privaten Rechtsformen hier wahrscheinlich unterschätzt wird, da nur etwa 40 Prozent der seit 1945 gegründeten Förderstiftungen Angaben zum Stifter machten.

Abb. 8: Prozentualer Anteil staatlicher Stiftungen an Stiftungsneugründungen, seit 1945[8]

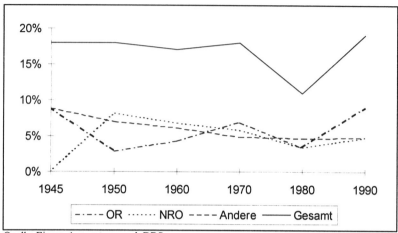

Quelle: Eigene Auswertung nach DDS

Die Entwicklung der Zwecke der Stiftungen im staatlichen Bereich unterscheidet sich von dem Gesamtbild (Abbildung 9). Bemerkenswert sind vor allem die gegenläufigen Entwicklungen im Wohlfahrts- und im Bildungs- und Wissenschaftsbereich. Öffentliche Stiftungen scheinen dabei an dem Ausbau des Sozialstaates seit den 1960er Jahren partizipiert zu haben, während Stiftungsgründungen in Bildung, Erziehung, Wissenschaft und Forschung stark rückläufig sind. Da der Anteil der Bildungs- und Wissenschaftsstiftungen im gesamten Stiftungswesen seit den 1970er Jahren relativ stabil geblieben ist, ergibt sich, daß der Rückgang der öffentlichen Stiftungen in diesen Bereichen weitgehend durch einen Zuwachs an privaten Stiftungen aufgefangen wurde. Im Wohlfahrtsbereich dagegen wurde die rückläufige allgemeine Tendenz durch die positive Entwicklung der öffentlichen Stiftungen nicht abgefedert. Lediglich im Kulturbereich zeigen sich gleichlaufende Entwicklungen. Der generelle Trend zur Gründung von Kulturstiftungen ist daher zum Teil auch auf öffentliche Aktivität in diesem Gebiet zurückzuführen.

---

8   Anmerkung: OR = Öffentlich-rechtliche Stiftungen; NRO = nicht rechtsfähige öffentliche Stiftungen; Andere = private Rechtsformen

Organisations- und Finanzstruktur der Stiftungen in Deutschland 227

Abb. 9: **Prozentuale Entwicklung der Zwecke staatlicher Stiftungen seit 1945**[9]

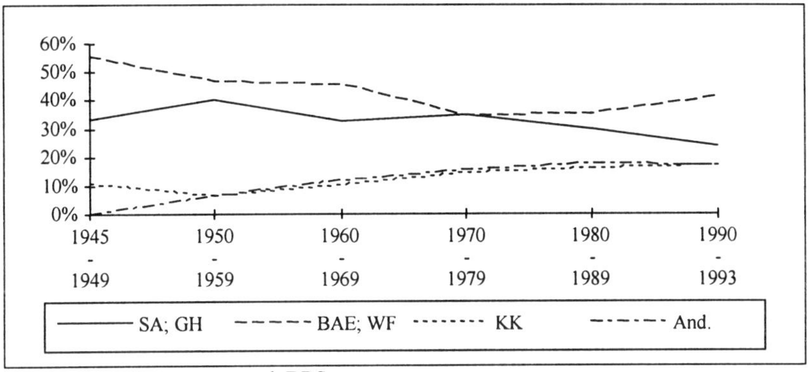

```
60%
50%
40%
30%
20%
10%
 0%
     1945   1950   1960   1970   1980   1990
      -      -      -      -      -      -
     1949   1959   1969   1979   1989   1993

     ——— SA; GH   ----- BAE; WF   ······· KK   —·—·— And.
```

Quelle: Eigene Auswertung nach DDS

Wie in der Literatur bereits angemerkt, kann sich allerdings die Verstaatlichung des Stiftungswesens „*nicht so sehr in Form staatlicher Stiftungsgründungen, sondern mehr durch ein Einspringen des Staates in Finanzierungslücken bei vorhandenen Stiftungen*" zeigen (Schiller 1980: 201). Eine Verstaatlichung auf diesem Wege erweist sich beispielsweise recht deutlich im älteren Teil des Stiftungswesens. Das Überleben der Stiftungen über mehrere Jahrhunderte scheint sich auch damit erklären zu lassen, daß sie teilweise in staatliche Obhut übernommen wurden. Von heute noch existenten 174 deutschen Stiftungen, die bis einschließlich des Jahres 1500 gegründet wurden, sind rund 41 Prozent in öffentlich-rechtliche Stiftungen oder nicht rechtsfähige Stiftungen des öffentlichen Rechts überführt worden. Weitere rund 31,5 Prozent in bürgerlicher Rechtsform geben die Öffentliche Hand in Form von Gemeinde-, Stadt- und Kreisverwaltungen als Stiftungsorgan an. Damit liegt der Anteil der Stiftungen aus dieser Zeit, die nicht direkt dem öffentlichen Sektor zugerechnet werden können, nur knapp über 25 Prozent, was perspektivisch gesehen auf eine traditionell eher symbiotische Natur des Verhältnisses zwischen Staat und Stiftungen in Deutschland hinzuweisen scheint. Hieraus ließe sich wiederum schließen, daß die staatliche Präsenz unter Anstalts- und operativen Stiftungen höher liege als bei reinen Förderstiftungen. Dies trifft auch begrenzt zu, da der Staatsanteil hier bei etwa 22 Prozent liegt. Allerdings zeigen die Daten, daß der Anteil staatlich-kontrollierter operativer

---

9   Anmerkung: SA = Soziale Aufgaben; GH = Gesundheit; BAE = Bildung und Erziehung; WF = Wissenschaft und Forschung; KK = Kunst und Kultur; And. = Andere.

Stiftungen am gesamten Stiftungswesen eine generell sinkende Tendenz aufweist.

5. Wirtschaftliche Bedeutung und Finanzstruktur

Aussagen über die Finanzdaten der deutschen Förderstiftungen bleiben auch nach Erhebung der Datenbank problematisch. Obgleich zwar in der ersten Erhebung rund 35 Prozent der reinen Förderstiftungen Angaben über die Höhe des Stiftungsvermögens zum Buchwert, 30 Prozent über Gesamtausgaben und 23 Prozent über Gesamteinnahmen, machten, sind die Angaben nur selten vollständig. Allerdings ermöglichen die Daten grobe Hochrechnungen. Entsprechend beziffern Anheier und Romo das akkumulierte Stiftungskapital mit mindestens 23 Milliarden DM und das Fördervolumen mit rund drei Millarden DM für das Jahr 1991 (Anheiner/Romo 1993). Diese Zahlen spiegeln gleichzeitig den relativ begrenzten finanziellen Spielraum des Stiftungswesens wider. Ins Verhältnis gesetzt machen die geschätzen drei Milliarden an Förderausgaben nicht mehr als 0,1 Prozent des Bruttosozialproduktes oder 0,7 Prozent der staatlichen Nachfrage aus.[10]

Weiterhin sind nicht nur die im Stiftungswesen gebundenen Mittel im allgemeinen verhältnismäßig gering, sondern darüber hinaus läßt sich vermuten, daß die Stiftungslandschaft weitgehend von einigen kapitalstarken Großstiftungen dominiert wird. Auch hierzu lassen sich der Datenbank einige interessante Ergebnisse entnehmen. Die knapp 1.300 Förderstiftungen, die Angaben zum Vermögen machten, hielten ein aggregiertes Stiftungsvermögen von rund 7,4 Mrd. DM bei einem durchschnittlichen Vermögen von ca. 5,8 Mio. DM. Allerdings liegt der Medianwert des Vermögens bei nur 316.000 DM, woraus sich recht eindeutig ergibt, daß das Gros des akkumulierten Stiftungsvermögens sich auf einige wenige Großstiftungen verteilt. In der Tat verfügen nur 1,3 Prozent der Stiftungen über ein Vermögen von 50 Mio. DM und mehr; diese halten aber rund 71 Prozent des aggregierten Vermögens. Demgegenüber stehen Kleinstiftungen mit einem Stiftungskapital unter einer Mio. DM, die zwar knapp 70 Prozent aller Stiftungen ausmachen, aber nur über 3 Prozent des gesamten Vermögens verfügen. Nach der Vermögensverteilung zu urteilen, erweist sich das deutsche Stiftungswesen folglich als

---

10 Die vergleichbaren Kennzahlen für die USA sind allerdings auch nur marginal höher, was etwa Salamon zu der Aussage veranlaßt, daß selbst in den USA sowohl die gesellschaftliche Rolle als auch die Bedeutung der Stiftungsausgaben oftmals übertrieben werden (vgl. Salamon 1992: 18).

hochgradig konzentriert. Ein ähnliches Bild zeigt sich auch mit Bezug auf die Ausgaben der Stiftungen. 1.090 reine Förderstiftungen deklarierten akkumulierte Ausgaben in Höhe von 1,4 Mrd. DM. Während die Ausgaben pro Stiftung dabei im Mittel 1,3 Mio. DM betrugen, liegen sie im Median bei lediglich 40.000 DM. Nur 8,6 Prozent der Förderstiftungen erklärten jährliche Ausgaben von einer Mio. DM und mehr. Diese machten allerdings 92,6 Prozent aller Stiftungsausgaben aus.

6. Zusammenfassung

Ziel dieses Beitrages war es, einen empirischen Überblick über das deutsche Stiftungswesen anhand der ersten Erhebung der Datenbank des Deutschen Stiftungswesens zu geben. Dabei zeigt sich, daß die nun zur Verfügung stehenden Daten ein weitaus facettenreicheres Bild der deutschen Stiftungslandschaft erlauben, als es vorher möglich war. Diese Fülle neuer historischer, struktureller und ökonomischer Daten erlaubt ebenfalls gängige Annahmen über das deutsche Stiftungswesen entweder zu bestätigen oder zu relativieren. Beispielsweise läßt sich anhand der Daten über Stiftungsneugründungen und die Entwicklung der Zwecksetzungen das in der Stiftungsdebatte häufig angeführte Argument qualifizieren, daß eine Ausweitung der Staatstätigkeit zu einer Verdrängung privater Stiftungstätigkeit führt (Toepler 1996: 187 ff.). Während über die letzten fünfzig Jahre Wohlfahrtszwecke im Zuge des Ausbaus des Sozialstaates relativ abgenommen haben, zeigt sich aber andererseits, daß staatliche Dominanz in bestimmten Bereichen nicht notwendigerweise zu einer Verdrängung führen muß, wie etwa das relativ konstante Stifterinteresse am Bildungs- und Forschungsbereich oder das steigende Interesse am Kulturbereich dokumentieren. Insgesamt erlauben die Daten endlich eine empirische Untermauerung der Stiftungsdiskussion, die zu einem neuen Verständnis des Verhältnisses zwischen Stiftung und Staat sowie zu einer fundierteren Einschätzung der gesellschaftlichen Rolle und Bedeutung des Stiftungswesen führen sollte.

7. Literaturverzeichnis

Anheier, H./Romo, F. (1993): Foundations in Germany and the United States: A Comparative Analysis of Size, Scope, and Variations. Referat auf dem Forschungssymposion „Foundations - An International Research Symposium". Paris, Oktober 1993

Bertelsmann Stiftung (1992): Tätigkeitsbericht 1992. Gütersloh: Verlag Bertelsmann-Stiftung, S. 62

Brummer, E. (Hg.) (1996): Statistiken zum deutschen Stiftungswesen. München: Mecenata Management

Bundesverband Deutscher Stiftungen e.V. (Hg): Verzeichnis der Deutschen Stiftungen. Darmstadt 1991 und 1994: Maecenata Management, Maecenata Stiftungsführer. München 1994 und 1996

Coing, H. (1981): Remarks on the History of Foundations and their Role in the Promotion of Learning. In: Minerva, 19. Jg., Nr. 2, S. 271-281

Campenhausen, A. F. v. (1988):Stiftungsschicksale. Materialien aus dem Stiftungszentrum Nr. 20. Essen

Heuser, U. (1994): Der Billionen-Segen. In: Die Zeit, 26. August 1994, S. 9

Karpen, U. (1980): Gemeinnützige Stiftungen im pluralistischen Rechtsstaat - Neuere Entwicklungen des amerikanischen und deutschen Stiftungs-(steuer-)rechtes. Frankfurt am Main: Metzner

Maurice, K. (1991): Promoting Culture in a Federal Context: The Cultural Foundation of the German Länder. In: Museum Management and Curatorship, Nr. 10, 1991, S. 138-142

Möller, R. (1989): Aktuelle Probleme des deutschen Stiftungswesens. In: Ludwig-Erhard-Stiftung (Hg.): Markt, Staat und Stiftungen. Stuttgart und New York: Lucius&Lucius, S. 25-36

Nipperdey, T. (1989): Die Bürger und die schönen Künste. In: Hauer, R./Goerdeler, R./Kreuser, K./Pölnitz-Egloffstein, W. F. v. (Hg.): Deutsches Stiftungswesen 1977-1988. Bonn, S. 207-219

Salamon, L. (1992): America's Nonprofit Sector: A Primer. New York: Foundation Center

Schiller, T. (1969): Stiftungen im gesellschaftlichen Prozeß. Baden-Baden: Nomos Verlags-Gesellschaft

Strachwitz, Graf R. (1994): Stiftungen - nutzen, führen und errichten: ein Handbuch. Frankfurt am Main: Campus

Strachwitz, Graf R./Toepler, S. (1996): Traditional Methods of Funding: Foundations and Endowments. In: Doyle, L. (Hg.): Funding Europe's Solidarity: Resourcing Foundations, Associations, Voluntary Organisations and NGO's in the Member States of the European Union. Brüssel, S. 100-108

Toepler, S. (1996): Das gemeinnützige Stiftungswesen in der modernen demokratischen Gesellschaft - Ansätze zu einer ökonomischen Betrachtungsweise. München: Maecenata-Management

Totenhöfer-Just, G. (1973): Öffentliche Stiftungen - Ein Beitrag zur Theorie der intermediären Finanzgewalten. Baden-Baden: Nomos Verlags-Gesellschaft

Rainer Sprengel

Stiftungen und Bürgergesellschaft: Ein empirischer, kritischer Überblick

„Wir brauchen ‚Stifter', die mit Geld oder mit Zeit gemeinnütziges Engagement fördern."

Johannes Rau, Roman Herzog, Richard von Weizsäcker und Walter Scheel in einer gemeinsamen Erklärung vom 12.9.1999

1. Einleitung

Stiftungen stellen eine besondere und wichtige Organisationsform bürgerschaftlichen Engagements dar und sind eine tragende Säule der selbstbewußten Bürgergesellschaft. Diese Behauptung ist am Anfang eines Aufsatzes in dem vorliegenden, von den Traditionen und Perspektiven engagierter Bürgerschaft handelnden Buch allzu selbstverständlich, als daß ihr der Leser (und der Autor) einfach Glauben schenken sollte. Tatsächlich ist der Satz in vielerlei Hinsicht begründungspflichtig. Eine solche Begründung wird im folgenden versucht, auch anhand empirischen Materials, das der beim Maecenata Institut in Berlin geführten Datenbank deutscher Stiftungen entstammt[1]. Wie jeder ernsthafte Versuch einer Begründung schließt dies die kritische Reflexion des Gegenstandes ein. Nur so läßt sich klar erkennen, durch welche Eigenschaften Stiftungen im Unterschied zu anderen Organisationsformen einen unverwechselbaren Beitrag zum Charakter einer Bürgergesellschaft leisten können.

Die Argumentation wird sich in fünf Abschnitte gliedern: Zunächst ist zu klären, von welcher Art von Stiftungen nur die Rede sein kann, wenn es um

---

1 Die im folgenden verwendeten Zahlen entstammen Auswertungen der Datenbank mit dem Stand September 1999. Insofern weichen die Zahlen natürlich von den 1998 als Statistik des deutschen Stiftungswesens publizierten Zahlen ab (vgl. Brummer/Ruprecht 1998). Sofern Berechnungsmodalitäten verändert wurden, ist dies gesondert als Fußnote vermerkt.

die Bürgergesellschaft geht, denn nicht alle der 8200 in der Datenbank erfaßten und schätzungsweise mehr als 9000 bestehenden Stiftungen in Deutschland können ohne weiteres dazu gerechnet werden. Danach wird eine zentrale Illusion thematisiert, die viele Diskussionen um Gegenwart und Zukunft des Stiftungswesens prägt und besonders die Erörterung des Verhältnisses von Stiftungswesen und Bürgergesellschaft auf eine schiefe Ebene bringt: die Vermögenstransferillusion. In drei Schritten werden dann Elemente aufgezeigt, durch die Stiftungen als Teil der Zivilität einer Bürgergesellschaft qualitativ eine wichtige Rolle innehaben können, und zugleich wird anhand verfügbaren Materials geprüft, ob sich diese Qualitäten auch empirisch darstellen lassen: die dem Stiftungswesen inhärente Zeitdimension, die Dimension des Eigensinns und das prekäre Verhältnis von Genesis und Geltung einer Stiftung werden hierbei in das Zentrum der Betrachtung rücken. Im Fazit wird schließlich die oben vielleicht allzu leicht hingeworfene Behauptung einen explizierbaren Sinn erhalten - oder auch nicht.

2. Welche Stiftungen können überhaupt als Teil der Bürgergesellschaft betrachtet werden?

In der eingangs zitierten Erklärung des jetzigen Bundespräsidenten und seiner Vorgänger heißt es zur Bürgergesellschaft: *„Erst die Vielfalt der Freiheiten und Verantwortlichkeiten, Initiativen und Engagements, Freiwilligkeit und Verpflichtungen - also eine verantwortungsbereite Bürgergesellschaft - halten das Gemeinwesen zusammen."* Trotz der Vagheit dieser Umschreibung, die noch durch die Pluralformen verstärkt wird, weiß doch jeder, an wen sich diese Erklärung richtet, wenn man sich klar macht, an wen sie sich nicht richtet. Der Appell zielt weder auf den *citoyen* in uns, der sich um die Staatsgeschäfte sorgt, noch auf den *bourgeois* in uns, dem es um das eigene Wohlergehen bzw. das Wohlergehen der eigenen Familie zu tun ist[2]. Die Erklärung

---

2   Die duale Entgegensetzung von citoyen und bourgeois läßt eigentlich keinen Raum für ein Drittes: dieser Entgegensetzung entspricht das Assoziationsverbot, wie es im 19. Jahrhundert in Frankreich Bestand hatte. Der Begriff der Bürgergesellschaft behauptet einen Raum, in dem öffentliches Wohl diskutiert und hergestellt wird, ohne daß dieser Raum damit zum Teil des Staates und der um den Machterwerb in diesem Staat konkurrierenden Politik würde. Die moderne Demokratie ist nicht einfach als Mega-Polis zu begreifen. Damit spaltet sich auch der Begriff der Politik auf. Politiker und politische Parteien konkurrieren um den Erwerb von Macht über den Staat, um mit dessen Mitteln ihre jeweiligen Vorstellungen verwirklichen zu können. In einer Demokratie ist dies vielfältigen Prozeduren, Kontrollen und Einschränkungen wie Minderheitenschutz, Rechtsstaatlichkeit, ge-

hat vielmehr etwas Drittes vor Augen, das in uns sein kann, aber nicht sein muß, nämlich die zivilisatorisch bedeutsame Fähigkeit, als Individuum aufgrund eigenen Entschlusses und eigener Einsicht für Andere und die Welt tätig werden zu können, ohne durch Verwandschaftsbeziehungen dazu bestimmt, noch durch die Aussicht auf persönlichen Reichtum oder alternativ auf Partizipation an einem vermeintlich objektivem Weltgeist dazu verlockt worden zu sein[3]. Kurzum: es geht um das Vermögen der Philanthropie[4].

Stiftungen stellen eine klassische Form mit einer alten Tradition dar, in der sich dieses philanthropische Vermögen organisieren kann: die älteste, heute noch existierende Stiftung in Deutschland ist im 10. Jahrhundert gegründet worden - ein wahrhaft biblisches Alter, das von einer erfolgreichen Organisationsart zeugt, die in Deutschland die Haltbarkeit politischstaatlicher Gebilde an Kontinuität bei weitem übertrifft. Zugleich aber hat das Stiftungswesen immer wieder eine erstaunliche Erneuerungsfähigkeit bewiesen. So blicken die an den amerikanischen community foundations orientierten Bürgerstiftungen in Deutschland auf noch nicht einmal fünf Jahre Geschichte zurück. Zwar hat es schon im 19. Jahrhundert Stiftungen als Zusammenschluß von Bürgern gegeben, die sich Bürgerstiftungen nannten. Bei diesen war aber die patriarchalische Sorge wohlsituierter Bürger um das Gemeinwesen dominierend, während die heutigen Bürgerstiftungen von vornherein von einem partizipativen Gedanken geprägt werden (vgl. hierzu den Beitrag von Stefan Kappe in diesem Band).

Das Besondere an der Tradition der Stiftung als einer Organisationsform philanthropischen Vermögens ist der weltliche Realismus: nämlich die Ausstattung mit einem Vermögen, das es erlaubt, in eben dieser Welt nachhaltig Wirkung zu entfalten. Völlig unerheblich ist dabei die Form solchen Vermögens. Auch wenn viele bei dem Wort Stiftung spontan an Geldvermögen, Aktien oder an Eigentum von materiellen Dingen (Grundstücke, Häuser usw.) denken mögen, kommt es auf solche Formen nicht an. Das symbolische Kapital kann ebenso wirksam sein. So besteht das eigentliche Vermögen der „Stiftung Fliege" in der Person des bekannten „Fernsehpastors" und seinen

---

richtliche Überprüfung unterworfen. Der citoyen in uns interessiert sich für diese Seite, wählt, tritt für eine politische Richtung ein usw. Abgesehen vor allem von themenanwaltschaftlichen Gruppen, besteht das Politische an bürgerschaftlichem Engagement, ob in Form von Ehrenamtlichkeit, Stiftungen oder Vereinen, in der Herstellung von Gemeinwohl und Gemeinsinn. Idealtypisch: während der Politiker/politische Parteien die Macht erwerben wollen, um mit Hilfe staatlicher Mechanismen ein öffentliches Gut zu produzieren, versucht bürgerschaftliches Engagement dies durch die aufgewendete Zeit, Energie und Geld unmittelbar zu erreichen.

3 Im Sinne von Teilhabe an oder Ausübung von staatlicher Macht.
4 Vermögen ist hier im kantischen Sinne zu verstehen.

Sendungen. Bundespräsidenten, deren Frauen und andere bekannte Persönlichkeiten haben Stiftungen in entsprechender Weise ihr symbolisches Kapital initiierend oder ergänzend zugute kommen lassen.

Neben Tradition, philanthropischem Vermögen und philanthropischem Realismus wird das gegenwärtige Stiftungswesen natürlich auch von der Definitionsmacht des Rechtsstaates geprägt. Konkurrierende Gesetzgebung, Evolutionen in der laufenden Rechtssprechung, teilweise erheblich divergierende Verwaltungspraktiken und ein BGB, dessen einschlägige Artikel noch in der Tradition des Obrigkeitsstaates wurzeln, haben zu einer Vielfalt von Stiftungsformen und zu einem erheblichen Reformbedarf geführt. Da etwa 95% der Stiftungen gemeinnützig tätig sind, kommen zum eigentlichen Stiftungsrecht ergänzend die Definitionsmacht und der Reformstau des Gemeinnützigkeitsrechts hinzu. Für diesen Komplex sei auf einschlägige Literatur, z.B. das Handbuch des Stiftungsrechts (Campenhausen 1999) mit seinen knapp 1000 Seiten, die Arbeit der von der Bertelsmann Stiftung und dem Maecenata Institut einberufenen Expertenkommission zur Reform des Stiftungs- und Gemeinnützigkeitsrechts (Bertelsmann-Stiftung 1999) sowie auf den Beitrag von Rupert Graf Strachwitz zur Reformdiskussion in diesem Band verwiesen.

Betrachtet man vor dem Hintergrund der bisherigen Ausführungen das Stiftungswesen in Deutschland, so scheiden eine Reihe von Stiftungen von der weiteren Betrachtung aus, insofern es um sie als Teil der Bürgergesellschaft geht.

Nicht dazu gehören dann ganz offensichtlich die von staatlichen Organen errichteten Stiftungen öffentlichen Rechts, die zur Zeit 10% der erfaßten Stiftungen ausmachen. Errichtet per Erlaß oder Gesetz, verbleiben sie in der Hoheitsverwaltung des Staates. Ein Bestandsschutz, wie er selbständigen Stiftungen bürgerlichen Rechts zukommt, läßt sich für Stiftungen öffentlichen Rechts in der Regel nicht begründen. Es ist also mitnichten so, daß der Staat, analog einem Individuum, in Form solcher Stiftungen von sich etwas hinweggäbe. Es fehlt mit anderen Worten der philanthropische Impuls (anders ist dies allerdings dann, wenn staatliche Institutionen, wie jüngst bei der DEFA-Stiftung, Stiftungen bürgerlichen Rechts begründen).

Unter den Hauptgründen, warum überhaupt Stiftungen öffentlichen Rechts staatlicherseits gegründet werden, ist allerdings einer, der auch die Bürgergesellschaft betrifft. Insbesondere mit der Überführung von staatlichen Kulturinstitutionen in Stiftungen öffentlichen Rechts oder deren Errichtung verbindet sich auch der Hintergedanke, daß ein Bürger einer „Stiftung" Vermögenswerte eher anvertrauen werde[5].

Damit scheint das Problem reiner Namensstiftungen auf, das heißt solcher Organisationen, die lediglich das Wort Stiftung des guten Rufes wegen in ihrem Namen führen: es steht Stiftung drauf, aber es ist gar keine Stiftung drin. Dies trifft, außer bei der Friedrich-Naumann-Stiftung, insbesondere auf die parteinahen politischen Stiftungen zu. Sie sind eingetragene Vereine ohne nennenswertes Eigenvermögen. Im Gegensatz zu jenen Stiftungen, deren wesentliches Kapital in einem gestifteten guten Namen besteht, verwenden diese das Wort Stiftung als symbolisches Kapital. Die erhebliche Ausstattung mit Bundeszuschüssen hat aber seit ihrer Einrichtung dazu geführt, daß sie durch ihre gewiß verdienstvolle Tätigkeit in der politischen Bildung, der Förderung des wissenschaftlichen Nachwuchses und der Völkerverständigung im In- und Ausland für viele das typische Bild einer Stiftung abgeben. Gleichwohl gehören sie in die Erörterung des Verhältnisses von Vereinswesen, Parteiendemokratie und Bürgergesellschaft, nicht aber in diejenige von Bürgergesellschaft und Stiftungswesen.

Aus anderen Gründen als bei solchen Namensstiftungen scheiden schließlich noch einige weitere, quantitativ marginale Formen aus, bei denen es sich zwar wirklich um Stiftungen handelt, die aber von ihrem Zweck her aus der Idee der verantwortungsbereiten Bürgergesellschaft herausfallen. Dazu zählen jene überkommenen Familienstiftungen, deren erster Zweck die Fürsorge für die familiären Nachkommen ist, sowie des weiteren jene vereinzelten Formen, in denen die Stiftung den Fortbestand eines Unternehmens über den Tod des Unternehmers hinaus sichern sollen.

Das bedeutet allerdings nicht, daß nur Stiftungen für die Betrachtung des Verhältnisses zur Burgergesellschaft in Betracht kommen, die von einzelnen oder mehreren individuellen Stiftern gegründet werden. Die Diskussionen um Corporate Community Investment haben hinlänglich gezeigt, daß auch Unternehmen, Vereine und andere Organisationen jenseits des Staates als korporierte Bürger betrachtet werden können. Gemeinnützige Stiftungen, wie zum Beispiel die Kulturstiftung der Deutschen Bank oder die Bertelsmann Stiftung gehören dazu, unabhängig davon, ob deren Errichtung in letzter Instanz maßgeblich von der Person eines Unternehmensgründers abhängt oder nicht.

---

5 Andere Hauptgründe für die Errichtung solcher Stiftungen sind z.B. das Überspringen einer zu langsam mahlenden Mühle der Verwaltungsreform oder die Lösung von vereinigungsbedingten Problemen.

3. Vermögenstransferillusion

An die gut 7000 Stiftungen, die nach den soeben erläuterten Ausschlüssen für die Diskussion bürgerschaftlichen Engagements von Interesse sind, und vielleicht sogar mehr noch an die vielen tausend noch nicht gegründeten Stiftungen knüpfen sich illusionäre Erwartungen, die nicht bloß zu Enttäuschungen und Verdruß führen, sondern die die mögliche Qualität von Stiftungen für eine Bürgergesellschaft prinzipiell verkennen.

Eine zentrale Illusion ist die des Vermögenstransfers. Typisch für sie ist die Einlassung des Justizsenators eines Bundeslandes, das nicht gerade eine Hochburg des Stiftungswesens darstellt: im Hinblick auf die erwartete Vererbung von 1,5 Billionen DM in den nächsten Jahren appelliert er an die „bürgerlichen Tugenden von früher" (Der Tagesspiegel 1999). Er erhofft sich insbesondere davon, daß Lücken, die der Staat hinterlasse, weil er sich wegen seiner Überschuldung aus der Erfüllung verschiedener Aufgaben zurückziehen müsse, von solchen Stiftungen geschlossen würden.

Schon empirische Gründe müssen hier zu realistischer Zurückhaltung mahnen. Mangels einer entsprechenden Publikationspflicht können das Vermögen und die jährlichen Ausgaben aller existierenden deutschen Stiftungen nur ausgehend von den etwa 1/3 Stiftungen geschätzt werden, die freiwillig Angaben machen. Das Vermögen aller deutschen Stiftungen liegt mit Sicherheit deutlich unter 100 Milliarden, die Gesamtausgaben bei etwa 35 Milliarden DM, wobei dieser im Verhältnis zum Vermögen relativ hohe Betrag auch Einnahmen aus öffentlichen Zuschüssen und Leistungsentgelte sowie Spenden enthält. Der Blick auf die 1,5 Billionen erhofft sich insofern nicht bloß eine Stiftungsgründungswelle, sondern eine Stiftungsgründungssturmflut.

Auch vor dem Hintergrund international vergleichender Studien zum Dritten Sektor wird mit Illusionen gehandelt. In keinem entwickelten Land der Erde, auch nicht in den USA, in dem es zur Jahrtausendwende 50000 Stiftungen und darunter viele wirklich sehr vermögende Stiftungen gab, finanziert sich auch nur der Nonprofit-Bereich hauptsächlich aus philanthropischen Zuwendungen, von denen wiederum nur ein Teil von Stiftungen stammt. Im Durchschnitt der im Rahmen des Johns-Hopkins-Projekt untersuchten 19 Länder machte Philanthropie 11% der Einnahmen des Dritten Sektors aus (in den USA 13%) - gegenüber 47% Leistungsentgelten und 42% aus dem öffentlichen Sektor (vgl. Salamon/Anheier 1999). Zwar verändern sich diese Werte durch die Berücksichtigung ehrenamtlicher Tätigkeit erheblich, doch bei dem Blick auf die 1,5 Billionen DM geht es nicht um diese auch im Stiftungswesen selbst bedeutsame Seite philanthropischen Engagements. Richtig ist allerdings auch, daß der prozentuale Anteil in Deutschland mit 3% pekuniärem Einnahmeanteil besonders niedrig ist und insofern die Vermutung, daß hier doch mehr möglich sein müßte, nahe liegt.

Das eigentliche Problem der Vermögenstransferillusion liegt aber in der in ihr zum Tragen kommenden Kompensationstheorie: diese möchte die Stiftungsidee im Namen früherer Tugenden in eine Art freiwillige Steuerleistung verwandeln. Sie entspringt einem Denken, das Stiftungen speziell und den gemeinnützigen, dritten Sektor allgemein nur als von Bürgern freiwillig erbrachte Ergänzung und Erweiterung der Staatätigkeit, in der sich die wahre objektive Vernunft verkörpere, gelten lassen kann. Das Stiftungswesen, potentielle Stifter und Stifterinnen sowie der Dritte Sektor insgesamt sind gut beraten, sich solchen Funktionalisierungen bürgerschaftlichen Engagements zu widersetzen. Die Wahrheit solch einer etatistischen Perspektive hatte schon Hegel freimütig auf den Punkt gebracht: eine selbstbewußte Bürgergesellschaft wird in ihr immer zu einem bloßen Moment des objektiven Geistes *herabgesetzt.*

4. Zeitdimension des Stiftungswesens

Die Vermögenstransferillusion verkennt aber noch ein anderes zentrales Moment der Stiftungstradition: die ihr eigentümliche Zeitdimension, durch die sie sich von anderen Organisationsformen unterscheidet. Es ist kein Zufall, daß immerhin 20% der heute existierenden Stiftungen älter als 100 Jahre sind. Stiftungen sind dann eine besondere, originäre Form der Organisation philanthropischen Vermögens, wenn es um die nachhaltige Wirksamkeit geht. Ihre Tätigkeit soll sich natürlich in der jeweiligen Gegenwart auswirken, aber in einer kontinuierlichen Weise, auf lange oder sehr lange Sicht. So wie die Bürgerinitiative eine typische Form ist, um auf singuläre Ereignisse kurzfristig zu reagieren, ist die Stiftung eine angemessene Form, um mit langem Atem repetitiven oder voraussichtlich lang andauernden Problemen und Aufgaben zu begegnen. Entsprechend dient die Vermögensausstattung einer Stiftung typischerweise seit jeher dazu, daß aus den Erträgen des Vermögens die Tätigkeit der Stiftung finanziert wird, während das Vermögen selbst so erhalten oder vermehrt wird, daß dies Jahr für Jahr möglichst lange sich wiederholen mag.

In der deutschen Gesetzgebung hat sich diese Eigenart in der einschränkenden, einem Unendlichkeitsparadigma anhängenden Vorgabe niedergeschlagen, daß das Vermögen einer Stiftung ungeschmälert erhalten werden muß. Hält man aber diese Vorgabe für einen Moment fest, wird die Absurdität der Kompensationstheorie erst recht deutlich. Jede Million, die der von der Hand in den Mund, sprich den Steuern lebende Staat einspart, würde gut 20 Millionen an Stiftungsvermögen voraussetzen, um sie zu ersetzen[6]. Selbst wenn die ganzen 1,5 Billionen vermuteten Erbmark in Stiftungen fließen würden, würde dies bestenfalls reichen, um die jährliche Neuverschuldung des Bundes zu ‚kompensieren'. Nein, Politik und staatliche Verwaltung müssen ihre Probleme mit den ihnen angemessenen Mitteln selber lösen – und wir als daran beteiligte citoyen mit ihnen.

Die Zeitdimension des Stiftungswesen wird mit dem Ewigkeitspostulat, wie es noch in Deutschland herrschend ist, überstrapaziert. Stifter, die im Mittelalter und der frühen Neuzeit für die Dauerhaftigkeit ihres Stiftungswerks ausdrücklich auf das Wohlgefallen Gottes setzten, hatten dabei stets zweierlei vor Augen: zum einen die absehbar erscheinende Endlichkeit der Welt, zum anderen die Einsicht, daß ihr Stiftungswerk in die irdische Welt geworfen ist, mit all ihrer Unzulänglichkeit und Sündhaftigkeit.

Aus empirisch-historischer Sicht kann man natürlich lediglich zum zweiten Aspekt etwas sagen. Um nur zwei Erscheinungen aus diesem Jahrhundert zu nennen: im Zuge des 1. Weltkriegs sind im schwarzen Loch von Kriegsanleihen und Hyperinflation viele Stiftungen verschwunden und 40 Jahre DDR, in der eine aktive Politik der Auflösung von Stiftungen betrieben wurde, haben dort weitgehend eine Stiftungswüste hinterlassen[7]. In einer an Kriegen, Wirtschaftskrisen und Konflikten reichen Geschichte gab es viele weitere solche Umstände, unter denen Stiftungen untergingen. Glücklosigkeit oder Unfähigkeit in der Vermögensverwaltung, aber auch Untreue und staatliche Übergriffe taten immer wieder ein übriges. Mit anderen Worten: so beeindruckend die hohe Zahl an Stiftungen ist, die älter als 100 Jahre sind, ist es doch ebenso richtig, daß sie nur einen mehr oder weniger großen Rest der früher gegründeten Stiftungen darstellen.

Betrachtet man unter diesem Blickwinkel die zeitliche Schichtung der heute existierenden Stiftungen, so läßt sich verblüffenderweise eine durchaus typische Alterspyramide erkennen: ein breiter Sockel junger Stiftungen und eine tendenziell regelmäßige Ausdünnung der Pyramide, je älter Stiftungen sind. Vor dem Hintergrund dieser grundsätzlich gleichmäßigen Ausdünnung

---

6 Diese fiktive Kalkulation unterstellt die Verwandlung in jene Form von Stiftungsvermögen, das dauerhaft wirken soll, also selber nicht geschmälert werden darf. Um aus der Rendite dieses Vermögens dem Stiftungszweck 5% jährlich zuführen zu können, ist einiges an Professionalität nötig, da auch Verwaltungskosten, Inflationsausgleich usw. finanziert werden müssen.

7 Eine eindrucksvolle Auflistung der so verschwundenen Stiftungen für die ehemalige Provinz Sachsen findet sich in Dietze/Hunsdieck-Nieland (1999).

fallen dann um so mehr jene Ein- und Ausbuchtungen auf, die in Form von Kriegsjahrgängen und „Babyboom" z.B. aus dem Aufbau der deutschen Bevölkerungspyramide bekannt sind. Für den hier erörterten Zusammenhang sind besonders zwei Phänomene interessant.

Zum einen fällt der, relativ gesehen, sprunghafte Anstieg von Stiftungen auf, die ab 1848 gegründet wurden, und zwar bei näherer Betrachtung vor allem von individuellen Bürgern. Da es keinen Grund gibt anzunehmen, daß eine 1851 gegründete Stiftung eine überproportional größere Chance hatte, die Folgen des 1. Weltkrieges zu überstehen als eine 1835 gegründete, also nur wenige Jahre ältere Stiftung, liegt die Vermutung nahe, daß es ab 1848 eine länger anhaltende Stiftungstätigkeit als Ausdruck eines im historischen Sinn selbstbewußter werdenden Bürgertums gegeben hat[8].

Mit anderen Worten: nicht bloß der Blick in die USA, auch der in die eigene Geschichte zeigt, daß die lang andauernde Tradition des Stiftungswesen nicht als ein Relikt vormoderner Zeiten abgetan werden kann. Stiften war und ist zuallererst Ausdruck eines philanthropischen Vermögens als einer zivilisatorischen Fähigkeit, zu der sich jeder und jede im Rahmen seiner Möglichkeiten aufschwingen kann. Stets auch enthielten Stiftungen das Stiften von Zeit derjenigen, die sie begründeten und am Leben hielten. Die heutigen Bürgerstiftungen haben diese stillschweigende, häufig übersehende Komponente daher zu Recht in ein systematisches Angebot verwandelt.

Die Betrachtung der Zeitdimension zeigt noch einen anderen Aspekt auf: Stiftungen waren und sind zwar regelmäßig auf eine lang andauernde Wirkung bedacht. Ein Ewigkeitspostulat widerstreitet aber allzu sehr historischer Erfahrung und dem common sense, als daß es als Maßstab an eine Stiftung angelegt werden könnte. Auch für die vielen tausend Stiftungen, die seit Beginn der 1980er Jahre in Deutschland gegründet wurden, kann man die Prognose aussprechen, daß von ihnen in 100 oder 200 Jahren viele, vielleicht die meisten nicht mehr bestehen werden. Eine Stiftung auf Zeit, bei der nicht bloß die Rendite, sondern auch kalkuliert das Vermögen selbst für den Stiftungszweck verbraucht wird, wie es in den USA möglich ist, widerspricht deshalb der wirklichen Zeitdimension des Stiftungswesens prinzipiell nicht. Im Gegenteil trägt sie dieser in realistischer Weise Rechnung, indem sie dem Stiftenden die Möglichkeit gibt, von sich aus festzulegen, bis wann das Vermögen verbraucht sein soll - anstatt diesen Verbrauch ohnmächtig den

---

8   Ebenso auffällig ist der mit der Reichsgründung verbundene Bruch. Ein ähnliches Phänomen wiederholt sich in der bundesrepublikanischen Nachkriegsgeschichte, in der es in den 80er Jahren zu einem dynamisierten Stiftungsboom kam: dieser erhielt mit der Wiedervereinigung einen Einbruch, von dem er sich ab 1992 dann wieder erholt hat.

Wechselfällen der Geschichte und den vielen menschlichen Schwächen überlassen zu müssen.

5. Probleme der Genesis und Geltung von Stiftungen durch Bürger

In Deutschland wird das philanthropische Vermögen, wenn es sich in der Form einer Stiftung realisieren will, staatlicherseits einer harten Bewährungsprobe ausgesetzt, ohne daß dadurch ernsthafterweise die Dauerhaftigkeit des Erfolgs einer Stiftung verbessert würde. Auf die daraus resultierende Diskussion um eine Verbesserung der Rahmenbedingungen hatte ich schon hingewiesen.

An dieser Stelle kann ich mich daher auf zwei Aspekte beschränken. Erstens: was bedeutet der Akt des Stiftens einer Stiftung für die Bürgergesellschaft? Und zweitens: bleiben einmal gegründete Stiftungen Teil der Bürgergesellschaft?

5.1. Genesis

Die Frage nach der Genesis einer Stiftung, sofern diese Frage nicht auf die rechtlichen, sozialen, ideengeschichtlichen und historischen Rahmenbedingungen abzielt, führt zumeist in eine mehr oder weniger interessante Motivkunde, nicht selten verbunden mit dem Erkenntnisinteresse, ob sich und inwieweit sich neben altruistischen Motivbündeln bewußt oder unbewußt nicht auch ‚selbstsüchtige' Motive feststellen lassen mögen.

Solche Untersuchungen haben gewiß ihre Berechtigung, doch letztlich können sie nicht mehr als die Vielfalt der Motivlagen aufzeigen, was sich schon an der Vielfalt der Zwecke, die sicherlich ein wesentlicher Ausdruck der Motive sind, zeigt: so sind 56% der Stiftungen im sozialen Bereich, 35,5% in der Bildung, 21,5% in der Wissenschaft, 20,5% in Kunst und Kultur, 11,5% im Gesundheitsbereich, 5,8% im Umweltbereich und 4% im internationalen Bereich ausschließlich oder verbunden mit anderen Zwecken tätig, um nur einige wesentliche Kategorien zu nennen[9]. Hinter diesen allgemeinen

---

9   Diese Zahl scheint auf den ersten Blick erheblich von den Zahlen im statistischen Vorspann des Verzeichnisses deutscher Stiftungen 1997, hrsg. vom Bundesverband deutscher Stiftungen in Darmstadt als auch von der Statistik des deutschen Stiftungswesens (vgl. Fußnote 1), abzuweichen. Tatsächlich ist lediglich die Berechnungsform verändert. In den

Kategorien verbergen sich viele und häufig recht präzise Konkretisierungen: die eine Stiftung ist Träger einer national ausstrahlenden Kulturinstitution, die nächste fördert ein Jugendorchester, eine andere widmet sich verarmten alten Künstlern und schlägt so die Brücke zu sozialen Aufgabenwidmungen, eine vierte Stiftung vergibt Stipendien für angehende Betriebswirte, wieder eine andere fördert national und international ehrenamtliches Engagement und steht so neben einer Stiftung, die speziell für Bedürftige in einer kleinen Gemeinde etwas tun will - viele Zwecke im Detail und noch mehr Motive und vielschichtige Biographien von Stiftern, die dahinterstehen.

Stiftungen sind in besonderer Weise von individuellen Biographien geprägt (nur bei einigen wenigen Stiftungen, die im Zuge von Strategien der Unternehmenskommunikation gegründet werden, kann man hierüber im Zweifel sein, doch auch diese tragen die Handschrift der konkreten Personen, die sie einrichten oder führen). Formal drückt sich diese Tatsache im niedergelegten Stifterwillen, aber auch in Besonderheiten der Organisation der Stiftung aus. Auf den ersten Blick scheint an dieser biographischen Prägung nichts Überraschendes zu sein. Im Vergleich zur Organisationsform Verein tritt aber ein ganz besonderes Moment hervor, nämlich der Eigensinn, der dem Stiften einer Stiftung zugrunde liegt[10].

Einen Verein kann man mitgründen oder ihm beitreten, die meist relativ geringen Beiträge bezahlen und sich eventuell an den Vereinsgeschäften beteiligen: wenn man mit dem Verein unzufrieden ist, tritt man wieder aus. Mit anderen Worten: einem Verein ist eine gewisse Unverbindlichkeit zu eigen. Auch deshalb gehört er zu den beliebtesten Organisationsformen in Deutschland mit seinen ca. 350 000 Vereinen.

Die Errichtung einer Stiftung ist hingegen auch deshalb mit Nachhaltigkeit und Dauerhaftigkeit verbunden, weil nach einer wirksam gewordenen Stiftung das hingegebene Vermögen für den Stifter nicht mehr reprivatisierbar ist. Es steckt dadurch ein anderer Ernst in diesem Akt. Unterhalb der vielen Einzelmotive und Besonderheiten kann man in der Regel davon ausgehen,

---

genannten Publikationen wurden die Stiftungszwecke in ein Verhältnis zur Gesamtzahl der insgesamt angebbaren Stiftungszwecke gesetzt. Die dabei gebildeten Prozentwerte besagten entsprechend: 11% aller Stiftungszwecke gehören zum Bereich Kunst/Kultur. Da Stiftungen aber im Durchschnitt 1,7 Stiftungszwecke haben, weiß man dadurch natürlich nicht, wieviel Prozent der Stiftungen kulturelle Zwecke verfolgen – und genau das macht ein praktisches Problem dieser Zahlen aus, denn sie werden immer wieder so verstanden. Die Zahlen in diesem Text berechnen die jeweiligen Stiftungszwecke deshalb nicht in Bezug auf die Gesamtheit der feststellbaren Zwecke, sondern auf die Gesamtheit der Stiftungen. Daraus folgt dann die - scheinbar - erhebliche Zahlendifferenz.

10 Zum Begriff des Eigensinns vgl. die philosophische Darstellung des Selbstbewußtseins bei Hegel in der Phänomenologie des Geistes.

daß der Stifter sich mit der eigenen Endlichkeit auseinandergesetzt hat: darauf deuten nicht nur viele Formulierungen in manchmal spröden Stiftungssatzungen, die eindeutigeren Formulierungen in der Tradition des Stiftungswesens oder diejenigen Stiftungen, die von Todes wegen errichtet wurden, hin. Spätestens, wenn der potentielle Stifter an die Errichtung geht, zwingt ihn der Charakter der Nachhaltigkeit, zwingt ihn die Dauerhaftigkeit, die grundsätzlich Eigenschaft einer Stiftung bleibt, zu einer Auseinandersetzung mit der eigenen Endlichkeit.

Die Errichtung einer Stiftung stellt zu dieser Endlichkeit ein besonderes Verhältnis her. Indem ihr eigenes Vermögen übertragen wird, wird der eigene Tod anerkannt. Diese Anerkenntnis aber führt weder in Sinnlosigkeit noch in Beliebigkeit, sondern wird in ein Tun für andere gewendet. Und diese anderen sind weder die Familie, durch die man weiterzuleben hofft, noch der Staat, der in deutschen Denktraditionen zu lange idealisiert wurde. Zugleich ist die Stiftung gewiß auch ein stiller Protest gegen diese Endlichkeit.

Damit stellt die Tradition des Stiftungswesens wie die Errichtung der allermeisten Stiftungen das Dokument einer Humanität dar, die in besonderer Weise der conditio humana gerecht wird. Darin liegt ein qualitativer Beitrag des Stiftungswesen zur engagierten Bürgergesellschaft, der demjenigen, der aus den Effekten des philanthropischen Realismus folgt, also der Durchführung eigener oder der Förderung fremder Projekte, der Trägerschaft von Institutionen, der Unterstützung von Personen, der Initiierung von Ideen usf. mindestens ebenbürtig ist.

Das Grundproblem der engagierten Bürgergesellschaft in Form von Initiativen und Vereinen bleibt nämlich die Leichtigkeit des individuellen Desengagements der Bürger, die Chance zum Vorbehalt, zur Halbverbindlichkeit, der Rückzug auf den individuellen Genuß. Stiftungen und Stiftungstradition stellen hierzu ein nachgerade provozierendes Gegengewicht dar.

5.2. Geltung

Allerdings ist es gar nicht selbstverständlich, daß Stiftungen, die als eigensinniger und nachhaltiger Ausdruck bürgerschaftlichen Engagements entstehen, auch nach ihrer Errichtung Bestandteil und Ausdruck der Bürgergesellschaft sind. Es stellt sich nämlich mit und bei der Errichtung die Frage nach den Personen und Institutionen, die die Gewähr bieten, daß die Stiftung möglichst lange den Stifterwillen verwirklicht. Werden Stiftungen mit erheblichen Mitteln ausgestattet, so kann daraus ein eigenes Haus entstehen, also eine Korporation von Personen, die Rechts- und Finanzfragen kompetent verwalten,

Projekte prüfen oder selber durchführen und dabei eine übergreifende Tradition begründen. Doch die meisten Stiftungen in Deutschland sind klein: bei mindestens 85% übersteigt das Vermögen nicht fünf Millionen DM. Gleichzeitig kann man konstatieren, daß 66% der Stiftungen ausschließlich fördernd tätig sind, 12% weitere Stiftungen fördernd und operativ zugleich (die übrigen 22% sind rein operative Stiftungen), was mit anderen Worten bedeutet: die große Masse der Stiftungen tritt als Förderer von Personen und Projekten auf, sie verfügen dabei aber über relativ geringe Eigenmittel. Sofern dieser Sachverhalt nicht gezielt z.B. durch Einwerben von Spenden kompensiert werden soll, führt der philanthropische Realismus viele Stifter zu teilweise recht genauen Präzisierungen, wer oder was warum wie wo in welcher Form gefördert werden kann.

Eine typische Form solcher Präzisierung ist die regionale Beschränkung der Wirksamkeit einer Stiftung auf einen Landkreis, eine Stadt, ein Dorf, einen Stadtteil: dies trifft auf annähernd 50% der Stiftungen zu[11]. Nicht zuletzt auf der Ebene von Stiftungen mit sehr regionalisiertem Bezug ist es eine lange Tradition, daß ein Stifter seine Stiftung, alternativ zur Kirche, einer kommunalen Körperschaft überträgt. Dies geschieht nicht nur aus der Überzeugung, daß die Stiftung dort in guten und sicheren Händen sei, sondern auch aus der Überlegung heraus, daß sie damit am Ort der vorgesehenen Wirkungsstätte angesiedelt ist, und diese räumliche Nähe schon garantiere, daß auf Dauer das passiert, was der Stifter als Wille im Stiftungszweck verkörpert hat. Dabei wird allerdings leicht übersehen, daß ein Bürger, der heute einer Stadt eine Stiftung überträgt, etwas durchaus anderes tut, als ein Bürger, der seiner Stadt in der frühen Neuzeit eine Stiftung übertragen hat. Realistisch betrachtet ist heute eine kommunale Körperschaft nicht viel mehr als das unterste und schwächste Glied der Staatsorganisation. Auch wenn es immer wieder engagierte Stiftungsverwalter im kommunalen Rahmen gibt: de facto werden solche Stiftungen dem Risiko und häufig der Realität einer Vereinnahmung durch den Staat ausgesetzt. Ein guter Indikator solch einer Vereinnahmung ist es z.B., wenn solch eine Stiftung der Finanzier eines Projektes ist, das in der Öffentlichkeit zur Tat des Bürgermeisters wird.

---

11 Dieser Wert weicht erheblich von dem 1998 publizierten Wert ab. Der Grund liegt darin, daß ‚national' zugleich als default-Wert berücksichtigt wurde (dort wurden 14% als nur regional ausgewiesen). Ausgehend von den eindeutig regional, eindeutig national und eindeutig international indizierten Stiftungen wurden die default-Werte ausgeschlossen und statt dessen eine Berechnung durchgeführt, bei der auch die unterschiedliche Verteilung je nach Stiftungszweck berücksichtigt wurde. Letzteres ist notwendig, da bei einer Stiftung mit sozialen Zwecken die Wahrscheinlichkeit 4,5 mal höher ist, eine regionale Beschränkung zu haben, als etwa bei einer Stiftung mit politischer Zwecksetzung.

Darin liegt ein tieferer Grund und besteht eine besondere Perspektive von Bürgerstiftungen. Private Verwaltungsorganisationen, wie sie in den letzten zwanzig Jahren entstanden sind, stellen nämlich für viele auf das lokale Feld bezogenen Stifter selten eine echte Alternative zur verstaatlichten Kommune dar: die lokale Orientierung des Stifters ist nämlich regelmäßig auch Ausdruck einer starken Identifikation mit dem philanthropisch bedachten Ort. Da kann eine private Verwaltungsgesellschaft über noch so exzellente Kenntnisse verfügen - wenn sie nicht gerade zufällig am Heimatort eines regional bezogenen Stifters angesiedelt ist, wird er eine zu geringe Vertrautheit und vor allem Identifikation mit den lokalen Gegebenheiten unterstellen. Warum sollte ein Stifter, der für die Verhältnisse in seiner Heimatstadt Kiel etwas tun will, dies in die Hände einer Organisation in Essen oder München legen? Bürgerstiftungen als community foundations stellen hier ein überfälliges Angebot aus der Bürgergesellschaft an solche Stifter dar, zu wirken, ohne fürchten zu müssen, daß ihre Stiftung zu einen Ergänzungshaushalt der Kommune mutiert.

6. Fazit

Die Bürgergesellschaft hat an den Stiftungen, die zu ihr gehören, mehr als potentielle Quellen, die Projekte und Hilfe jenseits staatlicher oder privatwirtschaftlicher Mittel ermöglichen. Durch Stiftungen wird die heute engagierte Bürgergesellschaft an eine Tradition der Humanität gebunden, die aus der zivilisatorischen Fähigkeit eines philanthropischen Vermögens hervorgeht, das sich mit der Stiftung eine realistische, wirklichkeitsmächtige Form gibt[12]. Der in den Stiftungen dabei verkörperte Eigensinn gibt als zusätzliche Qualität die Provokation, daß das Eingedenken an die eigene Endlichkeit in eine dauerhafte Tätigkeit für Andere jenseits familialer oder staatlicher Bindungen einmündet.

Doch die Verbindung von Bürgergesellschaft und Stiftungen ist kein ungefährdeter Selbstgänger. So haltbar sich die Organisationsform Stiftung auch erwiesen hat, so viele Stiftungen sind doch in den historischen Wechselfällen verschwunden - und viele existieren zwar oder werden neu gegründet, doch stehen in Gefahr, staatlicherseits funktionalisiert oder schleichend zu Annexen staatlicher Verwaltung gemacht zu werden. Hier müssen von Seiten der

---

12 Im Hinblick auf eine Reflexion der qualitativen Bedeutung des Stiftungswesens vgl. auch Rassem (1979).

Bürgergesellschaft immer wieder neu vertrauenswürdige Angebote an potentielle Stifter gemacht werden - wie z.b. in Form von Bürgerstiftungen, damit nicht bloß die sehr großen Stiftungen wirksamer Teil einer aktiven civil society sind und bleiben.

7. Literaturverzeichnis

Bertelsmann Stiftung/Maecenata Institut für Dritter Sektor Forschung (Hg.) (1999): Expertenkommission zur Reform des Stiftungs- und Gemeinnützigkeitsrechts. Materialien. Gütersloh: Verlag Bertelsmann-Stiftung

Brummer, E./Ruprecht, S. (1998): Statistik zum Deutschen Stiftungswesen. 2. Aufl. München

Bundesverband deutscher Stiftungen (Hg.) (1997): Verzeichnis deutscher Stiftungen 1997. Darmstadt

Campenhausen, A. Freiherr von (Hg.) (1999): Handbuch des Stiftungsrechts, 2. Aufl. München: Beck

Der Tagesspiegel (1999): Appell an bürgerliche Tugenden und ans Geld der Reichen - Justizsenator: Stiftungen sollen in Lücken springen, die der Staat hinterlässt. In: Der Tagesspiegel, 11.9.1999

Dietze, E. von/Hunsdieck-Nieland, C. (1999): Stiftungen in der Mitte Deutschlands. Bonn

Rassem, M (1979): Stiftung und Leistung. Essais zur Kultursoziologie. Mittenwald: Mäender

Salamon, L. M./Anheier H. K. (1999): Der Dritte Sektor. Aktuelle internationale Trends. Eine Zusammenfassung. Gütersloh: Verlag Bertelsmann-Stiftung

Franz-Josef Jakobi

Ein verpflichtendes Erbe - Stiftungen, Armenfürsorge und Sozialpolitik in Münster im Wandel der Jahrhunderte

1. Einleitung

Am 19.11.1997 hat der Rat der Stadt Münster auf Vorschlag der zur Stadtverwaltung gehörenden Stiftungsverwaltung in öffentlicher Sitzung folgenden Beschluß gefaßt:

"Die von der Stadt Münster verwalteten rechtlich selbständigen Stiftungen Magdalenenhospital und Siverdes übernehmen die Bauherrenschaft für ein auf Prävention, Gesundheitsbildung, Gesundheitsförderung, Altenhilfe und Selbsthilfe hin konzipiertes Gesundheitshaus. (...) Im Bereich der Geschäftsführung/Leitung übernehmen die Trägerstiftungen die Kosten für die Leitungsfunktion des Gesundheitshauses."

Als Kosten für die Errichtung des Gesundheitshauses, das inzwischen fertiggestellt ist und im Herbst 1999 feierlich eröffnet wurde, wurden ca. 6,9 Mio. DM veranschlagt, und zwar ohne die Kosten für das Grundstück, das separat bereitgestellt wurde. Aus Mitteln der Trägerstiftungen wurden gut 4,5 Mio. DM aufgebracht, die aus Rücklagen entnommen werden. Dies bedeutet, über 65 Prozent der Gesamtkosten übernehmen Stiftungen. In der Begründung des Beschlusses heißt es unter anderem:

"Das Gebot des Stiftungsgesetzes Nordrhein-Westfalen und der Stiftungssatzungen beider Stiftungen - 'das Stiftungsvermögen in seinem Wert ungeschmälert zu erhalten' - wird befolgt. (...) Im neuen Gesundheitshaus haben beide Trägerstiftungen die Aufgabe und die Chance, ... den jeweiligen Stifterwillen über besondere und zusätzliche Leistungen für Bedürftige im Sinne der Stiftungssatzungen aus den Erträgen beider Stiftungen zu finanzieren" (Stadt Münster 1997: 1f.).

Schon mit diesen wenigen Informationen über einen aktuellen kommunalpolitischen Vorgang ist angedeutet, warum Ausführungen über Stiftungen, Armenfürsorge und Sozialpolitik in Münster unter das Leitthema „ein verpflichtendes Erbe" gestellt werden können. An dem gesamten Verfahren ist nämlich - insbesondere auch im Hinblick auf die Traditionen und Perspektiven bürgerschaftlichen Engagements - dreierlei bemerkenswert:

- Es gibt in Münster im sozial-caritativen Bereich tätige Stiftungen, die über so erhebliche finanzielle Ressourcen verfügen, daß ohne Minderung des Stiftungsvermögens Entnahmen in der genannten Größenordnung möglich sind.
- Die Stiftungen sind offenbar von Personen als Stiftern unter rechtsverbindlicher Festlegung auf bestimmte Stiftungszwecke ins Leben gerufen worden, die für alle Zeiten gelten.
- Die Stiftungen sind zwar rechtlich selbständig, werden aber von der Stadt Münster treuhänderisch verwaltet; diese kann offenbar unter Beachtung gesetzlicher Rahmenbedingungen und des Stifterwillens über Erträge aus dem Stiftungsvermögen frei verfügen.

Alle drei Aspekte erscheinen erklärungsbedürftig; die Suche nach Erklärungen führt zur Frage nach der Entstehung dieser Zweckbindungen, und das heißt nach der Geschichte der Stiftungen selbst bzw. im weiteren Sinne nach der Geschichte bürgerschaftlicher Autonomie und Selbsthilfe im Verlauf der Geschichte der Stadt Münster. Der damit angesprochene Problembereich soll im folgenden anhand einiger besonders interessanter historischer Vorgänge und Zeugnisse genauer in den Blick genommen werden. Zunächst seien jedoch einige allgemeine Erläuterungen zu den Voraussetzungen und Grundlagen des oben angesprochenen Ratsbeschlusses gegeben, das heißt zu Art und Umfang des in Münster bis heute erhaltenen Stiftungsvermögens und zu seiner treuhänderischen Verwaltung im Rahmen der städtischen Sozialverwaltung.

2. Münsters Stiftungen und deren Verwaltung

Die Stiftungsverwaltung ist eine weitgehend selbständig operierende Verwaltungseinheit mit eigenen Wirtschaftsplänen. Sie bewirtschaftet vier rechtlich selbständige Anstaltsstiftungen (Stiftung Magdalenenhospital, Stiftung Pfründnerhaus Kinderhaus, Stiftung Vereinigte Pfründnerhäuser, Stiftung Bürgerwaisenhaus), zwei rechtlich selbständige Kapitalstiftungen (Stiftung Siverdes, Stiftung Zumsande-Plönies) und zwei rechtlich unselbständige Stiftungen (Stiftung Generalarmenfonds, Hüfferstiftung) mit einem jeweils erheblichen Kapital- und Immobilienbesitz, der in der Summe ein Gesamtvermögen von annähernd 230 Millionen DM darstellt. Jährliche Erträge von erheblichem Umfang aus diesem Vermögen stehen der Stiftungsverwaltung für zweckgebundene Ausgaben, d.h. zur Unterstützung von Menschen in schwierigen sozialen Situationen, also vor allem im Bereich der Alten-, Jugend- und Familienhilfe, zur Verfügung. Die acht aktuellen Stiftungen sind - das ist durch Bezeichnungen wie Vereinigte Pfründnerhäuser und Generalarmenfonds zum Ausdruck gebracht - aus der Zusammenlegung kleinerer Vorgängerinstitutionen hervorgegangen.

Struktur und Volumen des zweckgebundenen Stiftungsvermögens, das der Stadt Münster über Jahrhunderte zugewachsen ist, haben im Zuge der Kontinuitätsbrüche infolge von Kriegen, Krisen und Katastrophen des öfteren tiefgreifende Veränderungen erfahren. Immer wieder wurde deshalb sowohl die Klärung schwieriger Rechtsfragen, als auch die Um- und Neuorganisation der Stiftungen und ihrer Aufgaben- und Tätigkeitsbereiche erforderlich. Es waren kleinere Einheiten zu größeren zusammenzufassen, Investitionsentscheidungen mußten getroffen und verwaltungsorganisatorische Maßnahmen durchgeführt werden. Grundsätzlich galt es dabei, stets auch über die Möglichkeiten des Erhalts des Stiftungsvermögens nachzudenken und darüber, wie unter veränderten politischen und wirtschaftlichen Rahmenbedingungen die Zweckbindung der daraus fließenden Einkünfte gewährleistet werden konnte (Jakobi u.a. 1996: 1-8). Die Entscheidungen darüber fielen auch auf der Grundlage von in Auftrag gegebenen externen Gutachten.

Die vorerst letzte Reformmaßnahme ist erst kürzlich unternommen worden[1]. Die Stiftungsverwaltung erhielt im Zuge einer organisatorischen Umstrukturierung ihren selbständigen Status. Sie untersteht allerdings weiterhin der Aufsicht des Rates der Stadt; die Aufsichtsfunktion wird durch einen eigens zu diesem Zweck gebildeten Fachausschuß (Stiftungskommission) ausgeübt. Dieser Fachausschuß berät und verabschiedet die jährlichen Wirtschaftspläne und alle Vorhaben von grundsätzlicher Bedeutung. Als übergeordnete staatliche Kontrollinstanz fungiert die Kommunalaufsicht beim Regierungspräsidenten Münster, dem - zusammen mit dem städtischen Gesamthaushalt - die jährlichen Wirtschaftspläne zur Genehmigung vorgelegt werden müssen.

3. Fallbeispiel Stiftung Siverdes

Ein besonders aussagekräftiges Beispiel für die stadtgeschichtliche Bedeutung der Stiftungen stellt die Stiftung Siverdes dar, die bei der oben angesprochenen Gründung des Gesundheitshauses so eindrucksvoll in Erscheinung getreten ist (vgl. Kleinknecht 1996a).

Die Stiftung verdankt ihre Entstehung testamentarischen Verfügungen des fürstbischöflichen Hofkammerrates und münsterischen Bürgers Dr. jur.

---

1 Durch Ratsbeschluß vom 26.8.1998; dabei wurden für die einzelnen Stiftungen neue Satzungen erlassen; s. Öffentliche Beschlußvorlage an den Rat Nr.707/98.

utr. Friedrich Christian Siverdes. Das Testament ist in Münster am 7. Juli 1768 von ihm eigenhändig niedergeschrieben worden; es umfaßt 21 Paragraphen auf zehn eng beschriebenen Seiten und ist durch eine Reihe von Zeugen mitgesiegelt worden (vgl. Kleinknecht 1996a: 342-353). Die letzten sechs Paragraphen sind der Errichtung der Stiftung gewidmet. Sie ist insgesamt und in ihren verschiedenen Zweckbestimmungen mit dem gesamten ausdifferenzierten juristischen Apparat des 18. Jahrhunderts abgesichert. Es lag zweifellos in der Absicht des Stifters, ihr auf diese Art und Weise zeitlose Gültigkeit zu verleihen.

Hauptsächlicher Stiftungszweck ist die Unterstützung der Armen in der Stadt sowie in Zukunft eventuell notleidender Familienangehöriger. In den Einzelbestimmungen der Stiftung und in zahlreichen anderen im Testament ausgesetzten Legaten wird ein für das gesamte Stiftungswesen des Mittelalters und der Frühen Neuzeit konstitutiver Zusammenhang deutlich, nämlich der von Stiftung, „caritas" und Totengedenken. So lauten die zweite und die dritte Bestimmung, die der Stiftungsgründer nach den seine Beisetzung und seine Grabstätte betreffenden Regelungen verfügte:

2) *„Sollen wärender Zeith mein Endseelter Cörper oben Erden stehet, für meine arme seele Vier und Zwanzig meßen gegen gewöhnliches Stipendium ad sieben schilling in den Kirspels Kirchen gelesen, anbey wärender gedachter Zeith unter die bedürfftige armen Zwanzig Rtlr. außgetheilet werden.*

3) *Gebe deren Herren patren Minoriten, Franciscaneren, Capucineren und Dominicaneren alß jedem Closter fünfzig Rtlr. umb dafür sobalt tuhendlich für meine Arme Seele insambt achthundert meßen zu leesen ..."* (Kleinknecht 1996a: 343f.).

Es folgen dann weitere Bestimmungen über umfangreiche caritative und liturgische Leistungen in Münster und anderwärts. Besondere Erwähnung verdient eine Bestimmung, die eine vorangehende Stiftung wieder aufnimmt. Am 19. September 1758 nämlich hatte Siverdes der zwei Jahre zuvor begründeten „congregatio pauperum", der gesamtstädtischen Armenbruderschaft, und ihrem wöchentlichen Almosengottesdienst an der eigens für diesen Zweck errichteten Rathauskapelle auf alle Zeiten ein Stipendium von jeweils sieben Schilling pro Messe, also über 350 Schillinge pro Jahr, ausgesetzt; die von ihm genannte Zweckbestimmung war, für jetzt und in Zukunft für sein Seelenheil und das aller verstorbenen Angehörigen der Familie Siverdes zu beten (Kleinknecht 1996a: 394ff.).

In der „congregatio pauperum" waren auf Veranlassung des fürstbischöflichen Landesherrn alle Armen in der Stadt zusammengeführt worden, die nicht von anderen Institutionen der Armenfürsorge unterstützt wurden (Küster 1995). Ihr gehörten über 400 Personen an, und in ihr wurde noch im

18. Jahrhundert das im Mittelalter entstandene städtische System des Verbunds von Stiftung, „caritas" und Totengedenken aufrechterhalten. Wichtig ist die hier und auch sonst immer wieder auftauchende Bestimmung, daß die verfügten Regelungen für alle Zeiten gelten sollen. Darin erhält der Stifterwillen seine Rechtsverbindlichkeit, die bis heute Bestand hat und die bei Entscheidungen wie der Errichtung eines Gesundheitshauses aus Erträgen der Stiftung zu beachten ist.

Die Stiftung Siverdes stellt ein spätes und für das 18. Jahrhundert schon nicht mehr repräsentatives Beispiel für das Verbundsystem von Stiftung, „caritas" und Totengedenken dar, durch das in Münster während des gesamten Mittelalters und der Frühen Neuzeit das religiöse und soziale Leben geprägt war (Jakobi 2000). Es entsprach einer tief eingewurzelten christlichen Verhaltensnorm von hoher sozialer Bindekraft, daß die Reichen den Armen von ihrem Überfluß abgaben, indem sie einerseits durch ihre Almosen und „guten Werke" zur materiellen Existenzsicherung ihrer bedürftigen Mitmenschen beitrugen und sich andererseits auf diese Weise einen spirituellen Schatz schufen: Sie sorgten durch ihre Stiftungen „ad pias causas" selbst für ihr eigenes Seelenheil und konnten darüber hinaus gewiß sein, daß der Schatz durch die Gebetsleistungen und Fürbitten, zu denen die Almosenempfänger für alle Zeiten verpflichtet waren, noch fortwährend vermehrt wurde. Dieses für die gesamte europäische Vormoderne konstitutive Verhaltensmuster hat sich im Übergang von der Spätantike zum Frühen Mittelalter entwickelt und ist vor allem vom abendländischen Mönchtum geprägt worden (Schmid/ Wollasch 1984).

Das Stiften zu caritativen Zwecken - sei es durch die öffentlich vollzogene und urkundlich abgesicherte Gründung eines Hospitals oder Armenhauses, sei es durch entsprechende testamentarische Verfügungen über Einkünfte und Liegenschaften, sei es durch kleinere „Zustiftungen" per Schenkung zu schon bestehenden Einrichtungen - war in Münster wie in allen anderen vergleichbaren Städten über Jahrhunderte ständig geübte Praxis. Sie blieb über alle geschichtlichen Umbrüche und Katastrophen unverändert bestehen, bis ihr durch Aufklärung, Säkularisation und Modernisierung die Grundlagen entzogen wurden. Krisen und Katastrophen in der Vormoderne - wie etwa die Pestepidemie in der Mitte des 14. Jahrhunderts (der „Schwarze Tod"), der Untergang des Täuferreiches in der Mitte des 16. und die gegenreformatorischen Maßnahmen der Fürstbischöfe in der zweiten Hälfte des 16. und der ersten des 17. Jahrhunderts - führten allerdings zu in ihrer Intensität unterschiedlichen Phasen von Aktivitäten auf diesem Gebiet, zu aus der Retrospektive gut erklärbaren *„Stiftungswellen"* (vgl. Klötzer 2000).

In das Verbundsystem von Stiftung, „caritas" und „memoria" waren auf der einen Seite wegen des Vollzugs der Gebetsverpflichtungen im Rahmen der Liturgie die Kirchen und Klöster in der Stadt mit ihren Geistlichen und geistlichen Gemeinschaften einbezogen, auf der anderen Seite die aus der Stiftungstätigkeit hervorgegangenen Institutionen der Armenfürsorge, also Hospitäler, Armenhäuser, Waisenhäuser, Almosenkörbe und ähnliche Einrichtungen. Als Stifter waren wohl ausnahmslos alle Angehörigen der Oberschichten tätig - die größtenteils dem landsässigen münsterländischen Adel entstammenden Mitglieder des Domkapitels ebenso wie die des sonstigen höheren Klerus in der Stadt, die Familien des städtischen Patriziats - in Münster wegen der exklusiv ihrem abgeschlossenen Familienkreis vorbehaltenen Wählbarkeit in den Rat „Erbmänner" genannt - ebenso wie die der vermögenden, als „Honoratioren" bezeichneten Kaufleute und Handwerker. Allein die Angehörigen dieser städtischen Oberschichten waren zu Aktivitäten der beschriebenen Art in der Lage; sie waren allerdings entsprechend den christlich geprägten Verhaltensnormen der Vormoderne auch dazu verpflichtet. An der Stadtbevölkerung, die sich zahlenmäßig in Münster zwischen dem 14. und dem Beginn des 19 Jahrhunderts ziemlich konstant um die 10.000 bewegte - betrug ihr Anteil etwa 10 bis 15 Prozent (Jakobi 1993/1: 485-534).

4. Ein Blick in die Münsteraner Stiftungsgeschichte

Die stadtgeschichtliche Bedeutung der angesprochenen Zusammenhänge ist in der münsterischen Überlieferung, vor allem in der großen, "Stiftungsarchiv" genannten Abteilung des Stadtarchivs, buchstäblich durch Hunderte und Tausende von Zeugnissen dokumentiert, deren ältestes, eine Schenkungsurkunde für das Magdalenenhospital, aus dem Jahre 1184 stammt (Jakobi/Lambacher/Wilbrand 1998: 57-98). Die große Masse dieser qualitativ wie quantitativ außerordentlich umfangreichen und dichten Überlieferung ist im 16. und 17. Jahrhundert entstanden. Durch die systematischen Vernichtungsaktionen während des Täuferreiches ist die zentrale städtische Überlieferung aus der Zeit vor 1535 bekanntlich fast vollständig verloren gegangen. Gerade in den Teilfonds des Stiftungsarchivs haben sich jedoch in originaler wie in kopialer Form auch zahlreiche Zeugnisse aus dem Mittelalter erhalten. Auf der Basis dieser Überlieferung und anderer Quellenbestände hat in den letzten Jahren Ralf Klötzer die Neuorganisation des Stiftungswesens in Münster nach der Täuferzeit untersucht (Klötzer 1997). Der wichtigste und umfangreichste der einschlägigen Überlieferungsbestände des Stadtarchivs stammt aus dem Archiv des Magdalenenhospitals, das ja als Trägerinstitution für das neue Gesundheitshaus mit in Anspruch genommen werden konnte. Dieser Überlieferung ist der zweite Beispielfall für den eben angesprochenen

Zusammenhang entnommen, der zeitlich in das letzte Viertel des 13. Jahrhunderts zurückführt.

Im ältesten, wohl um 1475 angelegten Kopiar des Magdalenenhospitals ist eine in der Pfingstwoche des Jahres 1278 durch das Hospital selbst ausgestellte Urkunde mit folgendem Inhalt überliefert:

Der Hospitalbruder Lambert überträgt dem Hospital zu Münster seinen neben der Windmühle vor dem Mauritztor gelegenen Garten zu ewigem Besitztum, und zwar unter folgenden Bedingungen: Jedes Jahr an seinem Todestag sollen die Hospitalbrüder eine memoria für sein Seelenheil begehen; dafür sollen dem 'rector capellae', also dem Inhaber der Priesterstelle in der Hauskapelle, und dem 'magister hospitalis', dem Leiter des Hauses, aus den Einkünften des Gartens je sechs *'denarii' ad consolationem ipsis fratribus faciendam* - also wohl für die Ausrichtung des Gedenkens in der Gemeinschaft der Brüder mit Meßfeier und Mahl - zur Verfügung stehen. Drei 'solidi' hingegen, d. h. die dreifache Summe, sollen *ad refectionem pauperum in hospitali degentium*, also zur Speisung der im Hospital verweilenden Armen, aufgewandt werden. Alles, was an Einkünften übrig bleibt, ist *ad usus hospitalis et pauperum predictorum*, zum Nutzen des Hospitals und seiner Armen, bestimmt. Bis zu seinem Tode behält sich Bruder Lambert den Nießbrauch der Einkünfte selber vor (Prinz 1960: 22). Der Form nach handelt es sich hier also um eine jener zahllosen letztwilligen Verfügungen, die sich als Einzellegate oder im Rahmen von Testamenten erhalten haben - dem Inhalt nach ist es ein sozusagen klassischer Beispielfall der Stiftung eines anniversarischen Totengedenkens in einer geistlichen Gemeinschaft (Kleinknecht 1996b: 16ff.).

In einem ganz ähnlichen Vorgang, der wenige Jahre später, nämlich am 7. Juni 1284, beurkundet wird, deutet sich bereits die Veränderung an, die die Verbreitung dieses Systems im gesamten Lebenskreis der Stadtgesellschaft des Spätmittelalters zur Folge hat. Es handelt sich um ein System, das durch die Verbindung von 'memoria' in Form der Sorge für das Seelenheil durch liturgisches Gedenken mit der 'caritas' in Form von Fürsorge für die Armen für die Stadt als politisch verfaßte Bürgergemeinschaft von höchstem Interesse sein mußte. In diesem mit dem soeben besprochenen, fast gleichzeitigen Falle, stellen Bürgermeister und Rat der Stadt zusammen mit dem Provisor des Hospitals, der immer ein Ratsherr sein mußte, die Urkunde aus, der dann mit dem Siegel der Stadt und dem des Hospitals Rechtskraft verliehen wird. Diesmal ist der Stifter nicht ein Mitglied der Gemeinschaft der Hospitalbrüder, sondern der Domcantor 'magister Henricus'. Seine Stiftung - ein Kapital von 15 Mark münsterischen Geldes, das sofort für den Kauf von Grundbesitz verwandt wird - ist erheblich umfangreicher und mit komplizierteren Regelungen der caritativen und liturgischen Leistungen verbunden: Im Kern bestehen diese darin, daß er zu seinen Lebzeiten eine Leibrente von 12 'solidi' vom Hospital erhält und davon vier zurückgibt, damit davon an einem nicht genauer festgelegten Festtag eine Gedenkmesse für die Verstorbenen gelesen und eine Armenspeisung durchgeführt werden kann; nach seinem Tode soll für diesen Zweck eine ganze Mark aufgewandt werden, um für ihn und seine Vorfahren das Anniversargedenken zu begehen (Prinz 1960: 24).

Im Magdalenenhospital wie auch in allen anderen vergleichbaren Institutionen erforderte die Vielzahl solcher Zuwendungen mit Stiftungscharakter alsbald eine buchmäßige Erfassung, der daraus erwachsenden Rechte und Pflichten. Das geschah einerseits durch Kopiare und Amtsbücher, also verwaltungsorganisatorische Gebrauchshandschriften, andererseits durch liturgische Gebrauchshandschriften, wie Necrologien und Memorialbücher.

Nur durch das älteste Kopiar des Magdalenenhospitals aus den 1470er Jahren sind ja die beiden Stiftungsurkunden erhalten. Für beide Fälle kann aber glücklicherweise auch gezeigt werden, wie nach dem Tode der Stifter dafür Sorge getragen wurde, daß auch die Verpflichtung der Beschenkten zur Gegenleistung erfüllt wurde. Schon in der ersten Hälfte des 15. Jahrhunderts wurde nämlich ein kalendarisches Register für die im Laufe des Kirchenjahres zu erbringenden liturgischen Dienste, ein Memorialbuch, angelegt, von dem sich ein Bruchstück - nämlich ein Teil des Monats Januar, die Monate Februar, März und April sowie ein Teil des Mai - erhalten haben. Die beiden Stifter sind darin denn auch tatsächlich verzeichnet (Prinz 1960).

Daß es nicht nur im Interesse des Stifters lag, den Rat der Stadt als gewährleistende Instanz für die Sicherung seiner Stiftung zu gewinnen, sondern, daß der Rat seinerseits Wert darauf legte, Einfluß auf die Handhabung des Verbundsystems von Stiftung, 'caritas' und 'memoria' zu nehmen, vor allem natürlich auf die Verwendung der im kirchlichen Besitz sich akkumulierenden Mittel für die Armenversorgung, läßt sich an einem besonderen, aus einem anderen Überlieferungskontext und Zeithorizont stammenden Beispielfall eindringlich zeigen. Deutlich wird dabei zugleich, daß diese Bemühungen Teil des Ringens der verfaßten Bürgerschaft um die Emanzipation aus der bischöflichen Stadtherrschaft waren.

Am 14. November 1332 verfaßte der anscheinend zum Verwandtenkreis der Erbmännerfamilien Travelmann und Schencking gehörende münsterische Bürger Goswin von Clanctorp sein Testament in Form einer von ihm selbst gesiegelten Urkunde. Neben zahlreichen Legaten, die Goswin für Klöster und Stifte innerhalb und außerhalb Münsters und für seine namentlich aufgeführten Verwandten aussetzt, liegt ihm offenbar daran, alle Armen der Stadt und die für sie tätigen Fürsorgeeinrichtungen insgesamt zu bedenken. Die diesbezügliche Aufzählung im Text des Testamentes beginnt mit:

Item ad sanctum Spiritum in ecclesia Sancti Lamberti tam ad elemosinam quam ad vestimenta do similiter et lego decem et octo marcas. (Prinz 1960: 42)

Mit diesen *elemosina* und *vestimenta Sancti Spiritus* sind die "Speckpfründe" bzw. "Armenkleidung" genannten Almosenkörbe an Sankt Lamberti gemeint (Black 1996). Für sie ist mit 18 Mark der bei weitem höchste Betrag bestimmt; die 'elemosina sancti spiritus' von der Überwasserkirche erhält vier, das Leprosorium in Kinderhaus neun und alle übrigen Institutionen zwischen vier und einer Mark. Diese Vorrangstellung von Sankt Lamberti kommt nicht von ungefähr, handelt es sich doch um die Hauptkirche der städtischen Bürgerschaft und die Kirche des Rates. Wichtiger für unseren Zusammenhang aber ist zunächst noch der erste ausführliche Passus des Testaments.

Goswin bestimmt darin ein in der Nähe von Billerbeck gelegenes Hofgut mit allem Zubehör und mit Einkünften von 100 Mark münsterischen Geldes zur Gründungsausstattung eines in der Lambertikirche zu Ehren des heiligen Apostel Jacobus zu errichtenden Altares. Den Abschluß der Verfügung bildet die aufschlußreichste der Bestimmungen. Für den Fall, daß die Altarstiftung aus irgendeinem Grund nicht zustandekomme - insbesondere dann, wenn der Bischof oder andere, deren Interessen tangiert seien, sich dagegenstellen sollten - sollen seine 'manufideles', also Treuhänder als Testamentsvollstrecker, das Gut und seine Einkünfte nach eigenem Ermessen anders für sein und seiner Eltern Seelenheil verwenden (Prinz 1960: 41f.).

Goswins Befürchtung, daß diese seine letztwillig verfügte Stiftung auf Widerstand stoßen würde, war offenbar berechtigt. Erst den angesprochenen Treuhändern nämlich gelang es nach dem Tode Goswins gut ein Jahr später, die Altarstiftung zu realisieren - allerdings nicht in der Lambertikirche, sondern in Sankt Martini. Die Testamentsvollstrecker nämlich waren vor Bischof Ludwig von Münster erschienen und hatten auf die Erfüllung der letztwilligen Verfügung Goswins gedrängt, wobei als zusätzliche Bestimmung nunmehr eingebracht wurde, daß das 'jus patronatus' für den zu errichtenden Altar, das Recht also, den Kandidaten für die Priesterstelle zu benennen, beim Rat der Stadt liegen sollte. Nach ausführlicher Beratung mit dem als Archidiakon für die Seelsorge in der Stadt zuständigen Dompropst, sowie mit dem Dekan und dem Stiftskapitel von Sankt Martini stimmte Bischof Ludwig schließlich der Errichtung eines Altars unter den genannten Bedingungen zu und beurkundete das am 18. Oktober 1333, allerdings nicht, ohne genauestens festzulegen, wie sich der "fremde Priester" in das liturgische Gemeinschaftsleben des Stiftskapitels und der Vikare von Sankt Martini einzufügen habe. Zweifellos stand er so stärker unter kirchlicher Kontrolle und war dem Einfluß des Rates weniger unmittelbar ausgesetzt, als an St. Lamberti (Prinz 1960: 45f.).

Der hier manifest gewordene Widerstreit zwischen dem Stifterwillen Goswins - und mit ihm der Interessenlage der bürgerschaftlichen Führungsschicht in Münster - und den dadurch beeinträchtigten kirchlichen Rechten und Interessen wurde nicht gerade selten zugunsten der Stadt entschieden. Der Rat hatte sich auf dem Höhepunkt seines Einflusses am Ende des 16. Jahrhunderts das Patronatsrecht für nicht weniger als 27 Klerikerstellen, nämlich vier Pfarreien oder Rektorate und 23 Vikarien oder Meßpfründen, gesichert (Lahrkamp 1973).

Insgesamt bestand für die Stadt Münster schon gegen Ende des 15. Jahrhunderts ein die gesamte Stadt überspannendes Netz von Fürsorge- und Versorgungseinrichtungen, das durch weitere Schenkungen und Stiftungen, in denen sich 'memoria' und 'caritas' verbanden, noch immer dichter geknüpft wurde. Die Knotenpunkte waren Institutionen, die Armen, Alten und Kranken Unterkunft und Verpflegung boten, wie das Magdalenenhospital und die sonstigen Armenhäuser, Siechenhäuser, Waisenhäuser und Herbergen, als auch solche, die lediglich Unterstützung zum Lebensunterhalt in Form von Geld, Nahrung und Kleidung gewährten, wie etwa die 'elemosina sancti spiritus' an Sankt Lamberti und die Almosenkörbe an den anderen Pfarrkirchen (Klötzer 1997: 17ff.).

Das bereits im 14. Jahrhundert sich entfaltende Verbund-System von Stiftung, 'caritas' und 'memoria' blieb noch bis ins 18. Jahrhundert hinein wirksam, also sowohl über die zerstörerischen Eingriffe der Täuferzeit als auch über den epochemachenden Einschnitt der Mediatisierung Münsters durch Christoph Bernhard von Galen in der Mitte des 17. Jahrhunderts hinaus (vgl. Jakobi 1993). In der absolutistischen Ära wurde zwar das Armenwesen in mehreren Anläufen Gegenstand landesherrlicher Reorganisations- und Optimierungsbemühungen, die alten Muster der Stiftungstätigkeit aus Sorge für das Seelenheil, das eigene wie das von Verwandten und Freunden, blieben jedoch - wie an der Errichtung der Stiftung Siverdes bereits gezeigt - unverändert wirksam (Küster 1995: 31ff.). Dieses Charakteristikum erweist sich beim Rückblick aus heutiger Sicht für Münster als früh angelegt und durchgängig. Auch im Zuge der "Kommunalisierung" des Verbund-Systems von Stiftung, 'caritas' und 'memoria' im Spätmittelalter - also der Bemühungen des Rates, die vollständige Kontrolle über die Stiftungen und die Armenfürsorge in der Stadt zu erlangen (Kleinknecht 1996a) - und auf ihrem Höhepunkt im 16. Jahrhundert kam es nicht zu einer vollen Konzentration der Mittel an einem großen Bürgerspital, wie in den Heilig-Geist-Spitälern anderer vergleichbarer Städte. Neben der 'elemosina sancti spiritus' an Sankt Lamberti, von der aus der Rat in Gestalt der Provisoren die Oberaufsicht über die Armenfürsorge in der Stadt ausübte, blieben die kirchspielsbezogenen Einrichtungen bestehen. Für die städtische Oberschicht war die liturgische 'memoria' an Sankt Lamberti offenbar unverzichtbar, aber selbstverständlich wurde sie - wie die vielen Altarstiftungen und nicht zuletzt das Testament des Hofkammerrats Siverdes zeigen, genauso auch an den anderen Pfarrkirchen und schließlich an den Dutzenden von klösterlichen und sonstigen Kirchen und Kapellen in der Stadt praktiziert.

Für die weitere Entwicklung hat sich diese im Mittelalter angelegte dezentrale bürgerschaftliche Organisationsform, als besonders anpassungsfähig und krisenresistent erwiesen. Solange das religiöse Movens der Sorge für das Seelenheil und die Gewißheit seiner immerwährenden Umsetzung in Form von Fürbitten in der liturgischen 'memoria' Bestand hatte, blieb das System des Gebens und Nehmens, des Stiftens, der Armenfürsorge und des Gebetsgedenkens in Kraft. Erst mit der Aufklärung und Säkularisation geriet es in eine Fundamentalkrise, aber selbst in seiner erstarrten Spätform um 1800 war es noch imponierend. Das hat der preußische Kammerrat Justus Gruner, der 1802-1803 privat eine Inspektionsreise durch die neuen Westgebiete Preußens durchführte, dann auch in seinem Reisebericht erstaunt festgehalten. Das, was er in Münster beobachten konnte, hat er folgendermaßen beschrieben:

„Keine Stadt Deutschlands hat wohl verhältnismäßig so viele Armen-Häuser oder Stiftungen, als die Stadt Münster, die deren neunzehn sehr gut fundierter zählt, in denen Arme in bestimmter Zahl unterhalten werden. In gleichem Verhältnis steht der sehr starke Armenfond, oder die für Arme belegten Gelder. Mir ward die Summe der jährlich für die Armen auszuheilen bestimmten Gelder von gut unterrichteten Personen so hoch angegeben, daß ich mich nicht getraue, sie wieder so anzuzeigen. Denn nach dieser Angabe muß man die münsterischen Armen eigentlich reich nennen" (Gruner 1803/2: 166)

5. Stiftungen im 19. Jahrhundert und heute

Die Reformmaßnahmen der fürstbischöflichen Regierung in der zweiten Hälfte des 18. Jahrhunderts, von denen die Gründung der 'congregatio pauperum' eine war, leiten bereits über zu einer vollständigen Neuregelung der Verhältnisse durch den preußischen Staat nach der Säkularisation (Küster 1995: 117ff.). Dabei wurde dann der Konnex von Stiftung, 'caritas' und 'memoria' aufgelöst, der jahrhundertelang im städtischen Mikrokosmos über die Standesgrenzen hinweg Reiche und Arme, Stifter und Beschenkte unter Einbeziehung der Verstorbenen im fürsorgerischen und im liturgischen Vollzug der 'memoria' zu einer Solidargemeinschaft zusammengeschlossen hatte.

Im Zuge der Säkularisationen ist - größtenteils bereits in der napoleonischen Zeit, als Münster zum französischen Staatsgebiet bzw. dem des französsischen Satelliten-Staates Großherzogtum Berg gehörte, und dann seit 1815 von der preußischen Staatsverwaltung (Lahrkamp 1976) - das gesamte Grund- und Kapitalvermögen der unter Kirchen- bzw. Ratsaufsicht stehenden Stiftungen verstaatlicht worden. Die vorher von verschiedenen Stellen wahrgenommenen Verwaltungs- und Kontrollfunktionen wurden einer neugeschaffenen Zwischeninstanz - der sogenannten Armenkommission - übertragen, in die sowohl Vertreter der Stadt als auch der preußischen Bezirksregierung Münster berufen wurden. Die Armenkommission war zunächst eine unabhängige Institution, sie wurde jedoch nach mehreren Organisationsreformen während der 20er, 30er und 40er Jahre des 19. Jahrhunderts schließlich 1848, entsprechend den Vorgaben der preußischen Städteordnung, in die Stadtverwaltung integriert (Küster 1995: 155ff.). Sie ist nach der erneuten Neuorganisation der Kommunalverwaltung nach dem Ersten Weltkrieg im 1924 neu gegründeten städtischen Wohlfahrtsamt aufgegangen, der Vorläufer-Institution der heutigen Sozialverwaltung (Lambacher 1993).

Bei der Zusammenführung aller verstaatlichen Stiftungen in der Armenkommission ist jenes Gesamtvermögen entstanden, das sich über alle Umbrüche und tiefgreifenden politischen, wirtschaftlichen und sozialen Wandlungsprozesse des 19. und 20. Jahrhunderts hinweg im Kern bis heute erhalten hat und das als Stiftungsvermögen von der Stadt Münster treuhänderisch verwaltet wird. Es wird - wie oben dargelegt - ausschließlich zu sozialcaritativen Zwecken verwandt, unter anderem in der Jugendhilfe, in der direkten Unterstützung Bedürftiger, im Bau und Betrieb von Altenheimen und Altenwohnungen sowie im Bau und der Bereitstellung von Wohnungen für bedürftige Familien - oder eben für ein - um noch einmal den eingangs erwähnten Ratsbeschluß zu zitieren - *„auf Prävention, Gesundheitsbildung, Gesundheitsförderung, Altenhilfe und Selbsthilfe hin konzipiertes Gesundheitshaus"*.

Zusammen mit den verstaatlichten Vermögenswerten sind natürlich auch die Urkunden und Aktenbestände der Stiftungen in die Obhut der Armenkommission übergegangen und von dort dann weiter in die des Stadtarchivs. Heute enthält der Teilbereich „Stiftungsarchiv" des Stadtarchivs 50 eigenständige Stiftungsfonds von mehr oder weniger großem Umfang; der größte überhaupt ist der des Magdalenenhospitals, einer der kleineren der der Stiftung Siverdes (Jakobi/Lambacher/Wilbrand 1998: 66f., 98).

Die weitere Entwicklung der Armenfürsorge und Wohlfahrtspolitik im späten 18. und im 19. Jahrhundert - sie ist in noch reicherem Maße als für die vormodernen Zeiten durch eine konzise und ungestörte Überlieferung, die Akten der Armenkommission, dokumentiert (Jakobi/Lambacher/Wilbrand 1998: 123-131) - ist vor einigen Jahren von Thomas Küster ausgewertet worden (Küster 1995). Das neue System der nunmehr säkularisierten Fürsorgepolitik sowie die Wandlungsprozesse, denen es im 19. Jahrhundert ausgesetzt war, sind in seiner Arbeit umfassend dargestellt. Küster kann darin nachweisen, daß trotz der starken Zentralisierungs- und Hierarchisierungstendenzen der preußischen Staatsverwaltung in diesem Bereich eine dezentrale Organisationsform dominant blieb. Bis ins 20. Jahrhundert hinein war die Armenfürsorge an den gewachsenen städtischen Strukturen, den Pfarrgemeinden und Stadtvierteln, orientiert. Das durch die Stiftungstätigkeit der Bürger angesammelte zweckgebundene Vermögen war auch nach den Säkularisationen und Verstaatlichungen zu Beginn des 19. Jahrhunderts noch so umfangreich, daß die mit ihm wirtschaftende Armenkommission bis in die 1860er Jahre ihre Aufgaben in der Armenfürsorge ohne staatliche Zuschüsse erfüllen konnte.

Sicherlich ist in dieser spezifischen stadtgeschichtlichen Situation ein Grund dafür zu sehen, daß sich die Stiftungstätigkeit der Bürger in Münster unter den neuen politischen Rahmenbedingungen der preußischen Staatsverwaltung nicht fortsetzte. Münster blieb außerdem eine nur langsam wachsende Schul- und Verwaltungsstadt, in der sich soziale Notlagen - im Gegensatz zu den explosionsartig wachsenden Industriestädten mit ihren Elendsquartieren der proletarisierten Arbeiterfamilien - kaum in größerer Intensität als in der Vormoderne ergaben. Die Vertreter der Bürgerschaft in der Armenkommission konnten deshalb darauf beharren, daß die von ihren Vorfahren gestifteten Einrichtungen zur Daseinsvorsorge für die Bedürftigen dem Kreis der von den Stiftern bestimmten Berechtigten vorzubehalten seien, also den Bürgerinnen und Bürgern der Stadt, nicht aber unter bestimmten Bedingungen allen Einwohnern der Stadtgemeinde Münster, wie es die preußische Gesetzgebung forderte (Küster 1995: 135ff.).

Das soziale und caritative Engagement der Bürgerinnen und Bürger Münsters war damit jedoch nicht etwa verschwunden oder auch nur erlahmt. Es verlagerte sich den Umständen und Erfordernissen der Zeit entsprechend lediglich auf andere Felder und Aktionsbereiche. So wurde die „Wohlfahrtspolitik" in der zweiten Hälfte des 19. Jahrhunderts in entscheidendem Maße von der Privat-Caritas von Vereinen mitgetragen. Bürgerschaftliche Solidarität und Selbstverwaltungsbestrebungen schufen sich darin neue zeitgemäße Betätigungsmöglichkeiten, die an die Stelle der Gründung und Ausstattung von Stiftungen mit Grundbesitz, Einkünften und Kapital traten (Küster 1995: 231ff.).

In gewisser Weise ist das bis heute so geblieben. Große und allgemein verbreitete Aktivitäten - vergleichbar den „Stiftungswellen" des Mittelalters und der Frühen Neuzeit - hat es in Münster seither nicht mehr gegeben. Die Stiftungsverwaltung muß sich von wenigen Einzelfällen abgesehen auf die Verwaltung des Erbes der Vorfahren beschränken. Noch heute gilt allerdings für das Stiftungsvermögen und die Verwendung der aus ihr fließenden Erträge die Zweckbindung durch den Stifterwillen. Als die Stadt Münster zuletzt nach Inkrafttreten des Stiftungsgesetzes Nordrhein-Westfalen von 1977 im Jahre 1982 den von ihr treuhänderisch verwalteten Stiftungen detaillierte neue Satzungen gab und die gesamte Stiftungsverwaltung neu ordnete, glaubte sie, damit die Auseinandersetzungen zwischen Stiftungsvermögen und Stadtvermögen endgültig beendet zu haben. Wider Erwarten monierte jedoch der Regierungspräsident als Stiftungsaufsicht das gesamte Verfahren und forderte die Stadt auf, den Nachweis für den ungeminderten Erhalt des Stiftungsvermögens und die Erfüllung des Willens der Stifterinnen und Stifter zu erbringen. Die Stiftungsverwaltung tat sich damit - wie auch vorher schon des öfteren bei Neuordnungsversuchen nach Krisen und Umbruchzeiten - naturgemäß schwer und wandte sich um Hilfe an das Stadtarchiv. Um diesen Nachweis führen zu können, ist es nämlich erforderlich, in jedem Einzelfalle die Stiftungsgeschichte bis zu den Anfängen zurückzuverfolgen und zu beobachten, welche äußeren Faktoren und verwaltungsorganisatorischen Maßnahmen jeweils auf die Stiftungen, ihren Substanzerhalt und die Verwendung ihrer Erträgnisse eingewirkt haben. So wurde in Kooperation zwischen dem Stadtarchiv und der Stiftungsverwaltung im Jahre 1990 ein Projekt zur Erforschung der Geschichte der Stiftungen und des Stiftungswesens in Münster begründet, dessen Ergebnisse in den genannten Untersuchungen und Darstellungen publiziert werden konnten (Jakobi u.a. 1996).

Heute hat die jahrhundertelang zu beobachtende Form bürgerschaftlichen Engagements bei der Lösung sozialer Probleme keinen so großen Stellenwert mehr wie in der Vergangenheit. Die Sozialfürsorge ist fast vollständig eine Angelegenheit der öffentlichen Hand geworden. Es ist allerdings - und nicht nur wegen der zunehmend unlösbar erscheinenden Finanzierungsprobleme - durchaus zu fragen, ob hier nicht gegengesteuert werden sollte und könnte (Buhl 1998). Zu dem verpflichtenden Erbe, das das aus der Stiftungstätigkeit der Bürgerinnen und Bürger erwachsene zweckgebundene städtische Vermögen darstellt, gehört auch das Vorbild eines direkten und persönlichen Engagements für die Hilfebedürftigen und Notleidenden innerhalb des eigenen städtischen Lebensraumes. Gerade dieses Vorbild verdiente es, wieder stärker ins öffentliche Bewußtsein gerückt und zur Nachahmung empfohlen zu werden, vor allem auch, wenn es um die Vererbung von privaten Vermögen von erheblichem Umfang an die nächste Generation geht. Es gibt kaum eines der beim Rat der Stadt hinterlegten und heute im Stadtarchiv aufbewahrten Bürgertestamente aus dem 16., 17. und 18. Jahrhundert, das nicht mindestens ein Legat „ad pias causas" enthielte (Jakobi/Lambacher/Wilbrand 1998: 51).

6. Literaturverzeichnis

Black, M.(1996): Die Speckpfründe Lamberti. Zentrum der Armenfürsorge in Münster während des Mittelalters und der frühen Neuzeit (mit prosopographischen und editorischen Anhängen). In: Jakobi u.a. 1996, S. 26-159

Buhl, D. (1998): Die dritte Kraft. Stiftungen können dort helfen, wo Staat und Unternehmen nicht viel ausrichten. In: Die Zeit, Nr. 32 vom 8. Juli 1998

Gruner, J. (1803): Meine Wallfahrt zur Ruhe und Hoffnung oder Schilderung des sittlichen und bürgerlichen Zustandes Westphalens am Ende des 18. Jahrhunderts. 2 Teile. Frankfurt am Main.

Jakobi, F.-J. (Hg.) (1993): Geschichte der Stadt Münster. 3 Bände. Münster: Aschendorff.

Jakobi, F.-J. (2000): Stiftung, *caritas* und *memoria* im spätmittelalterlichen Münster (=Studien zur Geschichte der Armenfürsorge und der Sozialpolitik in Münster, Band 4). Münster: Aschendorff (i.E.)

Jakobi, F.-J./Lambacher, H./Metzdorf, J./Winzer, U. (Hg.) (1996): Stiftungen und Armenfürsorge in Münster vor 1800 (=Studien zur Geschichte der Armenfürsorge und der Sozialpolitik in Münster, Band 1). Münster: Aschendorff

Jakobi, F.-J./Lambacher, H./Wilbrand, Ch. (Hg.) (1998): Das Stadtarchiv Münster und seine Bestände. Münster

Kleinknecht, Th. (1996a): Die münsterische Stiftung Siverdes von 1768 - Die Familien und Sozialstiftung eines fürstbischöflichen Beamten im Umbruch zur modernen Armenfürsorge. In: Jakobi u.a. 1996, S. 338-399

Kleinknecht, Th. (1996b): Enstehung und Verwaltung von Stiftungen als Gegenstand historischer Forschung. In: Jakobi u.a. 1996, S. 9-25

Klötzer, R. (1997): Kleiden, Speisen, Beherbergen. Armenfürsorge und soziale Stiftungen in Münster im 16. Jahrhundert (1535-1588) (=Studien zur Geschichte der Armenfürsorge und der Sozialpolitik in Münster, Band 3). Münster: Aschendorff

Klötzer, R. (2000): Orte der Fürsorge. Eine Topographie der Stiftungen in Münster vom späten Mittelalter bis zur Gegenwart. In: Jakobi 2000 (i.E.)

Küster, Th. (1995): Alte Armut und neues Bürgertum. Öffentliche und private Fürsorge in Münster von der Ära Fürstenberg bis zum Ersten Weltkrieg (1756-1914) (=Studien zur Geschichte der Armenfürsorge und der Sozialpolitik in Münster, Band 2). Münster: Aschendorff

Lahrkamp, H. (1973): Vom Patronatsrecht des münsterischen Rates. In: Studia Westfalica. Festschrift für Alois Schroer. Münster: Aschendorff, S. 214-229

Lahrkamp, M. (1976): Münster in napoleonischer Zeit 1800-1815. Administration, Wirtschaft und Gesellschaft im Zeichen von Säkularisation und französischer Herrschaft. Münster, Aschendorff

Lambacher, H.: Von der Staatskuratel zur selbständigen Aufgabenerfüllung - Entwicklung der kommunalen Selbstverwaltung von der napoleonischen Zeit bis zum Ende des Zweiten Weltkriegs. In: Jakobi 1993, Band 2, S. 619-661

Prinz, J. (1960): Münsterisches Urkundenbuch I. Das Stadtarchiv Münster I (1176-1400). Münster

Schmid, K./Wollasch, J. (Hg.) (1984): Memoria. Der geschichtliche Zeugniswert des liturgischen Gedenkens im Mittelalter. (=Münstersche Mittelalterschriften 48). München: Fink

Stadt Münster – Die Oberbürgermeisterin: Öffentliche Beschlußvorlage 978/97

Stefan Kappe

Bürgerstiftungen im Aufbruch. Organisation von Philanthropie in lokalen oder regionalen Stiftungen

1. Einleitung

Auf den ersten Blick stellen Bürgerstiftungen eine relativ neue Spezies von Stiftungen in Deutschland dar - auf den zweiten Blick allerdings nicht, denn es gibt historische Vorbilder, die jedoch etwas in Vergessenheit geraten sind.[1] Immer wieder haben wohlhabende Bürger sich bemüht, in ihrer Gemeinde oder Region Gutes zu tun und dies auch langfristig durch Stiftungsgründungen sicherzustellen. Man denke nur an die neun „Fürstlich und Gräflich Fuggerschen Stiftungen" in Augsburg, die bis zum heutigen Tag existieren. Warum also diese neue, alte Form des philanthropischen Engagements in Deutschland?

Eine Antwort scheint auf der Hand zu liegen: Da sich die staatlichen Stellen angesichts leerer Kassen und immenser Schuldenberge in vielen Bereichen weit weniger engagieren, als wir das bislang gewohnt waren, ergibt sich das Bedürfnis, die entstehenden Kahlschläge und Mängel nicht einfach hinzunehmen. Die Bürger möchten aktiv etwas für das Gemeinwesen tun, um die eigene Stadt oder Region in einem Zustand zu erhalten bzw. wieder in einen Zustand zu bringen, der das Leben in ihr auch weiterhin lebenswert macht (zur aktuellen Diskussion über Gemeinsinn vgl. Angestelltenkammer Bremen 1999).

Bürgerstiftungen entstehen offensichtlich aber auch deswegen, weil es ein großes gesellschaftliches Potential gibt, sich für die örtliche Gemeinschaft zu engagieren - sowohl finanziell als auch ehrenamtlich. Die bestehende Stiftungslandschaft berücksichtigt unter Umständen nicht hinreichend den Wunsch der Menschen, nicht nur zu spenden, sondern auch mitzuhelfen und in den Prozeß der Entscheidungsfindung und Projektplanung und -finanzierung auf demokratische Weise mit eingebunden zu sein und so das Gesicht des eigenen Gemeinwesens aktiv mitzugestalten. Viele Menschen möchten nicht mehr allein passiv Empfänger öffentlicher Leistungen oder Objekt staatlicher Verwaltung sein, sondern vielmehr bei der Fortentwicklung ihrer

---

1   Dieser Aufsatz ist als Kurzfassung erschienen in Sozial Extra, 23. Jg., 1999, Nr. 6.

Region ein Wörtchen mitreden (einführend zu Bürgerstiftungen vgl. Pfeiffer 1998; 1999).

2. Begriffsbestimmung - Merkmale von Bürgerstiftungen

Insbesondere in den USA, aber auch in Kanada und Großbritannien gibt es eine beachtenswerte Tradition sogenannter "Community Foundations", die kommunales Engagement und örtliche wohltätige und gemeinnützige Arbeit durch programmatische, konstruktive und aktive Projektfinanzierung unterstützen. Ein Workshop der Bertelsmann Stiftung fand folgende Definition: *„Eine comunity foundation ist eine unabhängige, gemeinnützige Organisation, deren Ziel es ist, Spenden von einem breiten Spektrum an Förderern zu sammeln und sie wieder zu verteilen, damit wichtige Bedürfnisse in einem spezifischen geographischen Gebiet befriedigt werden können"* (Bertelsmann Stiftung 1997: 131). Typische Merkmale dieser philantropischen Institutionen sind

- die Arbeit in einem definierten geographischen Gebiet (Stadt, Region usw.),
- eine bürgergesellschaftliche bzw. „civil society"-Orientierung, Transparenz und finanzielle Rechenschaftslegung,
- die Unabhängigkeit von Regierung, politischen Institutionen, Spendern oder anderen Organisationen,
- der Aufbau eines wachsenden und dauerhaften Stiftungskapitals aus einem breiten Kreis an Spendern, d.h. durch Zustiftungen von Privatpersonen und Unternehmen sowie durch Erbschaften,
- darüber hinaus die Einwerbung von Durchlaufspenden für Projekte,
- die Finanzierung eines breiten Spektrums von Projekten der örtlichen Wohltätigkeitsorganisationen, Gruppen und Initiativen aus den Erträgen des Stiftungskapitals und des Spendenaufkommens,
- die Entwicklung von Partnerschaften zwischen ehrenamtlichem Engagement, öffentlicher Hand und Privatwirtschaft einschließlich der Vernetzung gleichartiger Initiativen,
- die Information über wohltätige Aktivitäten der Region und die Darstellung lokaler Bedürfnisse.[2]

---

2 Diese Charakteristika von Community Foundations entsprechen im wesentlichen der Definition des neu gegründeten „Transatlatic Community Foundation Network". Informationen über dieses Netzwerk sind erhältlich bei der Bertelsmann Stiftung, Carl-Bertelsmann-Straße 256, 33331 Gütersloh.

Es geht also darum, in kreativer Weise Ressourcen zu erschließen, die dabei helfen, die Lebensqualität in einer Region oder Gemeinde zu verbessern. Zu diesem Zweck werden eine möglichst große Zahl langfristig angelegter Fonds aufgebaut, die hinreichende Erträge produzieren, um gemeinnützige und wohltätige Arbeit dauerhaft zu unterstützen. Gleichzeitig müssen die aktuellen und zu erwartenden lokalen Bedürfnisse analysiert und Veränderungen in der Gesellschaft rechtzeitig wahrgenommen werden. In Großbritannien und in den USA wurden in aller Regel vor der Gründung von Community Foundations detaillierte Studien in Auftrag gegeben:

- Zum einen sogenannte „Feasability Studies", welche die Machbarkeit und Wirtschaftlichkeit einer solchen Stiftung in einer angestrebten Region analysieren (Wirtschaftskraft, Zusammengehörigkeitsgefühl, Einwohnerzahl etc.).
- Zum anderen sogenannte „Needs Studies", die das soziale Umfeld in der Region durchleuchten und die brennendsten sozialen Probleme darstellen.

Nach den bisherigen Erfahrungen kann Philanthropie durch Community Foundations in bislang nicht gekanntem Ausmaß dezentralisiert und demokratisiert werden. Die Bürger werden von Anfang an in die Tätigkeiten der Stiftungen einbezogen. Lokale Problemlösungskonzepte können dadurch eine viel größere Akzeptanz erreichen. Durch regelmäßig veröffentlichte Tätigkeitsberichte und eine transparente, durchschaubare und nachvollziehbare Darstellung aller finanziellen Aktivitäten und gemeinnützigen Projekte der Stiftung, wird in der Region ein Vertrauenskapital für die Arbeit und Unabhängigkeit der Stiftung gebildet, welches als Substrat für die Tätigkeit in den kommenden Jahrzehnten unabdingbar ist. In den Gremien der Community Foundations sind regelmäßig alle relevanten Gruppierungen der Region vertreten: ausländische Minoritäten, Migrantinnen und Migranten, verschiedene Religionsgemeinschaften, Wohlfahrtsverbände oder andere Gruppen, die das Gesicht der Region mit prägen. Antidiskriminierungsprogramme - nach innen und nach außen - sollen dabei verhindern, daß bestimmte Gruppen bei der Fördertätigkeit der Stiftung ignoriert werden. Bei der Vergabe von Arbeitsplätzen in der Stiftung gibt es gleichfalls strenge Standards.

Gleichzeitig mit dem Aufkommen der Bürgerstiftungen haben aber auch ganz andere Erwägungen als die bisher genannten zur Bildung von „Bürgerstiftungen" geführt, die der jungen Bürgerstiftungsbewegung in Deutschland eher geschadet als genutzt haben. Unter dem Titel „Bürgerstiftung" treten mittlerweile auch Organisationen auf, die mit dem anglo-amerikanischen Konzept der Community Foundation bei näherer Betrachtung kaum etwas gemein haben. Ein Beispiel ist die „Ulmer Bürgerstiftung", die trotz ihres Namens keineswegs vom Bürgerengagement getragen wird. Zwar sind die

Bürger Ulms aufgefordert, durch Zustiftungen oder Spenden die Arbeit dieser - sogenannten - Bürgerstiftung zu unterstützen, sie haben jedoch auf die Tätigkeit der Stiftung, auf deren Förderpolitik und Geschäftsgebaren keinerlei Einfluß. Statt Demokratisierung und Dezentralisierung zu fördern, haben sich hier die politischen Parteien vermittels ihrer Ratsfraktionen eine Institution geschaffen, die weder der Kommunalaufsicht noch der Gemeindeordnung unterliegt und mit der sie daher - eine Mehrheit im Rat der Stadt vorausgesetzt - weitgehend unkontrolliert fördern können. Die Staatsnähe der „Ulmer Bürgerstiftung" wird auch daran deutlich, daß der Vorstand aus dem Oberbürgermeister und Vertretern der Ratsfraktionen besteht. Zudem werden die Geschäfte der Stiftung, die bei ihrer Gründung 1997 mit einem Startkapital von 6 Millionen DM ausgestattet wurde, von der Stadtverwaltung Ulm geführt.

Dieses Beispiel macht deutlich, daß das anglo-amerikanische Partizipationsmodell, das großen Wert auf die Unabhängigkeit der Community Foundations von politischen Parteien, lokalen Regierungen, einzelnen Geldgebern oder anderen Organisationen legt, unter dem Druck finanzieller kommunaler Engpässe und wegen des Interesses der Politik an frei verfügbaren Schattenhaushalten ad absurdum geführt werden kann. Unter dem „Deckmäntelchen" der Förderung einer teilhabenden Bürgergesellschaft schaffen sich Gemeinden fiskalischen Handlungsspielraum, ohne jedoch Bürgerinnen und Bürgern neue Mitsprachemöglichkeiten zu eröffnen.

3. Community Foundations - ein internationaler Überblick

Das Konzept der Bürgerstiftungen in den USA geht auf einen tatkräftigen Rechtsanwalt namens Frederick Harris Goff zurück, der die Vision einer dauerhaften und flexiblen lokalen Stiftung hatte, welche das wohltätige Spenden auf lokaler Ebene wiederbeleben sollte. Als Resultat dieser Gedanken entstand 1914 die „Cleveland Foundation". Sie ist heute eine von etwa 600 „Community Foundations" in den USA, die ein Vermögen von insgesamt mehr als 25 Milliarden US-Dollar verwalten[3]. Diese unabhängigen Stiftungen geben für die Unterstützung lokaler oder regionaler Projekte, wohltätiger Einrichtungen oder Organisationen jedes Jahr mehrere hundert Millionen Dollar aus.

---

3   So Peter Walkenhorst in seinem Vortrag „Bürgerstiftungen als neue Form gemeinnützigen Engagements - Erfahrungen und Perspektiven", gehalten am 20. Mai 1999 auf der 55. Jahrestagung des Bundesverbands Deutscher Stiftungen (BDS), Arbeitskreis 2 (Kommunal- und Grundstücksrecht).

Die Grundprinzipien und Merkmale der US-amerikanischen Community Foundations wurden zur Blaupause für eine ähnlich geartete Entwicklung, zunächst in Kanada und Großbritannien, inzwischen aber auch in ganz Europa - einschließlich der osteuropäischen Länder wie Polen und Rußland -, in Asien und Afrika. In Kanada verwalten heute 81 Bürgerstiftungen ein Vermögen von umgerechnet 697 Millionen US-Dollar; sie geben jährlich etwa 33 Millionen US-Dollar für gemeinnützige Zwecke aus. Seit der Gründung der ersten Community Foundations in Großbritannien im Jahre 1986 ist auch dort ein wohlbestelltes Feld von 22 fördernden Stiftungen entstanden, die über ein Kapital von mehr als 65 Millionen Pfund verfügen und im Jahr 1997/98 Beihilfen, Zuwendungen und Förderungen in Höhe von 15 Millionen Pfund gewährt haben. Weitere 29 Einrichtungen streben dort derzeit den Status einer rechtlich anerkannten Bürgerstiftung an, und in weiteren Regionen wird die Übernahme des Modells ebenfalls erwogen. Die größte britische Community Foundation, „Tyne & Wear", angesiedelt in der Region um Newcastle, hatte zum Jahresende 1998 ein Stiftungsvermögen in Höhe von rund 16,9 Millionen Pfund aufgebaut und Förderungen von mehr als 1,3 Millionen Pfund gewährt.

Je weiter die Länder, in denen das Vorbild der Bürgerstiftungen nachgeahmt wird, vom kulturellen Background der anglo-amerikanischen Vorbilder entfernt sind, um so deutlicher wird auch das Bedürfnis nach einer adäquaten Anpassung des Modells an die lokalen Umstände und die jeweilige Lebenswelt der Menschen. Nicht zuletzt betont man auf US-amerikanischer Seite, wo man sich um die weltweite Propagierung des Gedankens der Bürgerstiftungen bemüht, daß kein „Kulturimperialismus" betrieben werden dürfe; denn nur eine Anpassung an die gesellschaftlichen Verhältnisse und rechtlichen Gestaltungsmöglichkeiten vor Ort bilde die Grundvoraussetzung einer erfolgreichen und entwicklungsfähigen kommunalen Stiftungskultur.

Abweichungen vom „Idealtyp" der Bürgerstiftung sind daher nicht nur erforderlich, sondern auch erwünscht: So entstehen etwa auch gemeinschaftliche Stiftungen mehrerer Ortschaften, wenn die einzelnen Gemeinden als zu klein erscheinen oder gerade in ländlich strukturierten Gegenden die Einbeziehung einer größeren Region sinnvoll erscheint. Dies war in so unterschiedlichen Staaten wie den USA („Triangle Foundation", North Carolina) und Polen sehr erfolgreich.

Abgesehen von den genannten Ländern gibt es mittlerweile Community Foundations oder Bürgerstiftungen in elf EU-Ländern, in der Slowakei und der Tschechischen Republik, aber auch in Mexiko und der Karibik, in Australien, Neuseeland und Japan sowie schließlich in Südafrika.

4. Warum sich der Umweg des Spendens und Helfens über Bürgerstiftungen lohnt

Bürgerstiftungen können für sich nur dann eine Existenzberechtigung in Anspruch nehmen, wenn sie im Feld des Dritten Sektors eine Nische finden, die bislang noch nicht besetzt ist. Sofern sie nur Aufgaben übernehmen würden, die andere soziale Organisationen schon weitaus länger bearbeiten, würden sie sich auf bereits besetzten Feldern bewegen und notwendigerweise den zu verteilenden Kuchen wohltätigen Geldes schmälern. Sie würden von anderen Einrichtungen berechtigterweise als Konkurrenz begriffen und müßten sich ernsthaft fragen lassen, ob sie denn in der Lage sind, die auch schon bisher erbrachten sozialen Leistungen besser zu erbringen als andere Organisationen. Zur Illustration: Dienstleistungen wie die Betreuung von alten Menschen, Behinderten, Kranken oder Kindern werden seit vielen Jahrzehnten von Kommunen, Kirchen, Verbänden oder Vereinen geleistet. Das gilt ebenso für andere soziale Dienstleistungen in einer gegebenen Region. Die hier tätigen Organisationen haben in der Regel über lange Zeit Erfahrungen und Know-how sammeln können, welches neuen Organisationen kaum in kurzer Frist zur Verfügung stehen kann. Außerdem sind all diese Tätigkeiten sehr personalintensiv, d.h., sie erfordern einen hohen Stellenkegel und verschlingen große Summen.

Wenn man von dem anglo-amerikanischen Modell der Community Foundation und deren Arbeitsweise ausgeht, dann kann jedoch für Bürgerstiftungen eine Nische im sozialen Sektor offenstehen. Ausgangspunkt ist die strukturelle Verzahnung der Community Foundation mit der Umgebung, in der sie agiert (siehe Grafik 1). Sie ist ausschließlich fördernd tätig und konzentriert sich auf den Aufbau eines Stiftungskapitals, meist indem sie für Stifter oder Spender Fonds einrichtet, die sie verwaltet.

Abb. 1: **Bürgerstiftungen als Vermittler**

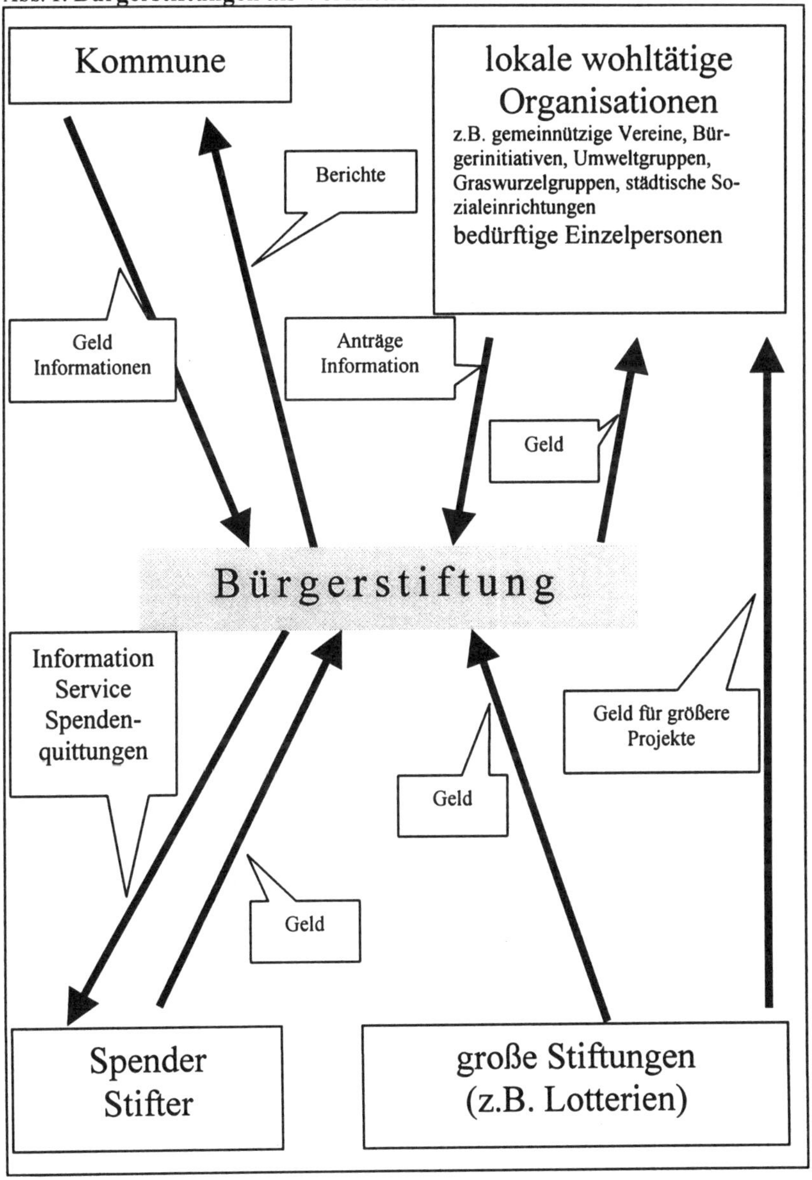

Kommune

lokale wohltätige Organisationen
z.B. gemeinnützige Vereine, Bürgerinitiativen, Umweltgruppen, Graswurzelgruppen, städtische Sozialeinrichtungen
bedürftige Einzelpersonen

Berichte

Geld
Informationen

Anträge
Information

Geld

Bürgerstiftung

Information
Service
Spendenquittungen

Geld für größere Projekte

Geld

Geld

Spender
Stifter

große Stiftungen
(z.B. Lotterien)

Von ganz entscheidender Bedeutung ist daher die Bürgerstiftung als Dienstleistungsorganisation für Bürger und Unternehmen, die sich sozial engagieren wollen („donor services"). Das Spenden und Stiften erfolgt hier eben nicht anonym für einen abstrakten guten Zweck, abgetrennt von der Lebenswelt des Wohltäters und auch weitgehend unkontrollierbar und unbeeinflußbar. Derartiges Spenden - wie es beispielsweise typisch ist für bundesweite Aktionen gemeinnütziger Organisationen in der Vorweihnachtszeit - erfüllt oft nicht viel mehr als eine zeitlich begrenzte Gewissensberuhigung ohne tiefere Befriedigung. Im Gegensatz dazu werden von Bürgerstiftungen Projekte und Institutionen in der eigenen Region oder Stadt gefördert, und zwar sowohl mit Spenden, als auch mit ehrenamtlichem Engagement. Der Spender stellt nicht nur Geld zur Verfügung, sondern auch seine ganz persönlichen Erfahrungen, Kenntnisse und Verbindungen. Diese kann er in die Bürgerstiftungen oder einzelne von ihr geförderte Projekte einbringen, indem er unmittelbar in seiner Freizeit mitarbeitet und dabei sein spezifisches Wissen zur Verfügung stellt.

Community Foundations helfen daher Spendern und Stiftern: Einerseits kann deren langfristiges sozialpolitisches Interesse in der Region dargestellt und umgesetzt werden, andererseits können aber auch Informationen über die dringenden Bedürfnisse des Gemeinwesens zur Verfügung gestellt und so Schnittmengen von möglichem gesellschaftlichen Engagement ermittelt werden. Im Gegensatz zu Vereinen und Organisationen, die lediglich von durchlaufenden Geldern leben, bieten Bürgerstiftungen die Möglichkeit, durch die Langlebigkeit des Stiftungskapitals eine Unterstützung im sozialen Bereich sicherzustellen, die langandauernde und zukunftsweisende Effekte hat.

Bürgerstiftungen arbeiten mit einer Vielzahl von Stiftern und Spendern zusammen, die eine zum Teil ganz unterschiedliche Finanzkraft aufweisen. Das Besondere der „Community Foundations" ist nun nicht zuletzt, daß sie den Wohltätern ermöglichen, ihre Mittel den von ihnen gewünschten Zwecken, Organisationen und geographischen Regionen ganz gezielt zukommen zu lassen. Hierfür werden zweckgebundene Namensfonds oder sogenannte „donor advised funds" eingerichtet, die dem Spender erlauben, die durch den erwirtschafteten Ertrag finanzierte Fördertätigkeit festzulegen oder laufend zu kontrollieren. Nicht-zweckgebundene Spenden und Zustiftungen können hingegen sehr flexibel und für ein weites Spektrum lokaler Aktivitäten verwendet werden. Themenzentrierte Fonds, die bestimmte soziale Aufgaben, wie zum Beispiel Kriminalitätsprävention, finanzieren sollen, können aus Spenden von vielen Personen und Unternehmen gespeist werden. Spender und Stifter erkennen relativ schnell die strukturellen Vorzüge des Helfens vermittels Bürgerstiftungen: Die intelligente und kreative Administration sowie die personalisierten Fonds (Fonds mit dem Namen des Stifters/Spenders) geben finanzkräftigen Bürgern die Möglichkeit, ihre eigene treuhänderisch verwaltete Zustiftung oder Spende zu unterhalten, ohne sich der Mühe eines eigenen Managements zu unterziehen. Dadurch wird Helfen sehr viel kostengünstiger, weil ein Zuviel an geldzehrender Verwaltung vermieden wird. Außerdem entfällt der langwierige und teure Aufwand für die Gründung einer eigenen Stiftung. Schließlich werden Wohltäter von der Stiftungen auch hinsichtlich der steuerlichen Gestaltung ihres Engagements beraten.

Durch Bürgerstiftungen lassen sich auch „postmortale" Probleme des gemeinnützigen Engagements lösen. Nach dem Tode privater Stifter werden deren Stiftungen oft in der Regie entsprechender Ämter der Städte und Gemeinden weitergeführt. Um hier den Einfluß der öffentlichen Hand zu unterbinden, kann es sinnvoll sein, sich rechtzeitig an die örtliche Bürgerstiftung zu wenden und die spätere Verwaltung des gemeinnützig gebundenen Vermögens unter ihrem Dach zu regeln - sei es als nicht rechtsfähige Stiftung oder als zweckgebundener Namensfonds. Sollte die Zweckverwirklichung eines solchen Fonds später einmal unmöglich werden oder der Zweck wegfallen, ist jedenfalls sichergestellt, daß das Kapital weiterhin vernünftigen gemeinnützigen Zwecken in der Region zugute kommt und daß demokratisch darüber entschieden wird.

Auf der anderen Seite arbeiten Community Foundations auch mit vielen unterschiedlichen sozialen Einrichtungen der Region und mit kommunalen Gruppen zusammen. So können auch Initiativen Anträge auf Förderung von Projekten stellen, die ohne Unterstützung der jeweiligen Bürgerstiftung übersehen werden würden oder keine Spender finden. Denn Gruppen ohne eigene Rechtspersönlichkeit - oft sind dies spontan entstandene Graswurzelgruppen, die sich eines neuen Problems annehmen wollen - erhalten in der Regel nur wenig Unterstützung von der öffentlichen Hand. Ein gut durchdachtes, klar konturiertes Förderprogramm der Bürgerstiftung, einschließlich einheitlicher Förderrichtlinien, bietet beiden Seiten, Spendern und Projektträgern, eine klare Grundlage für den Aufbau fruchtbarer Partnerschaften. Die meisten erfolgreichen Community Foundations haben ein sehr weites Förderspektrum, von dem alle relevanten gesellschaftlichen Gruppen profitieren.

Ein schönes Beispiel für die Flexibilität dieses Konzepts ist die „Tyne & Wear Foundation" in Großbritannien, die ein allgemeines Stiftungskapital unterhält, daneben aber auch einen Fonds für die Nachbargemeinden von Northumberland und mehrere weitere spezielle Fonds, die für die wohltätigen Interessen von individuellen Geldgebern maßgeschneidert sind. Im Geschäftsjahr 1997/98 förderte die „Tyne & Wear Foundation" 489 Gruppen, Initiativen und Einzelpersonen mit insgesamt rund 1,36 Millionen Pfund. Sie verwaltete 38 personalisierte Fonds, zwei thematische Fonds (einen zugunsten obdachloser Jugendlicher und einen zugunsten junger Musiker), drei regionale Fonds (für North Tyneside, South Tyneside und South East Northumberland), einen Allgemeinen Fonds, einen Fonds für kleine Fördersummen, den Fonds des Sponsoren-Clubs sowie die „Guy Readman Foundation", die allein 80 Förderungen in einer Gesamthöhe von über 176.000 Pfund vergab.

Insgesamt kann man sagen, daß Bürgerstiftungen für potentielle Spender einerseits als „Lotsen" durch das „Dickicht" der gemeinnützigen und sozialen Organisationen und Aktivitäten dienen, andererseits aber auch als Dienstleister für eine effektive und kostengünstige Umsetzung des gewünschten sozialen Engagements fungieren. Der Nonprofit-Sektor wird dabei durch die Arbeit der Bürgerstiftungen gestärkt, weil - wie sich in den USA gezeigt hat - neue Geldquellen erschlossen werden. Die Bürgerstiftungen treten also nicht als Konkurrenz in den bereits bestehenden „Markt" der wohltätigen Organisationen ein, sondern erfahrungsgemäß vergrößert sich durch ihr Engagement der zu verteilende Kuchen an gestifteten und gespendeten Mitteln. Zudem wirken sie durch die Stärkung ihrer Region und durch ihre Förderpolitik als Katalysator für gesellschaftliche Innovationen und die Entstehung anderer kommunaler Gruppen.

5. Wofür sich Bürgerstiftungen engagieren

Die neuen Bürgerstiftungen operieren in Deutschland in aller Regel an den sozialen Brennpunkten des Gemeinwesens. Der Impetus zur Gründung von derartigen Stiftungen geht von Menschen aus, die sich für das Wohl der Gemeinschaft verantwortlich fühlen und daher daran interessiert sind, zur Erhaltung lebenswerter Umweltbedingungen soziale Innovation voranzutreiben und die die Verantwortung für das Zusammenleben nicht (allein) dem Staat überlassen wollen. Bürgerstiftungen entwickeln sich daher fast zwangsläufig zu „think tanks" gesellschaftlicher Fortentwicklung in Zeiten herber sozialer Umbrüche und der Abschiednahme vom Sozialstaat im Sinne einer Rundumversorgung von der Wiege bis zur Bahre.

Indem Bürgerstiftungen sich die Verbesserung der Lebensbedingungen in einer Stadt oder einer Region auf die Fahnen schreiben, nehmen sie für sich auch eine gewisse Führungsrolle hinsichtlich gesellschaftlicher Innovationen in Anspruch. Diesem Anspruch in ethischer und sozialer Hinsicht gerecht zu werden und gleichzeitig einen Beitrag zu einer lebendigen demokratischen Kultur im Sinne des „Sich-Einmischens" zu leisten, ist jedoch keine leicht zu lösende Aufgabe. Wer innovativ und unbürokratisch helfen will, geht das Risiko ein, Fehler zu machen. Andererseits ist der offene, diskursive

Umgang mit Fehlern und das Streben nach konstruktiven Verbesserungen des je Erreichten Grundvoraussetzung für einen dauerhaften Erfolg.

Die Ziele und zukünftigen Aktionsfelder junger deutscher Bürgerstiftungen lesen sich - was nicht überraschen wird - ziemlich ähnlich: So engagiert sich die Bürgerstiftung Dresden in den Bereichen Kultur, Jugend, Bildung, Soziales und Umwelt, die Bürgerstiftung Hannover ebenfalls für Jugend, Kultur und Soziales. Die Freunde der Bürgerstiftung Berlin e.V., einer Vorstufe der zu gründenden Stiftung, haben sich vorgenommen, *„das friedliche und achtungsvolle Zusammenleben, die Integration gesellschaftlicher Randgruppen, das Bewußtsein für politische Verantwortung und Bildung, Kunst und Kultur, insbesondere von Jugendlichen, zu fördern."* Dahinter verbergen sich folgende Vorhaben, die hier beispielhaft genannt sein mögen:

- Unterstützung des Schulverweigerer-Projekts in Hellersdorf,
- Starthilfen zur Gründung von Vereinen für Jugendliche,
- Treffpunkt Hilfsbereitschaft an den Berliner Universitäten,
- Internationale Schülerworkshops,
- Bildungsarbeit für Berufsschüler,
- Ausstellungen für den Künstlernachwuchs
- sowie der Wettbewerb „Jugend streitet".

Die Investition in die Jugend ist ein zentrales Thema der deutschen Bürgerstiftungen. Die Bürgerstiftung Hannover hat bei Veranstaltungen ihre Mitglieder, aber auch Zuhörer und Interessierte gefragt, welche Aufgaben für eine Bürgerstiftung am dringlichsten seien. Es stellte sich heraus, daß die meisten es am wichtigsten fanden, etwas für die Jugend zu tun. Angesichts der allgemein bekannten desolaten Zustände in den Schulen, der Lethargie von Schülern, der Neigung zu Gewalt und Vandalismus oder des Verfalls der Schulgebäude ist diese Zielrichtung naheliegend. Einen ähnlichen Schwerpunkt setzt zunächst auch die Bürgerstiftung Hamburg, die ihre Mittel verstärkt für Jugendprojekte in sozialen Brennpunkten der Stadt verwenden wird, um dort vorbeugend einzugreifen und zur Selbsthilfe anzustiften.

Die Zielverwirklichung wird auf verschiedenen Wegen zu erreichen versucht. Teils initiieren Bürgerstiftungen eigene, innovative Projekte, teils unterstützen sie vor Ort bereits erfolgreich arbeitende Initiativen und Organisationen, teils beauftragen sie professionelle Dienstleister mit der Implementierung innovativer Konzepte oder der Fortbildung von Personal in Bereichen wie Schulen, Kindergärten, Horten oder Jugendzentren.

An dieser Stelle kann jedoch die Prognose abgegeben werden, daß Bürgerstiftungen auch bei uns auf lange Sicht weitgefächerte Förderprogramme entwickeln müssen, um ihre gesellschaftliche Akzeptanz zu steigern. Klare Förderrichtlinien, die keine gesellschaftlichen Gruppen von der Mittelvergabe ausgrenzen, scheinen ebenso unverzichtbar wie die umfassende Information der Geldgeber über die sozialen Bedürfnisse der Region. Deshalb muß es eine intensive Zusammenarbeit mit sozialen Organisationen, Dachverbänden sowie privaten und öffentlichen Einrichtungen aller Art geben.

6. Welche Faktoren bei der Gründung von Bürgerstiftungen eine Rolle spielen

Es gibt bestimmte Faktoren, die eine wichtige Rolle für die mittel- bis langfristig erfolgreiche Gründung von Bürgerstiftungen spielen und über deren Bedeutung man sich in der Startphase hinreichend Gedanken machen sollte (allgemein zur Stiftungsgründung vgl. Bundesverband Deutscher Stiftungen 1998; vgl. auch Joshi 1992; Tyne & Wear Foundation 1998).

Zunächst gilt es, die Frage zu klären, welches räumliche Gebiet die Stiftung mit ihrer Tätigkeit abdecken will. Dabei sind insbesondere die Leistungsfähigkeit der Region und ihrer Bewohner, die Infrastruktur, das Zugehörigkeitsgefühl der Bürger sowie die soziale Gliederung und Verortung von Problemgebieten zu berücksichtigen. Im anglo-amerikanischen Raum wird davon ausgegangen, daß eine Bevölkerung von etwa einer Million Einwohner erforderlich ist, um einen ausreichenden Kapitalzufluß für die Bürgerstiftung langfristig sicherzustellen. Die Mentalität der Region und die Interessen der Menschen sollten dabei von Anfang an beachtet werden, um die Basis für die Akzeptanz der neuen Einrichtung zu legen.

Dreh- und Angelpunkt des Erfolgs jeder neuen Bürgerstiftung ist ihre Fähigkeit, die Finanzierung ihrer laufenden Kosten für die ersten drei bis sechs Jahre sicherzustellen. In dieser Anfangsphase ist die finanzielle Ausstattung in aller Regel noch sehr schwach, d.h., es ist kaum möglich, von den Kapitalerträgen nennenswerte Projektfinanzierungen zu leisten. Außerdem stellt sich von Anfang an die Frage nach der Beschäftigung professionellen Personals, denn es ist zwar einerseits relativ unproblematisch, Menschen zur Unterstützung bestimmter sozialer Projekte zu animieren, andererseits erweist es sich in der Regel jedoch als überaus problematisch, die Finanzierung einer Geschäftsstelle - einschließlich Sachausstattung, Portokasse und Werbematerial - sicherzustellen. Doch gerade von einer funktionierenden Geschäftsstelle hängt die Überlebenschance der neuen Stiftung entscheidend ab. Daher muß man rechtzeitig ein Bewußtsein dafür schaffen, daß es sinnvoll ist, professionelles Personal für das Fundraising und die Projektauswahl zur Verfügung zu haben. Denn jede Mark, die ein Stifter oder Spender für hauptamtliche „Fundraiser" zur Verfügung stellt, wird durch dessen Tätigkeit vervielfacht, so daß am Ende mehr geleistet werden kann, als bei einer direkten Spende für ein einzelnes Projekt.

In den ersten Jahren, so zeigen die Erfahrungen aus den USA und Großbritannien, sollte soviel eingeworbenes Geld wie möglich in den Kapitalstock der Stiftung investiert werden. Die kritische Marke ist in der Regel die erste Million. Wird sie in kurzer Frist erreicht, bleibt das Interesse der Stifter und Spender bestehen und neue Förderer können gewonnen werden. Zur Erreichung dieses Ziels haben sich sogenannte „matching funds" als Anschubfinanzierung bewährt: Ein großes Unternehmen oder eine Bank stellt einen Fonds in Höhe von z.b. einer Million DM zur Verfügung und verpflichtet sich, jede der Bürgerstiftung gespendete oder gestiftete Mark zu verdoppeln, bis dieser Fonds aufgebraucht ist. Besonders für diejenigen Unternehmen, die sich ohnehin sozial betätigen, ist diese Form der Unterstützung hochinteressant, weil mit der demonstrativen Verdoppelung des eingesetzten Geldes ein starker Werbeeffekt verbunden ist.

Dennoch stellen selbst die großen US-amerikanischen Community Foundations, die seit vielen Jahren gute Arbeit leisten, fest, daß sie nicht genug Einkünfte aus ihrem Kapital produzieren können. Hochspekulative Geldanlagen verbieten sich für Stiftungen von vornherein; das Geld muß, um den Erhalt des Kapitals sicherzustellen, „konservativ" angelegt werden. Daher sind immer auch durchlaufende Gelder bzw. Spenden für spezielle Projekte erforderlich. Außerdem muß sich jede Bürgerstiftung um das permanente Wachstum ihres Grundkapitals bemühen.

Die bisher in Deutschland gegründeten Bürgerstiftungen haben ihre Ziele in bezug auf den Aufbau und die Akkumulation von Kapital im Prinzip auf zwei unterschiedlichen Wegen verfolgt. Auf der einen Seite wurden Stiftungen „von oben" gegründet, d.h., ein Großstifter übernahm die Initiative und stellte gleich zu Beginn ein relativ großes Stiftungskapital zur Verfügung. Die Arbeitsaufnahme der „Stadt Stiftung Gütersloh" hat zum Beispiel der Unternehmer Reinhard Mohn zusammen mit der Bertelsmann AG und der Bertelsmann Stiftung mit einer Spende von 2 Millionen DM ermöglicht. Das Stiftungskapital wuchs dann vom Beginn der Tätigkeiten Anfang 1997 bis Ende 1998 relativ schnell auf 3,7 Millionen DM an (vgl. Stadt Stiftung Gütersloh 1988, Kontakt: www.stadtstiftung.de). Die Bertelsmann Stiftung übernimmt hier auch die laufenden Geschäftskosten. Ähnliches leistete die Hamburger Körber-Stiftung für die Bürgerstiftung Dresden. Sie stellte der Bürgerstiftung Dresden das Gründungskapital von 100.000 DM sowie einen „matching fund" von 900.000 DM zur Verfügung. Auch die Bürgerstiftung Steingaden wurde in dieser Weise „von oben" ins Leben gerufen.

Demgegenüber wurden Stiftungen wie die Bürgerstiftung Hannover oder die Bürgerstiftung Fürstenfeldbruck „von unten" gegründet: In Hannover haben etwa 30 Stifterinnen und Stifter ein Gründungskapital von 161.000 DM zusammengetragen. Bei einer Mindesteinlage von 3.000 DM gehört ein Stifter für drei Jahre zur Stifterversammlung und kann über dieses Gremium die Politik der Stiftung mitbestimmen. Durch Zustiftung von weiteren 1.000 DM verlängert sich die Stiftereigenschaft jeweils um ein Jahr. Die Stifterversammlung wählt für eine Amtszeit von maximal sechs Jahren den Stiftungsrat, der das oberste Aufsichtsgremium der Stiftung darstellt und den Vorstand wählt und kontrolliert. Der Vorstand leitet die Stiftung und vertritt sie nach außen. Noch breiter als in Hannover war das bürgerschaftliche Engagement in Fürstenfeldbruck angelegt, wo die Bürgerstiftung von 145 Gründern ins Leben gerufen wurde.

Eine Mischform dieser Strategien der Gründung „von oben" und „von unten" wurde von der Bürgerstiftung „Zukunftsfähiges München" erfolgreich praktiziert. Hier taten sich einige Mitglieder des örtlichen „Agenda 21"-Kreises unter anderem mit der Stadtsparkasse München zusammen und gründeten eine Bürgerstiftung. Diese Bürgerstiftung ist an den Zielen der „Konferenz für Umwelt und Entwicklung" der Vereinten Nationen orientiert und will diese im Sinne des Münchener Agenda-Prozesses für eine nachhaltige Entwicklung einer partizipativen Stadtgesellschaft fruchtbar machen. Der Münchener Stadtrat unterstützte die Stiftungsgründung durch eine Zustiftung von 400.000 DM und die Einrichtung eines „matching funds" von weiteren 400.000 DM, ohne sich jedoch damit maßgeblichen Einfluß auf die Stiftung verschaffen zu wollen.

Bei aller „Bürgerstiftungs-Euphorie" hat sich jedoch in den letzten Jahren auch herausgestellt, daß es (zumindest) auf Landesebene ein Netzwerk der einzelnen Bürgerstiftungen geben muß, um Synergieeffekte zu erzeugen. Gegenseitiger Informationsaustausch kann neu zu gründende Stiftungen vor grundlegenden Fehlern bewahren und auch in der Folgezeit ein rascheres Wachstum und eine klügere bzw. vorausschauende Stiftungspolitik sicherstellen. Für die Programmplanung und Projektförderung einer Bürgerstiftung ist zudem die detaillierte Analyse der spezifischen Bedürfnisse im örtlichen Handlungsfeld der Stiftung erforderlich. Auf dieser Grundlage kann das Förderprofil der Stiftung maßgeschneidert werden.

Die auf erfolgreicher Projektarbeit beruhende Glaubwürdigkeit und Akzeptanz einer Community Foundation sollte dann durch die Einbeziehung herausragender Persönlichkeiten der örtlichen Gemeinschaft gefestigt werden. Idealerweise setzt sich der Vorstand einer (Bürger-)Stiftung aus Repräsentanten wichtiger kommunaler Institutionen zusammen. Daraus entsteht ein „knowledge collective", welches durch sein Ansehen in der Region die Arbeit der Stiftung wesentlich erleichtern kann. Auf der anderen Seite sollten aber auch gesellschaftliche Minderheiten in der Stiftung vertreten sein, denn ethnische, religiöse, nachbarschaftliche und weltanschauliche Gruppen des Gemeinwesens können, etwa in Fachausschüssen oder Kuratorien, die Arbeit der Stiftung in gewinnbringender Weise beratend begleiten und mitgestalten. Abgesehen davon können finanzielle Partnerschaften mit Banken dazu führen, daß der Stiftung viel Arbeit bei der Verwaltung ihres Vermögens abgenommen wird, indem die Bank - schon aus Eigeninteresse - die Stiftung eingehend berät und finanzielle Transaktionen für sie vorbereitet und durchführt.

Nicht zu unterschätzen ist die Bedeutung der richtigen Zusammensetzung des Vorstands (vgl. Kile/Loscavio 1994; vgl. dies. 1996), der bei einer Bürgerstiftung vor allem für das Fundraising und die Förderanträge zuständig ist. Das stellt bestimmte Anforderungen an die Vorstandsmitglieder: Sie müssen in der Region über hervorragende Kontakte, insbesondere zur Wirtschaft, verfügen. Top-Manager aus den Vorstandsetagen der großen Firmen der Region sind ebenso unverzichtbar wie Unternehmer, Rechtsanwälte, Steuerberater oder Banker. Diese können eine wichtige Rolle bei der Propagierung des Bürgerstiftungsgedankens und bei der Gewinnung zukünftiger Stifter bzw. Spender spielen. Vorstandsmitglieder müssen zudem einen Überblick über den sozialen und kulturellen Sektor der Region haben. Für Vorstandsmitglieder, die für das Fundraising zuständig sind, gibt es im angloamerikanischen Raum die etwas harsche Maxime: „Give, get, or go!". Für Personen, die stark im öffentlichen Leben stehen und sich mit ihrem Namen für die Stiftung stark machen wollen, die andererseits aber wegen ihrer beruflichen Belastung nicht viel Zeit für die Stiftungsarbeit aufwenden können, sollte es ein Gremium mit rein repräsentativen Aufgaben geben. In den USA und Großbritannien sind das meistens die „Presidents". Auch findet man häufig ein sogenanntes Kuratorium vor. Ferner sollte es ein demokratisch gewähltes Aufsichtsgremium geben, dem vertrauenswürdige und allseits respektierte Persönlichkeiten der Region angehören, welche die Bewirtschaftung des Stiftungsvermögens kontrollieren (siehe Grafik Nr. 2).

Abb. 2: **Organigramm einer Bürgerstiftung am Beispiel der Bürgerstiftung Hannover**

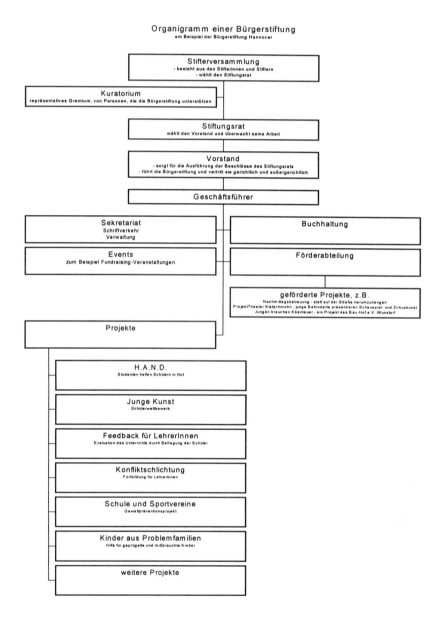

Die Stifter und Spender einer Community Foundation sollten aus allen Bereichen der lokalen Gemeinschaft kommen. Findet man viele Stifter für viele gemeinnützige Zwecke, so kann man auf diese Weise am effizientesten die demokratische und gerechte Verteilung der Mittel im Gemeinwesen sicherstellen. Dafür wurde von englischen Stiftungen das Wort von der „360°-Förderung" erfunden. Ein weites Spektrum von Fördertätigkeiten bewahrt vor dem Vorwurf, eine eher elitäre Einrichtung zu sein, die sich nur um ihr genehme Projekte kümmert und mißliebige oder kritische Initiativen nicht unterstützt.

Am Ende hängt aber der langfristige Erfolg einer Bürgerstiftung immer von ihrer Innovationsfreudigkeit ab. Denn sie lebt davon, daß die Menschen, die sich in ihr engagieren, die Stiftung und ihr Handlungsfeld immer wieder neu erfinden und den gesellschaftlichen Veränderungen anpassen. Das können Bürgerstiftungen in der Regel schneller, flexibler und leichter als Staat und Kommunen, weil sie weniger bürokratisiert sind. Community Foundations sind daher eine kreative Quelle der Förderung wohltätiger Einrichtungen in der Region.

7. Der rechtliche Rahmen der Bürgerstiftung

Um den Bürgerstiftungsgedanken zu unterstützen und die notwendigen Voraussetzungen für eine vermehrte Gründung derartiger Stiftungen zu schaffen, ist ein stiftungsfreundliches Steuerrecht und ein flexibler Rahmen des zivilen Stiftungsrechts erforderlich, ferner ein Stiftungsaufsichtsrecht, welches Engagement befördert und nicht behindert.

Im anglo-amerikanischen Raum (Common Law) bietet das Rechtsinstitut des „Trust", welches aus der Billigkeitsrechtsprechung (Equity) entstanden ist, ein leicht anzupassendes und modifizierbares Werkzeug für alle möglichen rechtlichen Gestaltungen, die Stiftungen benötigen. Der rechtliche Handlungsrahmen ist dort überaus flexibel, und so entstand eine thematisch breit angelegte Stiftungslandschaft nach dem Motto „Ist es gut für das Gemeinwesen?".

In Deutschland ist das zivile Stiftungsrecht im Bürgerlichen Gesetzbuch in den §§ 80 bis 88 BGB geregelt, mit weitgehenden Verweisen auf die Regelungen des Vereinsrechts (§§ 21-54 BGB). Das Aufsichtsrecht über die Tätigkeit der Stiftungen regeln die jeweiligen Bundesländer in ihren Stiftungsgesetzen (z.B. Niedersächsisches Stiftungsgesetz vom 24.07.1968, Nds. GVBl. S. 119). Für das Steuerrecht schließlich sind die Normen der Abgabenordnung (AO) in der ab dem 01.01.1995 geltenden Fassung (§§ 14, 51-68

AO) von Belang, einschließlich des dazu ergangenen Anwendungserlasses (AEAO).

An diesen rechtlichen Rahmenbedingungen hat sich nun in jüngster Zeit erhebliche Kritik entzündet. Allerorten wird eine Reform des Stiftungs-, aber besonders des Steuerrechts für längst überfällig gehalten. Das zivile Stiftungsrecht und die Normen der Abgabenordnung behindern oftmals Stiftungsgründungen, und das Kommunalrecht billigt den Stiftungen bei der Finanzierung kommunaler Kultureinrichtungen mitunter nur eine marginale Ergänzungsfunktion zu. Die steuerlichen Anreize zur Gründung oder Unterstützung von Stiftungen reichen nicht aus, und die Errichtung einer Stiftung ist mit einem übermäßigen bürokratischen Aufwand verbunden. Zudem honoriert die Abgabenordnung immer noch nicht das allgemeine finanzielle Engagement für das Gemeinwesen. Daher gestaltet sich die Konstruktion einer Satzung nach den Vorgaben des § 52 AO als äußerst umständlich. Der Ausbildung einer Stiftungslandschaft von ähnlicher thematischer Breite wie in den USA stehen daher erhebliche Hindernisse entgegen. Diesen „Behinderungen" muß man das gesellschaftliche und finanzielle Potential gegenüberstellen, welches dem Nonprofit-Bereich durch mehr Stiftungsgründungen erschlossen werden könnte. In Deutschland hat sich ein privates Geldvermögen von insgesamt 5.683 Milliarden DM angehäuft (siehe Grafik Nr. 3). Jährlich werden in Zukunft etwa 250 Milliarden DM vererbt werden. Hinzu kommt wegen der geburtenschwachen Jahrgänge nicht nur ein vertikales Erben von den Eltern auf die Kinder, sondern auch ein sogenanntes „trichterförmiges" Erben von allen möglichen näheren Verwandten, welches zu einer weiteren Akkumulation privaten Reichtums und Wohlstands führt.

Reformvorschläge für das deutsche Stiftungsrecht kommen von verschiedenen Stellen. So fordert der Deutsche Kulturrat, das staatliche Konzessionssystem für Stiftungen durch ein Normativsystem mit Registereintrag zu ersetzen und damit an die Praxis des Vereinsrechts anzuknüpfen. Er schlägt weiterhin vor, daß Spenden in Zukunft als Sonderausgaben bis zu 20% der gesamten Einkünfte abzugsfähig sind, und daß für Großspenden über 50.000 DM eine einheitliche steuerliche Regelung gefunden wird.

Bündnis 90/Die Grünen erstreben mit einem Gesetzentwurf die Erweiterung der bislang existierenden Möglichkeiten, ererbtes Vermögen steuerbegünstigt an gemeinnützige Stiftungen weiterzugeben. Der Stifter soll nicht mittels Abgabenordnung dafür bestraft werden, daß er sein Vermögen dauerhaft für gemeinnützige Zwecke an Stiftungen übergibt.

Abb. 3: **Das private Geldvermögen in Deutschland Ende 1998**

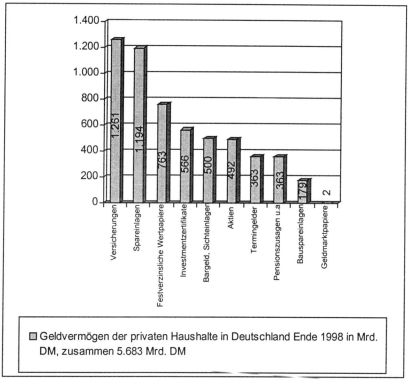

Quelle: Deutsche Bundesbank (Fonds Magazin Nr. 4 / 99)

Ähnliche Vorschläge finden sich auch in einem Gesetzentwurf der Fraktion der F.D.P., die fordert, das Konzessionssystem abzuschaffen und die schlichte notarielle Beurkundung der Stiftungserrichtung einzuführen. Die Voraussetzungen für die Errichtung einer Stiftung sollen bundeseinheitlich und abschließend im BGB geregelt werden. Schließlich wird - ein sehr wichtiger Punkt - die Erhöhung der Rücklagemöglichkeiten zur dauerhaften Erhaltung und Aufstockung des Stiftungskapitals gefordert. Bislang setzt die sogenannte „zeitnahe Mittelverwendung", d.h. bis zum Ablauf des Folgejahres, der langfristig planenden Förderpolitik einer Stiftung (zu) enge Grenzen.

Der Bundesverband Deutscher Stiftungen setzt sich nachdrücklich dafür ein, bei der anstehenden Reform des Steuerrechts deutliche Anreize zur Förderung von gemeinnützigen Stiftungen und zur nachhaltigen Sicherung ihrer Ertragskraft zu schaffen. Er favorisiert allerdings die Entstehung rechts-

fähiger Stiftungen durch Eintragung in ein Stiftungsregister, das bei den Landesbehörden, die derzeit für die Erteilung der Genehmigung zuständig sind, geführt werden soll.
Sowohl die alte als auch die neue Bundesregierung hat immer wieder auf die Notwendigkeit einer Reform des Stiftungsrechts hingewiesen. Staatsminister Dr. Michael Naumann stellte diesbezüglich kürzlich fest, es mangele an steuerlichen Anreizen für Stifter. Er hält es für vernünftig, die Möglichkeiten zur Rücklagenbildung sowie zur Abzugsfähigkeit von Spenden zu verbessern und kündigte an: *„Die Koalition plant daher eine Novellierung des Stiftungsrechts und möchte im Rahmen der Steuerreform neue Möglichkeiten für Mäzenaten, Stifter und Kultursponsoren eröffnen"* (vgl. Interview in Stiftung & Sponsoring, 2/1999: 3f.).

Das neue Steuerentlastungsgesetz der rot-grünen Koalitionsregierung geht jedoch in eine andere Richtung. So wurde die Abzugsfähigkeit von Großspenden eingeschränkt, eine wichtige Regelung für die Mobilisierung privaten Vermögens für Gemeinwohlzwecke. Dadurch wird die Arbeit von Stiftungen behindert, weil die Einnahme höherer Spenden erschwert wird. Ferner kursieren Gerüchte über einen Plan von Bündnis90/Die Grünen, der die generelle Abzugsfähigkeit von Spenden bis zu einer Höchstgrenze von nur 50.000 DM vorsehen soll.

Angesichts dieser widersprüchlichen Trends in bezug auf die Förderung der Stiftungsarbeit in Deutschland bleibt zu hoffen, daß sich die Politik alsbald zur Umsetzung vernünftiger Reformvorschläge durchringt, damit die Bereitschaft der Bürger in Deutschland, in Freiheit und in Wahrnehmung bürgerschaftlicher Verantwortung Teile ihres wachsenden privaten Einkommens, ihres Nachlasses und ihres unternehmerisch gebundenen Vermögens für gemeinnützige Bürgerstiftungen zu stiften, deutlich verstärkt wird. Das Potential dafür ist jedenfalls vorhanden.

8. Literaturverzeichnis

Angestelltenkammer Bremen (Hg.) (1999): Egoismus und Gemeinsinn. Neue Formen der Solidarität und des Teilens. Dokumentation einer Tagung vom Dezember 1998 in Bad Zwischenahn. Bremen
Bertelsmann Stiftung (Hg.) (1999): Community Foundations in Civil Society - Bürgerstiftungen in der Zivilgesellschaft (engl.-deutsch). Gütersloh: Verlag Bertelsmann Stiftung
Bundesverband Deutscher Stiftungen (Hg.) (1998): Ratgeber für Stifter. Zur Errichtung einer Stiftung. 3. Aufl. Bonn

Feurt, S. L. (1998): Gemeinschaftsstiftungen: Stiftungsarbeit von Bürgern für Bürger. In: Bertelsmann Stiftung (Hg.): Handbuch Stiftung. Ziele - Projekte - Management - rechtliche Gestaltung. Gütersloh: Verlag Bertelsmann Stiftung
Joshi, K. (1992): Foundations for Community Trusts. London: Association of Community Trusts and Foundations
Kile, R. W./Loscavio, J. M. (1994): Building a Better Board. In: The Non-Profit Times, Nr. 11
Kile, R. W./Loscavio, J. M. (1996): Strategic Board Recruitment: The Non-Profit Model. Aspen Publishers
Pfeiffer, C. (1998): Das Partizipationsmodell Bürgerstiftung. In: Strachwitz, R. Graf (Hg.): Dritter Sektor - Dritte Kraft. Versuch einer Standortbestimmung. Stuttgart: Raabe
Pfeiffer, C. (1999): Die Bürgerstiftung - Ein neuer Weg zur gesellschaftlichen Innovation. In: Iben, G./Kemper, P./Maschke. M. (Hg.): Ende der Solidarität? Gemeinsinn und Zivilgesellschaft. Münster: LIT Verlag
Stadt Stiftung Gütersloh (Hg.) (1998): Tätigkeitsbericht 1998
St. John, Sh. E. (1997): Workshop Community Foundations. In: Bertelsmann Stiftung (Hg.): Operative Stiftungsarbeit. Strategien - Instrumente - Perspektiven. Gütersloh: Verlag Bertelsmann Stiftung
Tyne & Wear Foundation (Hg.) (1998): Developing Community Foundations, Newcastle: Tyne & Wear Foundation

Bürgerstiftungen und Bürgerstiftungsinitiativen in Deutschland - Kontakte und Adressen

Die inzwischen schnellste und einfachste Möglichkeit, aktuelle Informationen über Bürgerstiftungen in Deutschland, Europa und der ganzen Welt zu beziehen, bietet das Internet. Angegeben sind daher einige grundlegende Kontaktadressen und E-mail-Kontakte, über die auch diverse Bulletins bezogen werden können.

ACTAF Newsletter; vierteljährlich erscheinender Newsletter der Association of Community Trusts and Foundations ACTAF, 4 Bloomsbury Square, London WC1A 2RL, Tel: (0044) 171 - 831 00 33, Fax: (0044) 171 - 831 3881, E-mail: actaf@patrol.i-way.co.u

Building Community Foundations; monatlich erscheinende vierseitige Ausgabe der Philanthropic Ventures Foundations in den USA, 1212 Preservation Parkway, Oakland, California 94612, E-mail: pcf@lmi.net

Charles Stewart Mott Foundation (Hg.) (1999): In Focus: Community Foundations Change the Face of UK; zu beziehen über das European Foundation Centre (EFC), E-mail: cpi@efc.be; Homepage: www.mott.org

CIVICUS; die World Alliance for Citizens Participation, verschickt ein wöchentliches E-mail-Bulletin: info@civicus.org; Homepage: www.civicus.org

Community Philanthropy Bulletin; ein regelmäßig erscheinendes Bulletin des European Foundation Centre, 51 rue de la Concorde, B-1050 Bruxelles, E-mail: suzanne@efc.be

IMAG (International Meeting of Associations Serving Grantmakers); hat eine interessante Homepage für Geldgeber, einschließlich Diskussionsforen zu verschiedenen Themen wie die unterschiedlichen weltweiten Kulturen des Spendens und Stiftens; Homepage: www.imag.org

Stiftung und Sponsoring; in Deutschland erscheinendes Periodikum; Homepage: www.stiftung-sponsoring.de

WCFSON (Worldwide Community Foundation Support Organization Network); ein jeweils aktueller Konferenzbericht kann abgefragt werden unter der E-mail der kanadischen Bürgerstiftungsorganisation CFC: cfc-fcc@community-fdn.ca; Homepage: www.community-fdn.ca

Bürgerstiftung Berlin
Freunde der Bürgerstiftung Berlin e.V.
Im Schwarzen Grund 11
14195 Berlin
Tel: (030) 83 22 81 13
Fax: (030) 83 22 81 14

Bürgerstiftung Dresden
Barteldesplatz 2
01309 Dresden
Tel: (0351) 315 81 31
Fax: (0351) 315 81 81
E-mail: BuergerstiftungDD-Ripp@gmx.de

Stadt Stiftung Gütersloh
Carl-Bertelsmann-Straße 256
33335 Gütersloh
Tel: (05241) 9 71 30
Fax: (05241) 81 96 68
Internet: www.stadtstiftung.de

Bürgerstiftung Hamburg
Dr. Klaus Rollin
Alstertor 14
20095 Hamburg
Tel: (040) 30 05 02-0 oder 30 05 02-96
Fax: (040) 30 05 02-94 oder 30 05 02-93

Bürgerstiftung Hannover
Lützerodestraße 9
30161 Hannover
Tel: (0511) 348 36 60
Fax: (0511) 348 36 63
E-mail: info@buergerstiftung-hannover.de
Internet: www.buergerstiftung-hannover.de

Bürgerstiftung für Stadt und Landkreis Kassel
Wolfsschlucht 9
34117 Kassel
Tel: (0561) 71 24-232
Fax: (0561) 71 24-734
E-mail: info@kasseler-sparkasse.de
Internet: www.kasseler-sparkasse.de

Bürgerstiftung Herten (nahe Bottrop)
im Aufbau begriffen, vorläufige Adresse:
c/o Schweisfurth Stiftung
Südliches Schloßrondell 1
80639 München

Aktionsgemeinschaft Bürgerstiftung Lahn-Dill
Hartmut Balser
Staatliches Schulamt Lahn-Dill
Brühlsbachstraße 2 A
35578 Wetzlar
Tel: (06441) 902850
Fax: (06441) 47 445

Bürgerstiftung Zukunftsfähiges München
Barerstraße 44
80799 München
Tel: (089) 28 44 52
Fax: (089) 28 37 74

Bürgerstiftung der Hansestadt Wismar
Hinter dem Rathaus 6
23966 Wismar
Tel: (03841) 25 13 02

Kapitel IV:

Rahmenbedingungen bürgerschaftlichen Engagements - gestern und heute

Hans-Ulrich Thamer

Der Citoyen und die Selbstverwaltung des 19. Jahrhunderts

1. Selbstverwaltung als mehrdimensionaler Begriff

„Daß die Selbstverwaltung nützlich, notwendig, unentbehrlich sei, darüber ist alles einig; aber was hier eigentlich ist, worauf ihr Wesen beruht - darüber ist alles uneinig." Die Vieldeutigkeit des Begriffs der Selbstverwaltung, die hier kein geringerer als Hugo Preuß (1914: 199) in seinem Handbuchartikel über die „Kommunale Selbstverwaltung in Deutschland" beklagt, hat historisch-politische Gründe (Mettele 1993: 343ff.). Wenn für die Liberalen des frühen 19. Jahrhunderts und des Jahres 1848 die Idee der Selbstverwaltung eine zentrale politische Forderung war, so meinten sie damit freilich etwas völlig anderes als der Rechtstheoretiker Rudolf von Gneist, der sich eine Generation später für eine *„obrigkeitliche Selbstverwaltung"* aussprach und den kommunalen Bereich, dem allein die Selbstverwaltung in diesem Konzept vorbehalten blieb, als die *„Verwaltung von Straßen und Rinnsalen, Allmenden und Hospitälern und solchen Dingen"* abwertete (zit. nach Heffter 1950: 739). Die Anziehungskraft der Idee der Selbstverwaltung, die von den Parteien rechts und links grundsätzlich bejaht wurde, reichte sogar noch so weit, daß auch die Nationalsozialisten es für angebracht hielten, das geistige Erbe des Freiherrn vom Stein, dessen Name in der Regel mit der Idee der Selbstverwaltung verbunden ist, für die nationalsozialistische „Deutsche Gemeindeordnung" in Anspruch zu nehmen, wo jedoch jede echte Selbstverwaltung radikal beschnitten wurde (Matzerath 1978: 1ff.). Hinzu kommt die bemerkenswerte Tatsache, daß gerade der Freiherr vom Stein, dessen Reformwerk in der Regel als der Anfang der neueren deutschen Selbstverwaltung gilt, das Wort selbst überhaupt nicht kannte. Was er in seiner altväterlichen und moralistischen Sprache formulierte, etwa in der Nassauer Denkschrift, waren formelhaft wiederkehrende Wendungen, die einem sehr viel breiteren Ansatz verpflichtet schienen. Da war die Rede von der *„Belebung des Gemeingeistes und Bürgersinnes"*, von der *„Teilnahme der Nation an Gesetzgebung und Verwaltung"*, den in verschiedenen *„Selbsttätigkeiten der Nation"* oder von den *„Kräften der Nation"* (Unruh 1981: 62f.), denen eine freie Tätigkeit und

eine Richtung auf das Gemeinnützige zu geben sei. Damit kam das Ethos der Selbstverwaltungsidee hinter allen verwaltungstechnischen Organisationsfragen ans Licht, auch wenn die Selbstverwaltung nur auf den provinzialen und kommunalen Bereich beschränkt bleiben sollte. Als Schlagwort erscheint der Begriff der Selbstverwaltung erst in den 1840er Jahren, nachdem das Wort in einem Gesetzestext zum ersten Mal 1816 in der Konstitutionsergänzungsakte der Stadt Frankfurt/Main formuliert wurde. Dort heißt es: *„Alle der[...] Stadt Frankfurt zustehenden Hoheits- und Selbstverwaltungsrechte[...] beruhen auf der Gesamtheit ihrer christlichen Bürgerschaft."* (Mettele 1993: 343) Damit ist zugleich ein Hinweis gegeben, daß die Idee der Selbstverwaltung ihre Wurzeln nicht nur in Aufklärung und Revolution, sondern auch in der Tradition stadtbürgerlicher Freiheiten hat.

Die Unsicherheiten über das Konzept der Selbstverwaltung haben ihren Grund sicherlich auch darin, daß das liberale Konzept der Selbstverwaltung sehr viel mehr war als die bloße Idee der *„Dezentralisation der staatlichen Verwaltung zugunsten lokaler Behörden"* (Heffter 1950: 7). Für den Frühliberalismus und seine politische Theorie bedeutete die Forderung nach *„Gemeindefreiheit"* vielmehr eine *„umfassende Unabhängigkeit der kommunalen Körperschaften gegenüber dem Staat"* (Unruh 1981: 63). Auch Heinrich Heffter konstatiert in seinem Standardwerk über die „Deutsche Selbstverwaltung im 19. Jahrhundert" (1950), daß die Selbstverwaltungsidee vor allem 1848 eine sehr viel weitergehende Ausprägung erfahren habe. Im Zuge des *„vorandrängenden Willens zur Überwindung des alten monarchisch-bürokratischen Obrigkeitsstaates"* habe sich 1848

„auch die liberale Selbstverwaltungsidee zur vollen Stärke erhoben. Über die engere Gemeindefreiheit hinaus schritt sie zu dem Anspruch fort, die ganze staatliche Verwaltungsordnung mit volkstümlichen Elementen zu durchdringen; sie wurde neben dem Parlamentarismus ein wesentlicher Bestandteil des politischen Erneuerungsstrebens" (Heffter 1950: 248).

Damit war der Politikbereich der Bürger nicht mehr nur auf die lokale Autonomie begrenzt, sondern die Idee der Selbstverwaltung wurde mit dem Gedanken der freiheitlichen Durchbildung des ganzen Gemeinwesens verbunden. Dahinter stand der Glaube an die Selbstorganisation der Gesellschaft und an die Emanzipation von bürokratischer und paternalistischer Gängelung durch den Staat. Daß dies wiederum mit dem Verfassungsverständnis des deutschen Kaiserreichs kollidierte und die Selbstverwaltung eben auf die Verwaltung *„Straßen und Rinnsalen"* reduziert wurde, entspricht unserem geläufigen Bild von den obrigkeitsstaatlichen Strukturen des Kaiserreichs, die sich in der Symbiose von bürgerlichem Liberalismus und Monarchie zugunsten eines autoritären Staatsverständnisses ausgeprägt hatten.

Jedoch wissen wir aus der neueren Forschung, daß die Städte im Kaiserreich gleichwohl ein Hort bürgerlichen Selbstbewußtseins und politisch-kultureller Selbstbehauptung geblieben sind.

Die Idee der Selbstverwaltung hat sich demnach auf zwei unterschiedlichen Handlungsebenen entfaltet, auf der des Staates und der Gemeinde. Während Heffter noch die besondere „*Kampfgemeinschaft der Ideen*", also das Zusammengehen von Verfassungs- und Selbstverwaltungsbewegung betonte, hat die neuere Forschung gerade einen politischen Zielkonflikt in der bürgerlichen Bewegung des 19. Jahrhunderts konstatiert (Koch 1983: 73ff.). Zum einen kämpfte das Bürgertum für den nationalen Verfassungsstaat. Zum anderen engagierte es sich weiterhin und offensichtlich mit einer sehr viel größeren Hartnäckigkeit für die Gemeindefreiheit, vermutlich weil hier eine lange Tradition bestand, die seit dem Hochmittelalter sich in den bürgerlich-städtischen Freiheiten entfaltet hatte und zum festen Bestandteil kommunaler Selbstverwaltung gehörte. Die Orientierung an einem „*klassenmäßig definierbaren, nationalen Parameter*" (Koch 1983: 79) schuf einen relativ abstrakten Bezugsrahmen des Politischen; dagegen bot die Gemeindefreiheit den Vorteil, daß sie an eine „*historisch gewachsene, lebensweltlich bezogene Politik in Stadt und Land*" (Koch 1983: 76) anknüpfen konnte. Die Gemeinde, so hieß es darum auch bei Rotteck, „*sei eine lebendige Gesamtpersönlichkeit, zusammengesetzt aus dem Willen freier Einzelner und ihrem Lebenszusammenhang. Sie sei der Geburtsort der Demokratie und ihre reale Gegenwart.*" (Koch 1983: 87) Diese wenigen Beobachtungen geben zu erkennen, daß wir dem Konzept des Bürgers als sich selbstverwaltendem Staatsbürger, d.h. als Citoyen, sowohl auf der ideen- bzw. mentalitätsgeschichtlichen Ebene wie auf der politik- und sozialgeschichtlichen Ebene begegnen bzw. diesem dort nachgehen müssen.

2. Die ideengeschichtlichen Wurzeln des Selbstverwaltungsprinzips und dessen geschichtliche Wirkung

Die ideengeschichtlichen Wurzeln des Selbstverwaltungsprinzips liegen in der Aufklärung und im englischen Prinzip des Self-Gouvernement. Fand der eine Ideenstrang seine erste Verwirklichung in der Munizipalverfassung der Französischen Revolution, so hat die englische Idee der Selbstregierung ihren Ausdruck sowohl im Parlament wie in der Kommunalverwaltung der Grafschaften und Ortsgemeinden gefunden. Beide Traditionen sollten sich mit unterschiedlicher Akzentuierung im deutschen Frühliberalismus des 19. Jahrhunderts fortsetzen. In der französischen Aufklärung begegnen wir dem Gedanken der Selbstverwaltung bei verschiedenen Theoretikern und in unterschiedlichen verfassungsgeschichtlichen Kontexten. Montesquieu leitete aus der Tradition der corps intermediaires, d.h. aus den altständischen Sondergewalten, das Prinzip der Gewaltenteilung ab und entwickelte diese zum Ansatz einer Selbstverwaltungsidee weiter, die für die Ebene von Legislative und Exekutive, aber auch für die Organisation kommunaler Einrichtungen gedacht wurde. Dagegen leitete die Schule der Physiokraten den Gedanken der Selbstverwaltung ganz aus ihrem ungleich stärker ausgeprägten naturrechtlich rationalistischen Denken ab und gab dieser klare Konturen. Grundgedanke eines der führenden Physiokraten, des Marquis d'Argenson, war der Leitsatz *„Pour gouverner mieux, il faudrait gouverner moins"* (zit. nach Heffter 1950). Sehr viel ausgeprägter war dann der Selbstverwaltungsplan, den Dupont de Nemours im Auftrage des Ministers Turgot geschrieben hat. Dupont entwarf ein System übereinandergeschichteter Munizipalitäten, das von der Gemeinde über die Distrikte und Provinzen bis zu einer Generalmunizipalität an der Spitze reichte. Das waren Körperschaften, die von allen Grundbesitzern gewählt werden sollten, ohne daß ständische Unterschiede noch eine Rolle spielten (vgl. Reichardt 1978: 66ff.). Ihnen oblag die Verteilung einer einheitlichen Grundsteuer, ferner Straßenbau und Armenpflege. Nicht beteiligt waren sie an Gesetzgebung und Politik. Der Neubau der Provinzialverwaltung sollte die bestehende ständische Verfassung in der Provinz ersetzen und zeitgemäß erneuern, nicht aber den monarchischen Absolutismus beeinträchtigen. Träger dieser Selbstverwaltung war die classe disponible der wohlhabenden Grundbesitzer, eine Oberschicht aus bürgerlichen und aristokratischen Elementen. Realisiert wurden diese Konzepte trotz der Verwaltungsreform der Jahre 1787/88 durch Calonne nicht mehr, denn die Zeit des Ancien Régime war abgelaufen. Der Versuch der Physiokraten, eine starke bürokratische Tradition mit der Idee der Selbstverwaltung zu verbinden und dadurch zu modernisieren, war nicht mehr durchzusetzen.

Auch die Französische Revolution entwickelte ein ambivalentes Verhältnis zur Selbstverwaltung, denn trotz aller anfänglichen Versuche einer Munizipalitätsverfassung, die an die Reformüberlegungen der Aufklärung anknüpften, hat die Revolution am Ende, wie Tocqueville feststellte, den säkularen Trend zur Zentralisierung und Bürokratisierung nur noch verstärkt. Wohl aber hat die Revolution in ihrer neuen Begründung nationaler Souveränität und Identität das Prinzip der Selbstverwaltung in die politische Kultur eingeführt und in dem glücklichen Jahr der Revolution, 1790, auch durch einen symbolischen Akt etabliert. Denn die Revolution wurde sowohl im Namen der lokalen Freiheiten als auch im Zeichen nationaler Souveränität geführt. Ein Dekret vom 14. Dezember 1789 führte die Gemeindeverwaltungen in jeder Stadt und auch im kleinsten Dorf ein, und sie gaben damit dem allgemeinen Abscheu vor dem Ministerialdespotismus des Ancien Régime und umgekehrt kommunalem Selbstbewußtsein einen institutionellen Ausdruck. Das Königreich sollte dezentralisiert werden und die neu errungenen Freiheiten von unten nach oben zur Formierung und Legitimation der einen und unteilbaren Nation realisiert werden. Die große Verbrüderungswelle der Föderationsbewegung in den Jahren 1789-1790, die in dem Fest der Föderierten vom 14. Juli 1790 in Paris ihren Höhepunkt fand, war nichts anderes als eine symbolische Darstellung des freiwilligen und friedlichen Einheitsstrebens, in dem man die Morgenröte einer neuen Epoche sah. Die Föderierten waren der erste Ausdruck einer Wiederherstellung der nationalen Einheit von der Basis her. Die Föderation war sichtbarer und organisatorischer Ausdruck des Anspruchs, daß hier eine Nation geboren wurde, deren Bürger kein lokaler oder regionaler Partikularismus trennen sollte, die aber zugleich in der Freiheit und der Mitbestimmung des Bürgers auf kommunaler Ebene ihre Basis hatte. So erklärten die Föderierten aus der Bretagne und dem Anjou:

„Wir erklären feierlich, daß wir nicht Bretonen und nicht Angevins sind, sondern Franzosen und Bürger desselben Reiches. Wir verzichten deshalb auf alle unsere Sonderrechte und schwören ihnen als verfassungswidrig ab. Wir sind froh und stolz, frei zu sein."

Bald konnten jedoch die Revolutionsregierungen diese Manifestationen des Einheitswillens kaum noch in den Griff bekommen, und die Bewegungen erlebten eine ideologische Dynamisierung und Radikalisierung. Das war der Hintergrund für die schrittweise Eliminierung kommunaler Selbstverwaltung und für die Wiederherstellung zentralstaatlicher Regulierung durch die Jakobinerherrschaft. Ein Jahrzehnt später, mit dem Gesetz vom 17. Februar 1800, hat Napoleon diese Versuche, Monarchie und Bürokratie durch Selbstverwaltung abzubauen und zu begrenzen, in das Gegenteil verkehrt. Mit der neuen revolutionären Monarchie kehrte die Bürokratie in verschärfter und verjüngter Form zurück. Eine Tradition wurde neu begründet, die das Selbstverwaltungselement in den Ideen von 1789 zwar nicht völlig ausgelöscht, wohl aber sehr stark begrenzt hat. Erst mit den schrittweisen Etappen zurück zu einer Parlamentarisierung des Regierungssystems im 19. Jahrhundert wurde ein Maß an Selbstverwaltung und rechtsstaatlicher Kontrolle wiedergewonnen, das an 1789 anknüpfte, aber immer wieder zurückgedrängt werden konnte, wenn das Sicherheitsbedürfnis des Bürgertums den Gedanken der Partizipation überlagerte.

Untrennbar verbunden ist die Idee der Selbstverwaltung mit den Reformen des Freiherr vom Stein, insbesondere mit der Städteordnung. Die preußischen Reformen sind nicht ohne die Herausforderung durch die Französische

Revolution und Napoleon möglich und verständlich, sie sind aber zugleich auch in einer deutlichen Abgrenzung zur Revolution und ihrer politischen Methoden entstanden und zu deuten. Das gilt besonders für die Reformkonzepte des Freiherrn vom Stein, dessen ideengeschichtlichen und praktisch-politischen Vorbilder mehr in England als in Frankreich, mehr bei Montesquieu als bei den Jakobinern lagen. Stein war ein leidenschaftlicher Gegner eines ausgeprägten Zentralismus, wie es ihm im napoleonischen Staatswesen begegnete. Seine Vorstellungen einer kollegialischen Regierungsform waren ebenso entschieden ein Kontrapunkt zur zentralisierenden bürokratischen Tendenz des Absolutismus wie der postrevolutionären napoleonischen Zeit. Es waren eigentlich recht altständische Vorstellungen, die über Montesquieu übermittelt und moderner Terminologie angepaßt wurden. Die Regierung im Rat war das Konzept, um Willkür des Herrschers und der Bürokratie zu verhindern. Der Einbau provinzieller Selbstverwaltung durch die Übernahme ständischer Elemente in die Regierungskollegien atmete noch sehr viel Geist des alten Ständewesens, erhielt aber durch den scharfen Gegensatz zur napoleonischen Präfekturverfassung mit ihren ganz abhängigen Räten eine neue Qualität. Die Ober- und Mittelschichten sollten zur freiwilligen Mitarbeit herangezogen werden, die Bürokratie ein Stück weit auf die eigene Macht verzichten. Es ist der Widerspruch dieses Selbstverwaltungsgedankens, daß er mit den bestehenden Restbeständen des Ständewesens nicht zu realisieren war, sondern durch eine bürokratische Reformpartei von oben. Weder bei der Agrarverfassung noch bei der Städteordnung sind die alten Stände befragt worden. Die Reformbürokratie war sich bewußt, daß sie zur Verwirklichung ihres Werkes erst noch ein Stück politische Erziehungsarbeit leisten müsse, um dem eigentlichen Ziel, nämlich der Erneuerung des Staatswesens durch die freiheitlichen und popularen Kräfte den Weg zu bahnen und eine Erziehung zur gemeinnützigen Tätigkeit und zu einer Nationalgesinnung einzuleiten.

Die geschichtliche Wirkung der Steinschen Selbstverwaltungsidee geht von der preußischen Städteordnung vom 19. November 1808 aus, war sie doch die einzige Teilreform, in der die Grundkonzeption verwirklicht werden konnte. Prägend und wirkungsmächtig war darin der konstitutionelle Ansatz, der daraufhin zum festen politisch-intellektuellen Besitz der liberalen Kritik am Neoabsolutismus werden sollte. Die altdeutsche Ratsverfassung sollte aufgegeben werden, die eine Vertretung der Bürgerschaft als Kontrollorgan gegenüber dem von der Obrigkeit eingesetzten Magistratskollegium nicht erlaubt hatte. Der Magistrat verlor die alte Stellung der Stadtobrigkeit, da die Stadtverordneten nun ein klares Übergewicht erhielten. Sie hatten nicht nur seine Mitglieder zu wählen, sondern sie übten auch die Kontrolle über die städtische Verwaltung und über ihre Finanzen aus. Ein Relikt ständischer Schichtung und Verfassung war das besondere Bürgerrecht, das allen grundbesitzenden und gewerbetreibenden Einwohnern zukam, während die Französische Revolution die kommunalen Rechte allen Staatsbürgern unterschiedslos gegeben hatte, freilich auch sehr bald einen Zensus eingeführt hatte, der sich am Besitz und der Steuerleistung, nicht aber am Stand orientierte. Mit der besonderen Situation der Eximierten, d. h. derjenigen, die bislang nicht an den Rechten und Pflichten der städtischen Gemeinschaft teilhatten, wurde ein Stück korporativer Tradition der Stadtgemeinde weitergeführt, obwohl sie gegen die moderne wirtschaftliche Entwicklung stand, die von den übrigen Reformgesetzen vorangetrieben werden sollte. Steins Vorstellungen gingen davon aus, alle bürokratischen Elemente in der städtischen Verwaltung klein zu halten. Die bisher lebenslängliche Anstellung der Magistratsmitglieder sollte beendet werden, nur ein unbesoldetes Ehrenamt war vorgesehen. Dies scheiterte an den Einsprüchen der Praktiker, so daß man sich schließlich auf eine befristete Amtszeit des Bürgermeisters und der übrigen besoldeten Stadträte auf sechs bzw. zwölf Jahre einigte. Eine Einrichtung der ehrenamtlichen Selbstverwaltung, die als Gegengewicht zum Beamtentum gedacht war, waren die gemischten Deputationen. Unter dem Vorsitz eines Magistratsmitglieds wurden Ausschüsse von Stadtverordneten und sonstigen Bürgern gebildet, um laufende Angelegenheiten des Schul-, Armen- und Bauwesens zu besorgen und zu entscheiden. Dahinter stand das Ziel, „eine tätige Einwirkung" auf die Verwaltung des Gemeinwesens zu bewirken und durch diese Teilnahme Gemeinsinn zu erregen und zu erhalten. Ein Schritt mithin zur liberalen und ansatzweise auch demokratischen Neugestaltung, die freilich nicht in den ursprünglichen Intentionen der Steinschen Reformpolitik lag.

Auch wenn in der Steinschen Konzeption die Vertretungskörperschaft der Bürger unbeschränkte Vollmachten erhielt, d. h. *„in allen Angelegenheiten des Gemeinwesens die Bürgergemeinde zu vertreten, sämtliche Gemeindeangelegenheiten für sie zu besorgen"* (nach Hefter 1950), so darf bei diesen sehr weitreichenden Zugeständnissen an kommunale Selbstverwaltungsprinzipien nicht übersehen werden, daß auch Stein die städtische Verwaltung letztendlich als Teil eines modernen Verwaltungsstaates und damit aus herrschaftlicher Perspektive sah. Der Bürger sollte seine Verantwortung für den lokalen Bereich als eine Funktion der Staatsgewalt erkennen.

Sehr viel weitergehend, weil weniger von der Staatsverwaltung als von der Möglichkeit der Selbstorganisation der Gesellschaft gedacht, waren die bürgerlich-liberalen Positionen der Gemeindefreiheit im 19. Jahrhundert. Sie verbanden sich vor allem mit dem Namen Karl von Rottecks, der mit der Forderung nach Gemeindefreiheit den Gedanken einer umfassenden Unabhängigkeit der kommunalen Körperschaften gegenüber dem Staat verband. Staat und Gemeinde standen für ihn in einem Spannungsverhältnis. Die Gemeinde war für ihn eine *„lebendige Gesamtpersönlichkeit"* (Rotteck 1843: 428f.). zusammengesetzt aus dem Willen freier Einzelner und ihrem Lebenszusammenhang. Sie war für ihn der Geburtsort der Demokratie und ihrer alltäglichen Präsenz. Jede ungezügelte Bewegung, auch die der Industrialisierung und der völligen Gewerbefreiheit (Sedatis 1979), könne nur die Bedingungen der Freiheit zerstören, genau so wie ein egalitärer Demokratiebegriff auf die gesamte Nation übertragen die Gefahr einer plebiszitären Verformung hin zu einer Despotie beinhalte. Darum sollte zwar das Staatsbürgerrecht für alle auch als Schutz vor den Zugriffen der Obrigkeit gewährt werden, die aktive politische Teilnahme aber nur jenen zuerkannt werden, die vollberechtigte Gemeindebürger waren. Die Verleihung der politischen Freiheit und Mitbestimmungsrechte war also an einen bürgerlichen Status, vor allem an Besitz und Bildung gebunden.

Rottecks frühliberale Theorie der Gemeindefreiheit stieß auf eine breite Resonanz bis hin in die demokratische Linke. Die Gemeinden galten Julius Fröbel als *„Pflanzschulen des Republikanismus"* (Fröbel 1848; zit. nach Koch 1983: 88), weil sich hier die freie Vereinigung von Bürgern als Grundmuster politischer Mitsprache ausbilden könne, um von der kommunalen Basis dereinst bis an die Spitze des Staates ausgedehnt zu werden. Die Gemeinden waren die eigentlichen Wurzeln der Volkssouveränität, so wie das die Föderierten im Frankreich 1789/90 auch gesehen hatten.

Damit rückte das Stadtbürgertum als der eigentliche engagierte Träger des Gemeinwesens in den Vordergrund. Auch die Begriffsgeschichte hat diesen Befund bestätigt. Die Vorstellungen vom Bürger in der ersten Hälfte des 19. Jahrhunderts orientierten sich stark am *„Modell des Stadtbürgers"* (Koselleck u.a. 1991: 26). Die historischen Rückblicke der Gebildeten auf die Entwicklung des Stadtbürgertums dienten als *„Identifikationsangebote im Rahmen der politischen Debatte"*. Die mittelalterlichen Städte erschienen als *„Ausgangspunkt fortschrittlicher Entwicklungen in Handel, Gewerbe und Wissenschaften"* (Koselleck u.a.: 24f.). Auch von demokratischen Autoren wurde die *„bürgerliche Kraft und Selbständigkeit"* für alle fortschrittlichen Entwicklungen seit dem Mittelalter verantwortlich gemacht. Darum wurde auch der Staatsbürgerbegriff aus dem Konzept des Stadtbürgers abgeleitet. Bei Bluntschli liest man: *„Das heutige Staatsbürgertum wurzelt vorzüglich in dem Begriff der mittelalterlichen Stadtbürgerschaft."* (nach Koselleck u.a.: 26) Die Gemeinde wurde zum *„sozialgeschichtlichen Ort"* (Nolte 1992: 656), an dem sich ein moralisches Politikverständnis für ein gutes Gemeinwesen orientierte und das im tugendhaften Bürger und seinem Gemeinsinn das

Leitbild eines republikanischen Bürgerideals sah. Damit wird die ideengeschichtliche Tradition, die sich an der französischen, englischen, aber auch belgischen Diskussion und Praxis entwickelt hatte, lebensgeschichtlich vertieft und erfahrbar gemacht an der Handlungsebene Gemeinde und ihrer Selbstverwaltungstradition. In der Gemeinde sah der Bürger den Ort, in dem er seine Freiheit behaupten und seine Bürgertugenden praktizieren konnte.

In dem bürgerlichen Selbstentwurf der ersten Hälfte des 19. Jahrhunderts wird der Eigennutz als Weg zu politischer Korruption und Unfreiheit verstanden, während die Bürgertugenden als Garant für ein *„gutes und freies Gemeinwesen"* (Nolte 1992: 610) galten. Dieses normative Politikverständnis, das sich, wie Paul Nolte ausgeführt hat, als eine *„Variante eines klassischen Republikanismus"* (Nolte 1992: 656) verstehen läßt, war auf den selbstlosen Gemeinsinn des tugendhaften Bürger ausgerichtet. Sein Handlungsraum war die Gemeinde, wo nach dem Urteil von Karl von Rotteck *„das democratische Prinzip, das im Staat wegen der in der Regel leider vorherrschenden Schlechtigkeit der Menschen nicht durchführbar sei, seine Wirksamkeit ungehindert entfalten konnte"* (Rotteck 1843: 503).

3. Die Gemeinde als Ort der konkreten Umsetzung und Motor der Modernisierung

Wie diese Entfaltung des demokratischen Prinzips auf der Gemeindeebene konkret aussah, haben zwei Regionalstudien für Baden und Württemberg unlängst dargestellt (Nolte 1994; Hettling 1990). Danach kam im politischen System des Vormärz den Gemeinden eine besondere Bedeutung zu. Hier organisierte sich die Bürgergesellschaft, die sich noch nicht als Klassengesellschaft verstand, im Gemeindeverband und in Vereinen. In der Selbstverwaltung der Gemeinde sah man die Selbstorganisation der Gesellschaft und die Emanzipation von bürokratischer Bevormundung durch den Staat realisiert. Die Gemeindeordnungen, die bis zur Revolution von 1848/49 fast überall in Deutschland realisiert wurden, galten nicht als Geschenk der Regierungen, sondern als Ausdruck des politischen Gestaltungswillens eines selbstbewußten Bürgertums. Die Städte wachten über die strikte Einhaltung ihrer gesetzlich garantierten Autonomie, und nicht selten unterlief das Bürgertum alle Eingriffe von oben, beispielsweise bei der Bestellung der Gemeinderäte und der Ausarbeitung der Gemeindewahlordnung. Das war freilich nicht überall in gleicher Intensität möglich, sondern hing auch von der Nähe bzw. der Ferne zur Macht ab. In Stuttgart, seit 1806 Königsstadt Württembergs, bestimmte die weitgehende Rücksichtnahme auf König und Hof das bürgerliche Leben in der Stadt. Man wollte hier um jeden Preis privilegierte Hofstadt bleiben und auch von den hohen Herren leben. Stärker noch als in Württemberg konnte in Baden in den Auseinandersetzungen um die Städteordnung 1831 ein selbstbewußtes liberales Bürgertum seinen Willen formulieren. In der Frage des staatlichen Einflusses auf die Bürgermeisterwahl erreichte der Badische Landtag, daß dem Staat nur ein eingegrenztes Bestätigungsrecht blieb. Beharrten die Gemeindewähler auch in drei Wahlgängen auf ihren Kandidaten, so war die Regierung zur Akzeptanz dieser Entscheidung verpflichtet. Die Amtsdauer des Bürgermeisters und anderer Gemeinderatsmitglieder wurde auf sechs Jahre beschränkt. Die Durchsetzung der Selbstverwaltungsrechte in der badischen Gemeindeordnung war Höhepunkt der liberalen Bewegung des Vormärzes, aber schon bald machte sich die Reaktion breit (Mettele 1993: 353). Als der Freiburger Rechtsprofessor Karl von Rotteck, der kurz zuvor seinen Lehrstuhl durch obrigkeitliche Entscheidung verloren hatte und von den Freiburgern 1833 zum Bürgermeister gewählt werden sollte, von den Bürgern auch in zwei Wahlgängen bestätigt wurde, verzichtete dieser darauf, um den Landesherrn nicht weiter zu provozieren (Hein 1990: 65ff.). Das bedeutet, daß es in dem Selbstverwaltungswillen auch deutliche Grenzen und eher die Bereitschaft zum Engagement als zur harten Konfrontation überwog.

Wie wenig der Staat jedoch gegen den Willen der Städte eine neue Gemeindeordnung einführen konnte, zeigt auch das Beispiel der preußischen revidierten Städteordnung von 1831 (vgl. hierzu Mettele 1993: 355f.). In ihr hatte man im großen Umfange staatliche Aufsichtsrechte kodifiziert. So wurde u. a. die Stellung des Magistrates als Stadtobrigkeit im Verhältnis zu den Bestimmungen der Städteordnung von 1808 gestärkt und der Erwerb des Bürgerrechtes und damit des Wahlrechtes an einen relativ hohen Zensus gebunden. Um aber Widerstände in den Städten zu vermeiden, wagte die Regierung die generelle Einführung der neuen Ordnung nicht, sondern führte sie nur dort ein, wo die Städte dies selbst beantragten. Die rheinische Gemeindeordnung von 1845 kam den Wünschen des Bürgertums sehr weit entgegen. Die Wahl des Gemeinderates war auf sechs Jahre beschränkt, das Wahlrecht war an einen Zensus gebunden. Auch wenn in den preußischen und rheinischen Gemeindeordnungen die staatlichen Aufsichtsrechte stärker festgezurrt waren als in den süddeutschen Kommunalverfassungen, so war in der Praxis das rheinische Bürgertum sehr wohl in der Lage, die eigenen Interessen zu artikulieren und wahrzunehmen.

So ist es kein Wunder, daß im Jahre 1848 das Ziel der Selbstverwaltung zu den typischen Märzforderungen gehörte und *„der Grad der Durchsetzung des Prinzips der Gemeindefreiheit"* (Gall 1991: 22; zit. nach Mettele 1993:

359) als Ausweis für Fortschritt im Sinne des Liberalismus wurde. Das drückte sich vor allem in der Forderung bzw. Realisierung einer unanfechtbaren Wahl der eigenen Vertreter sowie einer limitierten Staatsaufsicht aus, vor allem aber in dem Beharren auf einen autonomen Wirkungskreis innerhalb der Städte. Gerade die badische Revolution war eine „*Gemeinderevolution*" (Nolte 1991: 80), die revolutionäre Mobilisierung beruhte auf der Stimmung der Gemeinden und auf der Unterstützung durch die Gemeindepolitik.

Die Niederlage der Revolution bedeutete auch eine Niederlage des deutschen Stadtbürgertums. Die Gemeindeordnungen wurden etwa in Preußen erneut revidiert und mit einem zentralistischen System in der Staatsherrschaft überzogen. Ausgedehnte staatliche Aufsichtsrechte, ein Dreiklassenwahlrecht sowie eine Magistratsherrschaft schränkten die Idee der Selbstverwaltung ein und versuchten, die Gemeinden in ein Prinzip der dezentralisierten Staatsverwaltung einzubetten. Gefördert wurde dies durch eine rasche wirtschaftliche und gesellschaftliche Mobilisierung, die auch zu einer Veränderung der Gesellschaftsverfassung führte und das frühliberale Zukunftsideal der „*klassenlosen Bürgergesellschaft*" (Gall 1976: 176f.) zunehmend durchlöcherte.

Das Engagement der Bürger für das Gemeinwesen zeigte sich nicht nur im Bereich der städtischen Selbstverwaltung, sondern läßt sich in besonderem Maße auch an der Entwicklung des Vereinswesens ablesen. Die Vereine waren das Medium, in dem der von staatlicher Bevormundung befreite Bürger sich selbst organisierte und sich für die Belange des Gemeinwesens engagierte (Brandt 1978; Hardtwig 1981). Das begann mit den patriotischen Gesellschaften des 18. Jahrhunderts und reichte bis zu den Wahlclubs, den Bürger- und Volksvereinen des Vormärz. Hier konnten sich Gleichheit und persönliche Freiheit organisieren, konnten sich Formen der Kommunikation ausbilden, die den Idealen der liberalen bürgerlichen Gesellschaft entsprachen und sowohl dem Bedürfnis nach Geselligkeit wie nach organisierter Selbsttätigkeit entsprachen. Die Vereinsbewegung, getragen von aufgeklärten Staatsbewohnern, unterstützte die staatlichen Interessen auf ökonomische Modernisierung. Die landwirtschaftlichen polytechnischen und Gewerbevereine verstanden sich nicht in Opposition zur staatlichen Obrigkeit, sondern stellten ihr Wissen und ihr Engagement dem Ziel einer Beförderung des Glückes der Untertanen zur Verfügung. Hatte sich in den Vereinen vor allem in der Frühzeit das Staatsbeamtentum organisiert, so folgte ihm später im Vormärz das Wirtschaftsbürgertum, die Bourgeoisie im westlichen Sinne, nachdem eine liberale Wirtschaftsgesellschaft ihre Grundkonturen annahm. Bald übernahmen die Vereine auch politischen Charakter und verteidigten oder förderten die Vereinigungsfreiheit als Grundrecht, das ihnen bislang vorenthalten wurde. Im unmittelbaren Vorfeld der 1848er Revolution, seit etwa 1844, explodierte das Vereinswesen geradezu und wurde immer politischer. Die burschen- und turnerschaftliche Bewegung formierte sich neu und offen politisch, kleinbürgerliche Vereine übernahmen die Interessenvertretung der Handwerker. Die entscheidende staatstheoretische Wendung erfuhr das Postulat der Vereinigungsfreiheit durch die Aufnahme in den Grundrechtskatalog. Das war von Rotteck und andern im Vormärz formuliert worden und wurde in der 1848er Revolution politisch realisiert. Die liberale Vereinstheorie erlaubte es auch im Jahre 1848, erste Arbeiter bzw. Handwerkerorganisationen in ihr Konzept zu integrieren und damit dem Ideal der *„klassenlosen Bürgergesellschaft"* (Gall) nahezukommen.

Medium dieser Öffnung war der Bildungsimpuls, der sowohl in den bürgerlichen Vereinen wie in den Arbeitervereinen Bestandteil der umfassenden aufklärerisch orientierten Vereinsbewegung war mit dem Ziel, alle Lebensbereiche rational zu durchdringen und zu organisieren bzw. dort Wissen und Selbstbewußtsein eigenständig zu organisieren. Höhepunkt der Vereinsbewegung war die Ausbildung politischer Vereine aus dem vorpolitischen Vereinswesen des Vormärzes (vgl. hierzu Hardtwig 1981: 357). Nun wurden Handlungsprinzipien der bürgerlichen Gesellschaften aus dem Bereich der Selbstorganisation von Kultur, Wirtschaft und Geselligkeit auf das politische Handeln übertragen. Mit der Politisierung kam jedoch mit dem Scheitern der Revolution zugleich ein vorübergehendes Ende oder eine Reduktion des Vereinswesens, bis dieses erst wieder in den späten 50er und 1860er Jahren erneut aufleben konnte. Dann freilich stellten sich neue gesellschaftliche Konstellationen in Gestalt einer verstärkten Polarisierung der Gesellschaft, die sich auch in der Polarisierung der Gemeindepolitik und des Vereinswesens niederschlagen.

Die soziale Frage, vielmehr die Furcht vor der sozialen Revolution, wurden zum alles beherrschenden Thema der sich entfaltenden Industriegesellschaft. Eine neue Aufgabe stellte sich für Staat und Kommune in Gestalt der Lösung der sozialen Frage. Noch einmal sollte die Gemeinde zum Motor einer Modernisierung werden, nämlich in der Entfaltung und Entwicklung von Institutionen und gesetzlichen Regelungen zur Verbesserung der sozialen Daseinsvorsorge. Damit vollzog sich in den großen Städten der Weg zum modernen Wohlfahrtsstaat. Die klassische Armenpflege wurde zur kommunalen und dann zur sozialstaatlichen Aufgabe (Langewiesche 1989: 621ff.).

4. Literaturverzeichnis

Brandt, H. (1978): Ansätze einer Selbstorganisation der Gesellschaft in Deutschland im 19. Jahrhundert. In: Gesellschaftliche Strukturen als Verfassungsproblem. Intermediäre Gewalten, Assoziationen, Öffentliche Körperschaften im 18. und 19. Jahrhundert. Beihefte zu „Der Staat". Zeitschrift für Staatslehre, Öffentliches Recht und Verfassungsgeschichte. Heft 2, S. 51-67

Faber, K.-G. (1965): Die kommunale Selbstverwaltung in der Rheinprovinz im 19. Jahrhundert. In: Rheinische Vierteljahrsblätter 30 , S. 132-151

Gall, L. (1976) : Liberalismus und „bürgerliche Gesellschaft". Zu Charakter und Entwicklung der liberalen Bewegung in Deutschland. In: ders. (Hg.) Liberalismus. Köln: Kiepenheuer&Witsch;

Gall, L. (1991): Das liberale Milieu. Die Bedeutung der Gemeinden für den deutschen Liberalismus. In: Liberalismus und Gemeinde. 3. Rastatter Tagung zur Geschichte des Liberalismus am 10./11. November 1990. Sankt Augustin, S. 17-34

Gall, L. (Hg.) (1993): Stadt und Bürgertum im Übergang von der traditionalen zur modernen Gesellschaft. Beihefte zur Historischen Zeitschrift, Bd. 16

Hardtwig, Wolfgang (1981): Politische Gesellschaft und Verein zwischen aufgeklärtem Absolutismus und der Grundrechtserklärung der Frankfurter Paulskirche. In: Birtsch, G. (Hg.): Grund- und Freiheitsrechte im Wandel von Gesellschaft und Geschichte. Beiträge zur Geschichte der Grund- und Freiheitsrechte vom Ausgang des Mittelalters bis zur Revolution 1848. Göttingen: Vandenhoeck&Ruprecht, S. 336- 358

Heffter, H. (1950): Die deutsche Selbstverwaltung im 19. Jahrhundert. Stuttgart: Koehler

Hein, D. (1990): Badisches Bürgertum. Soziale Struktur und kommunalpolitische Ziele im 19. Jahrhundert. In: Gall, L. (Hg.): Stadt und Bürgertum im 19. Jahrhundert. München: Oldenbourg, S. 65-96

Hettling, M. (1990): Reform ohne Revolution. Bürgertum, Bürokratie und kommunale Selbstverwaltung in Württemberg von 1800 bis 1850. Göttingen: Vandenhoeck&Ruprecht

Koch, R. (1983): Staat oder Gemeinde? Zu einem politischen Zielkonflikt in der bürgerlichen Bewegung des 19. Jhs. In: Historische Zeitschrift 236 , S. 73-96

Koselleck, R./Spree, U./Steinmetz, W. (1991): Drei bürgerliche Welten? Zur vergleichenden Semantik der bürgerlichen Gesellschaft in Deutschland, England und Frankreich. In: Puhle, H. J. (Hg.): Bürger in der Gesellschaft der Neuzeit. Wirtschaft - Politik – Kultur. Göttingen: Vandenhoeck&Ruprecht, S. 14-58

Langewiesche, D. (1989): „Staat" und „Kommune". Zum Wandel der Staatsaufgaben in Deutschland im 19. Jahrhundert. In: Historische Zeitschrift 248, S. 621-635

Lipp, C. (1986): Verein als politisches Handlungsmuster. Das Beispiel des Württembergischen Vereinswesens von 1800 bis zur Revolution 1848-1849. In: Francois, E. (Hg.), Sociabilité et Société en France, en Allemagne et en Suisse, 1750-1850. Paris, S. 275-296

Matzerath, H. (1978): Nationalsozialistische Kommunalpolitik: Anspruch und Realität. In: Die alte Stadt. Zeitschrift für Stadtgeschichte, Stadtsoziologie und Denkmalpflege, Jg. 5 , S. 1-22

Mettele, G.(1993): Verwalten und Regieren oder Selbstverwalten und Selbstregieren ? In: Gall, L. (Hg.): Stadt und Bürgertum im Übergang von der traditionalen zur modernen Gesellschaft. München: Oldenbourg, S. 343-365

Nolte, P. (1991): Gemeindeliberalismus. Zur lokalen Entstehung und sozialen Verankerung der liberalen Partei in Baden 1831-1855. In: Historische Zeitschrift Bd. 252, S. 57-93

Nolte, P. (1992): Bürgerideal, Gemeinde und Republik. „Klassischer Republikanismus" im frühen deutschen Liberalismus. In: Historische Zeitschrift Bd. 254, S. 609-656

Nolte, P. (1994): Gemeindebürgertum und Liberalismus in Baden 1800-1870. Tradition, Radikalismus, Republik. Göttingen: Vandenhoeck&Ruprecht

Preuß, H. (1914): Die kommunale Selbstverwaltung in Deutschland. In: Laband, P. u.a. (Hg.): Handbuch der Politik. Bd. 1

Reichardt, R. (1978): Die revolutionäre Wirkung der Reform der Provinzialverwaltung in Frankreich 1787-1791. In: Hinrichs, E./Schmitt, E./Vierhaus, R. (Hg.): Vom Ancien Régime zur Französischen Revolution. Forschungen und Perspektiven. Veröffentlichungen des Max-Planck-Instituts für Geschichte. Göttingen: Vandenhoeck&Ruprecht, Bd. 55, S. 66-124

Rotteck, K. von (1843): Gemeindeverfassung. In: Rotteck, K. von/Welcker, K. Th. (Hg.): Staats- Lexikon oder Encyclopädie der Staatswissenschaften. Bd. 6. Altona, S. 428-435

Sedatis, H. (1979): Liberalismus und Handwerk in Südwestdeutschland. Wirtschafts- und Gesellschaftskonzeptionen des Liberalismus und die Krise des Handwerks im 19. Jh. Stuttgart: Klett-Cotta

Thamer, H.-U. (1983): Emanzipation und Tradition. Zur Ideen- und Sozialgeschichte von Liberalismus und Handwerk in der ersten Hälfte des 19. Jahrhunderts. In: Schieder, W. (Hg.): Liberalismus in der Gesellschaft des deutschen Vormärz. Göttingen: Vandenhoeck&Ruprecht, S. 55-73

Unruh, G.-Chr. (1981): Ursprung und Entwicklung der kommunalen Selbstverwaltung im frühkonstitutionellen Zeitalter. In: Handbuch der kommunalen Wissenschaft und Praxis. Bd. 1, Heidelberg 1981, S. 57-70

Konrad Hummel

Chancen und Risiken politischer Förderung: „Landesnetzwerk bürgerschaftliches Engagement"

1. Einleitung

Die Berücksichtigung des Ehrenamts, die Förderung des freiwilligen Engagements, der Ausbau des 3. Sektors und die Weiterentwicklung verschiedener Formen der Bürgerbeteiligung werden immer häufiger zum Gegenstand der Politik. Immer intensiver müssen sich die unterschiedlichen Ressorts damit befassen, immer komplexer stellt sich das Handlungsfeld den politischen Parteien und den Politikern dar. Der Handlungsdruck steigt und neue Konzepte (z.B. Freiwilligenzentren) werden, vorläufig ohne durchschlagende Wirkung, vorgelegt. Die Verbände, die empirische Sozialforschung und alle sozialen Fachzeitschriften haben sich 1998/1999 mit dem Thema befaßt, neue Stiftungen und nationale Interessenzusammenschlüsse markieren ein neues Handlungsfeld.

Eine Politik zur Förderung der Rahmenbedingungen des Bürgerschaftlichen Engagements braucht gleichzeitig Analyse und Erprobungsfelder, um den Gegenstand genau zu bestimmen, um den es gehen soll. Eine solche Politik steht in der Gefahr, daß sich bürgerschaftliches Engagement auf ein Symbolfeld und „weiches Thema" der Politik reduziert. Beim Bürgerschaftlichen Engagement geht es aber letztendlich um nichts geringeres als die Legitimationsgrundlagen, auf denen die aktive Demokratie beruht, und die Folgen, die eine lebendige Politik bewirken kann.

Am Beispiel des Landesnetzwerkes bürgerschaftliches Engagement in Baden-Württemberg soll das Wechselspiel aus Analyse und Erprobung dargestellt und mögliche Perspektiven für eine künftige Politik zur Förderung des Bürgerschaftlichen Engagements entwickelt werden.

2. Der Wandel der Staatstätigkeit und das bürgerschaftliche Engagement

Die *„Krise des Sozialstaates"* (Habermas), die Finanzierungs- und Steuerungsprobleme der öffentlichen Hand und die ungebrochene Tendenz zur Privatisierung haben Anfang der 90er Jahre zu der Forderung geführt, daß der Staat sich stärker als bisher um die Zukunft und Zukunftssicherung kümmern müsse. Investitionen in die Infrastruktur, in Bildung und Zukunftstechnologien seien trotz Verschlankung des Staates unstrittig staatliche Aufgaben. In allen Bereichen gehe es stärker um Prävention, von Umwelt bis zur Gesundheit, und um die Minderung der Risiken der Risikogesellschaft (Beck 1986). Der totale Versicherungsstaat müsse aufgegeben werden, zugunsten von geteilter Verantwortung, wie sie sich etwa in den Regelungen zur Pflegeversicherung Anfang der 90er Jahre niedergeschlagen hat. *„Zustandsplanung statt Zustandswahrung"* (Greiffenhagen 1997) sei die notwendige Antwort des Staates auf die Globalisierung der Märkte und den Zusammenbruch der Ost-West-Konfrontation.

Neue Steuerungsmodelle (NSM) und das New-Public-Management (NPM) sind die Antwort auf den Versuch, die laufenden Aufgaben und Dienstleistungen des Staates kontrollierbar und steuerbar zu halten und gleichzeitig die wenigen verbleibenden Mittel und Ressourcen freizubekommen für eben jene Zustandsplanung. Die neuen Steuerungsmodelle der letzten 10 Jahre betonen die Ziele gegenüber den Regeln, die produktbezogene Organisierung statt die bloße Arbeitsteilung, das Kontraktmanagement gegenüber der Hierarchisierung, die Bildung von Märkten gegenüber der Vernachlässigung von Wettbewerb und eine stärkere Kundenorientierung statt einer Aufgabenerledigung (Naschold 1995, Naschold u.a. 1998).

Damit einher geht eine erhebliche Werteneuordnung. Hoheitliche Aufgabenfunktionen und Beziehungsmuster werden zu Dienstleistungsstrukturen, zu käuflichen Produkten und einklagbaren Rechten. Marktorientierung, Rechtsstaatlichkeit und neue Steuerungsmodelle verstärken ein ökonomisiertes Verständnis vom Staatswesen und dessen Aufgaben.

Ehrenamtliches Engagement in Vereinen, Verbänden und Parteien hat noch vor einer Generation das Staatswesen quasi „von unten" begründet. Verbände und dort kontinuierlich geleistetes Ehrenamt haben den Wunsch zu helfen in der Bevölkerung umgesetzt und zahlreiche Felder - aus heutiger Sicht: Lücken der Sozialstaatlichkeit - ausgefüllt. Bürgervereine, Bürgerausschüsse und andere haben den gewählten Gremien mit den Gemeinderäten kompetente Menschen zugeführt, eine basisdemokratische Elite verbreitet. Die Wahrnehmung ehrenamtlicher Aufgaben z.B. in Sportvereinen und anderswo haben die Chancen verschiedener Schichten der Bevölkerung der Teilhabe am demokratischen Willensbildungsprozeß vergrößert. Staatliches Handeln kam in vielen Fällen erst subsidiär zum Zuge, wenn ehrenamtliches Engagement nicht ausgereicht hat. In vielen Feldern des Engagements trat Professionalität und Sachlichkeit an Stelle des Ehrenamtes. Dieser Prozeß der Wechselwirkungen zwischen Ehrenamt, Staatstätigkeit und Professionalisierung hält unvermindert an, wenn er auch in den 90er Jahren nicht mehr nur in einer Richtung verläuft. Der Staat übernimmt und finanziert nicht nur solche Aufgaben, sondern er gibt sie zunehmend auch wieder zurück an die Bürgerschaft.

In der Zwischenzeit ist freilich ein Markt- und Produktbewußtsein entstanden. Der Bürger erwartet von Staat, Verein und Bürgerinitiative gleichermaßen Dienstleistungen. Die Verregelung und Verrechtlichung der Lebensfelder ist erheblich vorangeschritten, so daß spontanes Handeln schwierig wurde. Immer häufiger scheitert es an Zuständigkeiten, Sicherungs- und Haftungsregelungen. Die Durchdringung dieses Sektors nach steuerlichen Gesichtspunkten führt zu immer komplexeren Finanzierungsregelungen und zu hohem Verwaltungsaufwand.

Im Rahmen der Produktorientierung sowie der neuen Steuerung, besonders der kommunalen Dienstleistungen, erfährt der Staat eine zunehmende Entfremdung zwischen Bürgerschaft und Staat. Die Dienstleistung tritt dem Bürger gegenüber als anonyme, nicht mitgestaltete, verschieden teure Leistung. Mitgestaltungsvorstellungen der Bürger als Kunden sind in der Regel Störfaktoren und keine erwünschten Größen. Marktkonkurrenzen führen dazu, daß besonders in den Bereichen gespart wird, wo es um sozialintegrative Komponenten und Teilhabe an Dienstleistungen geht. Teilhabe aller Bevölkerungsgruppen im Gemeinwesen an bestimmten Diensten, Durchmischung unterschiedlichster Gruppen, genügend Zeit für Platz und Kommunikation, für Versuch und Irrtum, rechnet sich wirtschaftlich kaum. Dem kurzfristigen Kostenkalkül folgend, sind effektiv und professionell organisierte Dienstleistungen besser steuerbar als integrativ angelegte Teilhabemodelle.

In der Regel kann die Diskussion um neue Steuermodelle in den Qualitätsstandards und Qualitätsmanagement keine eindeutig meßbare Dimension und Kategorien dessen ausmachen, was bürgerschaftliches Engagement und bürgerschaftliche Teilhabe ausmacht. Die ökonomisch ausgerichtete Steuerung benutzt das vorhandene Ehrenamt als selbstverständliche Größe. Man instrumentalisiert es. So kann der Sportplatz berechnet werden, der dem Sportverein zur eigenen Pflege übergeben wird. So kann das Hallenbad und die Stadtbücherei durchaus berechnet werden, das von freiwillig engagierten Bürgern betrieben wird. So kann die Förderung einer Jugendmusikschule kalkuliert werden, wo dann soziales Engagement von Eltern und Lehrern getragen wird. Vergleichsweise offen bleibt die Frage, wie sich das Engagement im Sportverein bei der Bürgerschaftsinitiative und der Jugendmusikschule regeneriert, erneuert, qualifiziert und ausweitet.

Bei einer Vervierfachung der Vereine seit 1950 und einer gleichzeitig extrem gestiegenen Mobilität und Lebensweisenvielfalt der Bevölkerung sind die Rekrutierungsprozesse im Vereinswesen völlig andere geworden. Die Siedlungsstrukturen bleiben nicht ohne Folgen für die Identifikation der Bürger an ihren Orten, machen das mehrjährige verbindliche Engagement am Ort zur Ausnahme.

Die Vielfalt individueller Lebensweisen wird aus der Sicht einer ökonomistisch strukturierten Stadtverwaltung als Vervielfältigung schwer erfüllbarer Dienstleistungswünsche wahrgenommen. Von der Förderung der Blaskapelle bis zum Squashplatz, von der Erstellung einer Rollerskatesbahn bis zur Ehrung der Jugendübungsleiter und der Alten am Ort, ist dieses Politikfeld als eine Addition von Wünschen wahrgenommen. Entsprechend spiegelt sich in den Politikeraussagen zur Lage des Ehrenamts, zur Selbsthilfe, zum freiwilligen Engagement eine Klage über gesteigertes Anspruchsverhalten der Bürger bei gleichzeitigem Egoismus und Rückzug. Dem steht empirisch gegenüber, daß heute mehr Bürger denn je engagiert sind, sich dieses nun auf unendlich viele Handlungsfelder verteilt und sich den bisherigen Steuerungsmodellen entzieht.

In der Regel zieht sich staatliches Handeln auf zwei Muster zurück. Im Rückzug auf einen hoheitlichen Staat verdeckt dieser durch „Sonntagsreden", durch Verleihung von Orden und Ehrenzeichen, durch Würdigung in Schulzeugnissen und Zertifikaten, durch Alimentierung und Vergütung einzeln ausgewählter Ehrenamtsbereiche, daß Engagement der Bevölkerung nicht kostenlos und ohne Infrastruktur zu haben ist. Andererseits verfolgt der Staat in einer technokratischen und neoliberalen Reduzierung auf Dienstleistungen, daß er steuernd in die Entstehung von Engagement nicht eingreifen, sondern nur das Produkt sichern kann. So werden die genannten Sportplätze zur Verfügung gestellt, Baumaterial und Fahrzeuge gestellt, Räume zur Nutzung überlassen, Vereinskalender und Stadtteilfeste ermöglicht und im weitestgehenden Fall Stiftungsfonds gegründet. Der Staat hält sich aus der Wertedebatte raus.

Bisher fehlt eine weitergehende Vision zwischen Hoheits- und Dienstleistungsstaat, die sich systematisch um die Ermöglichung, Qualifizierung und Vernetzung von Bürgerschaftlichem Engagement kümmert. Dazu müßte sich Politik lösen von einem abhängigen Muster, wonach Engagement kompensatorisches Verhalten zu Erwerbsleben, Familienleben und Staatsbürgerschaft ist und müßte sich lösen von einem Muster, daß Politik sich vor allem auf die Anlässe, Produkte und Ergebnisse des Engagements bezieht, statt auf das Engagement selbst. Politik muß das Engagement an sich zu einem eigenständigen Handlungsfeld staatlicher Infrastruktur machen, das quer zu den Ressorts und Anlässen eine Schlüsselqualifikation darstellt und dessen Ausrichtung und Sinnerfüllung demokratisch auszuhandeln ist.

3. Der Wertewandel und das bürgerschaftliche Engagement

Globalisierung und Individualisierung werden im Alltag der Bürger immer konkreter spürbar. Durch die unmittelbaren Jahre der Wiedervereinigung zeitverzögert hat auch Deutschland die Verwerfungen globalisierter Arbeitsmärkte erfahren. Arbeitnehmer haben zu akzeptieren, daß sie arbeitslos werden können, auch wenn ihre Produkte gut sind oder sie gebraucht werden. Sie registrieren, daß ihre Betriebe aufgekauft oder verlagert werden, auch wenn sie sich selbst als Arbeitnehmer noch so anstrengen mögen. Sie erleben eine unsichtbare Konkurrenz zu Arbeitnehmern an anderen Orten in der Welt, gegenüber der sie mit ihren individuellen Tugenden nichts ausrichten können.

Sie übernehmen Produkte in einem elektronischen Bereich, die ihr eigenes Kommunikationsverhalten selbst nachhaltig ändert. Sie erleben neue Informationsgrundlagen ihrer Arbeit, auf die sie selbst nicht mehr durch Umschulung oder Weiterbildung, sondern nur durch Umstellung ihrer persönlichen Arbeitsrhythmen reagieren können. Sie erleben die Zusammenhänge von Erstellung des Produktes bis hin zum Marketing und der Akzeptanz in der Bevölkerung und sie erleben immer schnellere Themen-, Mode- und Produktzyklen.

Der individuelle Zeitaufwand für Mobilität, Begegnung, Information, Qualifikation vervielfacht sich und „frißt" freigewordene Arbeitszeit auf. Das Geschlechterverhältnis ändert sich, Frauenerwerbsarbeit und ihre Folgen für Kindererziehung, Haushalt haben längst zu einem anderem Alltagsverhalten im städtischen Dienstleistungsgefüge geführt. Solidaritätsstrukturen ändern sich und haben sich z.B. von der Kollegenschaft hin zu Arbeitslosen, Asylanten oder anderen bewegt, die an den Machtprozessen in der Regel gar nicht teilhaben können. Die Mobilität hat drastisch zugenommen, die Standardhaushalte haben sich verkleinert, die Menschen bewegen sich in unterschiedlichsten Milieus und ihre Bindungen zu den traditionellen Institutionen nehmen kontinuierlich ab.

Diese Prozesse mit einem Werteverlust gleichzusetzen, wäre nach Helmut Klages völlig falsch, weil es sich im weitesten Sinne um einen Wertewandel handelt. Die Fähigkeit, souverän Entscheidungen zu fällen, handlungsfähig zu bleiben, flexibel zu sein, selbständig sozial zu handeln und sich mitverantwortlich zu fühlen, sind Elemente eines neuen Wertekanons, der von Bürgern gelebt werden will. In den 90er Jahren haben sich am Rande der großen Institutionen, zum Teil gegen sie gerichtet, zahlreiche Initiativen gegründet, von den Menschenketten gegen den Ausländerhaß über die Hospizgruppen engagierter Frauen in der Sterbebegleitung bis hin zu den Tafelprojekten für die zunehmende Zahl obdachloser, mittelloser Menschen in den Städten.

Immer kritischer erfolgt die Berichterstattung über Wohltätigkeitsinstitutionen, und dennoch ist das Spendenvolumen ungebrochen.

Die Wahrnehmung der Bürgerschaft hat an Schärfe zugenommen. Zwei Drittel der Bevölkerung haben explizit Angst vor der zunehmenden Kälte in der Gesellschaft. Gleichzeitig nehmen drei Viertel der Bevölkerung die Chancen wahr, daß sie selbst ihre sozialen Netzwerke gestalten (Ulzhöffer/Ascheberg 1996). Sie klagen und sind doch handlungsfähig. Sie handeln neben und unterhalb staatlicher Strukturen und reagieren auf diese der Tendenz nach eher mißtrauisch. Sie wissen um die Gefahr, daß ihr guter Wille instrumentalisiert wird für andere medienwirksame Zwecke. Sie treten dafür ein, daß das wichtige Postulat der Gerechtigkeit nicht nur zwischen Staat und Bürgern, sondern auch zwischen Bürger und Bürgerin selbst eingelöst wird. Sie wollen ihre individuelle Lebensweise leben können und doch nicht herausfallen aus dem sozialen Gefüge einer modernen Gesellschaft. Sie sind bereit, ihren Beitrag zum Zusammenhalt der Gesellschaft zu leisten, machen dies aber in vielerlei einzelnen Schritten davon abhängig, daß andere daran ebenfalls mitwirken.

Freiwilliges Engagement wird Ausdruck einer modernen Lebensform und Identität. Dies erfordert viel mehr Kommunikation und neue Verständigungsformeln. Während das bisherige Verhältnis zum Staat durch eine wechselseitige Abhängigkeit geprägt war, wonach der Staat für die Bürger sorgt und die Bürger dem Staat gegenüber Pflichten erledigen, so ist das Verhältnis einer Bürgergesellschaft von vergleichsweise sehr komplizierten Ausgleichsmechanismen unterschiedlicher Interessen geprägt. Nur gelegentlich kann eine ordnende Hand eingreifen. Sehr viel nüchterner und deutlicher sind die Unterschiede der Menschen, sind ihnen die unterschiedlich verteilten Ressourcen, Fähigkeiten und Teilhabechancen vor Augen. Solche Unterschiede gilt es auszuhalten und dennoch an der Vision sozialer Teilhabechancen für alle festzuhalten. Darin erweist bürgerschaftliches Engagement seine emanzipative Kraft über das Ehrenamt hinaus, daß es am Leitbild des freien und gleichen Bürgers festhält.

Die umfangreichen Studien des Baden-Württembergischen Sozialministeriums (Ulzhöffer/Ascheberg 1996, 1997; Gaskin u.a. 1996) haben deutlich gemacht, daß solche Wertemuster weniger national und mental geprägt sind, sondern zu einem Reflex auf moderne Lebensweisen der ausgehenden Industriegesellschaft geworden sind. Die Untersuchungswerte zur sozialen Kälte und zu sozialen Netzwerken sind in Baden-Württemberg, Schottland und Katalonien identisch ausgefallen.

Sehr viel unterschiedlicher fallen die Befragungswerte aus zum Verhältnis der Bürgerschaft zueinander oder im Verhältnis und Vertrauen gegenüber Staat und Mitbürgern. Hier geht es um eine neue Größe, die in Verwendung der volkswirtschaftlichen Terminologie „Sozialkapital" genannt werden kann und das Vertrauens- und Handlungspotential der Bevölkerung darstellt (Immerfall 1996).

Je geringer das Vertrauen ist, um so besorgter sind die Bürger, daß ihre Bereitschaft mitzuwirken, für die eine oder andere Seite ausgenutzt wird. Um so mißtrauischer sind Menschen, die befürchten, daß sie mittels ihres Engagements keine Herrschaftskritik mehr in einem ungleich verteilten Gesellschaftsproblem leisten könnten. Um so abgrenzender, um so unkooperativer handeln die Menschen im Dritten Sektor. Die Rivalität im Engagementbereich signalisiert die Vertrauenskrise im Verhältnis Bürger und Staat.

Entsprechend verbindet sich für die einen Bürgerschaftsengagement mit dem Protestpotential in der Bevölkerung gegen den Staat und für die anderen mit der Zustimmung und Akzeptanzquote der Bevölkerung für den Staat. Dies zeigt ein spezifisch deutsches Dilemma, das darin besteht, daß Staat und Gesellschaft fast gleichgesetzt werden. Engagement ist vorderhand kein Glaubensbekenntnis für vorhandene Systeme, sondern konstituiert Gesellschaft, bildet Gemeinwesen und verändert im Zuge dessen die unterschiedlichen Staatsapparate. Bekanntlich konstituiert auch der Protest gegen ein „System" einen stabilisierenden Teil einer Gesellschaft (Luhmann).

Ausgeprägt ist hierzulande eine hohe Empfindlichkeit der unterschiedlichen Sektoren des Engagements. Es überwiegen die Unterschiede zwischen dem altruistischen Helfen, dem Ehrenamt, der Bürgerbeteiligung etwa bei Stadtplanungsaktivitäten, den freiwilligen Projekten und den vielfältigen Selbsthilfeinitiativen.

Alle solchen Initiativen sind extrem anlaßorientiert und definieren sich über das Produkt, das sie erbringen. Entsprechend selten wechseln die Akteure. Entsprechend selten profitieren die Initiativen direkt untereinander. Entsprechend ungewöhnlich ist eine erfolgreiche Vernetzung dieser Aktivitäten etwa unter dem Obertitel des Bürgerschaftlichen Engagements. Auffällig lange hält sich der antiquierte und aus dem Obrigkeitsstaat kommende Begriff des Ehrenamtes, wonach Ehre und Amt verliehen werden. Noch immer setzt sich der Begriff der Freiwilligenarbeit in Deutschland nicht durch.

Es finden neue Bemühungen statt um den Begriff der Bürgerarbeit (Kommission für Zukunftsfragen der Freistaaten Bayern und Sachsen 1996), der mit einer Verquickung den hochbewerteten Arbeitsbegriff mit dem verfassungsrechtlichen Begriff des Bürgers zusammenbringen will und eigentlich das freiwillige Engagement meint. Die Grenzen der Freiwilligkeit verfließen. Ökonomische Gegenleistung für den Versorgungsstaat ist gefragt.

Eine besondere Dimension erhalten der Wertewandel und das freiwillige Engagement in der deutschen Bevölkerung durch den Aspekt des Bevölkerungswandels. Kein Kontinent wie der europäische und nur wenige Länder wie Deutschland erfahren den Aspekt der Alterung in der Bevölkerung in so drastischem Maße.

Eine Bevölkerung mit einem Durchschnittsalter von etwa 45 Jahren, während beispielsweise die afrikanischen Länder einen Durchschnitt von Anfang 20 aufweisen, orientiert sich im freiwilligen und öffentlichen Handeln der Bevölkerung an anderen Themen und Formen.

Die intergenerative Erneuerung von Vereinen und Initiativen in Deutschland erfolgt nicht mehr automatisch. Viele interessante Selbsthilfegruppen altern mit ihren Mitgliedern. Viele jüngere Menschen wachsen nicht in die traditionellen Freiwilligenprojekte nach, sondern gründen spontane, sporadische und andere Initiativen. Sie orientieren sich an neuen Formen von Freiwilligenarbeit, die hochverregelt sind. Das Freiwillige Soziale Jahr (FSJ) ist als solches unentgeltlich und doch hochorganisiert und vor allem ein sozialstaatlich versichertes Erfahrungssystem. Organisationen wie Greenpeace sind hochprofessionell organisiert, aber erlauben jungen Menschen ähnlich wie Amnesty International ein begrenztes gezieltes Engagement. Das Mitwirken wird möglich unter Vernachlässigung der Selbstverwaltungsprozesse.

Für die älteren Menschen stellt es sich fast umgekehrt dar: Sie sind im Vereinswesen gebunden und „beschäftigt" und die spontanen Aktionen und intergenerativen Lernfelder treten in den Hintergrund.

Die neueste Generationsstudie des baden-württembergischen Sozialministeriums zeigt die Verunsicherung der 40- bis 50jährigen in bezug auf ihre eigene Altersperspektive. Sie erwarten Verschlechterungen im künftigen Generationenverhältnis. Sie zeigt ebenfalls, daß die soziale Integration der älteren Generation als wichtigste „*Freiwilligkeitsaufgabe*" aller Generationen genannt wird. Der Bevölkerung ist klar, daß „*keine Rentnerregelung der Welt*" die soziale Teilhabe der älteren Generation erfolgreich sicherstellen kann. Freiwilliges Engagement ist mithin immer häufiger symbolisches Handeln für den sozialen Zusammenhalt der Gesellschaft und der sozialen Teilhabe im gesellschaftlichen Ganzen. Als solches ist freiwilliges Engagement durch keinerlei Dienstleistung oder hoheitsstaatliche Versorgungsregelung ersetzbar.

Der „*Gesellschaftsvertrag*" zwischen Staat und Bürger bedarf einer Weiterentwicklung, weil er bisher nur auf traditionellen Rechten und Pflichten beruhte.

Es wird darum gehen, daß sich der Staat sehr viel intensiver darum kümmern muß, daß es der Bürgerschaft selbst gelingt, miteinander das „*Alltags-Geschäft*" zu organisieren.

Der Staat hat Rahmenbedingungen zu verbessern, zum Teil zu erleichtern, in denen Menschen miteinander - nicht ohne Konflikte - die Demokratie mit Leben erfüllen. Dem Dritten Sektor kommt dabei eine hohe Bedeutung zu, nicht nur als „Puffer" oder als ökonomisch determinierter Sektor. Vielmehr geht es um einen intermediären Sektor und intermediäres Engagement (Bauer 1992), das sich dadurch gleichermaßen auszeichnet, daß der Staat Aufgaben abzugeben hat, die Bürgerschaft sich selbst Aufgaben zutraut und übernehmen will, Wirtschaft und Familie ohne diese neuen Sozialkompetenzen nicht erfolgreich wachsen können und die Steuerung dieses Prozesses neue demokratische Qualitäten benötigt.

4. Ein neuer „Gesellschaftsvertrag" für bürgerschaftliches Engagement: Das Landesnetzwerk bürgerschaftliches Engagement in Baden-Württemberg

4.1. Ausgangslage

Die Landespolitik in Baden-Württemberg hat 1990 die Chance ergriffen, im Bereich der Altenarbeit den Weg freizumachen für ein neues Förderungsmodell. Der Idee, sogenannte „offene Altenarbeit" im Zuge einer älter werdenden Gesellschaft mit klassischen Förderinstrumenten finanziell voranzubringen, stand ein wirtschaftsliberales Konzept gegenüber, solche und andere Aufgaben dem privaten Versicherungssektor zu überlassen. Die Landesregierung definierte einen Spielraum, den sie einer operativen Geschäftsstelle im Sozialministerium übertrug. Die Geschäftsstelle hatte freie Hand, genossenschaftliche, also auf gegenseitige Hilfe orientierte, neue Selbsthilfemodelle voranzubringen und damit eine Synthese aus privatwirtschaftlichem Engagement und staatlicher Mitverantwortung herzustellen.

Die mediale Vermittlung dieser Arbeit orientierte sich an den Erscheinungen, wie sie die Bevölkerung Anfang der 90er Jahre wahrnehmen konnte: Mehr Rentner und Vorruheständler, viel mehr Feizeit, zunehmende Kompetenz, ungelöste Pflegeversicherungsprobleme und ein großer Mangel an Pflegefachpersonal, ein „Stärker-auf-sich-gestellt-sein".

Einem Aufruf in Baden-Württemberg folgten etwa 30 Kommunen und Initiativen, von denen 12 ausgewählt und befristet auf 4 Jahre konzeptionell und finanziell unterstützt wurden. Die Unterstützung orientierte sich an einem Konzept kommunaler Entwicklungsberatung, d.h., in Gesprächen vor Ort wurden Ziele entwickelt, Hindernisse definiert, Unterstützung bei der öffentlichen Darstellung gewährleistet und Projektkosten übernommen ohne Standardrichtlinien und Pauschalfinanzierungen. Ein Informationsbrief stellte die Gesamtkommunikation her, interkommunale Arbeitsgruppen wurden gegründet und Grundlagenstudien durchgeführt.

Wichtig war, daß sich die Geschäftsstelle von 1990 bis heute um einen begleitenden Diskurs bemühte. Es wurde sowohl ein Beirat ausgewiesener Sozialexperten aus dem Bundesgebiet gegründet als auch ein kommunitaristischer Dialog gesucht. Experten aus Großbritannien, den USA und anderen Ländern wurden regelmäßig eingeladen, Michael Walzer und Benjamin Barber als US-amerikanische Professoren zu regelmäßiger Mitarbeit aufgefordert. Daß es sich dabei um zwei ausgewiesen kritische Begleiter des um Etzioni versammelten kommunitaristischen Zirkels handelt, wurde in einer kritischen deutschen Fachöffentlichkeit kaum wahrgenommen. Pauschal wurde dieser Diskurs als „schwäbischer Kommunitarismus" bezeichnet. Mit den Befragungsstudien zum Bürgerengagement (Sigma-Institut) und den Veröffentlichungen von Dr. Ulrich Otto, Tübingen, konnte eine gewisse Fachöffentlichkeit hergestellt werden. Die Projekte wurden aktiv unterstützt. Sie schlossen sich schließlich 1994 in einer Landesarbeitsgemeinschaft zusammen (AG Bürgerschaftliches Engagement/Seniorengenossenschaften, ARBES).

4.2. Grundprinzipien der Kooperation in der Projektphase

Die Arbeitsprinzipien der Geschäftsstelle im Sozialministerium sind den Kernaussagen des New Public Management vergleichbar:

1. Mit den antragstellenden Projektpartnern wird eine *Zielfindung* durchgeführt, die Ziele benannt und eine Kooperationsvereinbarung getroffen,

bei der es sich im Kern zuerst nicht um Geld, sondern um eine Verfahrenseinigung handelt.
2. Die Kooperationsvereinbarung wird über einen möglichst langen Zeitraum geschlossen (in der Regel sind die Projekte auf mindestens vier Jahre angelegt) und enthalten im Kern immer ein *Steuerungselement* vor Ort, d.h. die Bildung einer Koordinations- oder Steuerungsgruppe, die paritätisch aus förderndem Ministerium, Kommune, Initiative und Bürgerschaft zusammengesetzt sein soll. Dieses Gremium muß den jeweiligen Finanz- und Zielplan zur Kenntnis nehmen und wird dann eingesetzt, wenn die Etappenziele verfehlt werden und sich dadurch neue Bewilligungsfragen stellen.
3. Die qualitative Steuerung der Projekte orientiert sich an *Diskursprinzipien*. Von besonderer Wichtigkeit sind sowohl Jahresberichte als auch Zielpapiere, Einschätzungen der Beteiligten und Schwerpunktsetzungen, die in übergeordneten Netzwerktreffen gefunden werden. Damit wurde bis heute bei allen Projekten die Formulierung einer Standardrichtlinie verhindert.
4. Die Finanzierung bekommt den Charakter einer *Ermöglichung* und nicht einer Bewilligung. Maßnahmen und Vorgehensweisen sollen ermöglicht werden, fertige Lösungen werden hinterfragt. Beispielsweise können gleichermaßen Personalkosten, Investitionskosten und auch Projektkosten bezuschußt werden, werden aber in anderer Form als üblich durchgeführt. Es erweist sich, daß fast alle Personalbesetzungen klassischer Art zu Mißerfolg führen, weil die andersgelagerte Aufgabenstellung bei gleichbleibenden Ausschreibungs- und Tätigkeitsmerkmalen zu völlig falschen Erwartungen beim Fachpersonal führen und ohne weitere Zielfindungsprozesse auch bei den Auftraggebern und Anstellungsträgern zu falschen Erwartungen an das Fachpersonal führen. Personalverfahren erweisen sich als erfolgreicher, in denen vorhandenes Personal die Aufgabe wechselt und neuem Personal der Einstieg durch „In-Service-Training" erleichtert wird. Neues Personal kann sich dann an die Aufgabe „herantasten" oder es melden sich im Verlauf des ganzen Prozesses oft erst die richtigen Interessenten.
5. Die Bildung von Wettbewerbs- und *Marktinstrumenten* läßt sich im freiwilligen Sektor unmittelbar rekonstruieren: Auch hier muß zwischen Angebot und Nachfrage unterschieden werden, auch hier funktioniert das „Matching" der Freiwilligenarbeit nicht von selbst. Engagementwillige finden in der Regel überhaupt nicht automatisch das Engagementfeld; die Engagementfelder sind in der Regel nicht beliebig offen für Engagementbereite. Träger öffnen sich untereinander kaum für Freiwilligenarbeit, weil sie Konkurrenzen um die Anzahl der Freiwilligen fürchten.

Zu einem Zentralinstrument der Projekte gehört das „Vier-Felder-Schema", wonach bei den Projekten darauf geachtet wird, daß Politik,

Träger, Fachkräfte und Bürger durch möglichst unterschiedliche Personen und Instanzen wahrgenommen werden. Dies ermöglicht, daß die Projekte aus der sozialstaatlichen Logik der „Liga"-Strukturen herauskommen. Normalerweise wird kommunale Sozialpolitik über die Dachstruktur der offiziellen Wohlfahrtsverbände abgehandelt und abgewikkelt. Diese Struktur ist jedoch nur begrenzt aufnahmefähig oder offen für die neuen Entwicklungen, die sich am Rande der Institutionen und über die klassischen Sozialfelder hinaus auftun. Gleichzeitig bindet sie die Kommune in die klassische Auftrags- und Bewilligungsrolle und entläßt sie aus ihrer gestalterischen Verantwortung.

6. Im Ziel orientiert sich das Verfahren an der *Budgetierung*. Im Verlauf des Prozesses werden oft Zuschüsse deutlich, die am gleichen Ort zu unterschiedlichen Initiativen durch die Landespolitik erfolgen. Gleichzeitig wird deutlich, in welcher Form am gleichen Ort Kommunen Initiativen befördern.

   Diese Herstellung von Transparenz kann selten von Anfang an erfolgen, weil kein gleiches Problembewußtsein vorhanden ist. Allmählich kann auf diese Weise erwirkt werden, daß die unterschiedlichen Zuschüsse der jeweiligen staatlichen Ebene im Zusammenhang betrachtet werden und vor Ort als Synergieeffekt zum Tragen kommen.

   Dieses setzt wiederum Kontraktmanagement voraus, d.h., vor Ort müssen sich die bezuschußten Partner zusammenfinden und dies möglichst in einer geregelten Form. Beispielsweise werden Bürgerbüros ermuntert, mit Hospizgruppen schriftliche Absprachen zu treffen; Selbsthilfekontaktstellen, mit Bürgertreffpunkten eine Zielfindung vorzunehmen.

7. Die Probleme werden als *Aufgaben* definiert, die zu einem erhöhten Angebot im Qualifikationsbereich führen müssen. Im Laufe der Jahre wurden Landeskurse, Klausuren, Sommerakademien und andere Konzepte entwickelt, die sehr stark dem gegenseitigen Lernen verpflichtet sind. Die wissenschaftliche Begleitung aller Projekte wurde daher bis jetzt immer mit Fachberatung ergänzt.

8. Neue Projekte brauchen *neue Loyalitäten* und Identitäten. Die Kooperationsvereinbarungen verpflichten die örtlichen Partner, an einem Landesnetzwerk mitzuarbeiten. Mit den engagierten Bürgern muß in der Regel darum gerungen werden, daß sie auch an den Grundelementen der Selbstverwaltung und Vertretungsstruktur auf Landesebene mitwirken. In begrenztem Umfang wird dies begleitet durch Broschüren, Prospekte, Videos und die Präsenz einzelner Spitzenpolitiker vor Ort. Wie stark die traditionellen politischen Strukturen jedoch sind, zeigt sich darin, daß die Präsenz eines Politikers in einem Projekt weniger wahrgenommen wird als Parteinahme für eine neue Qualität, sondern mehr als Inanspruchnahme des Projekts für die Linie des jeweiligen Politikers.

Auf Landesebene benötigt die neue Steuerung die Integration der jeweiligen Dachverbände von den Wohlfahrtsverbänden über die Jugend-, Senioren- Frauenräte etc. in einem informellen Gremium, das sich regelmäßig abspricht.

Diesen Steuerungsprinzipien folgend konnte die Geschäftsstelle am Ende der Projektphase Seniorengenossenschaften 1994 sowohl den Kontakt zum Landesseniorenrat und den weiteren Generationsräten, zu den Wohlfahrtsverbänden, den Selbsthilfekontaktstellen und vor allem zu den kommunalen Landesverbänden ausbauen und institutionalisieren.

Zu den Kernerfahrungen des gemeinwesenorientierten Vorgehens gehörte, daß die Seniorengenossenschaftsprojekte am erfolgreichsten und nachhaltigsten arbeiteten, bei denen ein Arbeitsbündnis zwischen Initiative und Kommunalverwaltung gelungen war. Entsprechend wurde mit den anfänglich skeptischen Partnern von Gemeindetag, Landkreistag und Städtetag in Baden-Württemberg eine eigene Kooperationsvereinbarung diskutiert und schließlich Ende 1995 ratifiziert, die generationsübergreifend bürgerschaftliche Anlaufstellen in ganz Baden-Württemberg möglich machen sollte.

Auf der Grundlage dieser Vereinbarung haben im Verlaufszeitraum drei verschiedene Sozialministerinnen und -minister erfolgreich das Programm ausweiten können.

Zu den Seniorengenossenschaften kamen Bürgerbüros, die vor allem aus dem Reservoir der „jungen Alten" in den Städten aufgebaut werden konnten. Dieser Ansatz erwies sich als unterschiedlich zum Ansatz des Bundes, der einige Jahre voll auf Seniorenbüros setzte.

Das Dilemma der Bundesförderung zeigt sich hier deutlich:
Nach der Förderung von Selbsthilfekontaktstellen und der Förderung von Seniorenbüros ist anzunehmen, daß Freiwilligenzentren oder Agenturen gefördert werden und all dies nebeneinanderher an unterschiedlichen Orten läuft und kaum auf Dauer finanziell durchgehalten werden kann. Die pauschale Bundesförderung ermöglicht Planstellenbesetzungen, die mit ihren vergleichsweise hohen Kosten von über 100.000 DM je Standort von Anfang an zu Folgediskussionen führen. Die Interessen werden in der Regel dann auf Bundesebene kontrovers ausdiskutiert, statt sie am jeweiligen Standort bedarfsangemessen zu klären.

4.3. Der Ernstfall: Vernetzung der Projekte

Die Geschäftsstelle übernahm 1994 die Förderung von sieben Selbsthilfekontaktstellen und knüpfte die Förderung an eine zunehmend wachsende Kooperation mit den örtlichen Anlaufstellen bürgerschaftlichen Engagements.

Ende 1998 übernahmen zwei der Kontaktstellen selbst die Aufgaben bürgerschaftlicher Anlaufstellen, in drei Fällen gelang die verbindliche Kooperation und in zwei Fällen wird um die „Kontraktform" gerungen.

Zwei der drei vom Bund geförderten Seniorenbüros wurden in das Netzwerk der Initiativen integriert.

In die Planung der auf nationaler Ebene vom Caritasverband geplanten Freiwilligenzentren konnte erfolgreich insoweit eingegriffen werden, als in zwei von drei geplanten Standorten die Spielregeln der kommunalen Vernetzung zur Anwendung gebracht wurden. Der Verband hätte ansonsten an diesen Standorten ohne Rücksprache mit der Kommunalverwaltung ein verbandszentriertes Freiwilligenzentrum aufgebaut. So konnte in zum Teil schwierigen nachträglichen Verhandlungen ein trägerübergreifendes und kommunal gestütztes Projekt erwirkt werden.

Anderen Verbänden, wie der Diakonie oder dem Roten Kreuz, wurde angeboten, Weiterentwicklungen ihrer Ehrenamtsarbeit ebenfalls in das Netzwerk einzubringen. So konnte nach mehrjährigen Verhandlungen in einem Kirchenbezirk eine trägerübergreifende Anlaufstelle eingesetzt werden. In einem Landkreis wurde von seiten des DRK eine Dienstleistungsstruktur aufgebaut, die sowohl für den gesamten Landkreis als auch für die DRK-Ortsvereine eine Weiterentwicklung zur Freiwilligenarbeit ermöglichen soll. An zwei weiteren Standorten konnten Aktive der Arbeiterwohlfahrt Starthilfen für ein Bürgerbüro leisten.

Der Praxis wurde dennoch mit Mißtrauen begegnet, weil zum einen unterstellt wurde, daß die bisher umfangreiche Ehrenamtsarbeit nicht genügend gewürdigt und die privilegierte Stellung der Wohlfahrtsverbände im Ehrenamtsbereich mißachtet würden. Gleichzeitig bestanden keine nennenswerten Kontakte zwischen diesem Sektor der Freiwilligenarbeit und dem mehrheitlichen Sektor von Sport- und Kulturarbeit, der seinerseits, traditionell organisiert, sich in gelegentlichen Arbeitsgruppentreffen im dafür zuständigen Kultusministerium traf.

Die Geschäftsstelle hatte hier Verbindungen zwischen den Ressorts herzustellen. Der Politikansatz des Kultusministeriums war nachfrageorientiert, d. h., die Wünsche etwa der Jugendverbände auf Subventionierung von BahnCards für Jugendübungsleiter oder auf Beseitigung rechtlicher und steuerlicher Hindernisse für Vereine und Organisationen wurden dort vorrangig bearbeitet.

Unberührt davon liefen die Initiativen in Bereichen von Justiz, innerer Sicherheit oder Wirtschaftsministerium (zuständig für Landesdenkmal- und Archäologieprojekte), in denen immer häufiger Bürgerbeteiligung angefragt war. Ebenfalls parallel lief in vielen Städten die stadtteilorientierte Bürgerbeteiligung mit Stadtteilforen oder Stadtteilbüros.

Diese Entwicklung wurde von seiten der Geschäftsstelle, vor allem in den Großstädten, zusammenzuführen versucht. In Ulm, Tübingen und Karlsruhe gelang es, in einzelnen Stadtteilprojekten die neue Qualität des bürgerschaftlichen Engagements im Unterschied zur Bürgerbeteiligung deutlich zu machen. Bürgerbeteiligung setzt auf die Information der Bürger und ggf. deren Ideenbeiträge zur weiteren Planung. bürgerschaftliches Engagement setzt auf die Übernahme möglichst vieler Anliegen der Bürger durch sie selbst im Stadtteil und die Unterstützung der Stadt für die möglichst selbstverwalteten Initiativen und Projekte der Bürger sowie deren eigenen Interessenausgleich untereinander.

Von 1994 bis 1998 erwies sich die Begriffsklärung zum Thema Bürgerschaftliches Engagement als notwenig und wurde in drei größeren Landeskongressen umgesetzt. Gleichzeitig wurden Zwischenergebnisse 1995 und 1996 in zwei Bänden im Lambertusverlag publiziert (Wendt u.a. 1996; Hummel 1995).

Zwischen den kommunalen Landesverbänden und dem Sozialministerium wurde ein Projektausschuß gebildet, der alle antragstellenden Projekte zu entscheiden hat.

Das Landesnetzwerk Baden-Württemberg ist inzwischen ein von der Geschäftsstelle gestütztes Gebilde aus formalen und informellen Strukturen. Formal ist die Zusammenarbeit zwischen kommunalen Landesverbänden und Sozialministerium mit einem Projektausschuß. Formal, aber nur beratend auf eigenen Wunsch ist das Gremium, in dem sich die Wohlfahrtsverbände, die Räte, die Selbsthilfekontaktstellen und der Forschungsverbund von Ausbildungseinrichtungen des Sozialwesens und der Verwaltungsfachhochschule treffen. Formal gebildet ist ein Forschungsverbund unter Regie der Evangelischen Fachhochschule in Freiburg und ein Qualifizierungsverbund unterschiedlicher Institute, die an einzelnen Standorten oder Projekten fachkundige Teamer stellen. Formal ist der gewählte Sprecherrat der oben genannten ARBES, dessen Urteil bei allen weiteren Projektschritten der Geschäftsstelle erfragt ist.

Informell ist dem Projekt ein Beirat von Persönlichkeiten zur Seite gestellt, finden verbindende regelmäßige Informationsdienste und Fachtreffen statt, liegt eine umfangreiche Internetseite vor und finden Fachtagungen der politischen, fachlichen und bürgerschaftlichen Seite statt.

Aus direkt geförderten und sich auch ohne staatliche Förderung beteiligenden Projekten ergibt sich derzeit eine Anzahl von 130 Standorten in Baden-Württemberg im Sinne bürgerschaftlicher Anlaufstellen.

Das Gesamtvolumen des Projektes beträgt derzeit 2 Mio. DM im Jahr. Die Geschäftsstelle initiiert mit den Standorten Kampagnen zum Internationalen Freiwilligentag und arbeitet in der Interministeriellen Arbeitsgruppe Ehrenamt/Bürgerschaftliches Engagement mit.

Eine neue Qualität des Prozesses bekommt die Arbeit seit etwa 1998. Im Bereich der Jugendpolitik und der Lokalen Agenda 21 kommt eine neue „Welle" der Bürgerbeteiligung auf das Projekt zu. In „Jugendagenturen" sollen verbandliche und offene Jugendarbeit stärker bürgerschaftlich werden, in Agenda-Büros sollen bürgerschaftliche Prozesse aus dem Umweltbereich in alle anderen Sektoren der Politik hineingeführt werden.

Die jeweilige Szene beginnt ähnlich wie nach 1992 im Gesundheits- und Suchtbereich oder nach 1994 im Gewalt- und Aussiedlerpräventionsbereich mit dem vollen Eifer der Methoden und der „Top Down-Modelle". Professionelle Methoden werden vorbereitet, Bürgerinnen und Bürger eingeladen, neue Ergebnisse und Ideen versprochen. Diese können in der Regel so kaum durchgesetzt oder das Engagementpotential nur auf Kosten anderer Handlungsbereiche gewonnen und vergrößert werden.

Zusätzlich zur Träger- und Verbandskonkurrenz, zur Unterschiedlichkeit der Methoden und politischen Stile kommt somit eine Konkurrenz der Milieus. Jeder Engagementbereich arbeitet in der Regel mit einem eigenen Milieu. Während die Lokale Agenda 21 im Kern auf die Gruppe der 30- bis 50jährigen aktiven Jungfamilien zurückgreift, greifen die Bürgerbüros in der Regel auf die 50- bis 70jährigen aktiven Jungsenioren zurück. Während die Hospizinitiativen auf Frauen zurückgreifen, sind es bei den Jugendagenturen eher Männer. Diese und andere Milieuunterschiede können durch rein rationale Analysen- und Steuerungskonzepte kaum erfaßt und berücksichtigt werden.

Sie führen zu Überschneidungen und hohen Empfindlichkeiten der Akteure, jeweils an allem beteiligt zu werden. Der Ruf nach Koordinierung und Zentrierung wird laut und lähmt den spontanen Prozeß. Es ist der Einschätzung zuzustimmen, daß die neuen Steuerungsmodelle dann eher ein Ansatzpunkt für individuelle oder auch kollektive Lernprozesse sind, als daß sie ein neues rationales Steuerungsmodell wären (vgl. Naschold 1995; vgl. Naschold u.a. 1998).

Die initiierten Prozesse, gestützt von der Geschäftsstelle, erfordern inzwischen in der baden-württembergischen Landespolitik einen kollektiven Lernprozeß aller Beteiligten, sowohl der Ressorts, der Kommunen als auch der Verbände. In hohem Maße ist dieser Lernprozeß davon abhängig, wieviel Vertrauen in dieses Handlungsfeld und die künftige Politik investiert wird. Je geringer dies ausfällt, um so stärker sind die Verteilungskämpfe.

4.4. Vorläufige Bilanz und Perspektiven des Landesnetzwerkes

Am Beispiel der fast zehnjährigen Aufbauarbeit der baden-württembergischen Politik für ein bürgerschaftliches Engagement läßt sich an diesem Bundesland deutlich zeigen, wie eine solche Politik in der Folge einen Lernprozeß in der bisherigen politischen Steuerung hervorruft.

Soll konsequent ressortübergreifend bürgerschaftliches Engagement zu einem Politikansatz und seiner Arbeitsmethode werden, braucht es Präferenzentscheidungen, welche Art von Förderpolitik alter oder neuer Prägung standardisiert oder offen von der Regierung gefahren werden soll. Die bisherigen Vorlagen der baden-württembergischen Zukunftskommission sind widersprüchlich: Sie fordern einen offenen Prozeß und gleichzeitig eine Koordinierung in einem Ministerium.

Der entscheidende Wachstumsmotor für die Projekte in Baden-Württemberg ist die bisher gelingende Kooperation zwischen Kommunalen Landesverbänden und einem Landesressort. Auf der Ebene, auf der sich die entscheidende Wende zu einer neuen qualitativen Politik des bürgerschaftlichen Engagements vollziehen muß, nämlich der kommunalen, können so vertrauensbildende Strukturen erwachsen, in denen Kommunalpolitiker, Verwaltungen, Gemeinderäte und Initiativen neue Strukturen erproben.

Einer der Haupteffekte in Baden-Württemberg ist, daß dort, wo Projekte angelaufen sind, es völlig gleichgültig erscheint, ob sie direkt erfolgreich sind oder nicht. Vielmehr entscheidend ist, daß in fast allen Fällen von seiten der örtlichen Akteure gewünscht wird, diese fortzusetzen; zum Teil auf höchst verschiedenen Feldern und nach dem Prinzip: Wir haben in etwa gelernt, wie es gehen könnte.

1999 sind vergleichbare Ansätze auf Bundesebene und in anderen Bundesländern kaum sichtbar. Dies macht die erfolgreiche Weiterentwicklung auf Landesebene nicht einfacher. Auf Bundesebene wird der Begriff des bürgerschaftlichen Engagements verwendet und ist eine Bundesstiftung „Bürger für Bürger" in Berlin eingerichtet worden. Sie ist jedoch in hohem Maße mit Datenerfassung, Informationskoordination und der fortwährenden Vertrauensbildung unter den komplizierten deutschen sozialstaatlichen Verbands- und Vereinsstrukturen beschäftigt. Ungesichert ist auch deren Finanzierung und damit Handlungsfeld.

Einige Bundesländer wie Rheinland-Pfalz, Schleswig-Holstein und andere setzen auf einzelne Freiwilligenagenturen, die möglichst mit kleinem Budget an einzelnen Standorten in Händen der Wohlfahrtsverbände erfolgen sollen. Andere Bundesländer wie Hessen setzten auf gesetzliche Änderungen zur Verbesserung der Steuer- und Versicherungsgrundlagen. Einzelne Bundesländer wie Bayern erproben Projekte an den Schnittstellen zwischen Sozialhilfe und Freiwilligenarbeit unter dem Stichwort Bürgerarbeit. Wieder andere Bundesländer wie Niedersachsen erproben ähnlich wie Baden-Württemberg die Koordinierung von neuen Initiativen auf Landkreisebene. Von strategischer Bedeutung sind die Stiftungen in der Bundesrepublik. Neben der Bosch-Stiftung, die sich besonders um das Engagement in den neuen Bundesländern gekümmert hat, ist hier die Bertelsmann-Stiftung zu nennen, die durch ihre verschiedensten Wettbewerbe zur bürgerorientierten Kommune deren Ehrgeiz fördert, sich immer neu zu vergewissern, zu dokumentieren und sich neu auszurichten.

Zeit- und Entwicklungsperspektiven sind nicht eindeutig auszumachen. Im baden-württembergischen Konzept werden jeweils Etappen benannt: Die Seniorengenossenschaften von 1990 bis 1994, die Bürgerbüros von 1993 bis 1996, die generationsübergreifenden bürgerschaftlichen Anlaufstellen von 1996 bis 2000, die neuen kommunalen Vernetzungsmodelle von 1999 bis 2004.

5. Aus der Praxis lernen: Thesen zum aktuellen bürgerschaftlichen Engagement

Abschließend sollen sechs Thesen zum bürgerschaftlichen Engagement aufgestellt und anhand von Beispielen aus dem baden-württembergischen Landesnetzwerk verdeutlicht werden.

1. Bürgerschaftliches Engagement ist niedrigschwellig und vernetzt Lebenswelt und Systemwelt.

Die Arbeitsloseninitiative *Göppingen* wird fachberatend und finanziell mehrere Jahre unterstützt, um zwischen Projekten der Selbsthilfe für die Betroffenen und des zweiten Arbeitsmarkts zur „Unterbringung" von Arbeitslosen vor allem auf die Mobilisierung der Bürgerschaft und der Stärkung des Selbstbewußtseins der Betroffenen zu zielen. In Kooperationen mit Schulen, Zeitungen und anderen im Form von Graffitiwettbewerb bis zum Praktikumverleihprojekt geht es darum, aus unbeteiligten Bürgern interessierte Bürger an der Sache zu machen. Es geht in komplizierten Verhandlungen darum, die Gruppe der Betroffenen über die Lobbytätigkeit hinaus zu selbstbewußt integrierten Bürgern zu machen, die beispielsweise ihr Arbeitslosencafé als normales Kulturcafé betreiben.

Tatsächlich konnten allein durch eine erfolgreiche Zeitungsserie die Hälfte aller vorgestellten Aktiven in Arbeitsplätze gebracht werden; nicht zuletzt, weil durch dieses Projekt die Versäulungs- und Anonymitätsstrukturen der Gesellschaft durchbrochen werden konnten.

2. Bürgerschaftliches Engagement ist Wohlfahrtsmix.

Die bisherigen sozialstaatlichen Projekte erstellen Dienstleistungen und beteiligen die Bürger als ehrenamtlich Tätige daran. Im Unterschied dazu setzt bürgerschaftliches Engagement schon bei der Erstellung der Dienstleistung, bei der Rekrutierung der Kunden und bei der Durchführung dieser Dienstleistung auf Art, auf Lebensweise und Umfang des Engagements. An fünf Standorten in Baden-Württemberg konnte die *Tagespflege* erst durch Bürgerengagement kundenorientiert aufgebaut und als Teil eines lebensweltlichen Netzwerks pflegender Angehöriger verankert werden. Würdigungstage für pflegende Angehörige wurden durchgeführt, die Angehörigen nicht zu Objekten der Sozialpolitik gemacht, die Milieus übersprungen und Kulturpolitik und Pflege zusammengebracht.

3. Bürgerschaftliches Engagement ist Teilhabe statt Beteiligung.

In der *Karlsruher* Nordstadt wurde bei der Umwandlung der „Amerikanersiedlung" die Bürgerschaft von Anfang an dialogisch beteiligt, d.h. unterschiedliche Ressourcen vom Grünordnungsamt bis zum Verkehrsamt, vom Sozialamt bis zum Schulamt trugen ihre Probleme nicht einzeln, sondern gemeinsam vor, Bürger übernahmen Stadtteilzeitung, Café und anderes. Die Stadt übernahm eine Moderationsrolle.

4. Bürgerschaftliches Engagement ist Öffnung des Freiwilligensektors und Gleichwertigkeit.

In *Ulm* und *Tübingen* wurden die neu entstandenen Bürgerbüros und die vorhandenen Selbsthilfekontaktstellen aufeinanderzubewegt, Initiativen erarbeiten eine gemeinsame Vereinsplattform, einigten sich auf gemeinsame Veranstaltungen und Erstellung einer gemeinsamen Freiwilligenkartei.

5. Bürgerschaftliches Engagement integriert neues und altes Ehrenamt.

In der kleinen Gemeinde *Straubenhardt* im Enzkreis übernahm eine Gruppe junger Mütter, die bisher typische Projekte junger Familien betrieben hatten, die Aufgabe, das gesamte Engagement und Vereinswesen am Ort darzustellen und gleichberechtigt nebeneinander zu präsentieren. Ähnliches gelang in Mössingen, Landkreis Tübingen, oder Eppelheim, Landkreis Rhein-Neckar. Dort konnten Bürger gewonnen werden, die aus ihren Vereinsmilieus heraus auf andere Gruppen zugingen und übergreifende Initiativen entfalteten.

6. Bürgerengagement erfordert neue regionale Steuerung

Im Landkreis *Esslingen* fanden sich allein sieben Stadtverwaltungen mit unterschiedlichen Bürgerschaftserfahrungen am jeweiligen Standort zusammen, um eine Art regionales Parlament des Bürgerengagements zu gründen, das entsprechend dem o.g. Vierfelderschema aus Vertretungen von Politik, Trägern, Fachkräften und freiwillig engagierten Bürgern besteht.

Dieses Gremium versucht, das gegenseitige Lernen und Austauschen von Experten zu ermöglichen, sorgt für eine gemeinsame trägerübergreifende Öffentlichkeit zugunsten des Freiwilligensektors. Das Landratsamt moderiert diesen Prozeß.

In einzelnen kleinen Gemeinden wie Seelbach im Badischen oder Adelberg im Württembergischen mit weniger als 10.000 Einwohnern wurde die Beteiligung von kompetenten Bürgern, etwa bei der Energiepolitik oder im Krankenpflegeverein des Ortes, aktiv unterstützt in Richtung weitergehender und themenübergreifender *Bürgergemeinschaften*. Damit werden offene Strukturen geschaffen, die nicht mehr anlaßbezogen, sondern nachhaltig an der Verbesserung von Bürgerengagement arbeiten.

Das Landesnetzwerk bürgerschaftliches Engagement in Baden-Württemberg ermöglicht einen Lernprozeß, der Voraussetzung für eine erfolgreiche Politik des Bürgerschaftlichen Engagements ist. In diesem Lernprozeß geht es um Bildung eines gemeinsamen Handlungsbewußtseins, eines ähnlichen Begriffsverständnisses und einer ähnlich gelagerten Arbeitsweise. Hierzu müssen die neuen Handlungsfelder der Lokalen Agenda 21, der Bürgerbeteiligungsprojekte und der Präventionsaktionen mehr voneinander lernen. Die Geschäftsstelle im Sozialministerium bleibt der gemeinsamen Aufgabe von Land und Kommunen verpflichtet, bürgerschaftliches Engagement als neue Qualität in die Politik einzubringen.

6. Literaturverzeichnis

Bauer, R. (1992): Vereine und das intermediäre Hilfe- und Dienstleistungssystem. In: Zimmer, A. (Hg.): Vereine heute - Zwischen Tradition und Innovation. Basel: Birkhäuser, S. 151-169
Beck, U. (1986): Risikogesellschaft. Auf dem Weg in eine andere Moderne. Frankfurt am Main: Suhrkamp
Gaskin, K./Smith, J.D./Paulwitz, I. u.a. (1996): Ein neues bürgerschaftliches Europa. Eine Untersuchung zur Verbreitung und Rolle von Volunteering in zehn Ländern. Freiburg im Breisgau: Lambertus
Greiffenhagen, M. (1997): Politische Legitimität in Deutschland. Gütersloh: Verlag Bertelsmann Stiftung
Hummel, K. (1995): Bürgerengagement, Seniorengenossenschaften, Bürgerbüros und Gemeinschaftsinitiativen. Freiburg i.B.: Lambertus
Immerfall, St. (1996): Das Kapital des Vertrauens. Über soziale Grundlagen wirtschaftlicher Wettbewerbsfähigkeit. In: Gegenwartskunde, Jg. 45, Heft 4, S. 485-495
Kommission für Zukunftsfragen der Freistaaten Bayern und Sachsen (1996): Erwerbstätigkeit und Arbeitslosigkeit in Deutschland. Entwicklungen, Ursachen und Maßnahmen. Bonn (Band 1-3)
Naschold, F. (1995): Ergebnissteuerung, Wettbewerb, Qualitätspolitik. Entwicklungspfade des öffentlichen Sektors in Europa. Berlin: edition Sigma
Naschold, F. u. a. (1998): Kommunale Spitzeninnovationen. Konzepte, Umsetzung, Wirkungen in internationaler Perspektive. Berlin: edition Sigma
Ulzhöffer, J./Ascheberg, C. (1996): Engagement in der Bürgergesellschaft. Die Geislingen-Studie. Mannheim (Sozialministerium Baden-Württemberg)
Ulzhöffer J./Ascheberg C. (1997): Bürgerschaftliches Engagement in Baden-Württemberg. Landesstudie 1997. Stuttgart (Sozialministerium Baden-Württemberg)
Wendt, W. R. u.a. (1996): Zivilgesellschaft und soziales Handeln. Bürgerschaftliches Engagement in eigenen und gemeinschaftlichen Belangen. Freiburg im Breisgau: Lambertus

Rupert Graf Strachwitz

Auf dem Weg in die Bürgergesellschaft. Anmerkungen zur Reform des Stiftungs- und Gemeinnützigkeitsrechts

1. Einleitung

Es kommt nicht von ungefähr und hat doch etwas Zufälliges an sich, daß die Stiftungen sich in der Grundsatzdebatte über die Rahmenbedingungen des Dritten Sektors mehr in den Vordergrund gestellt haben - oder auch geschoben wurden - als je zuvor. Schon die Gesetzesinitiative der Fraktion Bündnis 90/Die Grünen in der letzten Legislaturperiode sprach von einer Reform des Stiftungs- und Gemeinnützigkeitsrechts. Aus der Sicht der Parlamentarier erklärt sich der Zusammenhang durch den schlechten Zustand der Staatsfinanzen, welcher als Grund dafür herhalten muß, dem Sektor mehr Aufmerksamkeit zu schenken als bisher. Nicht der Wunsch nach gesellschaftlichem Umbau, sondern die Suche nach Beiträgern zur Erfüllung öffentlicher, im Sinne staatlicher Aufgaben hat im wesentlichen die Überlegungen ausgelöst. Kein Wunder, daß nicht das Engagement von Bürgerinnen und Bürgern als solches, sondern seine Staatsnützigkeit Ziel der Bemühungen ist. Kein Wunder auch, daß starke Kräfte im parlamentarischen Raum das Stiftungsrecht nur im Zusammenhang mit dem Gemeinnützigkeitsrecht reformieren wollen.

Die in der öffentlichen Diskussion viel beschworene public private partnership - zu deutsch Partnerschaft - bedeutet in diesem Verständnis nicht, eine Idee und die Lust und Last ihrer Verwirklichung sowie den damit zusammenhängenden Aufwand und Ertrag im Sinne eines gemeinsamen Zieles zu teilen. Sie meint vielmehr den Versuch, für die Verwirklichung eigener Ziele möglichst ressourcenstarke, aber unselbständige Mitstreiter zu gewinnen, die sich dem eigenen Willen widerspruchslos unterordnen. Die Bürgergesellschaft, wie sie sich in den hunderttausenden Vereinen und Stiftungen, Bürgerinitiativen, Freiwilligenagenturen, Spendenparlamenten und Selbsthilfegruppen konkretisiert, hat daher die Wahl, ob sie sich diesem Verständnis von Partnerschaft unterordnen und Mündel eines traditionalistischen Herrschaftssystems bleiben will oder ob sie mit allen legalen Mitteln des öffentlichen Diskurses für ihre Rechte kämpfen will. Will sie kämpfen, kann es nicht um kosmetische Korrekturen an einem überkommenen rechtlichen Rahmen gehen, sondern möglicherweise um ein völlig neues System. Nicht kurzfristige steuerliche Zusatzvorteile und auch nicht die Bereinigung von kleinen Fehlern kann dann das Ziel sein, vielmehr müssen Weichen gestellt werden, die den Weg zur Bürgergesellschaft unumkehrbar machen.

2. Kontinuität etatistischer Traditionen

Den Gesetzesentwürfen von Bündnis 90/Die Grünen und der FDP muß durchaus zugebilligt werden, daß sie die ordnungspolitischen Zeichen der Zeit erkannt haben. So ist der Ansatz der Entlastung der Staatskasse vielleicht sogar als ein taktisches Manöver zu betrachten, um den geradezu überraschend hartnäckigen Widerstand sowohl auf der politischen als auch auf der fiskalischen Seite aufzuweichen. Nach wie vor gibt es einflußreiche politische Kräfte, die einer echten Stärkung des Dritten Sektors und seiner Befreiung aus der Vormundschaft des Staates entschieden widersprechen. Die Zivilgesellschaft als dritte Säule einer Gesamtordnung ist kein allgemeiner politischer Konsens. Das Monopol des Staates auf die Herstellung öffentlicher Güter, die Reduktion von bürgerschaftlichem Engagement auf ein Maß, das sich im Bereich des Irrelevanten bewegt, wird von den Verfechtern eines alles umfassenden Staates immer noch vertreten. Etatisten mit dieser Auffassung sind in allen politischen Parteien zu finden, allerdings in den großen mehr als in den kleinen. Äußerungen wie die eines Mitglieds einer Landesregierung, daß Zugeständnisse im Gemeinnützigkeitsrecht nur vorübergehenden Charakter haben dürften, damit der Staat nach einer Verbesserung seiner Haushaltssituation das Heft wieder in die Hand nehmen könne, haben hier ihren Platz, ebenso die, daß bei jeder Spende der Staatsanteil nicht vergessen werden solle. In der Tat, der Fiskus vergißt ihn nicht: dort nämlich, wo mit beiden Teilen der Spende, der Steuerersparnis - dem Staatsteil - sowie dem echten Eigenteil, Dinge finanziert werden, die der Gesellschaft und ihren Bürgern dienen, nicht aber den Fiskus von seinen Aufgaben entlasten. Bei den anderen, den staatsnützigen Aufgaben, geht das Vergessen erstaunlich schnell.

Ob solches Vorgehen in sich unvernünftig ist, soll hier gar nicht diskutiert werden. Die Kritik richtet sich vielmehr dagegen, daß unsere parlamentarischen Organe über der Entlastung des Staatshaushaltes demokratietheoretische, gesellschafts- und ordnungspolitische Gesichtspunkte offenkundig vernachlässigen. Wo der Fiskus Entlastung erhält durch die Mobilisierung von freiwilligen Beiträgen, die er im übrigen nur deswegen mobilisiert, weil die Akzeptanz von Zwangsbeiträgen an ihre Grenzen gestoßen ist, werden diese der Prüfung ihrer Priorität bei der Zuordnung von Steuermitteln ein gutes Stück weit entzogen. Anders ausgedrückt: Sie laufen Gefahr, eben weil sie zu einem Teil anderweitig finanziert werden, in der Priorität hinter andere Ausgaben zurückzufallen, deren Notwendigkeit, vorsichtig gesagt, etwas weniger kritisch geprüft wird. Durch den Verweis auf Stiftungen werden selbst Kernaufgaben des Staates, zu deren Erfüllung eigentlich Steuern dienen sollten, in einen äußeren Kreis der Aufmerksamkeit entlassen.

3. Status-quo-Orientierung des Dritten Sektors

Die Idee der Bürgergesellschaft soll an dieser Stelle nicht weiter erörtert werden. Um der Vollständigkeit des Arguments willen sei jedoch darauf hingewiesen, daß die Gesellschaft von morgen sich nicht mit den zunehmend bürgerfern erscheinenden demokratischen Strukturen im staatlichen Verbund begnügen darf und gleichzeitig um Gegengewichte zu einer steigenden Macht des Marktes besorgt sein muß. Partizipatorische und integrative Strukturen haben nicht nur bei der Bewältigung von Aufgaben, sondern gerade auch bei der Bewältigung von Prozessen eine wachsende Bedeutung. Das vermeintliche Defizit der Hierarchiearmut, welches oft zu Klagen über unkoordiniertes Handeln führt, erweist sich wegen der erhöhten Netzwerkfähigkeit zunehmend als strategischer Vorteil und Stabilitätsinstrument. In diesem Zusammenhang gewinnen traditionell als ungefährlich angesehene, aber (vom Fiskus) als unnütz gebrandmarkte gemeinnützige Unternehmungen erheblich an Stellenwert. Der Stellenwert von gewöhnlich als nützlich erachteten Unternehmungen hingegen geht zwar nicht verloren, wird aber doch relativiert. Zu den Gruppierungen, die besondere Aufmerksamkeit verdienen, gehören demnach gerade die, die bürgerschaftliches Engagement als solches fördern. Bürger- und Gemeinschaftsstiftungen, Spendenparlamente und natürlich Freiwilligenagenturen stellen ein Defizit des Wohlfahrts- und Obrigkeitsstaates in den Mittelpunkt ihrer Arbeit. Daß sie in unserem Staat nicht politisch gefördert, sondern fiskalisch abqualifiziert werden – Bürgerengagement ist bei uns kein als gemeinnützig anerkannter Zweck – ist ein Skandal.

Der Dritte Sektor weist als zentrale Besonderheit das Moment der Freiwilligkeit auf. Zu den Menschen, die ihn tragen, gehören neben Arbeitnehmern und Mitarbeitern in sehr unterschiedlichen Dienstverhältnissen (ZDL, ABM, FSJ usw.) wesentlich die ehrenamtlich tätigen Bürgerinnen und Bürger. Die Finanzierung der Arbeit erfolgt über Leistungsentgelte und staatliche Zuwendungen, in hohem Maße aber auch durch freiwillig geleistete Spenden. Zu den Tätigkeiten des Dritten Sektors gehört neben Dienstleistungen und

Selbsthilfe das freiwillige Eintreten für bestimmte Anliegen, die sogenannte Themenanwaltschaft, und zwar nicht als Mittel zum Zweck, sondern als eigenständiges Ziel. Das freiwillige Engagement bildet in der Summe den Kern des Sektors. Von diesem Kern sollte die Gestaltung seines spezifischen Handlungsrahmens ausgehen.

Im Vergleich zum Reichtum an theoretischer Grundlegung, wie er etwa in der Wirtschafts- oder Sozialpolitik jederzeit die Erarbeitung und Vorlage von Optionen und Alternativen ermöglicht, fehlt es im Bereich des Dritten Sektors trotz großer Anstrengungen in den letzten Jahren nach wie vor am notwendigen wissenschaftlichen Fundament. Wenn nicht jetzt mit dem Abbau des Theoriedefizits begonnen wird, bleibt der gesamte Sektor auch in zehn Jahren noch auf eine Ergänzungs- und Ersatzfunktion reduziert. Dies läßt sich gewiß nicht kurzfristig bewerkstelligen, denn ein Rückstand von mindestens einer Generation ist nicht ohne weiteres aufzuholen. Andernfalls jedoch würde der Dritte Sektor weiterhin als Reparaturbetrieb herhalten müssen, so lange dies gerade unvermeidlich ist, statt als eigenständige gesellschaftliche Kraft ernst genommen zu werden.

Unter diesen Umständen ist es besonders schwer verständlich, daß die Organisationen, um die es dabei geht, sich weder in größerem Umfang an der Grundsatzdebatte beteiligen, noch verstärkt die Grundlagenarbeit fördern, auch wenn sie hierzu durchaus in der Lage wären. Noch immer stecken beispielsweise die Wohlfahrtsverbände den Kopf in den Sand und glauben, der 150 Jahre alte Kompromiß, den das Subsidiaritätsprinzip darstellt, würde ihnen auch in der Zukunft ein hinreichendes Fundament bieten. Noch immer gefallen sich die Vertreter großer Stiftungen in der Besichtigung von Förderprojekten „in Gummistiefeln", anstatt ihre Ressourcen für übergreifende Themen nutzbar zu machen.

4. Verbandsversagen

Nach wie vor haben sich die Spitzenverbände, etwa die Bundesarbeitsgemeinschaft der Freien Wohlfahrtspflege, der Deutsche Naturschutzring, der Deutsche Sportbund, der Deutsche Kulturrat oder der Bundesverband Deutscher Stiftungen nicht zu einer gemeinsamen Plattform zusammengefunden, wie sie im Bereich der Wirtschaft in Gestalt des Bundesverbandes der Deutschen Industrie seit Jahrzehnten selbstverständlich und höchst erfolgreich ist.

Das Fehlen einer solchen Plattform erklärt, warum im Frühjahr 1999 die vom Bundesfinanzministerium zu einer Anhörung zusammengerufenen Verbände die Brisanz eines Verordnungsentwurfs, den sie kommentieren sollten, nicht bemerkten und es bei einigen eher marginalen Änderungswünschen bewenden ließen. Der vier Jahre alte und in Fachkreisen längst bekannte Entwurf einer Verordnung zur Neuregelung des Spendenrechts wurde, versehen mit dem Zuckerguß der Abschaffung des Durchlaufspendenverfahrens, von der Finanzverwaltung gerade zu dem Zeitpunkt eingebracht, als im Rahmen der größeren Reform des Stiftungs- und Gemeinnützigkeitsrechts neue Gesichtspunkte drohten, den traditionellen Fiskalrahmen zu verändern. In der Hoffnung, eine weitergehende Diskussion dadurch zu unterbinden, wird hier, fußend auf einem überholten theoretischen Ansatz, Staatsnützigkeit und Gemeinnützigkeit gleichgesetzt. Mit dem fiskalischen Argument, daß bei der Finanzierung von Staatsaufgaben der versteuerte Anteil der Spende den Staatshaushalt entlastet, während in der Finanzierung von bürgerschaftlichen Aufgaben der steuerentlastende Teil den Staatshaushalt belastet, versucht der Entwurf, rigoros einer Ausweitung der letzteren Tätigkeiten einen Riegel vorzuschieben. Überdeutlich erschien in dem Entwurf das Beispiel der höher zu bewertenden Förderung der Staatsoper gegenüber der niedriger zu bewertenden Förderung einer freien Theatergruppe. Daß bürgerschaftliches Engagement in einem solchen Rahmen als förderungswürdiger Zweck akzeptiert wird, erscheint schlechthin undenkbar. Die zur Anhörung geladenen Verbände haben eine solche Forderung aber auch nicht vorgetragen.

5. Zur Definition der Gemeinnützigkeit

Der Kampf der Bürgergesellschaft ist keinesfalls gewonnen. Nach wie vor muß diese für die Einsicht kämpfen, daß die Stärkung der bürgerlichen Verantwortung eine Staatsaufgabe von hoher Priorität darstellt. Insofern darf Deregulierung nicht nur gegenüber dem Markt, sondern muß auch gegenüber den bürgerschaftlichen Organisationen gelten. Noch immer muß sich der Dritte Sektor, wo er Dienstleistungen erbringt, mit dem europäischen Vertragsrecht auseinandersetzen, das Subventionen grundsätzlich untersagt und somit in einem krassen Gegensatz zum deutschen Recht steht. Im Verständnis der Europäischen Union trägt bürgerschaftliches Engagement zur Vollendung der Europäischen Einheit wesentliches bei, während steuerlich privilegierte Dienstleistungsunternehmen die Schaffung des gemeinsamen europäischen Marktes behindern. Ob und inwieweit die langfristigen Ziele der Steuerreform, etwa die Vereinfachung, der Abbau von Ausnahmetatbeständen oder gar eine ökologische Ausrichtung zu einer grundsätzlichen Neuordnung des Rahmens für gemeinnützige Organisationen führen, ist noch wenig bedacht. Kaum bewußt ist hier, daß die Bürgergesellschaft und nicht etwa der

Markt an der Spitze des Kampfes für ein umfassendes Subsidiaritätsverständnis des Staates stehen sollte. Es bedarf gewiß keiner besonderen prophetischen Gabe, um vorauszusehen, daß sich die Änderungen im Gefüge der staatlichen Ordnung fortsetzen werden, wie sie in den letzten Jahren begonnen haben. Nur mit rein technischen, um nicht zu sagen kosmetischen Änderungen wird der Dritte Sektor die Umgestaltung des ordnungspolitischen Rahmens schwerlich überstehen. Von daher wird er sich einer Reihe von Fragen gründlich - und solidarisch - widmen und an der Erarbeitung von Lösungsoptionen mitwirken müssen. Dazu gehört die Frage, wie sich Gemeinnützigkeit definiert, ob nach der Art der Tätigkeit, nach der Gewinnverwendung, nach dem Zusammenhang mit der Herstellung von öffentlichen Gütern oder nach Zielprioritäten. Auch die Frage, wo innerhalb des Sektors Unterschiede bezeichnet werden müssen, gehört dazu. Ist gemeinnützig organisierte Selbsthilfe tatsächlich, wie manche Protagonisten glauben machen wollen, weniger gemeinnützig als Fremdhilfe? Ist es gemeinnützigkeitsschädlich, wenn sich gemeinnützige Organisationen durch wirtschaftliche Betätigung finanzieren? Ist die Umsatzgröße in diesem Zusammenhang möglicherweise ein interessantes Kriterium? Kann schließlich der Fiskus tatsächlich im Einzelfall entscheiden, was als gemeinnützig gelten kann? So gibt es den Vorschlag, eine unabhängige Kommission einzurichten, die beratend, aber mit erheblichem Gewicht die Definition fortschreiben und Einzelfälle beurteilen soll. Schließlich sei daran erinnert, daß die Bedeutung des Fiskalischen weit über die steuerliche Behandlung hinausgeht. Das öffentliche Zuwendungsrecht, das quantitativ viel bedeutender ist als das Spendenrecht, aber auch das Spendenmarketing, der Zugang zu Ressourcen wie Zivildienstleistenden und ABM-Maßnahmen und letztlich sogar zu ehrenamtlichen Mitarbeitern wird durch die steuerliche Einordnung mitbestimmt.

6. Ehrenamtliches Engagement als unverzichtbares Element

Leitgedanke der Reformüberlegungen zum Stiftungs- und Gemeinnützigkeitsrecht, wie sie von Vertretern der Bürgergesellschaft entwickelt worden sind, ist, daß Bürgerengagement, Ehrenamtlichkeit und Partizipation nicht nur einen willkommenen Ersatz für schwindende Möglichkeiten wohlfahrtstaatlicher Finanzierungsmodelle darstellen, sondern selbst ein unverzichtbares Element einer modernen Gesellschaft sind. Die Verwirklichung einer aktiven Bürgergesellschaft als dritte Säule neben Staat und Wirtschaft fördert Integration und Partizipation auf der Grundlage freiwillig übernommener Verantwortung. Hierfür muß ein zukunftsorientierter Rahmen geschaffen werden. Dieser darf sich nicht an kurzfristigen Verbandsinteressen orientieren. Grundsätzliche Fragestellungen müssen untersucht und Sachargumente bereitgestellt werden: So sind Notwendigkeit und Eigenart von Stiftungen deutlich zu machen, die Abhängigkeit der Stiftungen vom Staat und von der staatlichen Aufsicht zu verringern und die Eigenverantwortung zu verbessern.

7. Abschaffung der staatlichen Genehmigungsverfahren

Bisher können die Stiftungen die Rechtsfähigkeit nur aufgrund staatlicher Genehmigung einer Landesbehörde erlangen. Einzelne Stiftungsbehörden erkennen in ihrer Verwaltungspraxis ein Recht auf Stiftung an, andere verstehen die Genehmigung eines Stiftungsvorhabens als staatliche Ermessensentscheidung. Da ein Recht auf Stiftung gesetzlich nicht anerkannt ist, können Stiftungsbehörden mit den Stiftern in umfangreiche Verhandlungen über die Gestaltung der Stiftungssatzung eintreten, die Genehmigung eines Stiftungsvorhabens hinauszögern und diese Verzögerung als Druckmittel gegenüber Stiftern einsetzen. Der Verhandlungsdruck wiegt um so schwerer, als die Stiftungsbehörden auch die Aufsicht über die genehmigten Stiftungen ausüben.

Dieser Zustand, so fordert es etwa die Expertenkommission des Maecenata Institutes und der Bertelsmann Stiftung, bedarf der gesetzlichen Berichtigung. Er schreckt potentielle Stifter ab und verstößt eklatant gegen die Stifterfreiheit. Geboten ist der Übergang zu einem System der Normativbestimmungen. Das Recht auf Stiftung ist gesetzlich zu verbürgen. Sofern alle formalen Voraussetzungen erfüllt sind, muß die Stiftungsbehörde die Stiftung in ein mit öffentlichem Glauben ausgestattetes Stiftungsregister eintragen, während eine Überprüfung der „Lebensfähigkeit" der Stiftung nicht stattfindet. Die Stiftung erlangt damit ihre Rechtsfähigkeit.

8. Publizität und Transparenz

In den USA sind Stiftungen seit 1969 gesetzlich verpflichtet, jährlich bei ihrer Steuerbehörde nach bestimmtem Muster (Form 990 PF) einen Tätigkeits- und Finanzbericht abzugeben. Diese Berichte können von jedermann eingesehen werden. Die Steuerverwaltung (Inland Revenue Service) stellt sie auch von sich aus zur Verfügung. So hat etwa das Foundation Center, New York, seit Jahrzehnten eine Vereinbarung, wonach ihr sämtliche Berichte auf Datenträger übersandt werden. Das Foundation Center verarbeitet diese Angaben im Rahmen seiner Stiftungsdatenbank, die dadurch einen hohen Grad an Vollständigkeit und Aktualität besitzt. Seit kurzem sind sämtliche Jahresberichte sogar auf CD-ROM bei der Steuerverwaltung erhältlich.

Im Vorfeld des Erlasses dieser Regelungen wehrten sich die Stiftungen erbittert dagegen, daß, wie sie meinten, ihre Privatsphäre beschnitten würde. Inzwischen haben sie sich daran gewöhnen müssen, denn der Gesetzgeber blieb von ihren Vorhaltungen unbeeindruckt. Darüber hinaus wurde erkennbar, daß sich die eingetretene Transparenz belebend auf das amerikanische Stiftungswesens ausgewirkt hat. Die amerikanische Presse schenkt den Stiftungen eine erhebliche Aufmerksamkeit, was einerseits mit den spektakulären Neugründungen von Gates oder Turner zusammenhängt, zweifellos aber auch mit dem hohen Informationsangebot, das für journalistische Recherchen verfügbar ist.[1] Diese öffentliche Aufmerksamkeit regt wiederum zur Nachahmung an: Wer häufig von Stiftungen hört oder liest, wird sich bei eigenen Überlegungen zur Vermögensnachfolge oder zum erhöhten Einsatz für das gemeine Wohl eher an die Option einer Stiftungserrichtung erinnern. Außerdem führt der oft kritische öffentliche Diskurs über Erfolge und Mißerfolge im Stiftungsbereich zu einer stärkeren eigenen Reflexion und treibt zu Verbesserungen und Reformen an. Und wenn auch alle Publizität der Welt nicht in jedem Fall vor Mißbrauch und Inkompetenz schützen kann, so stellt sie durchaus einen brauchbaren Schutz dagegen dar. Korruption blüht dort, wo es keine Transparenz gibt.

In den letzten Jahren sind einige weitere Staaten dem amerikanischen Beispiel gefolgt. In Deutschland hingegen sind Stiftungen ebenso wie Vereine nach wie vor in keiner Weise verpflichtet, Informationen über ihre Aktivitäten oder ihr Finanzgebaren zu veröffentlichen. Während steuerpflichtige Wirtschaftsunternehmen schon bei geringen Umsätzen einer handelsrechtlichen Veröffentlichungspflicht unterliegen, erfährt die Öffentlichkeit von den Stiftungen nur etwas durch freiwillige Mitteilungen. Etwa 7% der deutschen Stiftungen veröffentlichen ihre Jahresberichte, knapp 30% machen auf Befragen Angaben zu ihren Vermögensverhältnissen. Bedenkt man, daß die größten deutschen Stiftungen (von denen es freilich wenige gibt) im Jahr über 100 Millionen DM „umsetzen", läßt sich schon auf Grund des Größenvergleichs eine von den Unternehmen abweichende Praxis kaum begründen.

---

1 Der Gründer des Nachrichtensenders CNN spendete den Vereinten Nationen, über einen Zeitraum von 10 Jahren verteilt, eine Summe von insgesamt 1 Milliarde Dollar. Der Microsoft-Chef Bill Gates übertrug an seine Stiftung eine Summe von 16 Milliarden Dollar.

Bei einigen Vereinen liegt der Jahresumsatz sogar im Milliardenbereich. Noch schwerer wiegt allerdings das Argument, daß die Öffentlichkeit schon deswegen ein Anrecht darauf hat, genaueres zu erfahren, weil die Vereine und Stiftungen durchweg steuerliche Vorteile genießen, letztlich also auf Grund ihrer dem Gemeinwohl verpflichteten Tätigkeit bei der Staatskasse Mindereinnahmen verursachen. Es muß daher von jedermann nachprüfbar sein, ob diese Tätigkeit tatsächlich ausgeübt worden und ob sie tatsächlich dem Gemeinwohl verpflichtet gewesen ist.

Als Gegenargument wird immer wieder vorgetragen, daß ja die Finanzbehörden (und im Falle der rechtsfähigen Stiftungen bürgerlichen Rechts auch die Stiftungsbehörden) sehr wohl Berichte vorgelegt bekämen. Dies ist zwar richtig, doch kann die oft sehr auf Details konzentrierte, manchmal auch recht kursorische Prüfung durch die Behörden keine offen geführte Diskussion ersetzen, an der sich jeder Interessierte beteiligen kann. Des weiteren wird der zu erwartende Verwaltungsaufwand beklagt. Dieser freilich hält sich, wie alle Erfahrungen zeigen, in engen und vertretbaren Grenzen, wenn die zeitgemäßen Möglichkeiten der Kommunikation genutzt werden. Im übrigen gibt es naturgemäß ein enges Verhältnis zwischen dem Umfang der Tätigkeit und dem der Berichterstattung. Schließlich wird noch vor den unerfüllbaren Erwartungen an die einzelne Stiftung und dem Aufwand gewarnt, die vielen Anträge abzulehnen, welche angeblich auf die Stiftungen zukämen, wäre ihr Programm allgemein bekannt. Auch hier sprechen die Erfahrungen eine andere Sprache. Je genauer Art und Umfang der Arbeit bekannt sind, desto genauer können Antragsteller wissen, ob ein Antrag Aussicht auf Erfolg hat oder nicht. Andererseits erweitert ein gutes Antragsvolumen den Horizont der Entscheidungsträger in den Stiftungen. Sie werden dadurch auf neue Ideen in ihrem Feld aufmerksam, können bisherige Projektpartner besser evaluieren und damit ihren Auftrag besser erfüllen.

Transparenz soll darüber hinaus auch in Deutschland das öffentliche Bewußtsein für die Stärken und Grenzen des Dritten Sektors schärfen helfen. Dieser hat bisher eher im verborgenen geblüht; Gesellschaftspolitik wurde weitgehend ohne ihn gemacht. Für sein Handeln öffentlich Verantwortung zu übernehmen, erscheint daher als Königsweg für eine stärkere gesellschaftliche Verankerung des Sektors. Je intensiver darüber diskutiert wird, desto eher werden Politik und Medien sich der Thematik annehmen und desto bereitwilliger werden Bürgerinnen und Bürger selbst aktiv sein wollen. Es gehört daher zu den Forderungen an den Reformprozeß, eine Veröffentlichungspflicht für gemeinwohlorientierte Organisationen zu begründen.

9. Im Dienst des Gemeinwohls

In diesem Zusammenhang liegt die Frage nahe, wie sich eigentlich das Gemeinwohl definiert. Gegenwärtig geschieht dies vor allem anhand von konkreten Fallgruppen in der Abgabenordnung. Dabei wird die dort niedergelegte Liste in der Regel als abgeschlossen und Ergänzungen nicht zugänglich betrachtet. Die Steuergesetze sprechen darüber hinaus meist von der Gemeinwohlkonformität, die durch den Fiskus zu prüfen ist, d.h. von der Kongruenz mit einem nicht definierten und daher jeder, insbesondere auch jeder engen Auslegung offenen Begriff.

Ein im Oktober 1999 vom Maecenata Institut und der Bertelsmann Stiftung veröffentlichtes Diskussionspapier mit konkreten Vorschlägen zur Reform hat daher versucht, eine positive Definition zu formulieren. Gemeinwohlorientierte Körperschaften (Stiftungen etc.) sind nach dieser Definition Körperschaften, die auf freiwilliger Basis Gemeinsinn, Verantwortungsbewußtsein und Engagement von Bürgern für das gemeine Wohl fördern, sich für ideelle Anliegen einsetzen, Dienstleistungen zugunsten des Gemeinwohls oder Benachteiligter ohne Gewinnerzielungsabsicht erbringen oder Bemühungen in diesem Bereich unterstützen. Gemeinwohlorientierte Tätigkeiten erstrecken sich auf die Bereiche Sport, Bildung und Forschung, Gesundheitswesen, soziale Dienste einschließlich mildtätiger Hilfe, Umwelt- und Naturschutz, Entwicklungshilfe, Bürger- und Verbraucherinteressen, internationale Verständigung und kirchliche Tätigkeiten. Gewiß ist auch eine solche Definition nicht unproblematisch, zumal sich das Verständnis davon, was dem allgemeinen Wohl dient, ändern kann. So war es vor einigen Generationen gewiß gemeinwohlorientiert, für nahe Angehörigen so vorzusorgen, daß diese der Allgemeinheit nicht zur Last fallen. In unserem ausgebauten Sozialsystem hat diese private Vorsorge keinen Platz, wobei sich dies in der Zukunft wieder ändern könnte. Die Unterstützung von Maßnahmen zur Bekämpfung der Arbeitslosigkeit hingegen hätte heute eine hohe Priorität, wird allerdings von den Finanzbehörden als nicht gemeinnützige Wirtschaftsförderung angesehen.

Auch die Frage, ob alle gemeinwohlorientierten Körperschaften gleich zu behandeln sind oder ob es Abstufungen geben sollte, wird kontrovers diskutiert. So steht dem Argument, der Nutzen für andere sei höher zu bewerten als der Nutzen für einen selbst - Förderung eines Opernhauses vs. Mitgliedsbeitrag in einem Theaterverein, dasjenige entgegen, es käme vor allem auf die Qualität des Nutznießers an. Es sei schließlich, so wird von dieser Seite argumentiert, der Hauptzweck der großzügigen Spende an die Freunde der Bayreuther Festspiele, die Chancen des Spenders zu verbessern, an eine Karte zu einer Aufführung zu gelangen, auch wenn formell die - fremdnützige - Förderung der Kunst im Vordergrund stehe. Demgegenüber sei die Mitgliedschaft in der Theatergruppe zwar ein Stück Freizeitgestaltung, stelle zugleich aber ein wichtiges Integrationselement dar, das für das Sozialgefüge wichtige Bausteine liefere.

Es erscheint ausgeschlossen, eine so stark vom Verständnis einer Gesellschaftsordnung abhängige Kategorie wie das Gemeinwohl allein auf der Ebene einer Fiskalverwaltung administrieren zu wollen. Der Versuch dazu hat nicht nur zu den Verhandlungskompromissen des sog. Subsidiaritätsprinzips und zu den auf politische Vorteile schielenden, unsystematischen Regelungen der letzten Jahrzehnte, sondern auch zu einer Zementierung einmal als gemeinwohlkonform angesehener Tätigkeiten geführt. Er hat damit entscheidend zu den Problemen beigetragen, denen jetzt abgeholfen werden soll. Um nicht nach einer noch so gut durchdachten Reform erneut in eine Stagnationsphase einzutreten, muß mit der begrifflichen Neuordnung auch ein neues Verfahren der Fortschreibung entwickelt werden. Großbritannien hat hierzu das Modell der Charity Commission eingeführt. Dieses ist, wie ohne weiteres zuzugeben ist, keineswegs in allen Punkten optimal, bietet aber doch einen interessanten Ansatz. Die schon erwähnte Expertenkommission vertritt daher die Auffassung, daß eine unabhängige Kommission eingerichtet werden sollte, deren Mitglieder vom Bundespräsidenten berufen werden. Ihre Aufgabe läge vor allem in der Beratung von Parlament und Bundesregierung bei Fragen, welche die Grundsätze des Gemeinwohls, aber auch die Beurteilung von Einzelfällen betreffen. Wenngleich einer solchen Kommission aus formalen Gründen keine exekutiven Befugnisse zukommen können, kann sie, wie etwa das Beispiel des Wissenschaftsrates zeigt, doch so ausgestaltet werden, daß ohne ihre Zustimmung in der Praxis keine Entscheidungen getroffen werden. Gerade in der Abwägung unterschiedlicher gemeinwohlorientierter Zielsetzungen hinsichtlich ihrer steuerlichen Behandlung könnte diese Kommission eine transparente und nicht von Partikularinteressen diktierte Systematik entwickeln und fortschreiben.

10. Forschungsdefizite

Aus der bisherigen Diskussion um die Reform ist eines sehr deutlich geworden: Es fehlen an vielen Stellen die notwendigen Vorarbeiten. Zwar sind, nicht zuletzt dank des Comparative Nonprofit Sector Projects der Johns Hopkins University, die empirischen Grundlagen unvergleichlich besser als noch vor wenigen Jahren. Trotz der fehlenden Verpflichtung, Informationen zu liefern, hat mit Hilfe mehrerer Datenbanken der Kenntnisstand über die deutschen Stiftungen erheblich zugenommen. Daher sind auch Reformvorschläge hinsichtlich des zivilrechtlichen, im wesentlichen im BGB verankerten Teils angemessen fundiert. Wie sich jedoch Staat und Dritter Sektor dort zu begegnen haben, wo über steuerliche Regelungen sowohl ein Grundverständnis definiert als auch eine politische Steuerung vorgegeben wird, ist nach wie vor ungewiß. Zu wenig hat sich die politikwissenschaftliche Forschung bisher mit dieser Thematik befaßt, zu sehr haben juristische und allenfalls ökonomische Argumente - und selbst diese nur in geringer Zahl - politische Überlegungen zu beeinflussen gesucht. Der größere Einfluß ging stets von kurzfristigen Interessen Betroffener aus.

Es steht daher kaum zu erwarten, daß ein modernes, bürgergesellschaftlich ausgerichtetes Recht des Dritten Sektors und in diesem Rahmen auch der Stiftungen aus einem Guß konzipiert und parlamentarisch umgesetzt wird, wie es etwa in den postkommunistischen Reformstaaten fast durchweg geschieht. Dennoch wird es wichtig sein, auf ein solches Ziel hinzuarbeiten. Keinesfalls sollte es geschehen, daß in einem Land mit einer derart alten und reichen Stiftungstradition und einem auch im internationalen Vergleich durchaus starken Dritten Sektor die Chance vertan wird, aus dieser Tradition die Säule zu entwickeln, auf die sich unsere Gesellschaft im neuen Jahrhundert neben Markt und Staat wird stützen müssen.

11. Literaturverzeichnis

Anheier, H. K. (Hg.) (1998): Stiftungen für eine zukunftsfähige Bürgergesellschaft. Gedanken für eine Generation von Erben. München
Bertelsmann Stiftung (Hg.) (1998): Handbuch Stiftungen. Ziele - Projekte - Management - Rechtliche Gestaltung. Wiesbaden
Bertelsmann Stiftung (Hg.) (1999): Community Foundations in Civil Society/ Bürgerstiftungen in der Zivilgesellschaft. Gütersloh
Bertelsmann Stiftung/Maecenata Institut für Dritter-Sektor-Forschung (Hg.) (1999): Expertenkommission zur Reform des Stiftungs- und Gemeinnützigkeitsrechts. Materialien. Gütersloh
Paqué, K.-H. (1986): Philanthropie und Steuerpolitik. Eine ökonomische Analyse der Förderung privater Wohltätigkeit. Tübingen: Mohr
Priller, E./Zimmer, A./Anheier, H.K. (Hg.) (1999): Der Dritte Sektor in Deutschland. Entwicklungen, Potentiale, Erwartungen. In: Aus Politik und Zeitgeschichte. Beilage zur Wochenzeitung DAS PARLAMENT, B 9/99, S. 12-21
Salamon, L. M./Anheier, H. K. (Hg.) (1999): Der Dritte Sektor. Aktuelle internationale Trends. Gütersloh: Verlag Bertelsmann Stiftung
Stiftung Mitarbeit (Hg.) (1997): Freiwilligenagenturen, Stiftungen und Unternehmen. Modelle für neue Partnerschaften. Dokumentation einer Tagung in Berlin
Strachwitz, R. Graf (1998): Dritter Sektor - Dritte Kraft. Versuch einer Standortbestimmung. Stuttgart: Raabe

Strachwitz, R. Graf (1999): Die Rahmenbedingungen des Dritten Sektors und ihre Reform. In: Aus Politik und Zeitgeschichte. Beilage zur Wochenzeitung DAS PARLAMENT, B 9/99, S. 22-30

Toepler, St. (1996): Das gemeinnützige Stiftungswesen. München

Angaben zu den AutorInnen

Ingo Benitz,
geb. 1973, Studium der Politik-, Kommunikations- sowie Geschichtswissenschaft an der Westfälischen Wilhelms-Universität Münster (seit 1993). 1997-1998 studentischer Mitarbeiter an der deutschen Teilstudie des „Johns Hopkins Comparative Nonprofit Sector Project". Abschluß des Studiums mit einer Magisterarbeit über die Beziehungen zwischen Staat und Wohlfahrtsverbänden (1999). Beschäftigt als Hilfskraft am Institut für Politikwissenschaft in Münster.

Prof. Dr. rer. pol. Teresa Bock,
geb. 1927, Professorin (em.) der Kath. Fachhochschule Nordrhein-Westfalen, Köln. Vizepräsidentin des Deutschen Caritasverbandes Freiburg. Schwerpunkte: Caritas Armutsuntersuchung in Westdeutschland, Lebenslagenuntersuchung (Caritas und Diakonie) in den neuen Bundesländern. Ehrenamtlich/freiwilliges Engagement in Einrichtungen, Gruppen und Gemeinden. Modellverbund Freiwilligenzentren des DCV.

Dr. Marita Haibach,
geb. 1953, Dr. phil., Politikwissenschaftlerin. Derzeit tätig als selbständige Beraterin für Organisationsentwicklung und Fundraising und Vorstandsmitglied der Bundesarbeitsgemeinschaft Sozialmarketing. Arbeitsgebiete: Finanzierungsformen gemeinnütziger Organisationen, Organisationsberatung.

Dr. Konrad Hummel,
geb. 1951, Leiter der Geschäftsstelle Bürgerschaftliches Engagement im Sozialministerium Baden-Württemberg. Zuvor Leiter der kommunalen "Leitstelle für Ältere" in Augsburg und Heimleiter im "Heim am Kappelberg", Fellbach.

Prof. Dr. Franz-Josef Jakobi,
geb. 1940, Studium der Fächer Geschichte, Germanistik, Philosophie und Pädagogik in Freiburg (Br.), Berlin (FH) und Münster. Seit 1986 Leiter des Stadtarchivs Münster und Ernennung zum apl. Professor. Arbeits- und Publikationsschwerpunkte: Mittelalterliche Sozialgeschichte, Didaktik der Geschichte, Geschichte der Stadt Münster.

Prof. Dr. Dieter H. Jütting,
geb. 1943, Dr. phil., Direktor des Instituts für Sportkultur und Weiterbildung der Westfälischen Wilhelms-Universität Münster. Gegenwärtige Arbeits- und Forschungsschwerpunkte: Sportsysteme in Deutschland und Europa, vergleichende internationale Sportforschung, Weiterbildung und Professionalisierung in außerschulischen Feldern.

Stefan Kappe,
geb. 1965, Magisterstudium der Fachrichtung Germanistik, Anglistik und Politikwissenschaft an der Universität Hannover. Studium der Rechtswissenschaften an der Universität Hannover (1989-1995), seit dem 1.2.1999 Geschäftsführer der Bürgerstiftung Hannover.

PD Dr. Gerd Mutz,
geb. 1952, Studium der Volkswirtschaft und Soziologie in Regensburg und Madison. Derzeit Leiter der Abteilung Zukunft der Arbeit und Südostasienstudien bei der Münchner Projektgruppe für Sozialforschung (MPS). Schwerpunkte: Studien zur Dynamischen Arbeitslosigkeit, zur kulturellen Dimension wirtschaftlichen Handelns und zur Struktur von Arbeitsgesellschaften.

Dr. Stefan Nährlich,
geb. 1963, Dr. rer. pol., Diplom-Ökonom. Derzeit Geschäftsführer des Vereins Aktive Bürgerschaft e.V. Arbeitsgebiete: Bürgerschaftliches Engagement, Organisation und Management von Nonprofit-Organisationen.

Prof. Dr. Eckart Pankoke,
geb. 1939, Studium der Geschichte, Germanistik und Soziologie in Heidelberg, Hamburg, Münster; Forschungsobjekte richten sich auf die Zusammenhänge zwischen Wertewandel, Organisationsstruktur und Kommunikationskultur.

Prof. Dr. Roland Roth,
geb. 1949, Studium der Sozialwissenschaften in Marburg und Frankfurt/ Main. Seit 1993 Professor für Politikwissenschaft am Fachbereich Sozial- und Gesundheitswesen der Fachhochschule Magdeburg; Arbeits- und Veröffentlichungsschwerpunkte: politische Soziologie der Bundesrepublik Deutschland, Demokratie- und Gesellschaftstheorien.

Prof. Dr. Christoph Sachße,
geb. 1944, Dr. jur., Studium der Rechts- und Politikwissenschaften in Berlin, Tübingen, Frankfurt und Saarbrücken. Seit 1976 Professor am Fachbereich Sozialwesen der Universität Gesamthochschule Kassel. Arbeitsschwerpunkte: Geschichte und Theorie der sozialen Dienste; Entwicklung des Wohlfahrtsstaates in Deutschland und im internationalen Vergleich.

Dr. Rainer Sprengel,
geb. 1960, Dr. phil., ist seit 1998 Mitarbeiter des Maecenata Instituts für Dritter-Sektor-Forschung in Berlin. Er ist dort insbesondere für die Datenbank deutscher Stiftungen sowie für den Aufbau der 1. Spezialbibliothek zu Fragen des Dritten Sektors verantwortlich.

Rupert Graf Strachwitz,
geb. 1947, Politikwissenschaftler. Derzeit tätig als Direktor des Maecenata Instituts für Dritte-Sektor-Forschung. Arbeitsgebiete: Reform des Stiftungs- und Gemeinnützigkeitswesens, Forschung zum Dritten Sektor, Politikberatung.

Prof. Dr. Hans-Ulrich Thamer,
geb. 1943, Studium der Fächer Geschichte, politische Wissenschaften und Latein. Seit 1983 Professor für Neuere und Neueste Geschichte an der Universität Münster. Forschungsschwerpunkte: Ideengeschichte und soziale Bewegungen des 18. und 19. Jahrhunderts in Frankreich, Europäischer Faschismus und Nationalsozialismus, Kulturgeschichte des Sammelns und der Museen.

Dr. Stefan Toepler,
geb. 1964, Studium der Betriebswirtschaftslehre an der Freien Universität Berlin (Dipl.-Kfm., 1991; Dr. rer. pol., 1995), 1993-1994 International Fellow in Philanthropy am Institute for Policy Studies der John Hopkins University, Baltimore, USA. Dort derzeit als wissenschaftlicher Assistent und Lehrbeauftragter tätig.

Bernd Wagner,
geb. 1948, Leitung des Instituts für Kulturpolitik der Kulturpolitischen Gesellschaft, z. Zt. Leiter des Projektes »Freiwilligenarbeit in der kulturellen Bildung und Kulturarbeit«, Redaktion der Kulturpolitischen Mitteilungen.

Prof. Dr. Annette Zimmer,
geb. 1954, Dr. phil., Studium der Politikwissenschaft, Geschichte, Volkswirtschaft und Philosophie. Derzeit tätig als Professorin für Sozialpolitik und Vergleichende Politikwissenschaft am Institut für Politikwissenschaft der Westfälischem Wilhelms-Universität Münster. Arbeitsgebiete: gemeinnützige Organisationen (NPOs).